Christian Berg

Ist Nachhaltigkeit utopisch?

Wie wir Barrieren überwinden
und zukunftsfähig handeln

Klimaneutral
Verlag
ClimatePartner.com/53585-1805-1001

Bibliografische Information der Deutschen Nationalbibliothek:
Die Deutsche Nationalbibliothek verzeichnet diese Publikation
in der Deutschen Nationalbibliografie; detaillierte bibliografische
Daten sind im Internet über http://dnb.d-nb.de abrufbar.

Copyright der Originalausgabe
»Sustainable Action. Overcoming the Barriers«
© 2020 Christian Berg

All Rights Reserved
Authorised translation from the English language edition
published by Routledge, a member of the Taylor & Francis Group,
an Informa Business.

Copyright der deutschen Erstausgabe
© 2020 oekom verlag
Gesellschaft für ökologische Kommunikation mbH
Waltherstraße 29, 80337 München

Coverabbildung: Shutterstock, Farferros
Covergestaltung: Mirjam Höschl, oekom verlag
Satz: Markus Miller, München
Lektorat: Christoph Hirsch, oekom verlag
Korrektorat: Petra Kienle

Druck: GGP Media GmbH

Alle Rechte vorbehalten.
978-3-96238-185-1

Für Daniela –

*in Dankbarkeit für
treue Begleitung,
beständigen Zuspruch,
beglückendes Leben.*

INHALT

Vorwort 15

1 Einleitung: Nachhaltigkeit – ein utopisches Ideal? 19
   1.1 Ist Nachhaltigkeit ein »erschöpftes Konzept«? 19
   1.2 Phasenübergang zur Nachhaltigkeit 32
   1.3 Nachhaltigkeitsbarrieren verstehen 35
   1.4 Prinzipien für nachhaltiges Handeln entwickeln 38
   1.5 Das Konzept Nachhaltigkeit 41
   1.6 Struktur des Buchs 53
   1.7 Methodologischer Ansatz 56
   1.8 Zusammenfassung der bisherigen Kerngedanken 59

TEIL 1 NACHHALTIGKEITSBARRIEREN

INTRINSISCHE BARRIEREN 64

2 Barrieren der physischen Wirklichkeit 65
   2.1 Erntefaktor, Ressourcen und Umweltverschmutzung 65
   2.2 Komplexität 73

3 Barrieren der menschlichen Natur 80
   3.1 Kognitive Begrenzungen: Lineares Denken in kurzen Zeiträumen 80
   3.2 Moralische Beschränkungen – Gier, Egoismus und Ignoranz 90
   3.3 Die Kluft zwischen Werten und Verhalten (*value-action gap*) 95
   3.4 Zielkonflikte 101

4	Soziale Barrieren	**110**
4.1	Systemträgheiten und Pfadabhängigkeiten	110
4.2	»Die Bedürfnisse der gegenwärtigen Generation befriedigen ...«	115
4.3	Populismus und Fundamentalismus	130
4.4	Ungleichheiten	137
4.5	Interessenkonflikte	148

EXTRINSISCHE BARRIEREN I – INSTITUTIONELLE DEFIZITE   160

5	Wirtschaft: Marktversagen	**161**
5.1	Marktversagen	161
5.2	Die Proliferation ökonomischen Effizienzdenkens	182
6	**Politik: Fehlende Governance für globale Herausforderungen**	**191**
6.1	Herausforderungen der IGOs und multilateraler Verträge	193
6.2	Geopolitik und der Kampf um die Errichtung einer Weltordnung	211
7	**Recht: Rechtliche Schwierigkeiten mit Blick auf Nachhaltigkeit**	**228**
7.1	Fehlende Institutionalisierung einer Perspektive der Nachhaltigkeit	229
7.2	Einschränkung individueller Freiheiten zugunsten des Gemeinwohls?	238
8	**Technologie: Diskrepanz zwischen Wirkmächtigkeit und Steuerungsfähigkeit**	**252**
9	**Strukturelle Silos: Fragmentierung von Wissen, Verwaltung und Verantwortung**	**263**
9.1	Fragmentierung von Wissen	263
9.2	Fragmentierung der Administration	267
9.3	Fragmentierung von Verantwortung	269

EXTRINSISCHE BARRIEREN II –
ZEITGEISTABHÄNGIGE BARRIEREN 278

10 Beschleunigung und kurzfristiges Denken 280

11 Konsumismus 288

TEIL 2 HANDLUNGSPRINZIPIEN

12 Warum Handlungsprinzipien? 302
  12.1 Perspektivwechsel: die Sicht der Akteure 302
  12.2 Warum »Prinzipien« für nachhaltiges Handeln? 303
  12.3 Arten von Prinzipien 308

13 Naturbezogene Prinzipien 309
  13.1 Dekarbonisieren 309
  13.2 Kombination von Effizienz,
      Suffizienz und Konsistenz 314
  13.3 Kapitalbilanz netto-positiv aufbauen –
      in ökologischer und sozialer Hinsicht! 322
  13.4 Nachhaltig konsumieren: lokal, saisonal
      und vegetarisch 328
  13.5 Verursacherprinzip 332
  13.6 Vorsorgeprinzip 337
  13.7 Faszination für die Wunder und die Schönheit
      der Natur kultivieren 341

14 Persönliche Prinzipien 345
  14.1 Warum persönliche Prinzipien wichtig sind 345
  14.2 Kontemplation und *praxis* einüben 349
  14.3 Nicht zu sicher sein und Maßnahmen
      umsichtig anwenden 353
  14.4 Genügsamkeit feiern 355

15 Gesellschaftsbezogene Prinzipien 359
15.1 Die meiste Unterstützung für die am wenigsten Privilegierten 359
15.2 Sich um wechselseitiges Verständnis, Vertrauen und multiple Vorteile bemühen 361
15.3 Den sozialen Zusammenhalt stärken 363
15.4 Die Stakeholder einbinden 367
15.5 Bildung befördern – Wissen teilen und zusammenarbeiten 369

16 Systembezogene Prinzipien 372
16.1 Systemisch denken und handeln 373
16.2 Vielfalt fördern 381
16.3 Transparenz erhöhen über öffentlich Relevantes 384
16.4 Optionenvielfalt erhalten oder erhöhen 389

17 Schlussfolgerung: Prinzipien nachhaltigen Handelns können Phasenübergang auslösen 391
17.1 Zusammenfassung: Barrieren überwinden 391
17.2 Das Ziel ist Lebenswohl/Futeranity: die Zukunft der Erde und des Menschlichen 395
17.3 Ausblick: Die Veränderung kommt 409

Anmerkungen 411
Literaturverzeichnis 422
Danksagung 447
Abkürzungen 449
Abbildungen 450
Namensregister 451
Sachregister 453
Über den Autor 457

Diese Publikation ist ein
»Bericht an den Club of Rome«

Als der Club of Rome im Jahr 1968 gegründet wurde, beschränkte sich die Verwendung des Begriffs »Nachhaltigkeit« noch auf den Bereich der Forstwirtschaft. Er bezeichnete jenes forstwirtschaftliche Prinzip, nach dem nicht mehr Holz gefällt werden dürfe, als jeweils nachwachsen könne. Darüber hinaus war das Konzept nachhaltiger Entwicklung im gesellschaftlichen Diskurs kaum von Bedeutung: Auf dem Planeten lebten gerade einmal halb so viele Menschen wie heute, die CO_2-Konzentration in der Erdatmosphäre betrug noch unter 330 ppm (heute etwa 415 ppm) und das stetige Wachsen der Wirtschaft schien zumindest in den westlichen Industrieländern mit einem bis dahin beispiellosen Wohlstand einherzugehen. Die Löhne stiegen; es blieb von Jahr zu Jahr mehr Geld für den privaten Konsum übrig. Bildung, Gesundheit, Sozialleistungen und allgemeine Lebensbedingungen schienen sich stetig zu verbessern.

Der erste Bericht an den Club of Rome, »Die Grenzen des Wachstums«, warf im Jahr 1972 dann erstmals auch umweltpolitisch die Frage auf, wie lange diese vordergründig positive Entwicklung eigentlich anhalten könne. In seiner Schlussfolgerung warnte der Bericht davor, dass, hielten die Wachstumsraten der Jahre 1900 bis 1972 an, die Menschheit die Grenzen des Planeten zwischen dem Jahr 2000 und 2100 überschreiten würde.

Die Erkenntnis des Widerspruchs eines unbegrenzten und ungehemmten Wachstums des materiellen Konsums in einer Welt mit klar begrenzten Ressourcen schlug damals ein wie eine Bombe: Über 12 Millionen Exemplare des Berichts, in mehr als 30 Sprachen übersetzt, wurden verkauft. Im Verlaufe der kontroversen Debatten, wüsten Angriffe und Diskreditierungen von Seiten derer, die ihre Interessen durch diese Erkenntnis bedroht sahen, kristallisierte sich die Idee einer »Nachhaltigkeit« menschlicher Aktivitäten auf dem Planeten heraus.

In den Folgejahren formierte sich die internationale Umweltbewegung, mehrere Länder führten Umweltministerien ein und die Anerkennung der gegenseitigen Abhängigkeit von Natur und Wirtschaft trug maßgeblich zur Weiterentwicklung des Konzepts der Nachhaltigkeit bei.

»Die Grenzen des Wachstums« erwähnte im Besonderen, dass es möglich ist, Wachstumstrends zu verändern und neue Voraussetzungen für eine gerechtere und wünschenswerte Welt festzulegen, die Stabilität und globales Gleichgewicht ermöglichen. Heute besteht das zentrale Problem nicht mehr in der Frage, ob wir einen globalen Lebensstandard, der die Grenzen des Planeten nicht sprengt, erreichen können, sondern wie wir dies tun können. Dabei sind die Voraussetzungen zur Umsetzung zwar besser geworden, aber die Herausforderungen in der Zukunft sind ebenfalls stetig gewachsen.

Mit dem an der UN-Klimakonferenz in Paris 2015 getroffenen Übereinkommen zur Begrenzung der globalen Erwärmung, der Verabschiedung der 17 Ziele für nachhaltige Entwicklung der Vereinten Nationen, die 2016 in Kraft traten, und den zunehmenden sowie immer ehrgeizigeren Verpflichtungen zur Klimaneutralität zahlreicher Volkswirtschaften, Großstädte und Regionen weltweit ist heute zwar einerseits durchaus zu beobachten, dass die Weltgemeinschaft sich mehr und mehr den Herausforderungen für die Zukunft unseres Planeten stellt. Nichtsdestotrotz bleiben das globale Engagement, die Geschwindigkeit und das Ausmaß nachhaltiger Entwicklungen sowie die vereinbarten Maßnahmen noch immer weit hinter den Notwendigkeiten für eine stabile, lebenswerte und gerechtere Zukunft zurück.

Der vorliegende Bericht an den Club of Rome »Ist Nachhaltigkeit utopisch? Wie wir Barrieren überwinden und zukunftsfähig handeln« (engl. »Sustainable Action – Overcoming the Barriers«) widmet sich bemerkenswert ganzheitlich einer konzeptionellen, analytischen, moralischen, philosophischen, manchmal historischen

Bestandsaufnahme des Begriffs der Nachhaltigkeit. Christian Berg arbeitet sich vor zu den Barrieren und Hürden für den so dringend benötigten Umbruch und Wandel, stellt die Frage nach Prinzipien und Verantwortung, schlägt konkrete und abstrakte Lösungswege vor, um den Leserinnen und Lesern zu ermöglichen, schließlich und schlussfolgernd, das eigene Konzept des »Lebenswohls« (engl. »Futeranity«) zu entwickeln, welches Nachhaltigkeit als utopisches Ideal und übergeordnetes, gemeinsames Ziel definiert.

Christian Berg stellt sich durchgängig dem aktuellen Stand der Debatten um die Herausforderungen für die Zukunft des Planeten und der Menschheit. Dabei benennt und beleuchtet der Bericht die Spannungsfelder unserer Zeit: zwischen Hoffnung, Zynismus, Radikalität und Verzweiflung, individueller und kollektiver Verantwortung, »Fridays for Future« und »fake news«, zentralen Machtstrukturen und lokalen Initiativen, moralischen Ansprüchen und globaler Handlungsunfähigkeit.

Ein ausschlaggebender Grund für das Executive Committee des Club of Rome, das vorliegende Buch als »Bericht an den Club of Rome« anzunehmen, ist allerdings vor allem, ganz in der Tradition des Clubs und seiner analytischen Denkweise, der stete, systemische Blick auf Sachverhalte, Konzepte, Zusammenhänge und Lösungen. Für den Autor ist die Anerkennung der Komplexität aller Fragen rund um das Thema Nachhaltigkeit Grundvoraussetzung und Ausgangspunkt, um den Leserinnen und Lesern eine Fülle an neuen Gedanken, Erkenntnissen, Einsichten und Fakten – und nicht zuletzt das Konzept des Lebenswohls bzw. der »Futeranity« – zu präsentieren.

Wir befinden uns an einem entscheidenden Wendepunkt in der Geschichte; auch das zeigt dieser Bericht klar auf. Im kollektiven Bewusstsein wächst das Verständnis für die grundlegende Frage, wie die Welt aussehen soll, in der wir künftig leben wollen: eine globale Gesellschaft, die es schafft, nachhaltig von ihren Ressourcen leben zu können, die der endliche Planet und der unendliche menschliche Einfallsreichtum zur Verfügung stellen; eine gerechte Gesellschaft, die realen Wohlstand besitzt und glücklicher ist als heute. Die Vision des Club of Rome ist die einer aufgeklärten Welt, geleitet von Werten der Zusammenarbeit.

Die Welt kann in Zukunft ein sichererer und widerstandsfähiger Ort sein als die Welt von heute. Die Menschheit besitzt alle Möglichkeiten, Hilfsmittel, Wissenschaft und Technologie sowie die nötige Einsicht, die aktuelle systemische Krise zu überwinden und sich hin zu einer besseren Welt zu bewegen. Ob wir dies schaffen, wird von jedem und jeder einzelnen von uns abhängen; und von den Maßnahmen, die wir in Gemeinschaft ergreifen werden. »Ist Nachhaltigkeit utopisch?« bietet einen exzellenten Startpunkt, um Nachhaltigkeit in diesem Sinne neu zu denken.

Winterthur, Schweiz, 02. Dezember 2019
Dr. Mamphela Ramphele & Sandrine Dixson-Declève
Co-Präsidentinnen des Club of Rome

VORWORT

Noch ein Buch über Nachhaltigkeit? Gibt es nicht schon viel zu viele davon? Wissen wir nicht längst, was zu tun ist? Wir wissen doch längst, dass wir Energiesysteme, Verkehr, Landwirtschaft, Industrie – alles auf erneuerbare Energien umstellen müssen. Es gibt unzählige Ratgeber, die für alle Lebenslagen nachhaltiges Handeln versprechen. Es gibt Technologien für erneuerbare Energien, für Aufbereitung von Abfallstoffen, für »smartes« Düngen u. a. m.

Wir müssen doch all das einfach nur anwenden! Wir haben doch kein Erkenntnisproblem, sondern ein Umsetzungsproblem – oder etwa nicht?

Ja und nein.

All das passiert nicht, oder viel zu langsam, weil wir eben offenbar *nicht* wissen, wie dies alles umzusetzen ist. Wir haben sozusagen ein Erkenntnisproblem zweiter Ordnung: Uns fehlt das Wissen für die Umsetzung!

Dass das so ist, liegt maßgeblich daran, dass unsere Maßnahmen sehr oft die Komplexität der Herausforderungen und die Zusammenhänge zwischen ihnen unterschätzen – das ist eine Überzeugung, die das vorliegende Buch darstellen möchte. Jeder Übergang in eine nachhaltigere Gesellschaft wird einen umfassenden Blick auf die Barrieren der Nachhaltigkeit erfordern.

Trotz eines beeindruckenden Umfangs an Literatur zum Thema Nachhaltigkeit gibt es erstaunlicherweise kaum systematische Analysen der Frage, warum wir eigentlich nicht nachhaltiger sind. Was sind die Gründe, was sind die Barrieren auf dem Weg zur Nachhaltigkeit? Von sehr wenigen Ausnahmen abgesehen, Michael Hulmes Buch *Why we disagree on climate change* (deutsch *Streitfall Klimawandel*) ist eine davon, sind mir keine systematischen Untersuchungen über die Frage bekannt, warum Nachhaltigkeit so schwer zu erreichen ist. Das liegt mutmaßlich auch an der Tatsache, dass ein solches Buch eine Reihe unterschiedlicher Disziplinen berühren müsste, was ein schwieriges Unterfangen ist, wenn die wichtigsten akademischen Anreizsysteme nach wie vor disziplinäre Fokussierung belohnen.

Zudem mag man fragen, welchen Mehrwert denn ein solches Buch bringen könnte, da doch jede und jeder aus dem eigenen Bereich die Probleme der Nicht-Nachhaltigkeit zur Genüge kennt. Die Ökonomie diskutiert seit langem die Übernutzung globaler öffentlicher Güter, die Psychologie die Kluft zwischen Werten und Verhalten, die Politikwissenschaft die Mängel einer globalen Governance etc. – doch warum sollte man sich mit den Problemen anderer Bereiche beschäftigen?

Der Grund dafür ist, dass Nachhaltigkeit eben nur in einer interdisziplinären Perspektive *verstanden* und auch nur in einer solchen erfolgversprechend *adressiert* werden kann! Ohne eine integrative, systemische Betrachtung der Herausforderungen, ohne einen umfassenden Blick auf die Nachhaltigkeitsbarrieren, werden wir die Probleme nicht verstehen und bewältigen können.

Während der letzten zwanzig Jahre war ich in ganz unterschiedlichen Rollen in der Wirtschaft, der Wissenschaft, der Politikberatung und der Zivilgesellschaft mit der Frage beschäftigt, wie wir mehr Nachhaltigkeit realisieren können. Oft habe ich von großartigen Ideen, schlauen und engagierten Menschen gehört – doch allzu oft sind deren Ideen im Sande verlaufen. Je länger ich über die Gründe dafür nachdachte, desto mehr reifte in mir die Überzeugung, dass es nur durch einen viel stärker integrativen, holistischeren Ansatz auf die diversen Barrieren zur Nachhaltigkeit gelingen kann, Veränderung zu erreichen. Denn alles hängt mit allem zusammen.

Deshalb habe ich gewagt, in diesem Buch einen interdisziplinären Blick auf Nachhaltigkeitsbarrieren zu werfen – und deshalb hoffe ich auf viele Leserinnen und Leser aus ganz verschiedenen Disziplinen und mit ganz unterschiedlichen Hintergründen.

Der systemische Blick auf die Barrieren muss ergänzt werden durch die Perspektive der Akteure, denn es gibt keinen »globalen Steuermann« und komplexe Systeme lassen sich nur durch die beteiligten Akteure verändern.

Was also können Akteure auf verschiedenen Ebenen – vom Individuum über Unternehmen bis zu Regierungen und internationalen Regierungsorganisationen – zum erforderlichen Wandel beitragen? Was können sie beisteuern zur Agenda 2030 mit ihren 17 Nachhaltigkeitszielen (SDGs) und 169 Unterzielen? Ziele sind wichtig und notwendig – aber die Formulierung globaler Ziele hilft bei konkreten Entscheidungen wenig weiter. Welche von zwei Handlungsoptionen bekämpft den Hunger, den Klimawandel oder die Ungleichheit in der Welt eher als die andere? Oft genug führen die besten Absichten zu unerwünschten Nebenwirkungen, weil die Komplexität der Zusammenhänge unterschätzt wurde.

Noch einmal: Es gibt Berge von Büchern mit Tipps für nachhaltiges Handeln. Viele davon mögen gut und sinnvoll sein. Aber was im einen Fall richtig ist, kann im anderen Fall ganz anders beurteilt werden. »Lokal einkaufen« ist ein guter Tipp, solange der ökologische Fußabdruck der Produktion vor Ort nicht größer ist als andernorts und solange die ökologischen Wirkungen des Transports nicht vernachlässigbar sind. Das ist aber nicht immer der Fall.

Hinzu kommt, dass »nachhaltig« oft auf »grün« reduziert wird, was wiederum mitunter nur am Effekt auf das Klima bemessen wird. Der alleinige Fokus auf einzelne Herausforderungen gefährdet aber das Erreichen anderer Ziele und kann die Dinge im Ergebnis sogar schlimmer machen.

Es braucht deshalb aus meiner Überzeugung etwas, das zwischen der Universalität des Kategorischen Imperativs und der Konkretion von »lokal einkaufen« angesiedelt ist. Genau das beabsichtigen die in diesem Buch vorgeschlagenen Prinzipien für nachhaltiges Handeln.

Es sind diese beiden Aspekte, durch die das Buch hofft, einen Beitrag zum Nachhaltigkeitsdiskurs leisten zu können: durch einen umfassenden Blick auf die Nachhaltigkeitsbarrieren einerseits und durch Prinzipien nachhaltigen Handelns, die von Akteuren auf verschiedenen Ebenen angewendet werden können, auf der anderen Seite.

Selbstverständlich kann das Buch weder Fehlerlosigkeit noch Vollständigkeit beanspruchen, weder bezüglich der Nachhaltigkeitsbarrieren noch bezüglich der Handlungsprinzipien. Beides wird durch künftige Arbeiten ergänzt und wohl auch korrigiert werden müssen. Es ist gleichwohl meine Hoffnung, dass der hier vorgestellte Ansatz einen umfassenderen Blick auf die Herausforderungen der Nachhaltigkeit erlaubt und die Entwicklung ganz konkreter Handlungsprinzipien unterstützt, dass er also zum einen die notwendige Frage nach dem Systemwandel zu beantworten hilft und zugleich auf Akteursebene konkrete Orientierung ermöglicht, was jede und jeder dazu beitragen kann.

Der eiligen Leserin, dem eiligen Leser sei noch die Zusammenfassung in Abschnittt 17.1 empfohlen, die wichtige Kerngedanken zusammenfasst. Auch sei angemerkt, dass es in der Natur der Sache liegt, dass es nicht die *eine entscheidende* Barriere gibt noch das *eine entscheidende* Handlungsprinzip. Dementsprechend braucht das Buch auch nicht unbedingt sequenziell gelesen zu werden – jedes Kapitel ist weitgehend für sich verständlich (von eingeführten Autoren oder Abkürzungen abgesehen). Die Einleitung bietet sich aber in jedem Fall als Ausgangspunkt an.

> Übersetzungen englischer Originalquellen habe ich, soweit nicht ohnehin eine deutsche Ausgabe zitiert wurde, selbst vorgenommen. Bei mehrfacher, aufeinanderfolgender Bezugnahme auf dieselbe Quelle verweisen Zahlen in Klammern auf die entsprechenden Seitenzahlen.

1 Einleitung: Nachhaltigkeit – ein utopisches Ideal?

1.1 Ist Nachhaltigkeit ein »erschöpftes Konzept«?

Das Konzept einer nachhaltigen Entwicklung hat eine bemerkenswerte Karriere erlebt.

1987 stellte die UN-Kommission für Umwelt und Entwicklung (World Commission on Environment and Development, WCED) ihren Abschlussbericht vor. Das darin beschriebene Konzept, die »Bedürfnisse der gegenwärtigen Generation zu befriedigen, ohne die der künftigen Generationen zu gefährden« ist als »Brundtland-Definition« seither einschlägig geworden (WCED 1987, Abschnitt 27). Nur fünf Jahre später, 1992, einigte sich die Weltgemeinschaft in Rio de Janeiro darauf, Nachhaltigkeit als gemeinsames Ziel der Menschheit zu verfolgen. 2015 schließlich konnten sich die Staaten der Welt auf die Agenda 2030 mit ihren Nachhaltigkeitszielen (Sustainable Development Goals, SDGs) einigen, die 17 sehr konkrete Ziele für eine nachhaltige Entwicklung benennt, denen 169 Unterziele mit entsprechenden Indikatoren zugeordnet sind.

Im selben Jahr wurde mit dem Pariser Klimaabkommen ein weiterer wichtiger Meilenstein für nachhaltige Entwicklung erreicht. Es gibt unzählige weitere Programme, Initiativen, Maßnahmen und Organisationen, die sich der Herausforderung einer zukünftigen, einer nachhaltigen Entwicklung verschrieben haben – aber was hat das alles gebracht?

Wir Menschen prägen das Gesicht der Erde in einer nie dagewesenen Weise, was der Begriff »Anthropozän« zum Ausdruck bringt – der Mensch ist mittlerweile zur dominierenden Einflussgröße auf unserem Planeten geworden (Crutzen 2002).

Gibt es Fortschritte beim Schutz unserer natürlichen Lebensgrundlagen? Gelingt es uns, Ressourcen gerechter zu verteilen? Haben sich die Bemühungen um den Klimaschutz ausgezahlt?

Gewiss, es hat einige Fortschritte in Sachen Entwicklung gegeben: So haben die UN-Millennium-Entwicklungsziele, die Millennium Development Goals, zum Beispiel geholfen, die Kindersterblichkeit zu senken und die Armut zu bekämpfen.

In vielen ökologischen Fragen ist die Bilanz aber sehr ernüchternd. Besonders dramatisch sieht man dies an der Entwicklung der CO_2-Konzentration in der Atmosphäre.

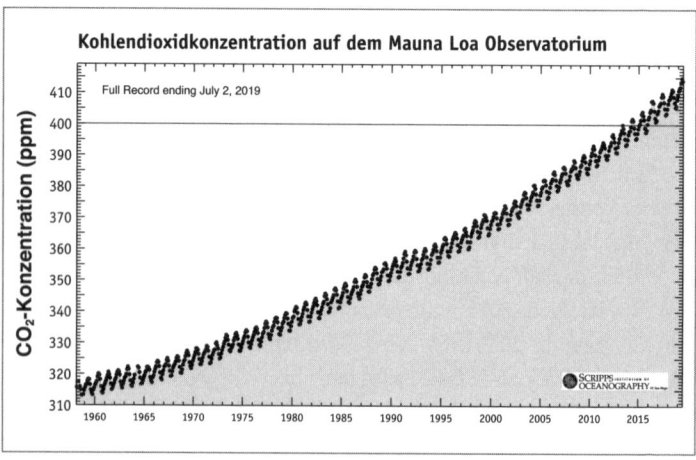

Abbildung 1: Keeling-Kurve: Kohlendioxidkonzentration auf dem Mauna Loa.
(Quelle: Scripps Institution of Oceanography (2019), https://scripps.ucsd.edu/)

Abbildung 1 zeigt die sogenannte Keeling-Kurve, die seit 1958 die CO_2-Konzentration in der Atmosphäre misst. Trotz jahrzehntelanger Bemühungen um Klimaschutz nimmt die CO_2-Konzentration in der Atmosphäre weiter zu. Nirgendwo ist der Effekt der Rio-Konferenz (1992), des Kyoto-Protokolls (1997) oder des Pariser Klimaabkommens (2015) erkennbar! Von den jahreszeitlich bedingten Schwankungen abgesehen, nehmen die Werte seit sechs Jahrzehnten kontinuierlich zu. Es gibt lediglich zwei kurze Phasen, in denen die Zunahme etwas geringer ausfällt: nach der Ölkrise Anfang der 70er-

Jahre und nach dem Zusammenbruch der Sowjetunion zu Beginn der 90er-Jahre.

Zeigt diese Kurve nicht das dramatische Versagen unserer Nachhaltigkeitspolitik? Oder stellt es vielleicht sogar das Konzept einer nachhaltigen Entwicklung generell in Frage? Was sind all die politischen Vereinbarungen und gutgemeinten Aktionen wert, wenn sie keine Ergebnisse zeigen? Machen wir uns nicht selbst etwas vor?

Dabei ist die Klimakrise natürlich bei weitem nicht das einzige ökologische Problem, möglicherweise noch nicht einmal das gravierendste. Der Artenschwund, der vielleicht noch bedrohlicher als der Klimawandel ist, wie verschiedene Studien nahelegen (Rockström et al. 2009; Steffen et al. 2015b), hat in den letzten Jahrzehnten dramatisch zugenommen. Der vom WWF veröffentlichte Living Planet Index dokumentiert einen Rückgang von 60 Prozent in den letzten 40 Jahren (WWF 2018).

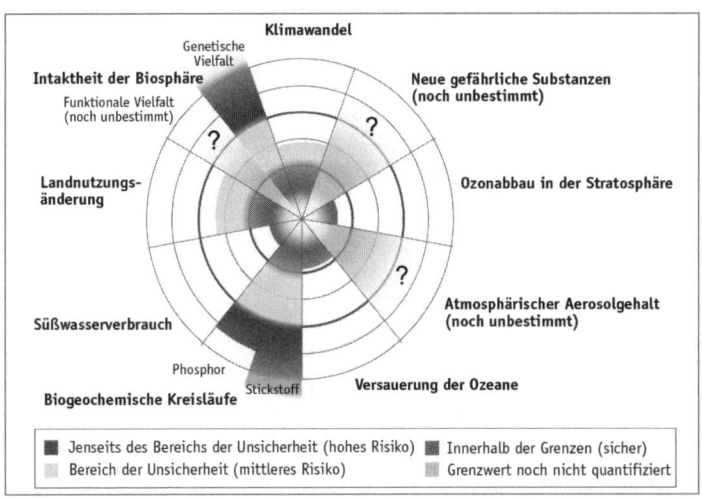

Abbildung 2: Planetare Grenzen. *(Quelle: Steffen et al. 2015b)*

Wir »plündern den Planeten« und beuten seine Rohstoffe aus (Bardi 2013), wir zerstören die tropischen Regenwälder und gefährden ihre indigenen Völker (Martin 2015) und unsere Ozeane werden wärmer, saurer und vermüllen (World Ocean Review 2017).

Einleitung | 21

Zwar gibt es global gesehen Fortschritte bei der gesellschaftlichen Entwicklung – der Human Development Index (HDI)[1] hat sich zwischen 1990 und 2017 verbessert –, doch gibt es bei genauerem Hinsehen noch immer große Probleme: Während die menschliche Entwicklung im globalen Mittel bei einem HDI von 72,8 Prozent liegt, ist dieser Wert für das Afrika südlich der Sahara mit 34,9 Prozent erheblich niedriger. Auch gibt es noch ein signifikantes »gender-gap«: Der HDI für Frauen liegt im globalen Mittel mehr als sechs Prozent unter dem der Männer. Und nicht zuletzt werden auch Fortschritte beim HDI durch ökonomische Disparitäten zunichte gemacht: Berücksichtigt man soziale Ungleichheiten, liegt der weltweite HDI nur noch bei 58,2 Prozent (UNDP 2018). Mehr als 60 Prozent der Menschen weltweit haben keinen Zugang zu sanitären Einrichtungen, 30 Prozent keinen Zugang zu sauberer Trinkwasserversorgung (UNESCO 2019).

Das ernüchternde Resümee des Sustainable Development Report von 2019 lautet, dass vier Jahre nach der Verabschiedung der Nachhaltigkeitsziele und des Pariser Klimaabkommens kein einziges Land auf dem richtigen Weg ist, alle Ziele zu erreichen. In vielen Bereichen verschlechtert sich die Situation sogar (Sachs et al. 2019, viii).

Und während die wissenschaftlichen Analysen von Klimakrise, klimabedingter Migration, Artenschwund, Entwaldung und Plastikmüll entschlossenes Handeln immer dringlicher machen (vgl. Steffen et al. 2018), wird die Diskussion um Nachhaltigkeit von einer völlig unerwarteten Seite torpediert: Populismus. Populistische Agitation zieht so viel Aufmerksamkeit auf sich, führt zu Rückschlägen bei internationalen Verhandlungen, zieht solide wissenschaftliche Kenntnisse in Zweifel, verunglimpft die Medien und heizt die gesellschaftliche Polarisierung weiter an.

Während die Fachwelt noch darauf hingewiesen hat, dass die im Pariser Klimaziel vereinbarten nationalen Selbstverpflichtungen (Nationally Determined Contributions, NDCs) nicht ausreichen, um das 2-Grad-Ziel auch wirklich zu erreichen (»Ambitionslücke«) und selbst diese unambitionierten Ziele nicht eingehalten werden (vgl. das Verfehlen der deutschen Klimaziele für 2020), muss konstatiert werden, dass die größte Gefahr für das Klima möglicherweise gar nicht aus unambitionierten NDCs resultiert, sondern aus der Tatsache, dass wir vorher den gesellschaftlichen Zusammenhalt verlieren oder geopolitische Konflikte erleben.

Dabei hat der Aufstieg des Rechtspopulismus in vielen Regionen der Welt möglicherweise sogar dieselben Ursachen wie unsere Nicht-Nachhaltigkeit. Denn ein Gefühl von Verunsicherung, das viele Menschen für populistische Vereinfachung empfänglich macht, ist mitverursacht durch die raschen Veränderungen heutiger Lebenswelten, zunehmende Ungleichheiten, hohe Problemkomplexität und das Gefühl, dass eine als elitär empfundene politische Klasse unfähig ist, die »wirklichen Probleme« zu adressieren (vgl. z. B. J.-W. Müller 2016; Dibley 2018; Lockwood 2018). Dies wird in Abschnitt 4.3 thematisiert werden.

Wie ist es zu beurteilen, dass das Konzept Nachhaltigkeit allgemein anerkannt und politisch *de jure* gewollt ist, es aber faktisch zu wenig Wirkmacht entfaltet? Dreierlei mögliche Reaktionen darauf seien nachfolgend kurz skizziert.

Das Konzept Nachhaltigkeit aufgeben?

Dennis Meadows, einer der Ko-Autoren des ersten Berichts an den Club of Rome, *The Limits to Growth* (Meadows et al. 1972), bemerkte schon im Jahr 2000, dass es für eine nachhaltige Entwicklung zu spät sei, wir sollten uns stattdessen lieber darum bemühen, unser Überleben zu sichern (*survival development* anstelle von *sustainable development*) (Meadows 2000, 147 f.).

Die US-amerikanischen Wissenschaftlerinnen Melinda Benson (Umweltgeographie) und Robin Craig (Umweltrecht) proklamieren das Ende des Konzepts der Nachhaltigkeit. »Es ist Zeit, das Konzept Nachhaltigkeit hinter sich zu lassen. Die Realitäten des Anthropozäns (Crutzen 2002), die ein nie dagewesenes und irreversibles Maß an anthropogenem Artenschwund, exponentiellem Pro-Kopf-Verbrauch an Ressourcen und globalem Klimawandel mit sich bringen, führen zu dieser Schlussfolgerung. Denn diese Entwicklungen zusammen machen rasche, nichtlineare Veränderungen unserer sozialen und ökologischen Systeme wahrscheinlicher. ... In einer Welt, die durch solch extreme Komplexität, grundlegende Unsicherheit und einen Mangel an Beständigkeit gekennzeichnet ist, müssen wir der Tatsache ins Auge sehen, dass es nicht möglich ist, das Ziel von ›Nachhaltigkeit‹ zu bestimmen, geschweige denn, es zu verfolgen« (Benson & Craig 2014, 777). Die Autoren schlagen stattdessen »Resilienz-Denken« als Orientierung gebende Alternative vor.

Dem Umweltsoziologen Ingolfur Blühdorn zufolge ist Nachhaltigkeit als Wegweiser für eine strukturelle Transformation der sozial wie ökologisch selbstzerstörerischen Konsumgesellschaften ein »erschöpftes Konzept«, wir würden stattdessen eine Politik der Nichtnachhaltigkeit auf dem Vormarsch sehen (Blühdorn 2017), eine »nachhaltige Nichtnachhaltigkeit« (Blühdorn & Deflorian 2019).

Die genannten Autoren haben selbstverständlich gute Gründe für ihre Argumente – gemessen sowohl an dem, was nötig wäre, als auch an dem, was bereits möglich ist, gibt es bisher bei weitem zu wenig Fortschritt. Sollten wir aber deshalb das Ideal einer Welt, in der Menschen in Harmonie miteinander und mit der Natur leben können, aufgeben? Haben wir vielleicht die Komplexität der Problemlagen unterschätzt? Haben wir uns vielleicht zu sehr auf den Gedanken verlassen, dass Einsicht zu Veränderung führt, obwohl wir doch in unserem persönlichen Leben tagtäglich das Gegenteil erfahren?[2] Haben wir vielleicht noch nicht das richtige Governance-Modell für Nachhaltigkeit gefunden? Haben wir vielleicht die Trägheit von Systemen unterschätzt und ihren Widerstand gegen Veränderung? Fehlen uns vielleicht institutionelle Anreize für sektor- und disziplinübergreifende Kooperationen und Initiativen?

Die Antworten auf all diese Fragen müssen bejaht werden. Aber wird dadurch das Ziel als solches schon zweifelhaft? Das Ziel der Nachhaltigkeit aufzugeben, weil es zu spät dafür oder unrealistisch wäre, klingt für mich wie Selbstmord aus Angst vor dem Tod. Es ist eine traurige Ironie, dass sich die Frustration über das Konzept der Nachhaltigkeit zu einer Zeit Bahn bricht, in der wir einen globalen Konsens darüber erreicht und diesen mit konkreten Zielen verbunden haben. Sowohl das Pariser Klimaabkommen als auch die Agenda 2030 sind bedeutende Meilensteine in der Geschichte globaler Kooperation – so unrealistisch und schwierig ihre Erreichung im Einzelnen auch sein mag.

Dieses Buch plädiert daher dafür, das Konzept der Nachhaltigkeit als Ideal festzuhalten; ein Ideal, das wir vielleicht nie erreichen werden, das vermutlich utopisch ist, aber das wir als solches dringender benötigen denn je.

Das Konzept der liberalen Demokratie aufgeben?
Angesichts der globalen Herausforderungen lasten einige Wissenschaftler den mangelhaften Fortschritt in Sachen Nachhaltigkeit der Regierungsform westlicher liberaler Demokratien an. Da Letztere offensichtlich nicht in der Lage wären, die genannten Probleme wirkungsvoll zu adressieren, wären stärker autoritär ausgerichtete Regime gefordert, die Herausforderungen zu bewältigen. Das reicht von dem Plädoyer für einen »starken Staat« bis zu mehr oder weniger unverhohlen gefordertem *environmental authoritarianism*, was im Prinzip einer Öko-Diktatur gleichkommt (Chen & Lees 2018; Blühdorn 2019; Beeson 2010)[3]. Die Tatsache, dass schon die Diskussion um ein Tempolimit auf deutschen Autobahnen Boulevardpresse wie Politiker reflexartig von »Öko-Diktatur« sprechen lässt, zeigt zum einen die Maßlosigkeit der Kommunikation, zum anderen offenbart sich darin die Schwierigkeit, die diesen Ruf nach einem »starken Staat« entstehen lässt.

Die Sozialwissenschaftler Blühdorn und Deflorian attestieren den vorherrschenden Ansätzen der Nachhaltigkeitspolitik schlichtweg Versagen. Diese sollten eher als gemeinschaftliches Management von nachhaltiger Nichtnachhaltigkeit (*the collaborative management of sustained unsustainability*) angesehen werden (Blühdorn und Deflorian 2019). Die Autoren drücken die feste Überzeugung aus, dass eine radikale sozial-ökologische Transformation dringend erforderlich ist. Sie könnten zwar (noch) keine wirkliche Alternative anbieten, doch wollten sie diese Transformation vorantreiben, indem sie die herrschenden Narrative analysieren (Blühdorn & Deflorian 2019, 13).

In seinem Buch *The Sustainable State* äußert sich Chandran Nair, Gründer der in Hongkong ansässigen Denkfabrik Global Institute for Tomorrow, ebenfalls kritisch zum »Laissez-faire-Modell« westlicher Gesellschaften, das nicht nachhaltig sei. Nair hält es zur Lösung der großen Zukunftsfragen für erforderlich, dass Regierungen wesentlich stärker eingreifen. In Auseinandersetzung mit der chinesischen Politik, deren Vorgehen er zwar nicht rechtfertigen möchte, für das er aber gewisse Sympathien erkennen lässt, betont er gleichwohl ihr großes Potenzial gegenüber dem Ansatz westlicher Gesellschaften (Nair 2018). Man möge mit dem nichtdemokratischen Charakter der chinesischen Politik nicht übereinstimmen, aber es bleibe wahr, dass China eine erheblich bessere Erfolgsbilanz für die Verbesserung der Lebensbedingungen der allgemeinen Bevölkerung aufweise – in einer sehr viel kürzeren Zeit – als die meisten anderen Entwicklungsländer. Das sei nur möglich geworden durch staatliche Intervention (Nair 2018, 177).

Mit den meisten dieser Beobachtungen stimme ich überein, aber ich teile nicht alle Schlussfolgerungen. Als ein privilegierter Bürger eines westlichen Landes, das es nur bedingt geschafft hat, seine Umwelt zu schützen – und dies zu einem Großteil nur deshalb tun kann, weil es ökologische und soziale Wirkungen in andere Bereiche der Welt ausgelagert hat (vgl. 5.1; Peters, Davis & Andrew 2012, 3273) –, halte ich es für wichtig, die Frage zu reflektieren, wie freiheitliche demokratische Gesellschaften globale Herausforderungen wirkungsvoll adressieren können. Ich teile die Sorge der oben genannten Autoren bezüglich der Frage, ob liberale Demokratien in der Lage sind, globalen Herausforderungen wirkungsvoll zu begegnen. Aber wir sollten uns daran erinnern, dass Freiheit immer dort endet, wo sie die Freiheit anderer gefährdet, was schon John Stuart Mill erkannt hat: »The only freedom which deserves the name is that of pursuing our own good in our own way, so long as we do not attempt to deprive others of theirs, or impede« their efforts to obtain it« (Mill 1869, 16).

Westliche Gesellschaften haben diese Herausforderung innerhalb ihrer nationalen Grenzen für soziale Probleme teilweise überzeugend gelöst. Die zentrale Aufgabe für uns heute besteht darin, dass die Herausforderungen nicht mehr nur nationaler, sondern globaler Natur sind, und dass es nicht mehr nur genügt, die gegenwärtig lebenden Menschen in den Blick zu nehmen, sondern auch künftige Generationen zu berücksichtigen sind. Auf dem Weg dorthin gilt es große praktische Hürden zu überwinden, doch scheint mir das Problem nicht grundsätzlich anders zu sein als dasjenige, das der demokratische Rechtsstaat heute schon mit der Einschränkung von Freiheitsrechten zugunsten des Gemeinwohls hat.

Es werden wohl exzessiv-luxuriöse Konsummuster, die zu Lasten des Gemeinwohls gehen, stärker zu hinterfragen sein. Der Ruf nach einer »Öko-Diktatur« würde das Problem allerdings wohl nicht lösen. Erstens kann man durchaus bezweifeln, dass Diktaturen generell besser darin sind, gesellschaftliche Probleme zu lösen. Auch ein globaler Diktator hätte viele Milliarden Menschen zu ernähren, Gesellschaften zu stabilisieren und die Stabilität von Ökosystemen zu sichern. Und das Schicksal vergangener oder gegenwärtiger real existierender Diktaturen gibt wenig Grund zur Hoffnung, dass ein solches Modell für Mensch oder Umwelt grundsätzlich besser wäre.

So formuliert auch der Politikwissenschaftler Harald Müller eine Reihe theoretischer Bedenken gegen die Vorstellung, dass eine globale Diktatur auf Dauer funktionieren könnte (vgl. H. Müller 2008). Wichtiger als solche pragmatischen Einwände erscheint mir allerdings, dass der Weg zu einer humanen Gesellschaft nicht mit inhumanen Mitteln bestritten werden kann. Es gibt unveräußerliche Rechte und Freiheiten, die nicht um vermeintlich höherer Ziele willen geopfert werden dürfen, wie sie eine Öko-Diktatur ggf. zur Disposition stellen würde.

Es wäre inkonsistent, für Frieden und Freiheit in einer künftigen Welt zu streiten und diese dabei heute zu opfern. Da nur der Staat den Rahmen gewährleisten kann, in dem persönliche Freiheiten geschützt werden können, ist das Verhältnis dieser Freiheiten zu dem ebenfalls vom Staat zu schützenden Gemeinwohl eine zentrale gesellschaftliche Herausforderung. Offensichtlich gestaltet sich, besonders auf globaler Ebene, das Verhältnis von Freiheit und Gemeinwohl derzeit so, dass es die Freiheiten Weniger sind, die das Gemeinwohl aller gefährden, denn die öffentlichen globalen Güter werden allerorten übernutzt. In Kapitel 7 wird diese Frage wieder aufgenommen. Für den Moment genügt festzuhalten, dass die Aufgabe freiheitlich-demokratischer Werte um anderer Ziele willen nicht grundsätzlich eine konsistente Option darstellt. Es braucht daher eine andere Antwort auf die oben genannte Frage.

Starke Polarisierung – dramatischere Appelle und unverblümte Leugnung des Klimawandels

Um sich angesichts des mangelnden Fortschritts in Richtung Nachhaltigkeit Gehör zu verschaffen, gibt es immer dramatischere Appelle, immer radikalere Maßnahmen und schrillere Tonlagen. Einfache Demos genügen in Zeiten skandalgewöhnter bzw. auch skandalisierender Medien nicht mehr, um Aufmerksamkeit zu erzielen. Der Einsatz muss schon höher sein, wofür Fridays for Future zum Symbol geworden ist. Der Ton wird schärfer. In dem distinguiert-elitären Kontext des Davoser Weltwirtschaftsforums 2019 forderte etwa der niederländische Historiker Rutger Bregman sehr vehement, angesichts der zunehmenden Ungleichheiten in der Gesellschaft endlich über Spitzensteuersätze zu reden: »Taxes, taxes, taxes – all the rest is bullshit« (YouTube 2019).

Auch die Forderungen werden extremer. In ihrem Bericht an den Club of Rome, *Ein Prozent ist genug*, schlagen Jorgen Randers und Graeme Maexton vor, Frauen 80.000 US-Dollar zu zahlen, wenn sie bis zum Alter von fünfzig Jahren keine Kinder (oder maximal eines) bekommen haben (Randers & Maxton 2016, 221 ff.). Angeregt durch diese Idee formuliert die deutsche Lehrerin und Autorin Verena Brunschweiger sogar, Kinder seien das Schlimmste, was man der Umwelt antun könnte (Der Westen 2019).

Mit Blick auf Ressourcenverbrauch und Umweltbelastung ist es fraglos richtig, dass die Menschheit insgesamt verheerende Wirkungen auf die Ökosysteme zeitigt – und dass jede und jeder Einzelne dazu beiträgt, besonders in reichen Ländern. Doch so sehr ich auch die sich in solcherlei Argumentation ausdrückende Sorge nachvollziehen kann, scheint mir deren Logik aus mehrfachen Gründen problematisch und fehlerhaft. Nicht nur deshalb, weil gerade viele reiche Länder jetzt schon ein massives Demografieproblem haben, das sich durch derlei Initiativen verschärfen würde und gewiss nicht einfach durch Migration zu beheben wäre, sondern vor allem auch wegen des damit negierten positiven Blicks auf das Leben, der aus meiner Sicht für eine verantwortungsvolle Weltgestaltung unabdingbar ist. Was würde es in Kindern und Jugendlichen auslösen, wenn man ihnen sagt: »Eigentlich wäre es besser, es gäbe Dich gar nicht!«?

Zudem scheint mir hier ein fragwürdiges Gesellschaftsverständnis zugrunde zu liegen. Menschliches Verhalten und gesellschaftliche Systeme lassen sich nicht in dieser quasi-technischen Weise steuern (vgl. zu dieser Diskussion auch Berg 2018).

Auf der anderen Seite des gesellschaftlichen Spektrums stehen Populisten, die sich aus noch zu thematisierenden Gründen (vgl. Abschnitt 4.3) in die irrige Ablehnung des anthropogenen Klimawandels verstiegen haben. Deren Verhalten lässt sich wohl eher in soziologischen und psychologischen, wenn nicht sogar religiösen Kategorien beschreiben, als dass Hoffnung bestünde, sie durch rationalen Diskurs von ihren Vorstellungen abzubringen (vgl. dazu z. B. Jaspal et al. 2016; Hobson & Niemeyer 2012).[4] Es entbehrt nicht einer gewissen bitteren Ironie, dass es gerade die mutmaßlich aus allerbesten Absichten entspringenden, aber eben besonders extremen Forderungen wie der des Kinderverzichts sind, die den Populisten Auftrieb geben und im Ergebnis vielleicht mehr schaden als nützen.

Die eingangs geschilderten globalen Krisensituationen, von denen die Klimakrise nur das prominenteste Beispiel ist, sind deshalb noch weitaus vertrackter, als sie es in der Sache ohnehin schon sind. Denn es genügt eben nicht die Einsicht, dass eine radikale Dekarbonisierung unserer Zivilisation erforderlich ist, um beim Klimabeispiel zu bleiben. Aus Einsicht allein folgt leider nur selten Handeln. Wir haben es darum nicht einfach nur mit einer Frage der *Umsetzung* zu tun, so als wäre im Prinzip klar, was zu tun sei (Dekarbonisierung). Wir haben es vielmehr, wie bereits erwähnt, mit einem Erkenntnisproblem zweiter Ordnung zu tun, mit der Frage nämlich, unter welchen *Bedingungen* es der Menschheit gelingen kann, die erforderlichen Maßnahmen auch umzusetzen.

In einer sich immer stärker ausdifferenzierenden Gesellschaft, in der es beinahe vollständig disjunkte »Blasen«-Welten mit ihren »alternativen Fakten« gibt, wird die Klimakrise nicht überwunden, wenn man *nur* die Klimakrise im Blick hat. Das würde die Komplexität der Herausforderungen fundamental unterschätzen. Und doch ist es genau das, was häufig passiert und was nach meiner Überzeugung dem fehlenden Fortschritt in Sachen Nachhaltigkeit zugrunde liegt: eine Vernachlässigung komplexer Zusammenhänge und eine eindimensionale Verengung der Probleme, häufig verbunden mit dem Propagieren einiger weniger, zum Teil sehr umstrittener Maßnahmen – so jedenfalls wird das vorliegende Buch argumentieren.

Die Klimakrise ist keineswegs neu – und sie war auch in den Jahren 2015 und 2016 schon da, wurde aber in Deutschland von der »Flüchtlingskrise« überschattet. Unterbrochen von der Diskussion um andere Krisenherde (z. B. Artensterben, Abholzen und Abbrennen der Regenwälder oder Plastikmüll) hangelt sich der öffentliche Diskurs so von Krise zu Krise.

Flüchtige massenmediale Kommunikation mit ihrem Bedarf, Komplexität zu reduzieren, trägt dazu bei, die öffentliche Aufmerksamkeit auf bestimmte, isolierte Themen zu lenken. Durch die vordergründige Fokussierung auf das Dringliche, Dramatische wird der Blick verstellt auf die dahinterstehenden Barrieren, die einem Mehr an Nachhaltigkeit den Weg versperren (vgl. Abbildung 3).

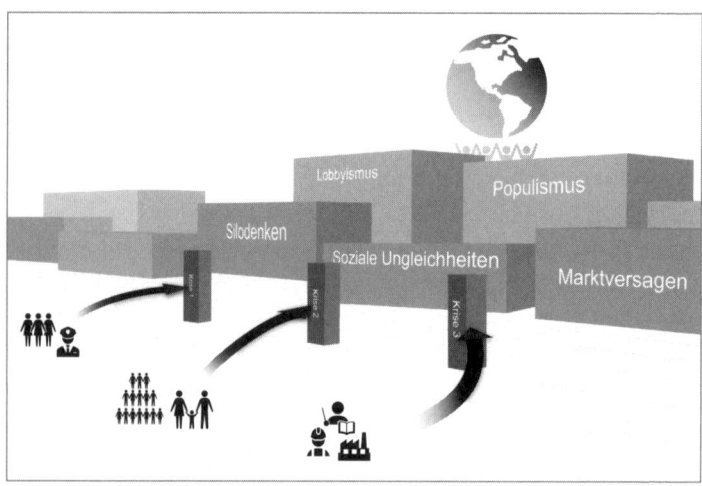

Abbildung 3: Krisenfokus verhindert umfassenden Blick auf Nachhaltigkeitsbarrieren. *(Quelle: Eigene Darstellung)*

Themen der Nachhaltigkeit, der Klimawandel insbesondere, sind zu lange primär als naturwissenschaftliches Thema betrachtet worden – nicht zuletzt deshalb, weil naturwissenschaftliche Zusammenhänge häufig den Ausgangspunkt bilden. Deshalb hat wohl kaum jemand die Gefahr kommen sehen, die der Populismus für Klima- und Nachhaltigkeitspolitik darstellt. Auch heute noch sind wir mutmaßlich deutlich besser darin, die sozialen *Folgen* des Klimawandels zu verstehen als die sozialen *Bedingungen* dafür, ihn zu begrenzen.[5]

Was ist angesichts dessen zu tun? Wie in diesem Buch gezeigt werden soll, besteht eine vielversprechende Alternative darin, zunächst möglichst umfassend auf die unterschiedlichen Barrieren auf dem Weg zur Nachhaltigkeit zu schauen und diese zu analysieren. Es gibt so viele unterschiedliche Gründe dafür, dass wir nicht nachhaltiger sind, und erst wenn man viele dieser Barrieren zugleich in den Blick nimmt – sozusagen eine Vogelperspektive einnimmt –, werden Lösungen erkennbar. Aus diesem Grund werden im zweiten Teil des Buchs Prinzipien nachhaltigen Handelns vorgeschlagen, die Akteuren unterschiedlichster Art Orientierung anbieten und den Übergang in eine nachhaltigere Gesellschaft befördern (vgl. Abbildung 4).

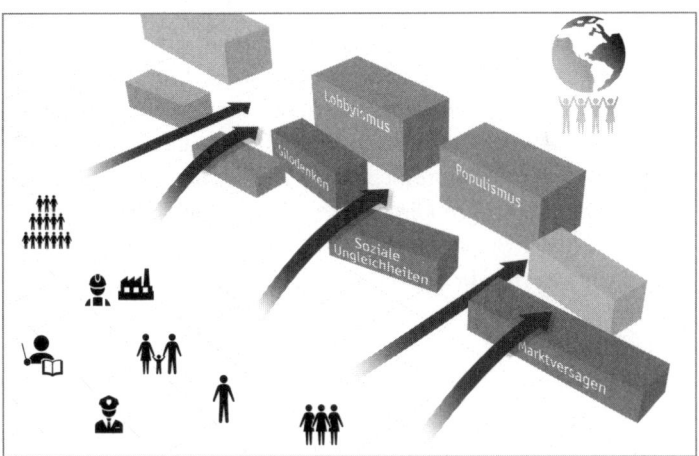

Abbildung 4: Umfassender Blick auf Barrieren eröffnet Spielräume auf dem Weg zur Nachhaltigkeit. Multiple Akteure adressieren multiple Barrieren.
(Quelle: Eigene Darstellung)

Offenkundig kommen wir mit der Komplexität der Herausforderungen noch nicht zurecht. Komplexe Systeme lassen sich nicht einfach »steuern«. Die Reduktion auf einige wenige Parameter ist umso problematischer, je komplexer das System ist. Verändern lassen sich komplexe Systeme am ehesten dann, wenn eine möglichst große Zahl von Parametern in der gewünschten Weise zusammenwirken. Dieses ist vergleichbar mit einem Phasenübergang (wie in der Physik), der nun betrachtet werden soll.

1.2 Phasenübergang zur Nachhaltigkeit

Für einen Übergang in eine nachhaltigere Gesellschaft braucht es gewaltige Veränderungen, schrittweise Verbesserungen hier und dort werden nicht genügen (vgl. z. B. Kanger & Schot 2018). Es wird zum Beispiel neue Formen von Produktion und Konsum, veränderte Rahmenbedingungen des Markts, eine bessere Global Governance, eine gerechtere Verteilung von Gütern erfordern, um nur ein paar zu nennen.

Der in Manchester Systeminnovation lehrende Frank Geels untersucht gesellschaftliche Veränderungsprozesse. Ihm zufolge sind unsere gegenwärtigen ökologischen Probleme wie Klimawandel, Artenschwund oder Ressourcenverknappung gewaltige gesellschaftliche Herausforderungen, die nicht nur eine zehnfach bessere Öko-Effizienz, sondern auch grundlegende strukturelle Veränderungen beispielsweise in den Bereichen Transport, Energie sowie Landwirtschaft und Ernährung erfordern. Geels spricht von sozio-technischen Übergängen (*socio-technical transitions*), da sie ein komplexes Geflecht von Veränderungen in technischen wie sozialen Systemen voraussetzen. Veränderungen würden dabei stets Akteure aus Wirtschaft und Politik, aus Zivilgesellschaft, Wissenschaft und Technik betreffen. »Übergänge sind daher stets komplexe und langwierige Prozesse, die eine Vielzahl von Akteuren einbeziehen.« (Geels 2011, 24)

Dass ein Phasenübergang, wie der in eine nachhaltigere Gesellschaft, verhindert wird, wenn wir nicht berücksichtigen, dass er von verschiedenen Parametern (und Akteuren) abhängt, sei durch folgende Analogie aus der Physik verdeutlicht: Wenn Wasser gefriert, verändert es seinen Aggregatzustand von flüssig zu fest und hat dann in Form von Eis offensichtlich ganz andere physikalische Eigenschaften. Auch eine nachhaltigere Gesellschaft wird sich von unserer heutigen grundlegend unterscheiden. Doch wie kann man nun den Phasenübergang beschleunigen? Selbstverständlich durch Veränderung der Temperatur, das weiß jedes Schulkind. Doch das ist nur die halbe Wahrheit. Der Übergang von fest zu flüssig oder von flüssig zu gasförmig hängt nicht nur von der Temperatur ab, sondern auch vom Umgebungsdruck. Auch flüssiges Wasser kann bei Zimmertemperatur verdampfen, wenn man den Umgebungsdruck herabsetzt. Umgekehrt kann das Sieden des Wassers verzögert werden, wenn der Druck erhöht wird, was im Schnellkochtopf ausgenutzt wird. Der Grund dafür ist, dass das Phasendiagramm des Wassers von *zwei unabhängigen Variablen* abhängt, der Temperatur und dem Umgebungsdruck. Das bedeutet, dass ein Phasenübergang unterstützt und sehr viel schneller erreicht werden kann, *wenn beide Variablen zugleich* in entsprechender Weise verändert werden. Umgekehrt wird das Verdampfen des Wassers *verhindert*, wenn man die Temperatur beständig erhöht, während jemand anderes zugleich den Umgebungsdruck erhöht.

Für die Unterstützung von Phasenübergängen ist also die Kenntnis sämtlicher Parameter entscheidend. Wenn dies schon in der Physik gilt, um wie viel mehr sollte dann für hochkomplexe gesellschaftliche Veränderungsprozesse gelten, dass sie nur durch synergetisches Zusammenwirken unterschiedlichster Akteure möglich werden?

Wenn ein Übergang in eine nachhaltigere Gesellschaft daher befördert werden soll – und das zu erreichen ist zentrales Anliegen dieses Buchs –, dann wird dies entscheidend davon abhängen, die Parameter zu kennen, die verhindern, dass das System einen anderen Zustand einnimmt. In der Terminologie des vorliegenden Buchs bedeutet das, die Nachhaltigkeitsbarrieren zu analysieren.

Dass die gleichzeitige Erfüllung unterschiedlicher, voneinander unabhängiger Bedingungen für gesellschaftliche Transformationen erforderlich ist, ist auch ein Ergebnis ganz unterschiedlicher Forschungen zu gesellschaftlichen Transformationsprozessen. Geschichtliche Transformationen können nie *einem* Akteur, *einem* Ereignis oder *einer* Entwicklung zugeschrieben werden, sondern

Einleitung

werden durch gleichzeitige, ganz unterschiedliche Veränderungen hervorgerufen (vgl. Osterhammel 2009; WBGU, 2011, 5). Dies bestätigen die Arbeiten ganz unterschiedlicher Gruppen von Forschenden. Martin Hirschnitz-Garbers vom Ecologic-Institut untersucht mit seinen Ko-Autoren den nicht-nachhaltigen Ressourcenverbrauch des globalen sozio-industriellen Metabolismus; die Autoren kommen zu dem Ergebnis, dass dieser die Folge eines dynamischen Prozesses komplexer Interaktionen unterschiedlicher Treiber sei (Hirschnitz-Garbers et al. 2016, 25).

Geels und Schot (2007) sowie Geels (2011) schlagen eine Mehrebenenbetrachtung vor (*multi-level perspective*), um Nachhaltigkeitsübergänge zu verstehen, die einfache Kausalitätszusammenhänge hinter sich lässt. »Es gibt nicht eine einzige ›Ursache‹ oder einen Treiber. Vielmehr gibt es Prozesse in vielfältigen Dimensionen und auf verschiedenen Ebenen, die miteinander verknüpft sind und sich wechselseitig verstärken (*zirkuläre Kausalität*)« (Geels 2011, 29).[6]

Auch Paul Raskin et al. analysieren in ihrem Buch *The Great Transition* die unterschiedlichen Ursachen historischer Transformationen: »Geschichtliche Übergänge sind komplexe kritische Augenblicke, in denen das gesamte kulturelle Gefüge (*cultural matrix*) und die Beziehung der Menschheit zur Natur verändert werden. Beim Erreichen kritischer Grenzwerte verstärken sich graduelle Veränderungen wechselseitig, die sich in einer Vielzahl von Dimensionen abspielen – in Technik, allgemeinem Bewusstsein und Institutionen. Ausgehend von Keimzellen des Neuen strahlen Veränderungsprozesse durch Eroberung, Nachahmung und Anpassung in die Umgebung ab« (Raskin et al. 2002, 3).

Ganz analog beschreibt auch eine Gruppe niederländischer Forscher um John Grin langfristige Übergänge in eine nachhaltigere Gesellschaft (Zeitraum 40 bis 50 Jahre). Solche Übergänge seien von ko-evolutiven Prozessen abhängig, die multiple Veränderungen in sozio-technischen Systemen mit sich brächten und durch Prozesse multipler Akteure, den Interaktionen zwischen sozialen Gruppen, wissenschaftlichen Communities, Politik-Gestaltern, sozialen Bewegungen und Interessengruppen bestimmt seien (Grin, Rotmans & Schot 2010, 11; vgl. auch Köhler et al. 2019).

Petra Künkel, die das Collective Leadership Institute gegründet hat, fordert schließlich in ihrem Buch *Stewarding Sustainability Transformation* einen systemischen Ansatz und ein neues Verständnis von Führung (*Leadership*), um komplexen adaptiven Systemen gerecht zu werden. Es gäbe nicht den einen richtigen Weg, um Veränderung möglich zu machen. Angesichts der Komplexität der betreffenden Systeme seien multiple Anstrengungen auf zahlreichen Ebenen und Quellen mit ganz unterschiedlichen Ansätzen erforderlich (Künkel 2019, 14).

Zusammenfassend können wir festhalten, dass ein Übergang in eine nachhaltigere Gesellschaft eine multidimensionale Herausforderung darstellt, die einen sehr umfassenden und differenzierten Ansatz auf verschiedenen Ebenen erfordert – einen Ansatz, der

- *mehrere Dimensionen* umfasst, d. h. soziale, ökologische und wirtschaftliche Belange beinhaltet;
- *auf verschiedenen Ebenen* operiert, d. h. von der lokalen bis zur globalen Ebene alles einschließt;
- *multi-sektoral ist,* d. h. Regierungen, Zivilgesellschaft und NGOs ebenso einschließt wie Wissenschaft und Wirtschaft; und schließlich auch
- *zahlreiche Akteure auf verschiedenen Ebenen* einschließt (vgl. Künkel 2019, z. B. 14.263).[7]

Im Unterschied zu wohl allen bisherigen Entwicklungen in der Menschheitsgeschichte ist es das erste Mal, dass ein solcher Übergang in globalem Maßstab und als Ergebnis planvollen Handelns vonstatten zu gehen hat – und zwar in (relativer) Abwesenheit von externem Druck, allein durch Antizipation künftiger Bedrohungen.

1.3 Nachhaltigkeitsbarrieren verstehen

Trotz zahlreicher Jahrzehnte von Nachhaltigkeitsforschung gibt es kaum umfassende systematische Untersuchungen über die Gründe für unsere Nicht-Nachhaltigkeit. Mike Hulmes Buch *Why we disagree about Climate Change* (Hulme 2009) ist eine wichtige Ausnahme. Hulme zufolge gibt es mehrere unterschiedliche Antworten auf die mit seinem Buch gestellte Frage. Sein Ausgangspunkt ist die Betrachtung des Klimawandels aus der Perspektive verschiedener sozialer Akteure: Wissenschaft, Religion, Medien etc. Unterschiedliche Konzeptionen von Wissenschaft, unterschiedliche Werte und Glaubenssysteme, unterschiedliche Prioritäten und Interessen wie auch unterschiedliche Vorstellungen von Verantwortung für künftige Generationen würden Uneinigkeit und mangelnden Fortschritt bei der Bekämpfung des Klimawandels erklären. Dies ist ein interessanter und wichtiger Ansatz. Im vorliegenden Buch soll zwar ein ähnliches Ziel verfolgt werden, nämlich aus verschiedenen Perspektiven auf die Differenzen bzw. Nachhaltigkeitsbarrieren zu schauen, es folgt allerdings einer mehr systematischen, konzeptionellen Sicht. Zudem konzentriert sich Hulme auf den Klimawandel, während es hier allgemeiner um Fragen der Nachhaltigkeit gehen soll.

Andere Autoren haben auch die Frage der Nicht-Nachhaltigkeit untersucht, führen sie aber primär auf Probleme bei der Implementierung bestimmter Politiken zurück, wie zum Beispiel Michael Howes und eine Gruppe australischer Forschender aus Umwelt- und Sozialwissenschaften (Howes et al. 2017). Wie bei jeder Implementierung politischer Maßnahmen gibt es eine Reihe von Bedingungen, die erfüllt sein müssen, damit Nachhaltigkeitspolitiken wirkungsvoll werden können: Die Ziele müssen klar definiert sein, sie müssen messbar sein, der Leistungsverlauf muss verfolgt werden und es muss hinreichend budgetiert werden und auch dokumentiert sein, was im Fall einer Zielverfehlung geschehen soll. Solche Implementierungsprobleme sind zweifellos auch bei der Umsetzung von Maßnahmen für mehr Nachhaltigkeit vorhanden, doch werden sie hier im Folgenden ausgeblendet, weil sie nicht *spezifisch* für das Thema Nachhaltigkeit sind. Hier soll es um Herausforderungen gehen, die *konzeptionell* mit dem Thema Nachhaltigkeit verbunden sind.

Das ist auch der Grund, warum nicht alle *faktischen* Barrieren der Nachhaltigkeit zur Sprache kommen werden, obgleich sie in der Praxis gravierend sein mögen. Das weltweite Bevölkerungswachstum, zum Beispiel, ist eines davon. Beinahe jedes Problem der Nicht-Nachhaltigkeit wird durch eine rasch zunehmende Bevölkerung erschwert, doch soll der Schwerpunkt im Folgenden auf den konzeptionellen Barrieren der Nachhaltigkeit liegen. Gleichwohl wird, um bei diesem Beispiel zu bleiben, das Thema Bevölkerungswachstum indirekt durchaus angesprochen, weil eine Reduktion des menschlichen Umwelteinflusses direkt von der Bevölkerungsgröße abhängt.

In seinem Hauptgutachten 2011 (Gesellschaftsvertrag für eine große Transformation) hat der Wissenschaftliche Beirat Globale Umweltveränderungen (WBGU) verschiedene Hindernisse bzw. Barrieren zur Nachhaltigkeit diskutiert. Um eine große Transformation zu erreichen, sei es »vordringliche politische Aufgabe«, die Blockaden einer solchen Transformation und vielfältige Pfadabhängigkeiten zu überwinden (WBGU 2011, 1). Der Bericht fordert dann als ersten Schritt zu dieser »Großen Transformation«, die Transformationsbarrieren zu überwinden und benennt folgende fünf: Pfadabhängigkeiten, enge Zeitfenster, globale Kooperationsblockaden, rasante Urbanisierung und günstig verfügbare Kohlevorräte (6) – Barrieren also, die bezüglich ihrer Natur offensichtlich sehr unterschiedlich sind und teils systemischer (Pfad-Abhängigkeiten), teils sozialer (Urbanisierung), teils wirtschaftlicher Natur sind (billige Kohle; WBGU 2011, 6.22.82 ff.).

Darüber hinaus geht der WBGU nicht genauer auf eine Analyse der Barrieren ein, obgleich die Autoren bekunden, dass sich eine Eigendynamik in Richtung Transformation entfalten könne, sobald erst einmal die »entscheidenden Hürden genommen« worden seien (6).

Doch was sind diese Barrieren? Wie kann ein strukturiertes wachsendes Verständnis der Barrieren gewonnen werden? Dies ist der Ausgangspunkt für das vorliegende Buch. Ein umfassender und strukturierter Blick auf die Nachhaltigkeitsbarrieren kann insofern als Möglichkeitsbedingung für einen Umbau zu einer nachhaltigen Gesellschaft verstanden werden. Anders gesagt, ohne ein solches Verständnis wird eine entsprechende Transformation zumindest nicht befördert werden können. Auch der in Neuseeland lehrende Umweltjurist Klaus Bosselmann argumentiert in seinem Buch zum Prinzip der Nachhaltigkeit, dass es zunächst um das Verständnis des Problems, erst dann um die Erwägung von Lösungsansätzen zu gehen habe (Bosselmann 2017, 42 f.).

1.4 Prinzipien für nachhaltiges Handeln entwickeln

Blickt man aus einer systemischen Perspektive auf Barrieren der Nachhaltigkeit – was aus sachlichen Gründen unabdingbar ist –, kann man danach fragen, welche Rollen einzelne Akteure dabei spielen. Der Spielraum einzelner Akteure bei der Veränderung der Marktbedingungen oder bei der Gestaltung globaler Ordnungsstrukturen ist sehr begrenzt, selbst wenn man Regierungen oder Unternehmen zu diesen Akteuren zählt.

Dieses Problem haben alle Ansätze, die einen systemischen Blick auf die globalen Herausforderungen und die erforderlichen Transformationen werfen, was meist auch offen zugestanden wird (vgl. etwa Geels & Schot 2007, 414; Geels 2011, 29; Kanger & Schot 2018). Auch Wittmayer et al. (2017) kommen bei ihrer Analyse von Nachhaltigkeitstransformation aus soziologischer Sicht zu dem Schluss, dass die Rolle der Akteure meist zu wenig Aufmerksamkeit erfährt (Wittmayer et al. 2017, 53).

So wichtig eine systemische Betrachtung also aus sachlichen Gründen auch ist, ist sie doch durch eine starke Einbeziehung der Akteure zu ergänzen. Denn Veränderung beginnt immer mit einzelnen Akteuren, und auch die mächtigsten Politiker benötigen den Rückhalt aus der Bevölkerung, wie auch die Unternehmensvorstände den ihrer Anspruchsgruppen (*Stakeholder*). Und ohnehin ist nur eine verschwindende Minderheit in Positionen tätig, die eine aktive Gestaltung wirtschaftlicher oder politischer Rahmenbedingungen ermöglichen.

Vor allem aber können komplexe Systeme nicht einfach wie eine Maschine gesteuert oder reguliert werden. Aufgrund von Interdependenzen und Rückkopplungen von Komponenten führen Steuerungsversuche oft keineswegs zu dem beabsichtigten Ergebnis (vgl. 2.2). Das heißt aber nicht, dass solche Systeme überhaupt nicht zu beeinflussen sind. Nur erfolgt die Beeinflussung sozusagen »von unten«, from the bottom up, über die Systemkomponenten und ihre Wechselwirkungen (vgl. Stroh 2015, 15).

Es ist deshalb von entscheidender Bedeutung, die systemische Betrachtung durch eine akteursspezifische Betrachtung zu ergänzen, denn es sind die Akteure und ihr Zusammenwirken, die das Verhalten von Systemen bestimmen. Es gibt nicht den *einen* Steuermann, sondern es ist ein sehr komplexes Geflecht von Akteuren unterschiedlicher Ebenen und ihren Interaktionen, welches das Systemverhalten bestimmt. Und selbstverständlich sind auch Entscheidungsträger auf die Unterstützung ihrer Stakeholder angewiesen.

Die Einbindung von Akteuren sollte jedoch nicht nur aus systematischen, sondern auch aus praktischen Gründen erfolgen. Wer sich um Nachhaltigkeit bemüht, möchte sein Handeln bereits heute darauf ausrichten und konkret werden lassen. Es ist in konkreten Handlungssituationen aber häufig gar nicht einfach bzw. sogar unmöglich zu sagen, welche von mehreren Handlungsoptionen die nachhaltigere ist. Das ist aus meiner Sicht auch eine Schwierigkeit der UN-Nachhaltigkeitsziele (SDGs). Sie bestimmen zwar Ziele, geben aber wenig Orientierung bei der Frage, welche von zwei konkreten Handlungsalternativen die nachhaltigere ist. Das wichtige Ziel, den Hunger zu bekämpfen, beantwortet nicht die Frage, wie das konkret geschehen kann – darüber streiten Entwicklungspolitiker und Ökonomen seit Jahrzehnten (vgl. 4.2).

Es braucht daher Handlungsunterstützung, die in konkreten Entscheidungssituationen die nachhaltigere von mehreren Alternativen zu identifizieren hilft – und dies gilt nicht etwa nur für individuelles Konsumverhalten, sondern ebenso für Fragen von Beschaffungsprozessen der Öffentlichen Hand oder von Unternehmen, für die Formulierung von Gesetzen oder Regulierungen oder Initiativen der Zivilgesellschaft.

Die Schwierigkeit besteht darin, Prinzipien zu entwickeln, die einerseits hinreichend allgemein sind, um für einen weiten Bereich von Akteuren und Kontexten gültig zu sein, doch zugleich hinreichend konkret, um in Entscheidungssituationen Orientierung zu geben.

Das sei mit Blick auf zwei Extreme verdeutlicht. Auf der einen Seite des Spektrums gibt es allgemeine Prinzipien, die universelle Gültigkeit beanspruchen, wofür Kants Kategorischer Imperativ sicher ein herausragendes Beispiel ist. »Handle so, dass die Maxime deines Willens jederzeit zugleich als Prinzip einer allgemeinen Gesetzgebung gelten könne.« (Kant KpV A 54)[8] Hans Jonas hat dieses Prinzip auf die heuti-

Einleitung | 39

ge »technologische Zivilisation« übertragen und gefordert, so zu handeln, »dass die Wirkungen deiner Handlung verträglich sind mit der Permanenz echten menschlichen Lebens auf Erden« (Jonas 1984, 36). Doch diese universalen Prinzipien helfen kaum bei Fragen des täglichen Konsums, wenn es etwa darum geht, welche Produkte die bessere Klimabilanz aufweisen. Ihr allgemeiner Geltungsanspruch erschwert die konkrete Anwendung. Auf der anderen Seite des Spektrums gibt es eine Vielzahl von Ratgebern, die für die vielfältigsten Zusammenhänge konkrete Empfehlungen geben (vgl. Berg und Hartung 2008). Doch auch sie stehen vor zwei wichtigen Herausforderungen.

Zum einen müssen sie die enorme Komplexität des Themas Nachhaltigkeit auf sehr wenige Indikatoren reduzieren, wie zum Beispiel den Verweis auf eine bessere Klimabilanz. Eine solche Reduktion ist naturgemäß immer selektiv und subjektiv. In der öffentlichen Diskussion wird dann aus »klimafreundlich« sehr schnell »nachhaltig« – dies ist jedoch ein Anspruch, der kaum für irgendeine Handlung mit Recht vertreten werden kann, wie im Verlauf des Buchs noch deutlich werden wird.

Zum zweiten müssen die Empfehlungen natürlich *zutreffend* sein – was zunächst trivial klingt, es aber keineswegs ist. Was auf den ersten Blick als nachhaltig erscheint, ist es bei genauerer Betrachtung nicht immer. Der einfache Rat »lokal einkaufen« geht in vielen Fällen in die richtige Richtung. Doch wenn die ökologischen Auswirkungen bei der Produktion deutlich größer sind als während des Transports, in anderen Regionen aber umweltverträglicher produziert werden kann, dann mag auch eine Beschaffung aus anderen Weltregionen ökologisch vertretbar sein (vgl. 13.4).[9]

Im Zusammenhang mit einer Analyse, wie Nachhaltigkeit angesichts der Komplexität der Welt erreicht werden kann, fordert Casey Brown, dass Menschen dazu zu bewegen sind, die richtigen Handlungen auszuführen, die das System in der gewünschten Weise beeinflussen (Brown 2008, 149). Wissenschaft und Politik hätten die Aufgabe, die richtigen Handlungen zu identifizieren und die Menschen entsprechend zu motivieren, damit das System Mensch-Natur durch das Zusammenspiel der verschiedenen Akteure in Richtung von mehr Nachhaltigkeit beeinflusst werden kann.

Zusammenfassend kann festgehalten werden, dass eine systemische Betrachtung in der Tat notwendig ist, um systemische Herausforderungen zu adressieren, dass Systeme jedoch stets durch ihre Komponenten und deren Interdependenzen beeinflusst werden. An dieser Stelle wird die Rolle der Akteure bedeutsam. Da es keinen »Steuermann« gibt, hängt alles von den Akteuren ab – Akteure verschiedener Art, Individuen, NGOs, Unternehmen, Regierungen etc. Sie alle haben Entscheidungen zu treffen und benötigen Orientierung. Nicht jeder von ihnen sorgt sich um Nachhaltigkeit. Doch denjenigen, die es tun, sollte Orientierung gegeben werden, die hinreichend konkret ist, um operabel zu sein, und hinreichend generisch, um einen großen Gültigkeitsbereich zu haben.

Solche Handlungsprinzipien sollten Akteure verschiedener Art und auf verschiedenen Ebenen ansprechen. Jede und jeder von uns hat viele Rollen inne – private, berufliche, öffentliche, gesellschaftliche. Es wäre wohl schon viel erreicht, wenn jede und jeder die Spielräume der jeweiligen Rolle nutzen und sich für nachhaltigeres Handeln einsetzen würde. Wenn sich zum Beispiel ein Manager mit seiner »rebellischen« Tochter auseinandersetzen muss, die ihm beim heimischen Abendessen Vorhaltungen macht, warum sein Unternehmen so wenig für den Klimaschutz unternimmt. Persönliche Betroffenheit ist fast immer Ausgangspunkt für veränderte Sichtweisen. Plötzlich erscheinen Dinge in einem anderen Licht und es wird »uncool«, sich auf Kosten anderer zu bereichern. Plötzlich reklamieren dann auch Politiker, denen man das nie zugetraut hätte, neue Themen für sich und treiben Veränderung von oben voran.[10] Dies ist der Hintergrund für die Handlungsprinzipien, die im zweiten Teil des Buchs entwickelt werden.

1.5 Das Konzept Nachhaltigkeit

Eine hitzige Debatte

Zu Beginn wurde kurz auf die Erfolgsgeschichte des Konzepts Nachhaltigkeit eingegangen, doch was meinen wir eigentlich, wenn wir von Nachhaltigkeit sprechen?

Die wohl am meisten verbreitete Bestimmung des Konzepts Nachhaltigkeit ist die bereits eingangs zitierte Brundtland-Definition, nach der eine Entwicklung anzustreben ist, die »die Bedürfnisse der gegenwärtigen Generation befriedigt, ohne die der künftigen Generationen zu gefährden« (vgl. 1.1; WCED 1987, Abschnitt 27). So verbreitet diese Definition auch ist, es gibt darum seit Jahrzehnten eine hitzige Debatte, die hier nur kurz angedeutet werden kann.

Der Soziologe Karl-Werner Brandt kritisiert die entschieden anthropozentrische Perspektive der Brundtland-Definition, die die Frage des Natur*schutzes* in eine Frage der Natur*nutzung* transformiere (Brandt 1997, 13). In ähnlicher Weise bemängelt der US-amerikanische Politkwissenschaftler James N. Rosenau, dass der Grundgedanke der Nachhaltigkeit einen wichtigen Bedeutungswandel erlebt hätte. Bei nachhaltiger Entwicklung würde man vor allem an den Erhalt der Wirtschaft, weniger an den Erhalt der Natur denken (Rosenau 2003, 13).

Wolfgang Sachs, ehemals Ökonom am Wuppertal Institut, kritisiert etwas anderes. Er spricht von der »Zwickmühle der ›Nachhaltigkeit‹« (Sachs 1997, 98), die sich insbesondere aus der Brundtland-Definition ergeben würde. Es sei kaum übertrieben zu sagen, dass in der Brundtland-Definition »das Dilemma Gerechtigkeit vs. Natur zugunsten der Natur aufgelöst« werde. Denn zwei entscheidende Fragen blieben offen: »Welche Bedürfnisse? Und: wessen Bedürfnisse? ... Soll Entwicklung sich auf den Wunsch nach Wasser, nach Land, nach Einkommenssicherheit richten oder auf das Verlangen nach Flugreisen und Aktien? ... Die Brundtland-Definition suggeriert ein Sowohl-Als-Auch – und vermeidet damit, sich der Gerechtigkeitskrise wirklich zu stellen« (Sachs 1997, 98 f.).

Noch deutlicher wird Dennis Meadows. Ihm zufolge wären die meisten Menschen, »die Gebrauch von der Brundtland-Definition machen, um ihre Arbeit zu rechtfertigen (...) an einem doppelten Betrug beteiligt: Erstens sind nämlich heutzutage keineswegs die Bedürfnisse aller befriedigt. Zweitens vermindern die wirtschaftlichen Aktivitäten, die wir unternehmen, um gegenwärtige Bedürfnisse zu befriedigen, definitiv und in vielerlei wesentlichen Hinsichten die Zahl der Optionen, über die zukünftige Generationen verfügen werden« (D. L. Meadows 2000, 126). Meadows fährt fort: »In meinem Land, den Vereinigten Staaten, ist ein ›developer‹ jemand, der ein Stück Land kauft, dort alle Bäume umschlägt und darauf Gebäude und Straßen baut. Daher ist im Englischen der Ausdruck ›sustainable development‹ in Wirklichkeit ein Oxymoron ...« (D. L. Meadows 2000, 127).

Nachhaltigkeit wird oft mit dem Begriff des Kapitals beschrieben, welches erhalten und nicht zerstört werden dürfte, wobei es zahlreiche Kapitalformen gibt, etwa Finanz-, Natur-, Sozial- oder Humankapital. Eine entscheidende Frage, an der sich viele Wege im Verständnis von Nachhaltigkeit scheiden, liegt darin, ob bzw. zu welchem Grad eine Substitution zwischen verschiedenen Kapitalformen für legitim erachtet wird, wenn eine andere Kapitalform reduziert wird (Figge 2005, 185).

Während Anhänger einer sogenannten *schwachen* Nachhaltigkeit meinen, Verluste im Bereich einer Kapitalform durch Zuwächse bei einer anderen ausgleichen zu können, sind Vertreterinnen der sogenannten *starken* Nachhaltigkeit der Ansicht, dass jede Kapitalform nur innerhalb gewisser Grenzen genutzt werden darf (vgl. Daly 1996; Neumayer 2003; Ott 2014).

Allerdings sind der Substituierbarkeit der Kapitalformen selbstverständlich Grenzen gesetzt, wie auch etwa Frank Figge von der Universität Leeds argumentiert. Eine zu starke Substitution bestimmter Kapitalformen würde die damit verbundenen Risiken erhöhen, wohingegen die Diversifizierung von Kapitalformen einen Risiko reduzierenden Effekt hätte (Figge 2005).

Auch der Physiker und Ökonom Robert Ayres diskutiert die Substituierbarkeit kritisch. Es habe sich die Einsicht durchgesetzt, dass bestimmte Ökosystemleistungen prinzipiell nicht ersetzt werden können – weder durch menschliche Arbeit noch eine andere Form menschengemachten Kapitals (Ayres 2008, 291).

Schließlich setzt Klaus Bosselmann sich in seinem Buch *The Principle of Sustainability* kritisch mit der Brundtland-Definition auseinander. Durch ihre Vagheit habe sie dazu beigetragen, das Thema Nachhaltigkeit kleinzureden. Regierungen würden deshalb die Botschaft verkünden, dass alles gleichzeitig zu haben sei – wirtschaftliches Wachstum, florierende Gesellschaften und eine intakte Umwelt. Dieses bei Regierungen wie Unternehmen beliebte schwache Konzept der Nachhaltigkeit sei grundlegend falsch, denn es gäbe nun einmal keine Alternative zum Erhalt der ökologischen Integrität der Erde (Bosselmann 2017, 2). Bosselmann hält es für zentral, am ökologischen Kern des Konzepts festzuhalten. »Es gibt entweder eine ökologisch nachhaltige Entwicklung oder gar keine nachhaltige Entwicklung« (21). Es sei eine große Fehleinschätzung zu meinen, dass ökologische, wirtschaftliche und gesellschaftliche Aspekte in gleicher Weise wichtig seien.

Das grundlegende Problem, das eine Reihe von Autoren in der Brundtland-Definition sehen (sie befördere nämlich Entwicklung zu Lasten der Natur), braucht auf konzeptioneller Ebene hier nicht weiter diskutiert werden. Bei aller konzeptionellen Vagheit scheint mir nämlich ein nicht geringer Teil dieser Kontroverse *in der Sache* begründet zu sein, nämlich in den Zielkonflikten zwischen ökologischer und sozialer bzw. wirtschaftlicher Dimension, in den konfligierenden Interessen von globalem Norden und globalem Süden und in der Frage, was eine faire bzw. gerechte Verteilung von Ressourcen ist.

Einen Großteil dieser Fragen hat jedes Konzept zu beantworten, das beansprucht, gegenwärtige wie künftige Bedürfnisse zu befriedigen. Auch die Agenda 2030 der UN teilt dieses Problem, indem sie versucht, einen Aktionsplan für »Mensch, Natur und Wohlstand« (*people, planet and prosperity*) – in der Präambel noch durch Frieden und Partnerschaft (*peace and partnership*) ergänzt – zu entwerfen. Sie ruft dazu auf, wirtschaftliche, soziale und ökologische Dimensionen auszubalancieren. Ihre 17 SDGs mit ihren 169 Unterzielen seien ganzheitlich und unteilbar (*integrated and indivisible*, UN 2015).

Doch was bedeutet es zu sagen, dass die SDGs »ganzheitlich und unteilbar« sind? Es muss doch wohl heißen, dass keines der 17 SDGs für sich alleine schon beanspruchen kann, nachhaltig zu sein. Es müsste demnach so sein, dass Nachhaltigkeit erst dann verwirklicht wäre, wenn alle SDGs gemeinsam erreicht werden. Da es allerdings keinen zentralen Koordinierungs- oder gar Steuerungsmechanismus gibt und kein einzelner Akteur in der Lage ist, 17 Ziele gleichzeitig zu verfolgen, geschweige denn ihre 169 Teilziele, wird es notwendigerweise darauf hinauslaufen, dass verschiedene Akteure sich auf verschiedene Teilmengen der SDGs konzentrieren. Und während sie dies tun, können sie mit Fug und Recht behaupten, Nachhaltigkeit zu befördern. Doch ist keineswegs gesagt, dass alle 17 SDGs überhaupt gleichzeitig erreichbar sind! Gewiss ist jedes der 17 Ziele für sich wünschenswert, und es wäre wunderbar, wenn sie sich alle gemeinsam erreichen ließen. Doch woher der Optimismus, dass dies auch möglich ist? Wünschen kann man sich viel. Vor allem ist die Frage, ob (und ggf. wie) verhindert werden kann, dass gutgemeinte Maßnahmen zur Erreichung bestimmter Teilmengen der SDGs das Erreichen anderer Teilmengen vereiteln. Niemand kann garantieren, dass dies nicht geschieht.

Das oben erwähnte Beispiel des Phasenübergangs von Wasser hat verdeutlicht, dass ein Übergang von einer Phase zu einer anderen nur bei bestimmten Konstellationen der entscheidenden Parameter (Druck und Temperatur) möglich ist. Beim Wasser kann man diese Parameter-Konstellationen in einem exakten Diagramm angeben. Doch wie soll ein solches Diagramm für 17 Ziele und 169 Teilziele aussehen? Wie kann man sicherstellen, dass diese Ziele alle gemeinsam erreicht werden können? Die Antwort ist: Man kann es nicht! Und zwar nicht etwa deshalb, weil es *praktische* Hürden dafür gäbe, sondern weil man nicht einmal *theoretisch* sagen kann, ob das möglich ist.

Um es ganz deutlich zu sagen: Es ist *eine* Sache, 17 Ziele zu formulieren und ihr gleichzeitiges Erreichen anzustreben, aber eine völlig *andere*, ob das *überhaupt möglich ist*; und es ist schließlich eine *dritte* Sache, dieses *in die Praxis umzusetzen*. Im Fall der 17 SDGs gibt es ernsthafte Zweifel, dass sie sich alle gleichzeitig erreichen lassen, wie verschiedene Untersuchungen folgern (vgl. Scherer et al. 2018; IASS 2015). Eine Studie des Institute for Advanced Sustainability Studies in Potsdam formuliert sogar pointiert, die Nachhaltigkeitsziele der UN könnten auf nachhaltige Weise nicht erreicht werden – *they cannot be met sustainably* (IASS 2015, 4).

Arbeitsdefinition

Der große Vorteil der Brundtland-Definition ist ihre globale Verbreitung und die große Zustimmung, die sie erfährt, zumindest außerhalb akademischer Kreise. Im Folgenden wird diese Definition deshalb gelegentlich referenziert. Die Agenda 2030 ist ebenfalls in einem ähnlichen Geist geschrieben. Allerdings müssen auch die gravierenden Mängel eines schwachen Konzepts der Nachhaltigkeit gesehen werden, da ein solches nicht die ökologischen Belastungsgrenzen (wie z. B. die »planetaren Grenzen«) des Planeten berücksichtigt. Ich stimme deshalb mit Bosselmann überein, der ökologische Integrität, also den Erhalt der natürlichen Lebensgrundlagen als zentrale Voraussetzung dafür konstatiert, dass die Bedürfnisse gegenwärtiger wie künftiger Generationen erst befriedigt werden können (Bosselmann 2017, 10). Die Forderung nach Erhalt ökologischer Integrität macht mein eigenes Verständnis damit zu einem Konzept starker Nachhaltigkeit. Viele der Aussagen dieses Buchs sind aber unabhängig davon, ob ein schwaches oder starkes Konzept der Nachhaltigkeit vertreten wird, denn oft genug sind wir noch nicht einmal auf dem Weg, uns einer schwachen Nachhaltigkeit zu nähern.

Ohnehin haben wir, wie sogleich zu zeigen sein wird, ein deutlich besseres Verständnis von dem, was *nicht* nachhaltig ist, als davon, was nachhaltig ist. Dies hat sowohl mit der vieldimensionalen Natur des Konzepts Nachhaltigkeit als auch mit der Vielzahl an Barrieren zu tun, die den Weg dorthin versperren, wie nun zu diskutieren sein wird.

Warum wir nicht wissen, wie Nachhaltigkeit zu erreichen ist

Die Brundtland-Definition geht stillschweigend davon aus, dass wir wüssten, welches die Bedürfnisse künftiger Generationen sind und wodurch wir die Befriedigung derselben gefährden. Beides ist allerdings durchaus nicht selbstverständlich.

Zunächst zu den Bedürfnissen künftiger Generationen: Es besteht natürlich grundsätzlich das Problem, dass die langfristigen Folgen von Handlungen oder Maßnahmen nie wirklich mit Gewissheit zu bestimmen sind. »Ständig müssen wir Entscheidungen unter großer Unsicherheit fällen. Das macht die Realisierung vieler scheinbar sinnvoller und unkomplizierter Maßnahmen schwierig und unmöglich« (Brown 2008, 143). Immer wieder hat es in der Vergangenheit bemerkenswerte Fehleinschätzungen über künftige Entwicklungen und künftige Bedarfe gegeben. Besonders bekannt ist die Aussage, die der frühere Chef von IBM 1944 getätigt haben soll, wonach er nicht sähe, wieso es auf der Welt mehr Bedarf als für fünf Computer gäbe. Innerhalb weniger Jahrzehnte nach dieser Aussage hatten Hunderte von Millionen Menschen Computer. Eine andere Fehleinschätzung war die Entwicklung des Pferdemists in den Großstädten zum Ende des 19. Jahrhunderts – ein Problem, das sich dann auf unerwartete Weise durch die rasante Verbreitung des Autos löste.

Interessant ist, dass fehlerhafte Prognosen häufig durchaus von Experten aus den jeweiligen Fachgebieten stammten – was nicht deren Expertise in Zweifel zieht, sondern lediglich zeigt, wie schwer Zukunftsprognosen sind. Wenn dem so ist, wie soll dann mit Sicherheit gesagt werden können, wie durch *heutiges* Verhalten die Situation *künftiger* Generationen beeinflusst wird – im Guten wie im Schlechten? »Die Welt ist komplex und muss ziemlich gut verstanden werden, um sämtliche Konsequenzen größerer Interventionen zu antizipieren. Wir werden allerdings wohl nie genug verstehen, um exakte Vorhersagen zu machen.« (Brown 2008, 143)

Will man also die Bedürfnisse künftiger Generationen abschätzen, ist dies keineswegs trivial, da die Entwicklung des technischen Fortschritts nur sehr begrenzt vorhersehbar ist – und dieser beständig neue Bedürfnisse schafft wie auch bestehende Bedürfnisse und Knappheiten zu überwinden hilft.

Bzgl. der zweiten stillschweigenden Voraussetzung der Brundtland-Definition, wonach wir den Handlungsspielraum künftiger Generationen nicht zu sehr einschränken dürfen, ist die Situation ähnlich – auch hier wissen wir nicht wirklich, welche unserer heutigen Maßnahmen und Verhaltensweisen dies langfristig bewirken werden.

Allerdings lässt sich eine Minimalbedingung angeben. Es sind diejenigen Handlungen und Maßnahmen zu unterlassen, von denen wir heute schon wissen, dass sie irreversible, sich selbst verstärkende natürliche Prozesse in Gang setzen werden, die höchstwahrscheinlich nur sehr schwer oder überhaupt nicht kontrollierbar sein werden. Genau das beinhaltet aber die Forderung nach Einhaltung der planetaren Grenzen. Denn deren Überschreitung würde *per definitionem* die Gefahr irreversibler und sich selbst verstärkender Entwicklungen beinhalten, deren Folgen naturgemäß unabsehbar wären und höchstwahrscheinlich künftige Generationen vor große Herausforderungen stellen würden (Rockström et al. 2009). Es mag neben den derzeit diskutierten noch viele weitere solcher Grenzen geben, doch zumindest die bereits heute bekannten sind unbedingt einzuhalten. In einer solchen Lesart wäre das Nachhaltigkeits-Verständnis der Brundtland-Definition durchaus nicht so schwach wie oft behauptet, denn es würde den Erhalt der natürlichen Lebensgrundlagen immer schon mit einschließen.

Es gibt allerdings noch einen dritten Grund, warum wir nicht wissen, wie Nachhaltigkeit zu erreichen ist. Denn selbst wenn man annimmt, dass diese Minimalbedingung erfüllt sein muss, sagt das noch lange nicht, wie das zu bewerkstelligen wäre.

Natürlich wäre es auf einer theoretischen Ebene einfach. Radikal dekarbonisieren, geschlossene Stoffkreisläufe, keine Abholzung von Primärwäldern etc. Es zeigt sich allerdings, dass diese theoretische Einsicht nicht zu entsprechender Veränderung in der Praxis führt. Genau darum geht es ja in diesem Buch – es ist eben nicht damit getan, *im Prinzip* zu wissen, wie die Natur zu schützen ist, sondern es muss auch geschehen. Und dass dies eben nicht nur ein Problem angeblich unfähiger Politiker, egoistischer Konsumenten, männlicher Dominanz und schlecht regulierter Märkte ist, sondern dies alles noch viel mehr Ursachen hat.

Das heißt, *de facto wissen wir nicht*, wie Nachhaltigkeit zu erreichen ist. Wir *wissen schlichtweg nicht*, wie die 17 SDGs und ihre 169 Unterziele zu erreichen sind. Aber wir *wissen*, was *nicht nachhaltig* ist. Dennis Meadows bekundet freimütig: »Wir wissen nicht, was nachhaltige Entwicklung ist. Jedoch wissen wir viel darüber, was sie nicht ist: Sie bedeutet *nicht* Zerstörung der natürlichen Ressourcen, bedeutet *nicht* die Ausrottung biologischer Arten, *nicht* den ineffizienten Verbrauch von Energie« (D. L. Meadows 2000, 128). So wie die Beseitigung von Krankheitssymptomen keine Garantie für Gesundheit sei, so würde auch die Beseitigung der Symptome einer nicht nachhaltigen Gesellschaft noch keine Gewähr dafür sein, sich auf einem Pfad der Nachhaltigkeit zu befinden. In ähnlicher Weise fragt auch Fritz Reusswig vom Potsdam-Institut für Klimafolgenforschung, »ob es nicht sinnvoller ist, nicht-nachhaltige Entwicklungen zu untersuchen anstatt von positiven Zielvorgaben für Nachhaltigkeit auszugehen« (Reusswig 1997, 89 f.).

Den Anspruch der Endgültigkeit vermeiden
Da unser Wissen über die langfristigen Folgen unseres Handelns also sehr begrenzt ist, sollten wir sehr vorsichtig sein, wenn wir Maßnahmen ergreifen, die große Wirkungen in Zeit und Raum haben – und zwar umso mehr, je größer diese Wirkungen sind. Es gibt beeindruckende Beispiele dafür, dass selbst sorgfältig gewählte und mit bester Absicht durchgeführte Projekte verheerende Wirkungen gezeitigt haben, in der Regel deshalb, weil die Komplexitäten der Problemlagen unterschätzt und »Nebenwirkungen« ignoriert wurden (vgl. 2.2).

Der Ökologe Allan Savory aus Simbabwe berichtet in einem TED-Talk davon, wie er in den 1960er-Jahren im damaligen Rhodesien (heute Simbabwe) die Ausbreitung der Wüsten und Maßnahmen zum Bodenschutz untersuchte. Er hatte das Problem der Bodendegradation im südlichen Afrika viele Jahre erforscht und verschiedene Maßnahmen erprobt – doch alles vergeblich. Schließlich kam er zu dem Ergebnis, dass die Elefanten ursächlich wären. Er besprach sich mit internationalen Kollegen und war schlussendlich überzeugt, dass nur das Töten einer großen Zahl von Elefanten Abhilfe schaffen könnte. Er überzeugte schließlich seine Regierung, 40.000 Elefanten zu erschießen, um der Ausbreitung der Wüste Einhalt zu gebieten. Doch leider zeigte sich später, dass doch nicht die Elefanten die Ursache waren – die Ausbreitung der Wüste schritt trotzdem voran. Er erkannte seinen schrecklichen Fehler und bekundete, dass dies die größte Tragödie seines Lebens gewesen sei – eine Last, die er mit ins Grab nehmen werde (Savory 2013; Vos 2014).

Zwar gibt es inzwischen durchaus wieder Diskussionen, ob es nötig ist, die Elefantenpopulation in Afrikas Nationalparks zu kontrollieren (EPMP 2010). Doch entscheidend ist hier nicht die inhaltliche Diskussion, sondern die Tatsache, dass unser Wissen immer vorläufig ist und auch die besten Absichten mitunter fatale Folgen haben. Eine wichtige Folgerung ist deshalb, besondere Vorsicht im Umgang mit komplexen Systemen walten zu lassen, also faktisch mit allen ökologischen- bzw. ökosozialen Systemen, insbesondere dann, wenn Maßnahmen besonderer Wirkmächtigkeit geplant sind.

Diese Vorsicht sollte sich aus meiner Sicht auch darin spiegeln, extrem zurückhaltend mit der Behauptung zu sein, etwas sei nachhaltig. Das heißt keineswegs, den Anspruch an das Ziel zu reduzieren. Im Gegenteil – als Leitbild, als Vision ist Nachhaltigkeit heute mehr denn je erforderlich. Nur sollten wir sehr vorsichtig sein, konkrete Maßnahmen mit diesem Anspruch zu befrachten, denn das wird oft genug scheitern.

Nur schrittweise Annäherung an das utopische Ideal der Nachhaltigkeit ist möglich

Auch Experten können irren und auch wissenschaftliche Erkenntnis ist immer vorläufig. Dies einzugestehen mag gefährlich erscheinen angesichts sogenannter Klimaskeptiker, die mit stumpfsinnigen Behauptungen gut etablierte Wissensbestände in Zweifel zu ziehen versuchen, doch gehört dies m. E. zur intellektuellen Redlichkeit. Es gibt daher insbesondere keine absolute Sicherheit über die langfristigen Folgen unseres Handelns und unserer Maßnahmen. Doch wenn selbst die klügsten Köpfe mit den besten Absichten schrecklich irren können, wie soll dann jemand wissen können, wodurch die Bedürfnisse künftiger Generationen befördert und wodurch sie eingeschränkt werden – von den o. g. Minimalbedingungen einmal abgesehen?

Ich würde so weit gehen zu behaupten, dass wir in letzter Konsequenz schlechterdings von keiner einzigen Maßnahme wirklich mit Sicherheit sagen können, sie sei nachhaltig in dem Sinne, dass sie die Bedürfnisse der gegenwärtigen Generation zu befriedigen hilft, ohne die entsprechenden Bedürfnisse in der Zukunft zu verhindern. Dies ist schlicht eine Folge aus der prinzipiellen Unvorhersehbarkeit komplexen Systemverhaltens.

In einem komparativen Sinn halte ich es durchaus für sinnvoll zu fragen, welche von zwei Maßnahmen nachhaltiger sei. Zwar ist Irrtum auch hier nicht ausgeschlossen, aber es gibt natürlich unzählige Beispiele, bei denen ziemlich rasch offensichtlich ist, was die langfristig bessere und in dem Sinn nachhaltigere Lösung ist – etwa anstelle fossiler oder nuklearer Energietechnologien auf erneuerbare Energien zu setzen. Nachhaltigkeit zu erreichen ist deshalb utopisch – und zwar in doppeltem Sinn: Es wird zum einen nie möglich sein, mit Sicherheit zu wissen, dass der Zustand der Nachhaltigkeit erreicht ist, zum anderen aber ist es dringlicher denn je, dass die Menschheit ihr Handeln am Ideal der Nachhaltigkeit ausrichtet.

Der Historiker Thomas Nipperdey, der die Funktion der Utopie im politischen Denken der Neuzeit untersucht hat, versteht unter Utopie den »Entwurf einer möglichen Welt, der *bewußt* die Grenzen und Möglichkeiten einer jeweiligen Wirklichkeit übersteigt und eine substantiell andere Welt anzielt, eine Welt, die sich durch ein hohes Maß an Vollendung auszeichnet. ... Die Utopie entwirft – gleichsam in einem Sprung – eine Welt, die stimmt, eine Welt, die institutionell so geordnet ist, dass in ihr dem Menschen sein Leben glückt« (Nipperdey 1962, 359).

Wird Nachhaltigkeit in diesem Sinn als utopisches Ideal verstanden, hat das verschiedene Konsequenzen. Zum einen wird diese Sicht die Jagd nach der »wirklich nachhaltigen Lösung«, die oft genug frustrierend ist oder frustriert endet, durch einen gleichwohl energischen, aber bescheideneren, demütigeren und wohl auch realistischeren Anspruch ersetzen, der um die Vorläufigkeit unserer Mittelwahl weiß und sich darauf konzentriert, das Nicht-Nachhaltige zu vermeiden, also Barrieren der Nachhaltigkeit zu adressieren anstatt zu beanspruchen, wirklich nachhaltige Lösungen anbieten zu können.

Zum Zweiten verliert das Konzept Nachhaltigkeit dadurch keineswegs seine Lenkungswirkung. Die Fragwürdigkeit unserer Mittel ändert doch nichts an der Notwendigkeit dieses gemeinsamen Ziels. Das Ideal einer Welt, in der jede und jeder prosperieren kann, ohne dies auf Kosten anderer, auf Kosten der Natur oder auf Kosten der Zukunft zu tun, dieses Ideal – für mich der Kerngedanke der Nachhaltigkeit – braucht es mehr denn je.

In seinem Buch *Utopie für Realisten* erläutert der eingangs zitierte niederländische Historiker Rutger Bregman, warum utopisches Denken heute so wichtig ist. Er analysiert den Überfluss in unseren westlichen Gesellschaften und fragt sich, was wohl für seine Generation (er ist Jahrgang 1988) das größte Problem daran sei. Es sei nicht so, dass es seiner Generation nicht gut ginge. Es sei auch nicht die Tatsache, dass es den Kindern dieser Generation einmal schlechter gehen werde als ihr selbst. Das wahre Problem sei, dass diese Generation sich schlichtweg *nichts besseres mehr vorstellen könne* (Bregman 2017). Während die klassischen Utopien durch Hannah Arendt, Karl Popper und die Postmodernisten zerstört worden seien, plädiert Bregman dafür, utopisches Denken nicht als Lösungskonzept, sondern als Wegweiser, nicht als Zwangsjacke, sondern als Ermutigung zum Wandel zu verstehen.

Martin Buber schreibt der Utopie sogar einen ausgesprochen realistischen Charakterzug zu. Denn sie stelle die Entfaltung von Möglichkeiten dar, die latent im menschlichen Zusammenleben, in einer gerechten Ordnung enthalten seien. Eine Utopie sei kein bloßes Wolkenschloss – vielmehr rege sie zu einer kritischen Auseinandersetzung mit der Gegenwart an (Buber 1950, 8).

Planetare Grenzen und soziale Ungerechtigkeit

Wenn es einfacher zu sagen ist, was nicht-nachhaltig ist als was nachhaltig ist, muss gleichwohl noch bestimmt werden, was denn nicht-nachhaltig ist. Doch anhand welchen Maßstabs soll beurteilt werden, dass eine Maßnahme, ein Verhalten oder eine Politik nicht-nachhaltig wäre? Im Sinne der Brundtland-Definition müsste man sagen: wenn die Maßnahme *nicht* dazu beiträgt, die Bedürfnisse heutiger oder künftiger Generationen zu befriedigen bzw. die Möglichleiten dazu sogar schädigt.

Im Bereich der Ökologie bietet es sich an, auf die planetaren Grenzen zu verweisen, geben sie doch einen Raum an, den die Menschheit nicht verlassen darf, will sie irreversible Veränderungen vermeiden – und das sollte eine Minimalforderung sein.

Hinsichtlich der sozialen Dimension scheint evident, dass es nicht um jedwede Bedürfnisse gehen kann, sondern insbesondere um die Befriedigung der Grundbedürfnisse der Armen zu gehen hat, der, wie es im Brundtland-Bericht heißt, überragende Priorität eingeräumt werden muss. Die gegenwärtige Verteilung von Rohstoffen, Gütern und Kapital kann in keiner Weise als gerecht bezeichnet werden – weder auf internationaler Ebene noch in den meisten Nationalstaaten. Da Gerechtigkeit als Voraussetzung für Nachhaltigkeit betrachtet werden kann, kann keine Maßnahme, die diese sozialen Gegensätze ignoriert oder diese sogar verschlimmert, als nachhaltig bezeichnet werden.

Zudem ist selbstverständlich Gesetzeskonformität wichtig für Nachhaltigkeit – oder umgekehrt die Verletzung etablierter und gemeinschaftlich vereinbarter Gesetze, Normen und Standards eine Nachhaltigkeitsbarriere – ebenso wie eine Schädigung des Gemeinwohls.

1.6 Struktur des Buchs

Nach dem bisher Gesagten kann festgehalten werden, dass mangelnder Fortschritt in Sachen Nachhaltigkeit, der bisweilen zu Frustration und Ernüchterung führt, mit der oft unterschätzten Komplexität der Gegebenheiten zusammenhängt und in der Sache begründet liegt (und kein Anlass ist, das Konzept selbst aufzugeben).

Im ersten Teil des Buchs wird daher ein möglichst umfassender Blick auf ganz verschiedenartige Nachhaltigkeitsbarrieren geworfen. Ein Übergang in eine nachhaltigere Gesellschaft wird voraussetzen, sich möglichst vieler dieser Barrieren bewusst zu sein, sie zu verstehen und ihre Überwindung gemeinsam in Angriff zu nehmen. Die Darstellung jeder dieser Barrieren wird mit einer Lösungsperspektive beendet, die sich weniger auf operative Details denn auf die grundsätzliche Ausrichtung eines Lösungsansatzes konzentriert.

Diese systemische Betrachtung des ersten Teils wird ergänzt durch eine akteursspezifische im zweiten Teil. Hier werden Prinzipien für nachhaltiges Handeln vorgeschlagen, die sich an Akteure unterschiedlichster Art richten – von Individuen, über Organisationen bis zu Regierungen und internationalen Regierungsorganisationen (International Governmental Organizations, IGOs). Analog zur Mehrebenenperspektive des ersten Teils (*multi-level perspective*) werden nun multiple Akteure angesprochen (*multi-actor perspective*).

Die Handlungsprinzipien helfen, die Barrieren zu überwinden. So rechtfertigt beispielsweise das Verursacherprinzip die Einführung einer CO_2-Steuer, die wiederum eine mögliche Realisierung der Internalisierung externer Kosten ist, welches eine Lösungsperspektive für das Problem der Externalitäten darstellt, also das Problem des Marktversagens adressiert. Die Beziehung zwischen Barrieren, Lösungsperspektiven, Implementierungsmaßnahmen und Handlungsprinzipien und wie diese in den beiden Teilen des Buchs behandelt werden, ist in Abbildung 5 dargestellt.

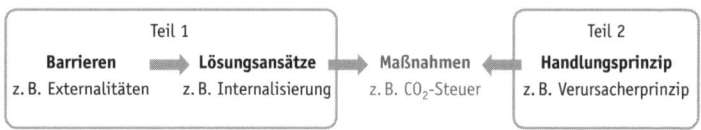

Abbildung 5: Beziehung zwischen Barrieren, Lösungsansätzen und Handlungsprinzipien. *(Quelle: Eigene Darstellung)*

Allerdings gibt es in aller Regel keine bijektive (also eineindeutige) Abbildung zwischen Barrieren und Prinzipien: Kaum einer Barriere entspricht genau ein Prinzip und kaum ein Prinzip adressiert genau eine Barriere. Es sind meist multiple Beziehungen zwischen Barrieren und Prinzipien.

Vergleichsweise wenig wird im Folgenden über die Implementierungsmaßnahmen gesagt, wie Steuern, Subventionen, Emissionshandelssysteme etc. Warum? Zum einen deshalb, weil es problematisch wäre, auf der Ebene der Maßnahmen generische Vorschläge zu machen, die in ganz unterschiedlichen Kontexten Gültigkeit hätten. Große regionale und kulturelle Unterschiede weltweit verlangen angepasste, kontextabhängige Maßnahmen. Zum Zweiten würde dies in erheblichem Umfang sehr spezifisches Fachwissen voraussetzen, das den Rahmen dieses Buchs sprengen würde. Der Raum der Maßnahmen ist sozusagen die kreative Spielwiese, auf der die Lösungsansätze des ersten Teils und die Handlungsprinzipien des zweiten Teils sich treffen, und der je konkret eingenommen werden muss.

Es sei noch betont, dass sowohl die Darstellung der Barrieren als auch die der Handlungsprinzipien keineswegs Vollständigkeit beanspruchen – und sich vermutlich leider auch nicht als fehlerfrei erweisen werden. Sie sind in ihrer Subjektivität vorläufig und begrenzt.

Gleichwohl halte ich es für wichtig, einen solchen Versuch zu unternehmen, weil er uns helfen kann, wiederkehrende Strukturen, Problemherde, Zielkonflikte, aber auch Synergien zwischen Barrieren und Handlungsprinzipien zu erkennen.

Naturgemäß kann eine solche Darstellung nicht ins Detail gehen. Mancher mag dies als ihre größte Schwäche ansehen. Doch größere Detailtiefe würde nicht nur den Verfasser überfordern – ein Problem, das sich durch Hinzunahme weiterer Autorinnen beheben ließe – es würde vermutlich auch viele Leser abschrecken oder überfordern, was dem zentralen Ziel des Buchs, möglichst vielen Leserinnen und Lesern einen möglichst umfassenden Überblick über die hier thematisierten Belange zu geben, widersprechen würde.

Schließlich sei angemerkt, dass die Struktur des Buchs offensichtlich einer inhaltlichen, systematischen Gliederung folgt – die quer zu den Möglichkeiten oder Risiken bestimmter Technologien steht. Technik spielt selbstverständlich eine ganz entscheidende Rolle bei der Gestaltung der Zukunft. Technologien für die Bereitstellung, Speicherung und den Transport von Energie etwa oder für das Rezyklieren von Kunststoffen werden wegweisend sein – so oder so. In anderen Bereichen scheint zwar gewiss, dass die Technik das Schicksal der Menschheit prägen wird, so zum Beispiel bei der Digitalisierung und der Vielzahl damit verknüpfter Bereiche – von Robotik über lernende Algorithmen und Künstliche Intelligenz, 3D-Druck, Virtualisierung, Miniaturisierung, Automatisierung u.a.m. –, obwohl noch nicht ausgemacht ist, ob der primäre Einfluss einer nachhaltigen Entwicklung eher zuträglich ist oder ob die künftige menschliche Entwicklung durch sie unter Umständen sogar generell in Frage steht, wie es Überlegungen um eine technologische Singularität vermuten lassen (Kurzweil 2005; Bostrom 2009). Gelegentlich werden Bezüge zu entsprechenden technischen Entwicklungen vorgenommen (z.B. bei der Diskussion der Kurzfrist-Orientierung und Beschleunigung, vgl. Kap. 10), doch sind im Kontext dieses Buchs aus meiner Sicht eher die grundsätzlichen Fragen der Steuerung technischer Entwicklung angesichts der Wirkmächtigkeit heutiger Technik von Belang, wie sie in Kapitel 8 angesprochen werden, als einzelne Technologiebereiche.

1.7 Methodologischer Ansatz

Da das vorliegende Buch Nachhaltigkeitsbarrieren ganz unterschiedlicher Art thematisiert, ist es darauf angelegt, ganz unterschiedliche wissenschaftliche Disziplinen zu berühren. Ob dieses Vorgehen multi-, inter- oder gar transdisziplinär zu nennen ist, muss hier nicht interessieren. In jedem Fall aber ist es sehr ambitioniert, denn ich kann natürlich nicht in allen angesprochenen wissenschaftlichen Gebieten eine Expertise beanspruchen, wie sie üblicherweise vorauszusetzen ist, wenn man ein Buch wie dieses schreibt. Man könnte deshalb einwenden, dass ein solcher Versuch vermessen und zum Scheitern verurteilt sei. Es mag Menschen geben, die das so sehen werden.

Ich habe mich gleichwohl entschieden, diesen Versuch zu unternehmen, denn ich bin davon überzeugt, dass wir sowohl im wissenschaftlichen wie auch im gesellschaftlichen Diskurs ein breiteres Verständnis für die Zusammenhänge der (Nicht-)Nachhaltigkeit benötigen; dass wir der disziplinären Vertiefung und der damit verbundenen Spezialisierung etwas entgegensetzen müssen, dass es also nicht genügt, wenn jede und jeder in der Wissenschaft die aus ihrer jeweiligen Perspektive bekannten Barrieren der Nachhaltigkeit diskutieren. Man kann für dieses Vorgehen nicht nur pragmatische Gründe anführen – die faktischen Herausforderungen der Nachhaltigkeit verlangen es –, es gibt auch wissenschaftstheoretische Gründe dafür. Denn für den gesellschaftlichen wie auch für den wissenschaftlichen Diskurs, wie die heutigen Herausforderungen zu adressieren sind, braucht es ein *gemeinsames Verständnis* der Zusammenhänge. Es genügt eben nicht, dass jede Fachdisziplin ihre disziplinär erarbeiteten Lösungsvorschläge zur Diskussion stellt und der Politik sozusagen vor die Füße wirft, die dann über normative Fragen zu entscheiden hätte.

In der Transformationsforschung ist deshalb das Zusammenwirken von Wissenschaft und Praxis von Bedeutung, das sich nicht nur auf die Frage der Problemstellung (*co-design*), sondern auch auf die Produktion (*co-creation*) und Evaluation (*co-evaluation*) erstreckt (Wanner und Stelzer 2019).

Auch die vom Ökonomen Uwe Schneidewind, dem Präsidenten des Wuppertal Instituts, vorgeschlagene »Zukunftskunst« erfordert es, ökologische, technologische, ökonomische und kulturelle Umbruchprozesse *in ihrem Zusammenspiel* zu verstehen – denn erst dadurch wird die Große Transformation ermöglicht (Schneidewind 2018, 11 f.).

In den letzten zwanzig Jahren habe ich aus verschiedenen Rollen heraus, in Wirtschaft, Wissenschaft, Politikberatung und Zivilgesellschaft, immer wieder erlebt, wie erfolgversprechende Ansätze und Ideen zur Veränderung trotz vieler guter Gedanken letztlich *nicht* realisiert wurden. Besonders eindrücklich und ernüchternd war in diesem Zusammenhang ein Prozess der Politikberatung, in dem ich Teil einer Gruppe war, die über anderthalb Jahre Vorschläge entwickelt hat, wie Deutschland nachhaltiger wirtschaften könnte (Berg, Calliess et al. 2012). Ein einziger von insgesamt zwölf Vorschlägen hat es dann in den Koalitionsvertrag der nächsten Regierung geschafft – und auch er wurde nicht umgesetzt. Auf meine Frage, woran das liege, antwortete mir später der verantwortliche Staatssekretär, es gäbe dafür hundert Gründe und einer davon sitze vor mir.

Es wäre viel zu einfach, diese Erfahrung als »Politikversagen« abzutun – obwohl es das in Teilen auch sein mag. Es ist eben oft das Zusammenspiel von strukturellen, politischen, wirtschaftlichen, aber auch persönlichen, psychologischen und anderen Gründen, die Transformationsprozesse erschweren – und wofür es meist sehr rationale Gründe gibt. Und genau aus dieser Erfahrung heraus bin ich zu der Überzeugung gelangt, die dem Ansatz dieses Buchs zugrunde liegt – ein möglichst umfassender Blick auf die Barrieren und ihre Lösungsvorschläge in Verbindung mit einem möglichst umfassenden, aber noch praktikablen Satz von Handlungsprinzipien.

Denn wie das Beispiel des Phasenübergangs von Wasser gezeigt hat – wenn nur ein Parameter berücksichtigt wird, kann der Übergang verhindert werden. Es braucht einen systemischen Blick auf die Herausforderungen.

Mir ist nicht bekannt, dass eine solche Darstellung schon einmal versucht worden wäre – von den oben erwähnten Ausnahmen abgesehen, weshalb ich mich veranlasst sah, dies selbst zu unternehmen, wie vorläufig, versuchsweise und fehlerhaft es auch sein mag.

Aus dem Gesagten ergeben sich eine Reihe von methodologischen Schlussfolgerungen.

- Obwohl ich, wie gesagt, nicht beanspruchen kann, in allen behandelten Feldern Experte zu sein, habe ich mich bemüht, das, was mir als gesicherter Kenntnisstand der betreffenden Disziplin zu sein schien, darzustellen bzw. zu respektieren. In diesem Sinne habe ich zu beherzigen versucht, was Joachim Spangenberg das »Grundgesetz der Interdisziplinarität« genannt hat: dass nämlich keine Disziplin von Annahmen ausgehen darf, die im offenen Widerspruch zu etablierten und unstrittigen Wissensbeständen einer anderen Disziplin stehen dürfen, die für diese Fragestellung verantwortlich ist (Spangenberg 2011, 278). Es sollte daher niemand erwarten, in »seinem« Gebiet den aktuellsten Diskussionsstand dargestellt zu finden. Vielmehr wäre schon viel erreicht, wenn die jeweils eigenen Bereiche in einer Weise dargestellt werden, dass sie dem Anspruch dieses Grundgesetzes genügen. Wenn etwas an dem vorliegenden Buch originell zu sein beabsichtigt, dann gewiss nicht die Darstellung disziplinärer Wissensbestände, sondern vielmehr der grundlegende Ansatz des Buchs, die Einbettung von Wissensbeständen in eine Typologie von Barrieren und die Darstellung des Zusammenhangs mit Handlungsprinzipien.
- Der Charakter des Buchs erfordert eine einfache und klare Sprache, wie sie für inter- bzw. transdisziplinäre Arbeit generell empfehlenswert ist. Brandt et al. (2013) fordern für transdisziplinäre Forschung, dass sie versucht, »eine möglichst einfache Sprache zu verwenden, die von vielen Disziplinen geteilt wird« und dass sie Ergebnisse hervorbringe, »die letztlich auch von der Zivilgesellschaft verstanden werden können« (Brandt et al. 2013, 7). Das vorliegende Buch versucht beidem gerecht zu werden.
- Daraus ergibt sich des Weiteren, dass hier verwendete Begriffe und Konzepte so verstanden werden sollten, wie sie dargestellt bzw. eingeführt werden. Wo sie nicht gesondert erläutert werden, ist eine dem Alltagsgebrauch vergleichbare Bedeutung anzunehmen. Die mitunter sehr reiche und komplexe Rezeptions- und Wirkungsgeschichte mancher Konzepte (z. B. des Begriffs der Utopie) muss überwiegend ausgeblendet werden.

- Normativität und Objektivität: Nachhaltigkeit ist selbstverständlich ein normatives Konzept, es beschreibt ein politisches Ziel, eine Situation, die *sein soll*. Innerhalb dieses Rahmens ist auf weiten Strecken rationale Analyse und Argumentation möglich, ohne selbst explizite Werturteile fällen zu müssen. Dort, wo ich solche Werturteile gleichwohl für erforderlich hielt, habe ich versucht, sie als solche persönlichen (subjektiven) Einschätzungen kenntlich zu machen.

1.8 Zusammenfassung der bisherigen Kerngedanken

1. Ungeachtet aller Schwierigkeiten bei der Realisierung ist das Konzept Nachhaltigkeit heute wichtiger denn je.
2. Umsetzungsdefizite sollten nicht dazu führen, das Konzept zu verabschieden, freiheitlich-demokratische Werte aufzugeben oder den moralischen Druck auf individuelles Verhalten beliebig zu erhöhen. Stattdessen sollten wir die Komplexität der Zusammenhänge, insbesondere auch der Nachhaltigkeitsbarrieren nüchtern und sachlich analysieren und nach Lösungsperspektiven für sie suchen.
3. Die Brundtland-Definition spiegelt das bekannteste und am meisten verbreitete Verständnis von Nachhaltigkeit wider, weshalb sie auch hier gelegentlich referenziert wird, zumal zahlreiche der zu diskutierenden Barrieren bereits für sogenannte schwache Konzepte der Nachhaltigkeit bestehen, und somit noch gravierender für stärkere. Zudem kann man argumentieren, dass es auch im Rahmen der Brundtland-Definition notwendig ist, die planetaren Grenzen zu erhalten, als dies eine Minimalforderung für die Möglichkeit erscheint, dass künftige Generationen ihre Bedürfnisse befriedigen.
4. Jede Nachhaltigkeitstransformation wird erfordern,
    - zahlreiche Dimensionen, Ebenen, Sektoren und Akteure einzuschließen;
    - der Verschiedenartigkeit der Nachhaltigkeitsbarrieren Rechnung zu tragen;

- für jede der Barrieren Lösungsansätze zu entwickeln und
- unterschiedlichen Akteuren auf verschiedenen Ebenen Orientierung in Richtung Nachhaltigkeit zu geben.

5. Während der erste Teil des Buchs eine systemische Sicht auf die Barrieren wirft, schlägt der zweite Teil Prinzipien für nachhaltiges Handeln vor, um ganz unterschiedlichen Akteuren in konkreten Entscheidungssituationen Orientierung zu geben. Die jeweils kontextabhängig zu gestaltenden Umsetzungsmaßnahmen werden somit einerseits durch die Lösungsperspektiven unterstützt, die auf konkrete Barrieren antworten, zum anderen durch akteursorientierte Handlungsprinzipien.

TEIL 1

Die Gründe für unsere Nicht-Nachhaltigkeit sind vielfältiger Art.[11] Die folgenden Kapitel werden aus ganz unterschiedlichen Perspektiven auf Nachhaltigkeitsbarrieren blicken – wie gesagt, ohne Vollständigkeit zu beanspruchen –, da ein umfassendes Verständnis dieser Barrieren Voraussetzung dafür ist, die Barrieren wirksam zu adressieren und die Nachhaltigkeittransformation zu unterstützen. Um die unterschiedlichen Barrieren zu strukturieren, werden sie zunächst hinsichtlich der Frage typisiert, ob die entsprechende Barriere mit dem Konzept Nachhaltigkeit immer schon verbunden und insofern intrinsisch *ist oder aber ob sie sozusagen erst sekundär hinzutritt und dem Konzept* extrinsisch *ist.*

Zielkonflikte sind beispielsweise dem Konzept Nachhaltigkeit immer schon inhärent – denn der Gedanke, dass zugleich ökologische, soziale und wirtschaftliche Interessen zu berücksichtigen sind, kann gar nicht anders gedacht werden als mit Zielkonflikten behaftet. Bei anderen Barrieren ist das nicht so. Das Problem negativer Externalitäten etwa ließe sich (zumindest zu einem gewissen Grad) grundsätzlich lösen, indem beispielsweise öffentliche Güter mit

NACHHALTIGKEITS-
BARRIEREN

einem Preis versehen werden. Das mag zwar große praktische Hürden aufweisen, ist grundsätzlich aber denkbar.

Innerhalb dieser beiden Kategorien wird dann noch einmal unterschieden, wo die entsprechende Barriere ihren Ursprung hat: in der physischen Realität, *in der* menschlichen Natur *oder im* sozialen Miteinander. *Die extrinsischen Barrieren unterscheide ich dahingehend, ob sie* institutioneller *Art sind (wie zum Beispiel wirtschaftliche oder politische Institutionen) oder ob sie einer für unsere Zeit charakteristischen geistigen Haltung, unserem* Zeitgeist, *entspringen.*

Die vorliegende Typologie orientiert sich also an einem systemischen, kybernetischen Ansatz, doch sind selbstverständlich auch ganz andere Typologien denkbar – zum Beispiel könnte man Barrieren entlang von Akteursgruppen einteilen, ähnlich wie es Schneidewind vorschlägt (Schneidewind 2018, Teil C). Unabhängig davon, wie man die hier vorgestellte Typologie beurteilt, sollten aber die darunter je subsumierten Darstellungen der verschiedenen Barrieren ihre Gültigkeit behalten.

INTRINSISCHE BARRIEREN

Innerhalb der intrinsischen Barrieren schlage ich vor, zu unterscheiden, ob die entsprechende Barriere ihren Ursprung in der physischen Realität, in der menschlichen Natur oder im sozialen Miteinander hat. Dabei können einzelne Barrieren durchaus in verschiedenen Dimensionen wirksam werden. Komplexität beispielsweise ist eine Barriere, die in der Beschaffenheit der Natur begründet liegt – von dort ausgehend ist Komplexität aber gewiss auch in sozialen und wirtschaftlichen Zusammenhängen bedeutsam.

2 Barrieren der physischen Wirklichkeit

Einige Nachhaltigkeitsbarrieren liegen letztlich in der Natur und ihrer Beschaffenheit begründet. In gewissem Sinne sind uns durch die Naturgesetze Schranken auferlegt. Hierzu zähle ich vor allem zwei: zum einen Komplexität als eine vielen biologischen und ökologischen Systemen inhärente Eigenschaft, zum anderen die Frage, wie viel Energie benötigt wird, um Energie bereitzustellen (sogenannter EROI oder ERoEI – energy return on energy invested). Im Folgenden soll auf beide eingegangen werden, beginnen werden wir mit der Energie.

2.1 Erntefaktor, Ressourcen und Umweltverschmutzung

Unsere Zivilisation basiert auf der Verfügbarkeit von Energie. Energie bereitzustellen benötigt selbst Energie, weshalb jede Energieversorgung darauf zu achten hat, dass sie mehr Energie verfügbar macht als ihre Bereitstellung erfordert – ein trivial klingender, faktisch jedoch durchaus nicht selbstverständlicher Sachverhalt. Diese Größe, die durch den Erntefaktor ausgedrückt wird, hat für die fossilen Energieträger in den letzten Jahrzehnten deutlich abgenommen, während er für die erneuerbaren Energien zwar zunimmt, doch von deutlich niedrigerem Niveau aus. Dies stellt nicht nur unser gegenwärtiges Wirtschaftssystem in Frage, es hat auch Folgen für Fragen von Ressourcenverfügbarkeit und Umweltverschmutzung.

2.1.1 Der energetische Erntefaktor (ERoEI)

Die Verfügbarkeit von Energie ist von kaum zu überschätzender Bedeutung für unsere Zivilisation. Jede Art von Entwicklung setzt ein gewisses Maß an Energie voraus, mit der Energieverfügbarkeit steigt der Grad menschlicher Entwicklung (gemessen am HDI) rasant an (Gapminder.org 2019) und auch soziale und ökologische Herausforderungen werden ohne hinreichende Energieversorgung nicht zu bewältigen sein. Allerdings hat Energie auch ihren Preis – nicht nur finanziell, sondern auch energetisch. Denn man muss Energie aufwenden, um Energie verfügbar zu machen. Dies wird durch verschiedene Parameter ausgedrückt, zum Beispiel den Erntefaktor (engl. ERoEI, *energy return on energy invested*, auch EROI) oder die Zeit, nach der sich der Energieeinsatz ausgezahlt hat (*energy pay-back-time*, EPBT).

Lässt man für den Moment einmal das Treibhausgaspotenzial der fossilen Energieträger außer Acht und konzentriert sich nur auf die Frage, wie aufwendig Energie zu beschaffen ist, stellt man fest, dass der Erntefaktor für Öl und Gas 1999 seinen Höhepunkt bei einem Verhältnis von 35:1 (das heißt, dass man für jedes Barrel Öl, das man investierte 35 Barrel Öl gewinnen konnte) überschritten hatte. Bis 2006 war das Verhältnis bereits auf etwa 18:1 zurückgegangen und es wird mit immer aufwendigeren Explorations- und Fördermethoden noch weiter sinken (Gagnon et al. 2009, 492). Hall et al. (2014) sehen diesen sinkenden Erntefaktor als Zeichen dafür, dass in dem Kampf zwischen technischem Fortschritt und der Erschöpfung der Ressourcen die Letztere gewinnen wird (Hall et al. 2014, 151).

Die Autoren argumentieren, dass die häufig von Ökonomen vorgebrachte Ansicht, wonach höhere Preise schon hinreichend Anreize für weitere Exploration liefern würden, nicht mehr funktioniert, je mehr man sich einem Erntefaktor von 1:1 nähert. Denn offensichtlich muss der Erntefaktor größer eins sein. Die Frage, wie groß der Erntefaktor in der Realität tatsächlich sein muss, hängt dabei entscheidend davon ab, wo man die Systemgrenze ansetzt. Hall hat dies in einem Interview sehr anschaulich dargestellt: »Wenn man einen EROI von 1,1:1 hat, kann man das Öl aus der Erde pumpen und angucken. Wenn man 1,2:1 hat, kann man es raffinieren und angucken. Wir haben untersucht, wie groß der EROI mindestens sein muss, damit man einen LKW fahren kann – dann benötigt man am Bohrkopf schon mindestens 3:1. Wenn man mit dem LKW etwas transportieren möchte, zum Beispiel Getreide, benötigt man schon 5:1, was die

Abschreibung des LKW beinhaltet. Doch wenn man den LKW-Fahrer mitberücksichtigt und den Ölarbeiter und den Landwirt, dann muss man auch ihre Familien unterstützen. Und dann benötigt man 7:1. Und wenn man ein Bildungssystem möchte, braucht man 8:1 oder 9:1. Und wenn man eine Gesundheitsversorgung möchte, braucht man 10:1 oder 11:1« (Scientific American 2013; vgl. auch Hall et al. 2009, 45). Mit anderen Worten: Um das gegenwärtige System von Wirtschaft und Wohlstand im globalen Norden aufrechtzuerhalten, benötigt man Erntefaktoren, die den tatsächlichen Werten für Öl und Gas schon recht nahekommen.

Gagnon et al. (2009) schlussfolgern aus ihrer Analyse historischer globaler EROI-Daten für Öl und Gas, dass abnehmende EROI-Werte der wichtigsten Kraftstoffe und geringe Werte der meisten Alternativen nahelegen würden, dass wir in der Tat die »Grenzen des Wachstums« erreichen und unsere Auffassung in dieser Hinsicht revidieren müssten (Gagnon et al. 2009, 502).

Murphy und Hall (2011) beschreiben die Situation als wirtschaftliches Wachstumsparadoxon: Denn die Erschließung unkonventioneller Ölreserven ist nur bei hohen Ölpreisen profitabel, doch die verringern im gegenwärtigen System das Wirtschaftswachstum. »Daraus schließen wir, dass das wirtschaftliche Wachstumsmodell der letzten 40 Jahre kaum langfristig fortbestehen kann – es sei denn, wir ändern unsere Wirtschaftsweise grundlegend« (Murphy & Hall 2011, 52).

Bemerkenswert an dieser Aussage ist, dass sie ausschließlich auf der Betrachtung der Energiebilanzen beruht. Das Treibhauspotenzial von Öl und Gas, das zu betrachten angesichts der Klimakrise noch viel wichtiger ist als die Rohstoffproblematik, haben die Autoren noch gar nicht berücksichtigt.

Doch nicht nur bei den fossilen Energien ist der Erntefaktor limitierend, auch eine Umstellung auf erneuerbare Energien steht bzgl. der Energiebilanzen vor Herausforderungen. In einer Meta-Studie von 232 Untersuchungen haben Bhandari et al. 2015 die Erntefaktoren verschiedener Arten von Solarzellen untersucht (z. B. Cadmium-Tellurid oder Kupfer-Indium-Gallium-Diselenid) und geben diese zwischen 8,7 und 34,2 an sowie energetische Amortisationszeiten zwischen 1,0 und 4,1 Jahren (Bhandari et al. 2015, 133).

Das Fraunhofer Institut für Solare Energiesysteme beziffert die energetische Amortisation für dachgestützte Solaranlagen auf zwischen 0,7 und 2,0 Jahren. Bei einer Lebensdauer von 30 Jahren würden solche Anlagen daher netto während 95 Prozent ihrer Lebensdauer erneuerbaren Strom produzieren (Fraunhofer ISE 2019).

Allerdings sind diese Angaben insofern zu relativieren als die erneuerbaren Energien (in Deutschland) derzeit nur sehr bedingt grundlastfähig sind, da sie natürlichen Schwankungen von Tageszeit und Wetterlagen unterliegen. Deshalb muss bei ihrer Betrachtung, wie Weißbach et al. (2013) argumentieren, der »gepufferte« Wert berücksichtigt werden, der die energetische Betrachtung der Speicherung mit einschließt, denn schließlich sei ja die ständige Verfügbarkeit von Energie zu gewährleisten (Weißbach et al. 2013). Die Autoren haben die Erntefaktoren verschiedener Stromerzeugungsmethoden untersucht, basierend auf erneuerbaren Energien, fossilen Energien und Kernenergie. Sie schlussfolgern, dass »Kernenergie, Wasserkraft, Kohle und Erdgas (in dieser Reihenfolge) etwa eine Größenordnung effektiver sind als Photovoltaik und Windkraft« (Weißbach et al. 2013, 210). Die Autoren geben Werte gepufferter Erntefaktoren für solarthermische Anlagen in der Sahara mit Werten zwischen 8,2 und 9,6 an und mit 1,5 bis 2,3 für Photovoltaik in Deutschland. Gemessen an dem minimalen EROI von etwa 10:1, der für unsere gegenwärtige Gesellschaft erforderlich ist, ist dies doch ein recht bescheidener Wert.

Die gute Nachricht ist, dass der technische Fortschritt einen klaren Trend zu höheren EROIs bzw. zu kürzeren Amortisationszeiten ermöglicht. So hat sich zwischen 1990 und 2013 die Amortisationszeit von multikristallinen PV-Dach-Anlagen im südlichen Europa von 3,3 auf 1,3 Jahre verkürzt (Fraunhofer ISE 2019) und es besteht die Hoffnung, dass künftige Fortschritte bei der Produktion, aber vor allem auch bei der Übertragung und Speicherung auch den gepufferten EROI weiter erhöhen werden.

Die Frage allerdings, die der Physiker und Ökonom Robert Ayres schon vor zwanzig Jahren gestellt hat, ist heute so aktuell wie damals: wie nämlich bei abnehmendem physikalischen Input (*physcial input*) eine zunehmende Wertschöpfung (*services*) erzielt werden kann

(Ayres 1996). Mit *physical input* meint Ayres zum einen die nutzbare Energie, auch Exergie genannt,[12] zum anderen Materie, also Stoffströme. Denn auch aus Betrachtungen der Stoffströme ergeben sich Herausforderungen für eine nachhaltige Entwicklung, etwa für den Gedanken der Kreislaufwirtschaft und die Umweltverschmutzung.

2.1.2 Thermodynamische Grenzen von Ressourcenverfügbarkeit und Kreislaufwirtschaft

Wenn man Milch in einen Kaffee gießt, wird sie sich sofort darin verteilen. Das umgekehrte Phänomen dagegen, dass sich in einem Milchkaffee spontan Milch und Kaffee trennen, geschieht nicht. Das hängt mit einer Asymmetrie in der Zeit, dem »Zeitpfeil« zusammen, wie der Britische Astronom Arthur Eddington dieses fundamentale thermodynamische Gesetz nannte.

Das erste Gesetz der Thermodynamik beschreibt bekanntlich die Energieerhaltung: Die Gesamtmenge der Energie eines Systems verändert sich nicht, sofern das System nicht mit der Umgebung Energie oder Materie austauscht. Eine spontane Trennung von Milch und Kaffee würde die Energieerhaltung also nicht verletzen – und dennoch geschieht sie nicht. Das liegt am zweiten Hauptsatz der Thermodynamik, der den Begriff der Entropie verwendet, die ein Maß für die Irreversibilität eines Systems während Energieumwandlungen darstellt. Jedes reale System, in dem Entropie konstant bleibt oder sogar reduziert wird, kann dies nur tun, indem es die Entropie seiner Umgebung erhöht (Schaub & Turek 2016, 17).[13]

Nicholas Georgescu-Roegen, ein rumänischer Mathematiker und Ökonom und einer der Begründer der Ökologischen Ökonomie, behauptete, dass ein ähnliches Gesetz auch für Materie gelten würde. So wie Energie »verfügbar« (*available)* oder »unverfügbar« (*unavailable*) wäre (was die Begriffe Exergie und Anergie ausdrücken), wäre auch Materie verfügbar oder unverfügbar. Und auch Materie würde (wie Energie) mit der Zeit unwiderruflich in unverfügbare Zustände umgewandelt werden (Georgescu-Roegen 1986). Das hat natürlich weitreichende Konsequenzen für die Verfügbarkeit von Rohstoffen (wie auch für das Problem der Umweltverschmutzung, s. u.). Ob dieser Zusammenhang tatsächlich den Status eines thermodynamischen Gesetzes beanspruchen kann, wie Georgescu-Roegens behauptet, kann bezweifelt werden. So hat Ayres in Auseinandersetzung mit Georgescu-Roegen kritisiert, dass dieser nicht beachtet habe, dass die Erde kein isoliertes System ist (Ayres 1996). Ayres zufolge könnten wir *im Prinzip* jeden Stoff zurückgewinnen, egal wie diffus verteilt er wäre, *sofern* denn hinreichend *große Mengen an Exergie* verfügbar wären. Genau das aber ist faktisch ein Problem, wie oben gesagt wurde. Wenngleich Ayres also zuzustimmen ist, dass der von Georgescu-Roegen behauptete Zusammenhang nicht den Status eines Naturgesetzes beanspruchen kann, ergibt sich daraus gleichwohl für jede Zivilisation eine große Herausforderung. Denn die Möglichkeit, großräumig verteilte Stoffe wieder zurückzugewinnen, würde eine enorme Menge an Exergie voraussetzen.

Daraus ergeben sich wichtige Folgerungen sowohl für die Rohstoffverfügbarkeit als auch für die Umweltverschmutzung.

Bezüglich der Ressourcenverfügbarkeit bedeutet dies, dass vollständig geschlossene Stoffkreisläufe nie erreicht werden können. Es wird immer Materialverluste geben, durch unvollkommene Prozesse, ungenügende Sammelquoten, durch Reibung und Abrieb u. a. m.

Von diesen eher theoretischen Einschränkungen sind alle real existierenden Systeme ohnehin noch weit entfernt. Selbst Länder, die viel Erfahrung und eine lange Tradition im Bereich der Abfallwirtschaft haben und sich als fortschrittlich betrachten (wie z. B. Deutschland), sind weit davon entfernt. Deutschland hat beim Hausmüll zwar die höchste Recyclingquote in der EU mit Recyclingraten von 66 Prozent (European Environment Agency 2018), doch das impliziert immer noch, dass ein Drittel des Hausmülls nicht rezykliert wird und Rohstoffe verloren gehen. Hinzu kommt, dass diese Zahlen insofern geschönt sind, als exportierte Abfälle auf diese Quote angerechnet werden, obwohl die aufnehmenden Länder die Abfälle kaum einer stofflichen Verwertung zuführen.

Für viele Materialien ist absehbar, dass der künftige Bedarf mit den gegenwärtigen Recyclingquoten nicht gedeckt werden kann. Zahlreiche Seltenerdmetalle, die u. a. in der Elektronikindustrie, aber auch für viele Erneuerbare-Energie-Technologien erforderlich sind, haben weltweite Recycling-Quoten von unter einem Prozent (UNEP

2011, 19). Gleichzeitig wird der Bedarf für viele dieser Elemente – gerade auch durch den Ausbau erneuerbarer Energien – bis 2030 erheblich zunehmen, teils um mehrere tausend Prozent (gegenüber 2012) (EU 2016, 14).

Was ist zu tun? Kann man nicht einfach die Recyclingquoten verbessern? Das ist möglich, aber nicht so einfach. Selbstverständlich sollten die Prozesse verbessert, die Sammelquoten erhöht und damit auch die Sekundärrohstoffquote für die industrielle Produktion verbessert werden. Doch das geht nicht zum Nulltarif – es kostet insbesondere Energie bzw. genauer gesagt: Exergie. Die Aufbereitung von Altstoffen wie auch die Gewinnung von frischen Rohstoffen, die Herstellung von Vor-Produkten und schließlich die Produktion erfordern große Mengen an Energie, was mit den oben diskutierten Beschränkungen des EROI der heute verfügbaren Energietechnologien in Konflikt gerät. Denn auch die Erschließung neuer natürlicher Rohstoffvorkommen wird immer schwieriger. Für viele Rohstoffe sind die guten Lagerstätten mit hohen Konzentrationen und einfacher Zugänglichkeit längst erschöpft. Je geringer die Konzentration, desto aufwendiger die Gewinnung.

Kurz gesagt: Von einer wirklichen Kreislaufwirtschaft sind wir noch sehr weit entfernt. Auch wenn die Verfügbarkeit von Rohstoffen zwar *nicht prinzipiell ein Problem ist, stellt sie faktisch sehr wohl* eine große Herausforderung dar, weil sie immer größere Mengen an Energie erfordert, egal ob es um die Gewinnung aus neuen natürlichen Lagerstätten oder um die Aufbereitung geht. Die Verschwendung von Rohstoffen, wie sie unser heutiges Take-Make-Waste-Wirtschaftssystem belohnt, wird daher bald an ihre Grenzen gelangen.

2.1.3 Umweltverschmutzung als thermodynamisches Problem

Die von Georgescu-Roegen problematisierte Diffusion von Materie ist jedoch nicht nur aus Gründen der Rohstoffverfügbarkeit, sondern auch wegen der damit einhergehenden Umweltverschmutzung ein Problem. Schlechte Recyclingquoten bedeuten faktisch auch, dass ein großer Teil unkontrolliert in die Umwelt gerät. Wenn nur 1 Prozent der Seltenen Erden rezykliert wird, heißt das, dass 99 Prozent nicht angemessen behandelt werden – und zu einem großen

Teil früher oder später in die Umwelt gelangen. Daraus ergibt sich ein zunehmendes Problem für die Umweltverschmutzung. In letzter Zeit wurde dies besonders im Fall von Kunststoffen diskutiert, das als Mikroplastik nicht nur in allen Weltregionen, sondern auch in Organismen nachgewiesen wurde. Ganz Entsprechendes gilt für viele Umweltgifte, für Persistent Organic Pollutants, für radioaktive Abfälle u. v. a. m.

Aus physikalischer bzw. energetischer Sicht mag es möglich sein, (z. B. radioaktiv) kontaminierte Gebiete zu dekontaminieren – in allen denkbaren *realen* Fällen sind dem jedoch sehr enge Grenzen gesetzt.

Denn erstens würde dies große Mengen an Energie (Exergie) erfordern und je höher der energetische Aufwand für die Reinigung der Umwelt wäre, desto größer wird der Erntefaktor, den eine Gesellschaft benötigt. Wie gesehen, ist der Erntefaktor schon heute eine Herausforderung. Wenn dann etwa noch die Ozeane vom Plastikmüll befreit werden sollen, wird das den gesellschaftlich erforderlichen Energiebedarf weiter erhöhen. Zweitens gestaltet sich die Dekontamination natürlicher Systeme extrem schwierig, wenn nicht sogar unmöglich, weil sie zerstörungsfrei vonstattenzugehen hat. Schon die Sanierung und Dekontamination technischer Anlagen sind extrem aufwendig – aussichtslos ist es, weiträumig, ggf. sogar global verteilte und Organismen betreffende Verschmutzungen umzukehren.

Lösungsansätze

Es braucht weitere und vermehrte Anstrengungen für skalierbare und wirtschaftliche Lösungen für die Bereitstellung, Speicherung und den Transport von Erneuerbaren Energien. Den günstigsten Erntefaktor von allen Energieträgern weist die Kohle auf – die jedoch das größte Treibhausgaspotenzial aller Energieträger hat. Ohne eine politische Lösung wird sich das Problem der billigen Kohle nicht lösen lassen. Aus technologischer Sicht ist Energie *der* entscheidende Hebel für gesellschaftliche Entwicklung. Fast alles ist möglich, wenn genügend Erneuerbare Energie vorhanden ist.

Die sehr viel konsequentere Schließung von Stoffkreisläufen ist sowohl aus Gründen der Ressourcenverfügbarkeit als auch aus Gründen des Umweltschutzes dringend geboten. Angesichts dieser Herausforderungen, die künftig sehr viel gravierender werden, sollten Anreize zur konsequenten Ressourcenschonung und Abfallvermeidung gesetzt werden. Es gibt viele Möglichkeiten, dies umzusetzen, etwa indem der Verbrauch von Rohstoffen (z. B. fiskalisch) verteuert, der Faktor Arbeit im Gegenzug unterstützt wird (vgl. Berg et al. 2012).

Global werden die Anstrengungen zum Umweltschutz absehbar zunehmen – was entsprechende technologische Innovation, aber auch hinreichend verfügbare erneuerbare Energie voraussetzt. Finanziell wie auch energetisch ist es um Größenordnungen einfacher, die weiträumige Verteilung von Schadstoffen zu verhindern als nachträglich zu versuchen, sie wieder gut zu machen.

Schließlich wird es einen Schub von Innovationen für Wertschöpfungsmodelle benötigen, die mit geringem Energiebedarf verbunden sind – für Energieeffizienz, Energieeinsparung und Suffizienz, wo immer das möglich ist (vgl. 13.2).

2.2 Komplexität

Viele biologische, ökologische oder soziale Systeme weisen eine enorme Komplexität auf. Je komplexer Systeme sind, desto schwieriger ist es, ihr Verhalten zu verstehen oder gar vorherzusagen. Dies stellt eine Herausforderung für Nachhaltigkeit dar, denn der anthropogene Einfluss auf Ökosysteme hat erheblich zugenommen, oft mit unerwünschten Folgen. Umsichtiges Handeln ist nötig, aber schwierig. Konsumenten können die sozialen und ökologischen Folgen ihres Konsums kaum überblicken, Politiker nicht die gesellschaftlichen Reaktionen politischer Entscheidungen, und selbst Expertinnen können die Wirkung technischer Innovationen oft kaum einschätzen.

Komplexität ist ein Konzept, dessen sich eine Reihe wissenschaftlicher Disziplinen bedienen, zum Teil mit sehr spezifischen Bedeutungen. In dem hier gemeinten Sinn sind komplexe Systeme dadurch gekennzeichnet, dass sie aus Komponenten bestehen, die miteinander interagieren, Rückkopplungen und nichtlineares, unvorhersehbares Verhalten aufweisen (Kauffman 1995; Johnson 2001; Barabási 2002; D. H. Meadows 2008).

Als Menschen sind wir es gewohnt, in linearen Ursache-Wirkungs-Zusammenhängen zu denken: Je härter ein Ball getreten wird, desto weiter fliegt er, je weiter man ein Pendel auslenkt, desto größer ist die Amplitude etc. Ursache und Wirkung lassen sich klar unterscheiden, weshalb man Probleme löst, indem man die Ursachen bekämpft. All das gilt nicht mehr für komplexe Systeme. In komplexen Systemen kann oft gar nicht genau *eine* Ursache für ein bestimmtes Systemverhalten benannt werden. Zudem ist das Systemverhalten oft extrem sensitiv gegenüber den Anfangsbedingungen und kann schon nach kurzer Zeit nicht mehr exakt vorhergesagt werden; kleine Ursachen können riesige Wirkungen haben (»Schmetterlings-Effekt«). Teilweise kommt es zu unerwarteten Reaktionen, mitunter ist der erreichte Zustand sogar das Gegenteil dessen, was beabsichtigt wurde.[14]

Wie der Komplexitätsforscher Stuart Kauffman durch numerische Simulationen gezeigt hat, weisen bereits ganz simple mathematische, sogenannte Boole'sche Netzwerke – das sind Netzwerke, in denen die Knoten nur in zwei möglichen Zuständen und die Verbindungen nur als UND und ODER möglich sind – bereits ab einer sehr überschaubaren Verbindungszahl von vier bis fünf pro Knoten chaotisches Verhalten auf (Kauffman 1995, 82). Wenn also in einem solchen Netzwerk jeder Knoten mit 5 anderen verbunden ist, gibt es nur noch chaotisches Verhalten – Vorhersagen sind nicht mehr möglich. Nun ist aber die Verbindungszahl von 5 pro Knoten nicht sonderlich viel.

Unsere Welt weist demgegenüber eine atemberaubende Komplexität von natürlichen, sozialen, wirtschaftlichen und technischen Systemen auf und diese Komplexität haben wir in den letzten 200 Jahren durch technikinduzierte Vernetzungsprozesse (vor allem im Bereich von Informations- und Kommunikationstechnologien sowie im

Bereich der Verkehrstechnologien) noch stark ausgebaut – durch globalen Handel, globale Märkte und verteilte Wertschöpfungsketten. Die Länge der Wirkungsketten hat ebenso zugenommen wie die Möglichkeiten zu Rückkopplungen (vgl. Kapitel 8).[15] Dies hat wiederholt zu unerwarteten und unbeabsichtigten Folgen geführt.

- Ein klassisches Beispiel für ein unerwünschtes Systemverhalten nach menschlicher Intervention ist von der Weltgesundheitsorganisation (WHO) berichtet, die in den 1950er-Jahren auf Borneo Malaria bekämpfen wollte. Zu diesem Zweck wurden große Mengen DDT gespritzt, wodurch nicht nur die Malaria übertragenden Mücken, sondern auch kleine Wespen getötet wurden, die bis dahin die Population einer Raupenart begrenzt hatten, deren Hauptnahrungsquelle die Strohdächer der Lehmhütten waren. In Abwesenheit der Wespen konnten sich die Raupen stark ausbreiten, viele Dächer stürzten ein. Das DDT akkumulierte zudem in der Nahrungskette und vergiftete u. a. Katzen, was eine Rattenplage nach sich zog. Schließlich ließ die WHO in einer spektakulären Aktion Tausende Katzen per Fallschirm über Borneo abwerfen, um der Rattenplage Einhalt zu gebieten (O'Shaughnessy 2008).
- Ein anderes eindrückliches Beispiel ist die absichtliche Einfuhr von Agakröten (lat. *Rhinella marina*) nach Australien zum Zwecke biologischer Schädlingsbekämpfung in den 1930er-Jahren. In ihrem ursprünglichen Habitat hatte diese Krötenart natürliche Feinde, denen das von der Kröte produzierte Gift nicht gefährlich war. In der neuen Umgebung fehlten diese Feinde, die Kröten konnten sich fast ungehindert und rasend schnell ausbreiten (mehr als 100 km pro Jahr). Inzwischen bevölkern sie große Teile Australiens (über 1 Mio. km²) und ihr Gift hat fatale Folgen für zahlreiche Nahrungsketten (Tyler et al. 2007, 11; Wikipedia 2019). Dies ist lediglich *ein* Beispiel einer *beabsichtigten* Einfuhr fremder Arten in neue Habitate – doch gibt es tatsächlich Tausende von Beispielen, in denen solche Importe unbeabsichtigt geschehen, etwa über Schiffsladungen (vgl. WWF 2009).
- Schließlich ein Beispiel aus der jüngeren Vergangenheit. Das deutsche »Erneuerbare Energien-Gesetz« (EEG) aus dem Jahr

2000 hatte zum Ziel, den Ausbau verschiedener erneuerbarer Energien in Deutschland zu beschleunigen – und Teile davon haben sich bis heute bewährt und wurden international häufig nachgeahmt (so z. B. die Einspeisevergütung, die in mehr als 65 Ländern kopiert wurde). Dass Deutschland heute bei Solarzellen die weltweit höchste Installationsdichte pro Kopf aufweist, ist gewiss ein Verdienst des EEG. Allerdings fördert das EEG auch die energetische Nutzung von Biomasse, was zu einer massiven Ausbreitung von Energiepflanzen geführt hat, deren Anbau heute fast ein Sechstel der landwirtschaftlichen Nutzfläche in Deutschland ausmacht (FNR 2019). Zugleich ist ein dramatischer Rückgang von Insektenpopulationen zu beklagen, die (gemessen in Biomasse) in den letzten drei Jahrzehnten um 80 Prozent zurückgegangen sind (BfN 2017, 12), wozu auch die großen Monokulturen von Energiepflanzen beigetragen haben. Mittlerweile gibt es starke Indizien dafür, dass das ursprüngliche Ziel der energetischen Nutzung von Biomasse – nämlich klimafreundliche Energiegewinnung – nicht erreicht wird. Es gibt einen Zielkonflikt zwischen energetischer Biomassenutzung und Biodiversität. Die Bemühungen für Klimaschutz und Artenvielfalt könnten durch eine weitere Ausbreitung von Energiepflanzen sogar konterkariert werden! (Hof et al. 2018) Die ursprünglich mit der Nutzung von Bioenergie verbundene Absicht, nämlich den Klimawandel einzugrenzen, hat höchstwahrscheinlich eine schädliche Wirkung auf die Artenvielfalt (Hof et al. 2018, 13294). Während also die Artenvielfalt einerseits durch den Klimawandel selbst bedroht ist (Bowler et al. 2017), könnte der Versuch, den Klimawandel durch Bioenergie einzuschränken, dieselben negativen Effekte haben (Hof et al. 2018, 13294).

So unterschiedlich diese Beispiele auch sind – sie zeigen doch, dass menschliche Eingriffe in Ökosysteme, so gut die Absichten auch sein mögen, oft nicht den gewünschten, mitunter sogar den gegenteiligen Effekt erzielen. Neben anderen Gründen hat dies wohl immer auch damit zu tun, dass die Komplexität der Zusammenhänge unterschätzt wurde.

Der WBGU hat bereits in den 1990er-Jahren mit dem Syndromkonzept einen Versuch unternommen, wiederkehrende Muster in Prozessen globalen Wandels zu identifizieren. Der WBGU schlägt 16 Syndrome in den drei Gruppen Quellen, Senken und Entwicklung vor (WBGU 1996). In jüngerer Zeit hat das Nexus-Konzept in ähnlicher Weise versucht, die Komplexität der Zusammenhänge konzeptionell zu reduzieren. Der Gedanke einer Nexus-Betrachtung ist, dass nicht mehr nur einzelne Phänomene, sondern ganze Zusammenhänge (Nexus) von aufeinander bezogenen Phänomenen studiert werden. So widmet sich der Wasser-Energie-Nexus der Tatsache, dass Fragen von Wasserversorgung und Fragen der Energieversorgung oft miteinander zusammenhängen und am besten im Verbund adressiert werden (GAO 2009; Spang et al. 2014). Es scheint allerdings, wie Al-Saidi und Elagib vermuten, dass allein die Berücksichtigung einer gemeinsamen Betrachtung auf konzeptioneller Maßnahmenebene noch nicht sehr viel an der Frage ändert, welche Prioritäten in der Praxis gelöst werden (Al-Saidi & Elagib 2017, 1131).

Im Ergebnis kann festgehalten werden, dass Komplexität aus einer Reihe von Gründen der Verwirklichung von Nachhaltigkeit entgegensteht.

- Komplexität macht längerfristige Vorhersagen praktisch unmöglich. Zudem erschwert sie das Verständnis von Systemen. Naturgemäß verlangt aber die Forderung nach Nachhaltigkeit auch nach einer langfristigen Perspektive.
- Menschliches Handeln hat die Komplexität von Ökosystemen immer wieder unterschätzt und einen erheblichen Einfluss darauf ausgeübt (z. B. durch Verschleppung von Arten).
- Komplexe Zusammenhänge sind häufig auch kompliziert, also schwer zu durchdringen, insbesondere wenn es an Wissen oder Erfahrung darin mangelt (vgl. 3.1). Undurchschaubare und rasche Veränderungen der Lebenswelt tragen dazu bei, dass Menschen verunsichert sind. Die Kommunikation wissenschaftlicher Erkenntnisse in die Öffentlichkeit und die Tendenz zu massenmedialer Vereinfachung und Dramatisierung können den Eindruck erwecken, dass »die Wissenschaft« sich auch nicht einig sei. Einfache Gemüter glauben offenbar lieber daran, dass der Kli-

mawandel eine chinesische Erfindung ist, als eine gut gesicherte wissenschaftliche Tatsache, was natürlich eine gesellschaftliche Herausforderung ist. Denn gewählte Politikerinnen brauchen zum eigenen Verständnis und als Grundlage ihrer Entscheidungen in zunehmendem Maß wissenschaftliche Expertise, müssen die daraus resultierenden politischen Entscheidungen aber an eine Öffentlichkeit vermitteln, die in weiten Teilen auf Simplifizierung, kurze Botschaften und Tweets gepolt ist. Der Populismus ist deshalb ein benachbartes Problem, da er zum Teil die durch Komplexität aufgeworfenen Herausforderungen zu beantworten vorgibt (vgl. 4.3).

- Komplexe Situationen und komplizierte Sachverhalte erschweren es, die Wirkung politischer Maßnahmen einzuschätzen. Das ist für die Politik jedoch eine Herausforderung, weil politisches Handeln von dreierlei Voraussetzungen abhängt: einem öffentlichen Problembewusstsein, einem günstigen Macht- und Entscheidungsumfeld sowie der Verfügbarkeit einer Lösung (SRU 2019, 118). Je diffuser die Problemlage und je ungewisser die Wirkung politischer Maßnahmen, desto schwieriger wird es also sein, die öffentliche Meinung dafür zu gewinnen.

- Schließlich kann der Verweis auf die Komplexität mancher Systeme auch dazu missbraucht werden, Zweifel an der Validität wissenschaftlicher Prognosen zu säen. Wie kann es sein, so lautet ein Argument, dass man noch nicht einmal das Wetter für einen Zeitraum von mehreren Wochen bestimmen kann – weil es doch offenbar chaotischen Prozessen unterliegt – und man gleichwohl Aussagen über die langfristige Entwicklung des Klimas treffen können will? Mit Zweifeln an der Glaubwürdigkeit wissenschaftlicher Erkenntnisse sollen mitunter politische Maßnahmen verzögert werden (Sala, Ciuffo und Nijkamp 2015, 320).

Lösungsansätze

Wie ist mit komplexen Systemen umzugehen, wie können sie gemanagt werden?

- Das Studium komplexer Systeme in zahlreichen wissenschaftlichen Disziplinen sollte weiter vorangetrieben und unterstützt werden – in der Ökosystemforschung, in Kybernetik, Chaostheorie, Systemmodellierung, in der Forschung zum Globalen Wandel, in Soziologie und Wirtschaftswissenschaften u. a. m. Doch ist insbesondere auch das Disziplinen übergreifende Wissen zu vertiefen, sind doch strukturelle Silos immer noch dominant in Wissenschaft, Verwaltung und Politik (vgl. Kap 9).
- Gerade frühe Erfahrungen im Umgang mit Komplexität sollten bereits in der Schule oder im Kindergarten gesucht werden, da sie die Basis für spätere kognitive Erarbeitung dieser Zusammenhänge schaffen (vgl. Fester, s. u.).
- Es darf nicht erwartet werden, dass komplexe Systeme *gesteuert* werden können. Indem man die Komponenten und ihre Interaktion versteht, kann man bestenfalls hoffen, darauf Einfluss zu nehmen.
- Es sollten Regeln für den Umgang mit Komplexität, insbesondere für politische Maßnahmen, etabliert werden: skalierbar vorgehen, d. h. zunächst nur kleine Änderungen vornehmen, dann Kontrolle, dann ggf. ausweiten (vgl. Kap. 16).
- Die Resilienz von Systemen sollte gestärkt werden – in Natur, Gesellschaft, Wirtschaft und Technik –, um sie gegenüber Störungen widerstandsfähiger zu machen. Das Vorsorgeprinzip sollte mehr Berücksichtigung finden, etwa bei der Entwicklung und Anwendung neuer Technologien (vgl. 13.6).

3 Barrieren der menschlichen Natur

Eine zweite Gruppe von Nachhaltigkeitsbarrieren liegt in der menschlichen Natur begründet. Als Menschen stoßen wir schnell an unsere kognitiven Grenzen, wenn es beispielsweise um das Erfassen exponentiellen Wachstums oder das Verhalten komplexer Systeme geht. Wir haben moralische Defizite, sind oft ignorant gegenüber Menschen in Not und verfolgen teils egoistische Ziele. Regelmäßig verhalten wir uns nicht entsprechend dem, was unsere »eigentlichen« Wünsche sind. Und schließlich haben wir multiple Bedürfnisse und Wünsche, die zum Teil im Konflikt miteinander stehen, weshalb wir immer wieder mit Zielkonflikten umgehen müssen.

- Kognitive Begrenzungen: lineares, kurzfristiges und unverbundenes Denken
- Moralische Begrenzungen: Gier, Selbstbezogenheit, Ignoranz
- Kognitive Dissonanzen (value action gap)
- Zielkonflikte

3.1 Kognitive Begrenzungen: Lineares Denken in kurzen Zeiträumen

Menschen, die nicht speziell darin geübt oder ausgebildet sind, haben meist große Schwierigkeiten, den Verlauf exponentiellen Wachstums oder komplexer Systeme richtig einzuschätzen. Während des längsten Teils der menschlichen Geschichte war das kein Problem, denn die meisten Phänomene des täglichen Lebens lassen sich gut mit linearem, kurzfristigem Denken adressieren. Angesichts der großen Reichweite unserer Technologien und der durch sie angestoßenen Entwicklungen, die häufig exponentiellen Verläufen entsprechen, genügt das heute nicht mehr, denn sie verleiten uns dazu, gefährliche Entwicklungen zu unterschätzen bzw. zu spät als gefährlich zu erkennen.

Lassen Sie uns zu Beginn ein Gedankenexperiment anstellen. Wie oft müssten Sie ein Blatt Briefpapier (80 g/m²) falten, damit es in Ihrem Büro an die Decke reicht? Selbstverständlich kann man es nicht mehr als fünf bis sechs Mal falten. Doch die äquivalente Frage ist, wie oft Sie den Papierstapel verdoppeln müssten, damit dasselbe geschieht – was durchaus möglich ist. Vielleicht überlegen Sie einen Moment, bevor Sie weiterlesen. Das Ergebnis lässt sich im Kopf berechnen. Angenommen ein Blatt Papier hat eine Dicke von $\frac{1}{10}$ Millimeter (denn die 500 Blatt aus dem Copyshop sind etwa 5 cm dick). Bei jedem Falten verdoppelt sich die Dicke. Nach zehn Faltungen haben wir $2^{10} \times \frac{1}{10}$ mm = $1024 \times \frac{1}{10}$ mm ≈ 10 cm erreicht, beim elften Mal 20 cm ... und nach 15 Mal falten etwa 3,20 m! Ich frage bei Vorträgen des Öfteren, was die Zuhörenden wohl schätzen und die allermeisten Menschen, die mit exponentiellem Wachstum nicht vertraut sind, geben sehr viel höhere Werte an. Der bisherige Rekord wurde bei einem Treffen mit Führungskräften einer Bank gebrochen. Dort rief jemand in den Raum: »500.000 Mal!« Das ist etwas zu viel ... Denn schon nach 43 Faltungen hätte das Papier eine Dicke, die bis zum Mond reichen würde. Weniger als 300 Faltungen genügen und man hätte die Dicke des Papiers um einen Faktor erhöht, der größer ist als die Zahl der Atome im Universum, die in der Größenordnung von $10^{80} \approx 2^{265}$ Atomen liegt. Pikant an dieser Schätzung ist, dass sie in einem Kreis von Bankmanagern geäußert wurde, die sozusagen von Berufs wegen tagtäglich mit exponentiellem Wachstum zu tun haben – denn nichts anderes ist eine Zinseszins-Betrachtung.

Was sagt uns das? Als Menschen sind wir meist sehr schlecht darin, exponentielle Verläufe richtig einzuschätzen. Unser Arbeiten orientiert sich oft an linearen Zusammenhängen. Bei handwerklichen Tätigkeiten etwa erreicht man in doppelter Zeit den doppelten Ertrag. Dauert das Streichen eines 5 Meter langen Zauns einen Tag, dann dauert ein 10 Meter langer Zaun etwa doppelt so lange.

Und unter bestimmten Bedingungen erscheinen exponentielle und lineare Verläufe sogar täuschend gleich (vgl. Abbildung 6a). Im Bereich von null bis 30 oder 40 erscheinen die beiden Graphen fast identisch – zumindest bei der gegebenen Auflösung. Doch einer der

Graphen zeigt einen linearen, der andere einen exponentiellen Verlauf, erst für größere x-Werte weichen die Graphen voneinander ab.

In Abbildung 6b–d sind zwei ganz ähnliche Graphen dargestellt, wieder einer exponentiell und einer linear. In allen drei Abbildungen sind es exakt dieselben Graphen, sogar das Achsenverhältnis ist gleich (d. h. x:y = 1:10), doch ganz offensichtlich weisen die Graphen sehr unterschiedliche Verläufe auf. Das liegt einzig und allein daran, dass sich von b über c zu d das dargestellte Intervall ändert.

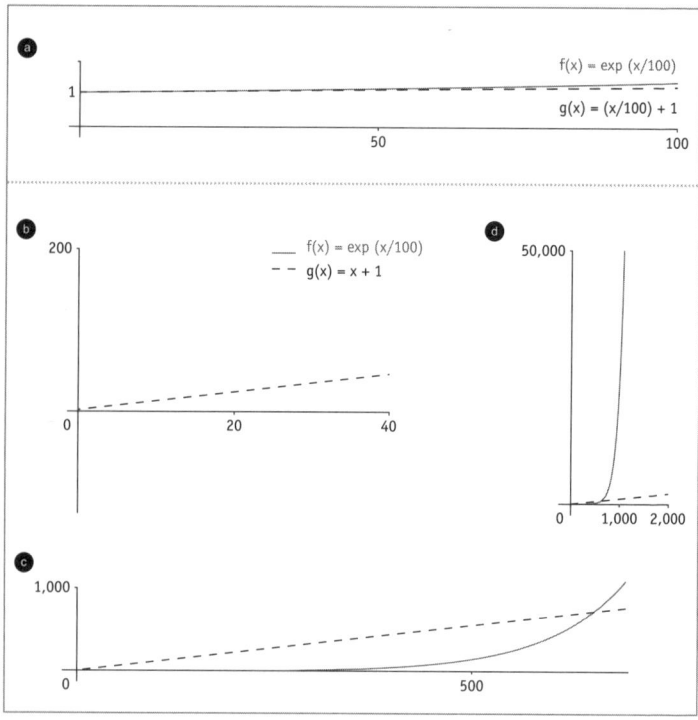

Abbildung 6: Lineares und exponentielles Wachstum. Abb. a) zeigt eine exponentielle Funktion (f(x) = exp (x/100)) und eine lineare Funktion (g(x) = x/100 + 1)). Bei gegebener Auflösung sind sie in bestimmten Bereichen fast nicht zu unterscheiden. Die Abbildungen b–d zeigen ebenfalls eine exponentielle und eine lineare Funktion (f(x)= exp (x/100) und g(x)= x+1), wobei in allen drei Abbildungen die identischen Funktionen und identische Achsenskalierung verwendet ist. Lediglich die betrachteten Wertebereiche unterscheiden sich. *(Quelle: Eigene Darstellung)*

In b) ist der exponentielle Graph nicht von der x-Achse zu unterscheiden, Wachstum ist hier nur für die lineare Funktion sichtbar. In c) hat die exponentielle Funktion »aufgeholt« und die lineare bereits hinter sich gelassen, während in d) nur noch das exponentielle Wachstum in den Blick gerät.

Warum ist das bedeutsam? Exponentielles Wachstum wird leicht unterschätzt, wenn man zufällig gerade auf einen Bereich blickt wie in Abbildung 6a oder 6b. In Natur und Gesellschaft bzw. Wirtschaft gibt es aber viele Zusammenhänge, die in bestimmten Bereichen ein exponentielles Wachstum aufweisen, wie Abbildung 7 verdeutlicht.

Dargestellt ist jeweils der Zeitraum von 1750 bis 2000 für verschiedene sozio-ökonomische und Erd-System-Parameter. Man erkennt die Ähnlichkeit der Verläufe, die alle mehr oder weniger deutlich exponentiell sind – zumindest phasenweise (Steffen et al. 2015a).

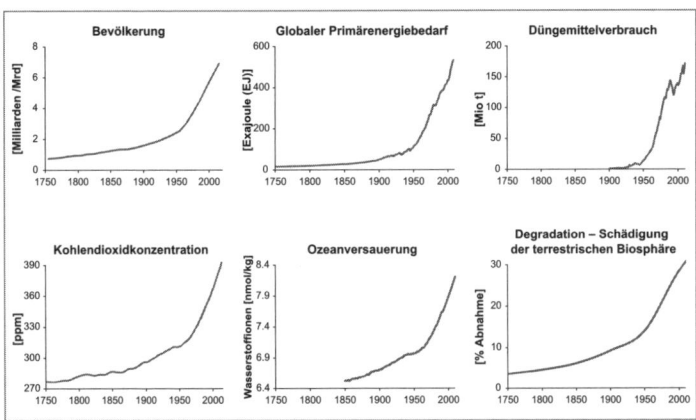

Abbildung 7: Sozio-ökonomische und Erdsystem-Trends.
(Quelle: Daten von Steffen et al. 2015a)

Seit dem ersten Bericht an den Club of Rome, *The Limits to Growth* (Meadows et al. 1972), hat es eine sehr lebhafte Diskussion um Grenzen des Wachstums gegeben. Allein die dargestellten Kurven sowie das in 2.1 Gesagte lassen den Schluss zu, dass es in der Tat solche physischen Grenzen gibt. Hier geht es zunächst jedoch um etwas anderes, nämlich um die Tatsache, dass wir Menschen erschreckend wenig Verständnis für exponentielle Verläufe haben, aber viele von uns bestimmte oder hervorgerufene Entwicklungen genau solche Verläufe aufweisen, die uns auf gefährliche Bahnen führen können, weil sie rasch unkontrollierbar werden.

In der Natur sind exponentielle Verläufe stets begrenzt, da es immer begrenzende Effekte gibt. Ein klassisches Beispiel ist das Räuber-Beute-Modell, das durch zwei gekoppelte Differentialgleichungen erster Ordnung dargestellt wird (vgl. Jischa 2018, 59 ff.; scholarpedia.org 2011). In den Grenzfällen, bei denen es entweder keine Räuber gibt oder eine unendliche Menge an Beutetieren, würden die Populationen ins Unendliche wachsen, doch die Kopplung an die jeweils andere Spezies verhindert dies und begrenzt sowohl Räuber als auch Beutetiere. Viele natürliche Systeme können entsprechend modelliert werden, etwa auch der maximale nachhaltige Ertrag in der Fischerei.

Unter bestimmten Bedingungen können Systeme mit nichtlinearen, sich gegenseitig verstärkenden Entwicklungen chaotisches Verhalten aufweisen, was dann prinzipiell unvorhersehbar wird. Wie später noch zu diskutieren sein wird (vgl. 16.2), befinden sich viele biologische oder ökologische Systeme an der Grenze zwischen Ordnung und Chaos. Wir leben gewissermaßen auf Inseln der Ordnung in einem Meer von Chaos. Doch diese Ordnung können wir durch massive Intervention langfristig aus dem Gleichgewicht bringen, wie ein beeindruckendes Beispiel aus der Fischereigeschichte Kanadas zeigt, welches das Millenium Ecosystem Assessment darstellte. Abbildung 8 zeigt den Kollaps der Kabeljau-Bestände vor der Küste Neufundlands 1992, die dort zum Ende des kommerziellen Fischfangs führte, der zuvor über Jahrhunderte Bestand hatte.

Bis in die 1950er-Jahre wurde saisonabhängig operiert, mit wandernden Flotten küstennaher mittelständischer Fischereibetriebe. Ende der 1950er-Jahre begann man, mit Grundschleppnetzen die tiefer gelegenen Zonen auszubeuten, was die Fangmengen zwar drastisch erhöhte, die zugrunde liegende Biomasse aber erheblich reduzierte. Trotz der Einführung von Fangquoten in den 1970er-Jahren war der folgende Rückgang nicht aufzuhalten und der Bestand brach fast vollständig zusammen, die Fischerei wurde 2003 endgültig beendet (WRI 2005, 12).

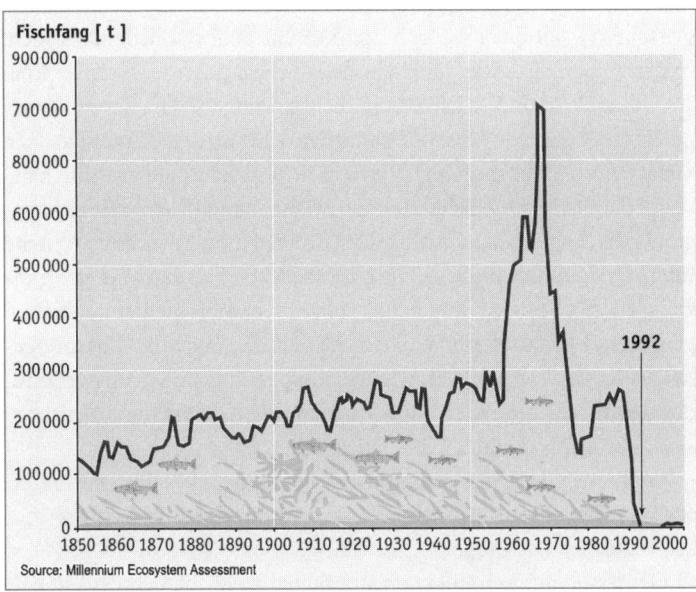

Abbildung 8: Entwicklung des Kabeljaufangs vor Neufundland.
(Quelle: Millenium Ecosystem Assessment)

Kein biologisches oder ökologisches System kann über einen längeren Zeitraum exponentielles Wachstum aufweisen. Das ist eine Tatsache, an der auch gesellschaftliche und wirtschaftliche Systeme nicht vorbeikommen. Das oben erwähnte Beispiel des Papierfaltens verdeutlicht allerdings, wie sehr unsere Einschätzungen und Intuitionen von der Realität abweichen können.

Es gibt noch einen anderen Aspekt unserer menschlichen Konstitution, der eine angemessene Einschätzung anthropogener Umweltveränderungen erschwert: die Schwierigkeit, langfristige Entwicklungen richtig einzuschätzen und unsere fehlende Wahrnehmungsfähigkeit für viele Phänomene.

Die Zeitskalen, in denen menschliches Leben stattfindet, sind erheblich kürzer als die jener Umweltveränderungen, die insbesondere künftigen Generationen so gefährlich werden. Veränderungen im globalen Klima, Verlust von Biodiversität, zunehmende Konzentrationen von CO_2 in der Atmosphäre oder von Mikroplastik auf Grönlandgletschern – all das lässt sich nicht direkt erfahren, jedenfalls nicht in demselben Sinn wie die Hitze eines Feuers oder der Donner eines Gewitters. Wir sind selbstverständlich gewohnt, Erfahrungen immer im Kontext unseres Wissens zu machen – Erfahrung ist immer schon *interpretierte* Erfahrung (vgl. Barbour 1974). Und in diesem Sinn kann beispielsweise auch ein Fischer die Erfahrung machen, dass er weniger Arten fängt als sein Vater oder Großvater, und dies entsprechend interpretieren. Doch die wenigsten Menschen haben die Möglichkeit zu solch diachronen Vergleichen, für die meisten bleiben anthropogene Umweltveränderungen rein *theoretische, kognitive* Zusammenhänge. Es ist aber bekannt, wie wichtig persönliche Erfahrungen für das Verhalten, die Motivation und das Wertgerüst von Menschen sind, was in Abschnitt 3.3 thematisiert werden wird.

Wenn die Erfahrungsdimension fehlt, ist es daher besonders schwer, Einsicht in die Sachverhalte und die Dringlichkeit der Problemlagen zu vermitteln.

Gemessen an menschlichen Zeitskalen vollzieht sich der Globale Wandel so langsam, seine Herausforderungen sind so komplex und Ursache und Wirkung so weit voneinander getrennt, dass sie eben primär nur auf einer theoretischen Ebene zum Handeln motivieren können – und kaum hormonelle Prozesse auslösen, wie es sonst beim Auftreten von Gefahrensituationen erfolgt.

Man kann das Artensterben nicht *sehen*, man kann nicht *spüren*, wie der Meeresspiegel ansteigt, man kann nicht *fühlen*, wie die Konzentration von Treibhausgasen zunimmt. All das kann nur gemessen werden. Wir müssen uns auf Messungen, Instrumente, Analysen, Zeitreihen, Modelle und Theorien verlassen – in der Wissenschaft ist das das »tägliche Brot«. Doch es ist eine Herausforderung, daraus motivierende und handlungsleitende Empfehlungen abzuleiten, die auch außerhalb der Wissenschaft jedem zugänglich sind. Besonders kontraproduktiv sind in diesem Zusammenhang natürlich allgemeine Zweifel an der Glaubwürdigkeit »der« Wissenschaft, wie sie teils von Populisten gestreut werden.

Neben den kognitiven Begrenzungen ist also festzuhalten, dass uns Menschen für viele problematische Entwicklungen schlicht die sensorischen Fähigkeiten fehlen. Kohlendioxid ist etwa geruchs- und farblos und auch für Schwermetalle oder Radioaktivität fehlt uns das Empfinden.

Lösungsansätze

Wenngleich die genannten Schwierigkeiten in der menschlichen Konstitution begründet liegen und nicht ein für alle Mal beseitigt werden können, kann durch entsprechende Bildung versucht werden, ein besseres Verständnis für die genannten Zusammenhänge zu vermitteln. Glaubt man Frederic Vester, einem Pionier der Kybernetik und Vordenker im vernetzten Denken, kann der Zugang zum Verständnis und besseren Umgang mit Komplexität durch relationales Denken verbessert werden, wie es sich in früher Kindheit noch ganz naturgemäß findet. Vester hat eine Testreihe mit Vorschulkindern durchgeführt, um diese Relationalität des frühkindlichen Denkens zu belegen. Auf die Frage »Was ist ein Stuhl?« erhielt er die Antwort »wenn ich mich drauf setzen kann«. Und so ging es weiter: »Was ist ein Haus?« »Wo ich schlafe und die Mama ist«, Sommer ist, »wenn es warm ist und nach Heu riecht«. Dieses Denken höre hingegen sofort auf, wenn die Kinder in die Schule kämen: »der Stuhl wurde zum Möbelstück, das Haus zum Gebäude und der Sommer zur Jahreszeit« (Vester 2000, 145).

Vester versteht dies als Übergang von einem ganzheitlichen und relationalen zu einem mechanistischen, disziplinären, linear-kausalen Denken, das Dinge durch Begriffe und nicht mehr durch ihre Beziehung zur dynamischen Wirklichkeit erklärt (ebd.).

In einem frühen Club-of-Rome-Bericht aus dem Jahr 1979 – *No limits to learning. Bridging the human gap* – sind Botkin et al. der Frage nachgegangen, welchen Beitrag das »menschliche Element« bei der Lösung der globalen Herausforderungen hat

(Botkin, Elmandjra und Malitza 1979). Die Kluft zwischen der beständig wachsenden Komplexität unserer Welt und unserer Fähigkeit, damit umzugehen, werde beständig größer. »Globale Probleme, gegenwärtig die primären Manifestationen von Komplexität, sind zuerst und vor allem menschliche Probleme. Erst in zweiter Linie sind sie Folgen natürlicher Ursachen.« (Botkin et al. 1979, 6.7)

Die Autoren sehen Lernen und Bildung als überragende Hebel für die Bekämpfung globaler Probleme. Lernen verstehen sie dabei nicht nur als Aneignung von Wissen und Fähigkeiten, sondern als den Erwerb all dessen, was das Leben in einer sich verändernden Welt erfordert – neue Methoden, neue Fertigkeiten, neue Einstellungen und neue Werte (Botkin, Elmandjra und Malitza 1979, 8). Letztlich sei Lernen die »Vorbereitung darauf, mit neuen Situationen umgehen zu können« (Botkin et al. 1979, 8). Dieses Verständnis hat aus meiner Sicht nicht nur seine Gültigkeit bis heute behalten, es ist angesichts der quasi ubiquitären Verfügbarkeit von Information heute sogar noch wichtiger als früher. Es gibt deshalb wohl kaum eine Alternative zu einer Vielfalt von Bildungsmaßnahmen, um die genannten Schwächen zu adressieren.

- Die Grundlagen des Denkens werden früh gelegt, deshalb sollten gerade Kinder so früh wie möglich spielerisch die Eigenschaften vernetzter Systeme entdecken können (Nguyen und Bosch 2014). Vester entwickelte zu diesem Zweck bereits seit den 1980er-Jahren kybernetische Planspiele (Ökolopoly), in denen die Wechselwirkungen zwischen Umwelt, Gesellschaft und Wirtschaft spielerisch erfahren werden. Die Spieler müssen als Politiker oder Manager in Kybernetien Entscheidungen treffen, deren Auswirkungen sie dann im Verlauf des Spiels erfahren. Nach Vesters Tod hat das Malik Management Center in St. Gallen die Rechte daran übernommen und die Verbreitung vorangetrieben (Malik-Management 2011).

- Aus eigener Erfahrung in verschiedenen Rollen erlaube ich mir auch als pädagogischer Laie zu sagen, dass es in unseren Schulen und Universitäten noch großes Potenzial gibt, die nächsten Generationen besser auf die Herausforderungen von morgen vorzubereiten – ganz abgesehen von der Finanzierung. Die Bedeutung von Zusammenarbeit und kollaborativer Problemlösungskompetenz, von inter- und transdisziplinärem Arbeiten, vom Erlernen von Kritik- und Urteilsfähigkeit und die Diskussion und Vermittlung von Orientierungshilfen im Fall kontroverser Diskurse – all dies wird für künftige Generationen zur intellektuellen Grundausstattung gehören müssen.
- Finanzierung. Was ist uns die Bildung unserer Kinder und Jugendlichen wert? Wenn man eine durchschnittliche allgemeinbildende Schule oder auch manche Universität in Deutschland besucht und Erscheinungsbild und Ausstattung mit einem durchschnittlichen Autohaus vergleicht, dann sieht man, wofür wir bereit sind zu investieren. Selbstverständlich kann man diese Unterschiede gut *erklären* – doch macht es das besser? Eine OECD-Studie für Bildungspraktiker hebt die zentrale Bedeutung von Emotionen im Lernprozess hervor – Emotion sei der »primary gatekeeper« (OECD 2012). Angesichts dieser zentralen Bedeutung der Emotion ist es noch bedauerlicher, in welchem Umfeld und mit welcher Ausstattung unsere Kinder auf morgen vorbereitet werden sollen. Welche Botschaft vermitteln wir ihnen damit?
- Bildung beginnt bei den Kleinen, aber sie endet nicht dort. Man kann nicht erwarten, dass eine breitere Öffentlichkeit an Exponentialgesetzen oder Systemdenken interessiert ist. Hier sind Wissenschaftler gefordert, der Öffentlichkeit dabei zu helfen, faszinierende Einblicke in Wissenschaft und Technik zu gewinnen und die Zusammenhänge zu erläutern, von denen wir alle abhängen.

♦ Schließlich muss das Verständnis von und der Umgang mit komplexen Systemen verbessert und trainiert werden (vgl. Kap. 16). Wir müssen lernen zu verstehen, dass komplexe Systeme nicht einfach kontrolliert oder gesteuert werden können; dass es darauf ankommt, die kritischen Einflussgrößen zu identifizieren und über sie zu versuchen, Einfluss auszuüben. Vor allem aber müssen wir lernen zu verstehen, dass komplexe Systeme extrem vorsichtig zu behandeln sind.

3.2 Moralische Beschränkungen – Gier, Egoismus und Ignoranz

Alle großen religiösen und kulturellen Traditionen haben mit den moralischen Beschränkungen der Menschen gekämpft und nach Antworten darauf gesucht – Antworten auf Gier, Egoismus und Ignoranz. Die teils hohen moralischen Standards alter Traditionen können einen zweifeln lassen, ob es so etwas wie einen charakterlichen Fortschritt in der menschlichen Entwicklung geben kann. Dies stellt eine bleibende Herausforderung für das menschliche Miteinander dar – und damit auch für eine gerechte und nachhaltige Gesellschaft.

Dass sich das langfristig Gute, Sinnvolle und Nützliche nicht durchsetzen kann, hat seine Ursache auch in moralischen Defiziten. Jede und jeder kennt Situationen, in denen sie oder er hätte besser handeln können – und sollen. Es gibt einen großen Bereich der Zivilgesellschaft, der Menschen vor allem als moralische Akteure anspricht – die Arbeit von NGOs. Sie prangern unverantwortliche Zustände an, setzen sich für die Rechte Schwacher und Unterdrückter ein, bekämpfen Hunger, schützen den Regenwald u. v. m.

Korruption, Gier, persönliche Verfehlungen und unverantwortliches Verhalten haben oft zu katastrophalen Unfällen und Fehlentwicklungen beigetragen oder diese verursacht. Trunkenheit des Kapitäns war ursächlich für das Tankerunglück der Exxon Valdez, betrügerische Absichten haben die Abgasmanipulationen von Volkswagen, die Bilanzfälschungen von Enron und viele weitere Skandale hervorgerufen.

Es ist unstrittig, dass in vielen dieser Fälle systemische, regulatorische bzw. Vollzugsdefizite zu persönlichem Fehlverhalten hinzutreten. Deshalb fordern auch viele NGOs politische Maßnahmen und systemische Veränderungen, und deshalb darf auch nicht zu viel von Moral als Gesellschaften regulierende Kraft erwartet werden – abgesehen davon, dass dann sofort die Frage auftritt, *welche* Moral dies zu leisten hätte (vgl. Müller 2008). Mit moralisch begründetem Konsumverzicht, »ethischem Konsum« und einfacheren Lebensstilen wird nicht automatisch alles besser – im Gegenteil, es kann auch zur Überforderung, Frustration und Resignation führen, sich zu sehr moralischen Kategorien zu bedienen.

Ebenso evident ist allerdings, dass unverantwortliches Verhalten für zahlreiche problematische Zustände und Entwicklungen ursächlich ist. Wenn Wilderer zur persönlichen Bereicherung geschützte Arten jagen und die Abnehmer deren Trophäen aus zweifelhaften Gründen kaufen (vgl. IAPF 2019; Traffic 2017); wenn ausländische Fischdampfer auf ihren illegalen Raubzügen (IUU Fishing) monatelang vor den Küsten Westafrikas auf See bleiben, die Crew unter sklavenähnlichen Verhältnissen gehalten wird, marine Ökosysteme mit kleinmaschigen Schleppnetzen ebenso zerstört werden wie die traditionelle einheimische Fischerei, dann ist das ein multiples Desaster (EJF 2015); und wenn europäischer Elektroschrott illegal nach Afrika oder Asien verschifft wird und dort unsachgerecht entsorgt Mensch und Natur schädigt (Huisman et al. 2015) – dann steht dahinter (neben juristischen und/oder administrativen Schlupflöchern) kriminelles und unmoralisches Verhalten.

Auch größere Krisen wie etwa die Finanzkrise von 2007/08 wurden auf menschliche Defizite, insbesondere die Gier von Managern, zurückgeführt und sehr kontrovers diskutiert (Reavis 2012). Während die öffentliche Wahrnehmung mutmaßlich Gier als deren Hauptursache angesehen hat, plädieren selbst Kritiker des gegenwärtigen Wirtschaftssystems, wie etwa der britische Wachstumskritiker Tim Jackson, für eine differenziertere Betrachtung. Die Finanzkrise sei nicht auf isoliertes Fehlverhalten bestimmter Bereiche des Bankensektors zurückzuführen. Falls es unverantwortliches Verhalten gegeben habe, so sei dies viel mehr mit einem klaren Ziel vor Augen systematisch und von oben gebilligt gewesen, dem Ziel der Fortführung und Bewahrung wirtschaftlichen Wachstums (Jackson 2011, 31).

Jacksons Einschätzung der systemischen Natur des Problems wird sicher von vielen (auch von mir) geteilt. Das sollte uns aber nicht daran hindern, auch über unmoralisches Verhalten beteiligter Akteure zu reden. Denn es gab schon lange die Vorstellung einer »guten Gier«, wie sie von dem Protagonisten Gordon Gecko im 1987 erschienenen Spielfilm »Wall Street« propagiert wurde. »Greed is good. Greed is right. Greed works. Greed clarifies, cuts through and captures the essence of the evolutionary spirit. Greed, in all of its forms – greed for life, for money, for love, knowledge – has marked the upward surges of mankind.« Obwohl dies von einem Schauspieler vorgetragen wurde, soll es ziemlich genau der Einstellung des Börsenhändlers Ivan Boesky entsprochen haben, der als Vorlage für den Film diente (Meserve 2012). Boesky verkörperte die Gier und die Exzesse, die für die 1980er-Jahre an der Wall Street typisch waren. Bevor er 1986 des Insiderhandels für schuldig gesprochen wurde, hatte er in einer später berüchtigt gewordenen Rede an der Universität von Kalifornien die »guten Aspekte« der Gier angepriesen und Gier als gesund angesehen (ebd.).

Der britische Baron Rothschild soll im 18. Jahrhundert gesagt haben, »die Zeit zum Kaufen sei dann, wenn Blut auf der Straße klebt«, wie es der Forbes-Journalist Myers schreibt (Myers 2009). Dieses antizyklische Verhalten mag bei Investoren heute eine Binsenweisheit sein – John Templeton war einer der ersten, der dieses Prinzip des Investments zum Zeitpunkt des maximalen Pessimismus auszunutzen wusste (Myers 2009) –, doch offenbart es, wie aus dem Schicksal anderer buchstäblich Kapital geschlagen wird. Das mag in ökonomischer Hinsicht als clever gelten – aus moralischen Gründen aber kann bzw. sollte es abgelehnt werden (Myers 2009).

Es steht zudem zu vermuten, dass es auch nur ein kleiner Schritt ist von einem Klima, in dem Gier und Egoismus als persönliche Tugenden gepriesen werden, zu populistischen Parolen wie »prima Italia«

oder »America first«, die die Interessen und Bedürfnisse anderer Staaten vorsätzlich ignorieren und dem Geist internationaler Kooperation, der für die Lösung globaler Herausforderungen so dringend erforderlich ist (vgl. SDG 17), zuwider handeln (vgl. Kap. 6).

Lösungsansätze

Wohl alle großen religiösen und philosophischen Traditionen hat die Frage bewegt, wie mit moralischen Defiziten umzugehen ist. In wichtigen Fragen scheint es ein einhelliges Urteil zu geben. Gier beispielsweise wird durchgängig angeprangert. Von Buddha wird überliefert, er habe die Gier als Ursache der Verdorbenheit des Menschen betrachtet, so wie Unkraut den Acker verderbe.

Die Bhagavad Gita verurteilt Gier als eines von drei Toren, die zur Hölle führen: »Lust, Zorn und Gier. Jeder vernünftige Mensch sollte diese drei Dinge aufgeben, denn sie führen zur Erniedrigung der Seele.« (Bhagavadgita, BG 16.21) Mahatma Gandhi wird der Satz zugeschrieben: »Die Welt hat genug für jedermanns Bedürfnisse, aber nicht für jedermanns Gier« – und dieser Satz wirkt nicht nur in der hinduistischen Tradition fort. Die jüdische Bibel fordert ein Sabbath-Jahr, in dem alle Sklaven befreit und Schulden vergeben werden. Der Prophet Jeremia verurteilt scharf zu Unrecht erworbenen Gewinn (Jer 6,13), die Sprüche Salomos (1,19) behaupten sogar, dass bereits das »Trachten nach unrechtem Gewinn« das Leben kosten würde. In der Bergpredigt spricht Jesus über die Gefahr des Reichtums und lehrt, dass es unmöglich sei, dem Geld und gleichzeitig Gott zu dienen (Matth 6,24). Der Koran lobt diejenigen, die vor ihrer Gier bewahrt werden als die Erfolgreichen (Koran, Sure 64:16).

Herman Daly, der Vater des Gedankens der Stationären Wirtschaft (*steady-state economy*) und Vordenker der Umweltökonomie, sprach offen über die Verbindung des Nachhaltigkeitsgedankens mit der Religion. »Nachhaltige Entwicklung wird eine Veränderung des Herzens erfordern, eine Erneuerung des Geistes und eine gesunde Portion Buße. Dies sind alles religiöse Begriffe – und das ist kein Zufall, denn die grundlegenden Prinzipien, nach denen wir leben, zu verändern, ist ein solch tiefgreifender Wandel, dass dies religiöser Natur ist – egal, ob wir es so nennen oder nicht.« (Daly 1996, 201)

Die Umweltwissenschaftler Kollmuss und Agyeman (2002) haben Barrieren für umweltbewusstes Verhalten untersucht und festgestellt, dass das Fehlen angemessener Anreizstrukturen sowie alte Verhaltensschemata die größte Hürde darstellen. Umwelt*bewusstes* Verhalten hingegen resultiere aus einer komplexen Mischung von Wissen über die Umwelt und Einstellungen zu ihr und einer emotionalen Betroffenheit, welche beide in einen größeren Zusammenhang von persönlichen Überzeugungen und Persönlichkeitszügen eingebettet sind (256).

Christian Felber, der Vater der Gemeinwohlökonomie, wundert sich darüber, dass in der Wirtschaft so ganz andere Werte gelten würden als in alltäglichen zwischenmenschlichen Beziehungen (Felber 2018, 12).

> In unseren Freundschafts- und Alltagsbeziehungen geht es uns gut, wenn wir menschliche Werte leben: Vertrauensbildung, Ehrlichkeit, Wertschätzung, Respekt, Zuhören, Empathie, Kooperation, gegenseitige Hilfe und Teilen. Die »freie« Marktwirtschaft beruht auf den Systemspielregeln Gewinnstreben und Konkurrenz. Diese Anreizkoordination befördert Egoismus, Gier, Geiz, Neid, Rücksichtslosigkeit und Verantwortungslosigkeit. Dieser Widerspruch ist nicht nur ein Schönheitsfehler in einer komplexen oder multivalenten Welt, sondern ein kultureller Keil; er spaltet uns im Innersten – sowohl als Individuen als auch als Gesellschaft.

Kurz darauf heißt es:

> Bis heute bildet die Annahme, dass die Egoismen der Einzelakteure durch Konkurrenz zum größtmöglichen Wohl aller gelenkt

> würden, den Legitimationskern der kapitalistischen Marktwirtschaft. Aus meiner Sicht ist diese Annahme jedoch ein Mythos und grundlegend falsch. Konkurrenz spornt zweifellos auf ihre Weise zu Leistung an (...), aber sie richtet einen ungemein größeren Schaden an der Gesellschaft und an den Beziehungen zwischen den Menschen an. Wenn Menschen als oberstes Ziel ihren eigenen Vorteil anstreben und gegeneinander agieren, lernen sie, andere zu übervorteilen und dies als richtig und normal zu betrachten. Wenn wir jedoch andere übervorteilen, dann behandeln wir sie nicht als gleichwertige Menschen. Wir verletzen ihre Würde (Felber 2018, 14).

3.3 Die Kluft zwischen Werten und Verhalten (*value-action gap*)

*Eine besondere Form von Begrenzung, die mit der vorigen verwandt ist, ist die Kluft zwischen den behaupteten Werten und dem tatsächlichen Verhalten (*value-action gap*). Menschliches Streben und die Banalität des täglichen Lebens geraten in Widerspruch zueinander, was schon der Apostel Paulus in seinem Brief an die Römer beklagte: »Denn das Gute, das ich will, das tue ich nicht; sondern das Böse, das ich nicht will, das tue ich.«*

Der große Erfolg von Wissenschaft und Technik hat lange Zeit das Vertrauen in Expertenwissen beflügelt, das auch den Nachhaltigkeits-Diskurs lange bestimmt hat. Im Rahmen eines solchen Modells kann angenommen werden, dass Defizite im öffentlichen Verständnis ökologischer Herausforderungen durch Expertenwissen beseitigt werden können – sozusagen *top-down* (Burgess 1998, 1446). Nach dieser Vorstellung sollte sich die Öffentlichkeit erreichen und zu umweltfreundlichem Verhalten überzeugen lassen, indem die Erkenntnisse *nur richtig vermittelt* würden (ebd.). Expertenwissen würde dazu führen, dass jede und jeder Einzelne ihre und seine Verantwortung akzeptiert und Veränderungsbedarf einräumt

(Burgess 1998, 1446). Doch das ist reines Wunschdenken. »Die Hoffnung schwindet, dass tiefgreifende Veränderungen des persönlichen Lebensstils allein schon auf der Basis ›zusätzlicher‹ oder ›besserer‹ Information erreicht werden können.« (Ebd. 1447) Ausreichend Information mag zwar *notwendig* für Verhaltensänderungen sein, sie ist aber sicher nicht *hinreichend*. Diese Differenz zwischen dem, was Menschen bekunden, als wertvoll zu erachten, und dem, was sie tatsächlich tun, wird im Englischen als *value-action gap* oder auch *knowledge-action gap* bezeichnet.

Ein eindrückliches Beispiel gibt der Schweizer Biologe Claude Martin, der große Teile seines Lebens mit der Erforschung der tropischen Regenwälder verbracht hat. Nie in all der Zeit habe er jemanden getroffen, dem die Zukunft der tropischen Regenwälder egal gewesen wäre (Martin 2015).

Studien haben gezeigt, dass sich Konsumenten oft sehr bewusst über die sozialen und ökologischen Folgen ihres Konsums sind, zum Beispiel dem Problem der schlechten Arbeitsbedingungen der Arbeiter in Entwicklungsländern, ihr Verhalten aber nicht entsprechend ändern würden (Joergens 2006, 362; vgl. auch Özlem et al. 2015; de Groot 2009, 63). Für Joergens folgt daraus, dass Wissen das Handeln offenbar nicht – zumindest nicht wie gewünscht – beeinflusst (369). Hierzu ist allerdings zu sagen, dass es auch andere Erklärungen geben könnte: Wenn man bestimmte Produkte als problematisch erkannt hat und sie trotzdem kauft, mag das auch daran liegen, dass andere nicht verfügbar sind, oder – falls doch verfügbar – im Rahmen des eigenen Budgets unbezahlbar. Nachhaltigkeit ist dann sozusagen ein Luxusproblem. Es braucht deshalb eine institutionelle Unterstützung individuellen Verhaltens, was im Zusammenhang mit Suffizienz noch zu thematisieren sein wird (vgl. 13.2).

James Blake, der das Thema Value-Action Gap untersucht hat, kommt zu dem Schluss, dass zusätzliche Information zwar dazu führen könne, das Umwelt*bewusstsein* zu verbessern. Doch führe dies nicht unbedingt zu einem umweltfreundlicheren *Verhalten* (Blake 1999). Es brauche deshalb soziale und politische Institutionen, die das individuelle Verhalten unterstützen (wie oben gesagt; s. u. 13.2) (Blake 1999, 274).

Auch der WBGU geht in seinem Transformationsgutachten auf die »Kluft zwischen Einstellungen und Verhalten« ein (WBGU 2011, 81 ff.) und führt als eine wesentliche Ursache die herrschende Kurzfristorientierung an. Viele Entscheidungen sind zwar längerfristig günstiger, aber letztlich ist häufig das Problem, dass relativ hohen Kosten in der Gegenwart ein ggf. erst sehr viel später erzielter Vorteil in der Zukunft gegenübersteht (83). Das Problem der Kurzfristorientierung wird später noch eingehender betrachtet und als eigene Nachhaltigkeitsbarriere vorgestellt (vgl. Kap. 10).[16]

Im Rückgriff auf die Ergebnisse verschiedener Autoren (Kollmuss & Agyeman 2002, 242–249; Leist 2014, 398; Symmank & Hoffmann 2017), kann man die zentralen Herausforderungen der Value-Action Gap wie folgt beschreiben:

- Fehlendes Interesse bzw. fehlende Sorge: Menschen weisen kein umweltfreundliches Verhalten auf, wenn sie nicht sehr besorgt über deren Zustand sind.
- Fehlendes Verantwortungsgefühl: Die eigene Verantwortung wird mitunter nicht gesehen, weil der eigene Beitrag als zu unbedeutend erachtet wird oder sich die Betroffenen ohnmächtig fühlen.
- Fehlende Praktikabilität/Anwendbarkeit: Menschen haben das Gefühl, dass ihnen Zeit, Geld oder Information fehlt, um auf die Situation angemessen zu reagieren.
- Wirtschaftliche Konsequenzen: Entscheidungen werden auch von wirtschaftlichen Erwägungen abhängig gemacht – und die begünstigen auf kurze und individuelle Sicht oft nicht die Umwelt.
- Fehlende Erfahrung: Wie bereits gesagt, können konkrete direkte Erfahrungen emotional stärker ansprechen und haben einen stärker motivierenden Charakter als theoretische Zusammenhänge – doch gibt es in der Lebenswelt vieler Menschen immer weniger direkte Naturerfahrungen.
- Nicht-nachhaltige Normen: Es gibt auch gesellschaftliche Normen, die nicht-nachhaltige Lebensstile propagieren (SUVs, Fernreisen).

Dies alles ist zunächst für die Frage umweltbewussten Verhaltens untersucht worden – vieles davon gilt aber ganz analog auch für das menschliche Miteinander.[17]

Barrieren der menschlichen Natur

Ganz offensichtlich kann die Kluft zwischen Werten und Verhalten nicht nur auf persönliche Defizite zurückgeführt werden, sondern auch auf institutionell bedingte Fehlanreize (vgl. WBGU 2011, 81 ff.; Schneidewind & Zahrnt, 2017; Blake 1999), weshalb es »einer materiellen und kognitiven Grundlage« bedarf, wenn es zu einer tatsächlichen Verhaltensänderung kommen soll (WBGU 2011, 82). »Auch muss ein passender sozioökonomischer und gesetzlicher Rahmen gegeben sein. So scheitert häufig etwa die Absicht, den umweltfreundlichen öffentlichen Personennahverkehr für berufliche und private Zwecke zu nutzen, an einer Status-quo-Orientierung, aber auch an mangelnden Informationsgrundlagen, (vermeintlichen) Kostennachteilen (monetärer und nichtmonetärer Art) sowie an falschen fiskalischen Anreizen und fehlender Infrastruktur.« (82)

Lösungsansätze

Es gibt mehrere Ansatzpunkte, um die Kluft zwischen Überzeugungen und Verhalten zu reduzieren, die mutmaßlich nur gemeinsam wirksam werden können, denn weder Preise noch Wertvorstellungen noch »Nudges« (s. u.) werden für sich genommen hinreichend sein. Mehrere der folgenden Vorschläge werden noch an anderer Stelle im Buch behandelt.
- *Preis:* Der wirksamste und effizienteste Weg, in der Masse Verhaltensänderungen zu bewirken, führt über den Preis, weshalb der Internalisierung externer Kosten besondere Aufmerksamkeit zukommen sollte (vgl. 5.1). Letztlich ist dies nicht nur eine pragmatische, sondern auch eine moralische Frage, denn das Verursacherprinzip belastet den Verursacher eines Schadens (vgl. 13.5). Wenn die Preise die tatsächlichen Kosten abbilden würden, hätte das auch eine wichtige Bedeutung für den »ethischen Konsum«, denn dadurch wird beim Verbrauch Komplexität reduziert. Es ist dann nicht mehr nötig, bei jeglicher Konsumentscheidung die Komplexität der Weltprobleme mitbedenken zu müssen.

- *Einfache Nutzbarkeit und Bequemlichkeit:* Das nachhaltigere Produkt sollte nicht nur das günstigere sein, sondern auch das, welches einfacher zu bekommen, leichter zu handhaben und bequemer ist – das Gegenteil ist heute der Fall. Individuelles Verhalten sollte dahingehend unterstützt werden, dass zum Beispiel Produkte, Systeme und Prozesse grundsätzlich so ausgeliefert oder standardmäßig vereinbart werden, dass die nachhaltigere Option die Voreinstellung ist. Neue Stromverträge sollten *per default* Ökostrom anbieten, Bürodrucker sollten *per default* duplex drucken, statt eines Firmenwagens sollte *per default* die BahnCard 100 angeboten werden. Staatlicherseits könnte solches Verhalten durch sogenanntes *Nudging* unterstützt werden, also durch kleine Anreize für das gesellschaftlich gewünschte Verhalten. Wichtig ist, dass es immer auch die Möglichkeit der Ablehnung (*opt out*) gibt, denn sonst könnte Widerstand provoziert werden (WBGU 2011, 83).
- *Positive Erfahrungen in der Natur:* Mehr als die Hälfte der Menschheit lebt mittlerweile in Städten, und auch für sehr viele andere gibt es kaum noch wirkliche Natur zu erleben. Da aber positive Erfahrungen und Gefühle für die Motivation umweltfreundlichen Verhaltens entscheidend sind, ist es sehr wichtig, möglichst früh im Leben Natur zu erleben (vgl. 13.7).
- *Natur- und Umweltbildung:* Man wird nur schützen, was man wertschätzt, und man wird nur wertschätzen, was man kennt. Natur- und Umweltbildung sind deshalb wichtige Elemente, um die Wertschätzung für die Natur zu befördern, wobei von Bedeutung ist, dass auch emotionale Erfahrungen gemacht werden (vgl. 13.7). Kollmuss hebt in diesem Zusammenhang das Gender-Gap hervor: »Frauen haben meist weniger ausgeprägtes Umweltwissen als Männer, doch sind sie angesichts von Umweltzerstörungen emotional betroffener, glauben weniger an technische Lösungen und

sind eher bereit zur Veränderung ...« (Kollmuss & Agyeman 2002, 248).
- *Vorhandensein von Handlungsoptionen:* Wissen und Betroffenheit nützen nichts, wenn sie nicht zu konkreten Handlungen führen und dadurch kanalisiert werden können. Es braucht greifbare, konkrete Alternativen zu umweltschädlichem und nicht-nachhaltigem Verhalten. Die Menschen müssen für konkrete Situationen wissen, welche von zwei Handlungsoptionen die nachhaltigere ist. Deshalb sind die im zweiten Teil dieses Buchs vorgeschlagenen Prinzipien für nachhaltiges Handeln von so großer Bedeutung. Gibt es hingegen *keine* solchen Handlungsoptionen, kann sich rasch Zynismus oder Resignation einstellen, da man ja »doch nichts tun« könne. »Apathie und Resignation sind oft das Ergebnis, wenn jemand Schmerz, Trauer, Wut und Hilflosigkeit zur selben Zeit fühlt. Wenn diese Person den Eindruck hat, ohnehin nichts an der Situation verändern zu können (...), wird er oder sie sich leicht in Apathie, Resignation oder Sarkasmus zurückziehen.« (Kollmuss & Agyeman 2002, 255)
- *Eine Frage von Gewohnheit und Kultur.* Umweltfreundliches Verhalten ist auch eine Frage von Gewohnheit und Kultur, von Sitte und Anstand. Seinen Müll, etwa Zigarettenstummel, auf die Straße zu kippen, muss genauso unanständig werden wie nackt durch die Straßen zu laufen. Wie andere Verhaltensweisen muss auch eine Kultur nachhaltigen Konsums gepflegt und eingeübt werden. Kollmuss fordert ziemlich eindeutig: »Wenn wir neue Verhaltensmuster erreichen wollen, müssen wir sie einüben!« (256) Ähnlich wie sich etwa das Rauchverhalten in den letzten zwanzig Jahren in vielen Ländern geändert hat, so müssen nicht-nachhaltige Konsummuster nach und nach uncool werden. Wenn es peinlich wird und für ein Verhalten Entschuldigungen (Ausreden?) gegeben werden, ist der Wandel im Gange. Könnte

»*Konsument*« nicht bald zum Schimpfwort werden? Wer konsumiert, nimmt etwas für sich in Anspruch, was danach nicht mehr verfügbar ist (vgl. Kap. 11). Das neue Paradigma wäre »*NutzerIn*« – eine temporäre Inanspruchnahme (was natürlich nicht immer möglich ist, etwa bei einem Apfel).
- *Vorbilder mit moralischer Autorität.* Schließlich ist auch die Rolle von Vorbildern mit moralischer Integrität und Autorität nicht zu unterschätzen – wie begrenzt die Wirksamkeit moralischer *Appelle* in der Breite auch sein mag. Wie Gadenne et al. (2011) am Beispiel von energiesparendem Verhalten zeigen, ist auch das Gefühl moralischer Verpflichtung eine wichtige Antriebskraft für umweltfreundliches Verhalten (Gadenne et al. 2011, 7686).

3.4 Zielkonflikte

Möglicherweise sind Zielkonflikte die gravierendste Hürde für Nachhaltigkeit, denn es wird sie immer geben, wenn einander widersprechende Ziele erreicht werden sollen. Es gibt sie zwischen kurzfristigem Profit und langfristigem Überleben von Unternehmen, zwischen ökologischen und sozialen Zielen und selbst zwischen verschiedenen Formen Erneuerbarer Energie. Zielkonflikte zu adressieren, erfordert einen möglichst umfassenden Blick auf das diese Konflikte übergreifende System, ein Verständnis der Beziehungen im System und Transparenz über die jeweiligen Stakeholder-Interessen. Zielkonflikte werden hier zu den Barrieren der menschlichen Natur gezählt, weil sie letztlich in der multiplen bzw. multidimensionalen Bedürftigkeit des Menschen wurzeln.

Ein Zielkonflikt entsteht, »wenn zwei Ziele gesetzt werden, deren gleichzeitige, volle Erfüllung sich ausschließt« (Duden 2019). Letztlich stammen Zielkonflikte daher, dass wir als Menschen ganz unterschiedliche Bedürfnisse und Wünsche haben, die nicht alle zur selben Zeit erreichbar sind. Ist es besser den Regenwald zu schützen oder Armut zu bekämpfen? Wie sollen kurz- und langfristige Ziele in einen Ausgleich gebracht werden – und was heißt überhaupt langfristig: Sind das 20 Jahre, 200 Jahre oder 20.000 Jahre? Nukleare Endlagerstätten sollen radioaktiven Abfall für 1 Million Jahre sicher verwahren. Doch es ist natürlich völlig unmöglich, die Bedürfnisse all der Generationen bis dahin auch nur ansatzweise berücksichtigen zu wollen.

Auch wenn Zielkonflikte in der menschlichen Natur begründet sind, gibt es sie auch auf allen anderen Ebenen und für jede Art von Akteur. Wie finden Unternehmen die richtige Balance zwischen unterschiedlichen Stakeholder-Interessen oder zwischen kurzfristigem Gewinn und langfristigem Erfolg?

Für diese Fragen gibt es keine eindeutige Antwort – es sind stets Abwägungsprozesse erforderlich. Santoyo-Castelazo und Azapagic haben verschiedene Studien zu Stromerzeugungsszenarien miteinander verglichen (Santoyo-Castelazo & Azapagic 2014). Die untersuchten Studien unterschieden sich unter anderem in Umfang, Ziel, Art und Zahl der Indikatoren und im Zeithorizont – und jede Studie analysiert und bewertet jede dieser Größen unterschiedlich. Deshalb ist auch ihr Ergebnis nicht verwunderlich: »Es gibt nicht das eine ›beste‹ Szenario, da jede Option für einige Nachhaltigkeitskriterien besser ist, aber schlechter für andere.« (133)

Wenn in einem solch vermeintlich einfachen Fall wie der Frage, wie Strom erzeugt wird, keine »beste« Lösung existiert, um wie viel schwieriger wird es dann beim multidimensionalen Konzept der Nachhaltigkeit, zum Beispiel bei den 17 UN-Nachhaltigkeitszielen mit ihren 169 Unterzielen? Die Zielkonflikte zwischen den 17 SDGs sind vermutlich die gravierendste Hürde für Nachhaltigkeit. Jedes dieser Ziele ist, *für sich genommen,* sinnvoll. Doch ist es nicht möglich, sie »für sich« zu betrachten. Es gibt ernste Bedenken über die Zielkonflikte in den SDGs. Einige sagen sogar, dass es die Zielkonflikte sind, die der Verwirklichung der SDGs im Wege stehen.

Scherer et al. haben die Zielkonflikte zwischen ökologischen und sozialen Zielen innerhalb der SDGs untersucht. Sie kommen zu dem Schluss, dass die Verfolgung sozialer Ziele generell mit einer höheren Umweltbelastung einhergeht (Scherer et al. 2018, 65). Allerdings würde es diesbezüglich große Unterschiede zwischen verschiedenen Ländern und den jeweiligen Zielen geben. Obwohl auch die armen Länder Anstrengungen zur Erreichung der SDGs unternehmen müssten, hätten die reichen Länder den viel größeren Hebel, um den ökologischen Fußabdruck der Menschheit zu senken. »Angesichts der zentralen Bedeutung von sowohl sozialer wie ökologischer Nachhaltigkeit ist es entscheidend, die Wechselwirkung zwischen verschiedenen SDGs zu quantifizieren und – wo nötig – integrierte Ansätze zu entwickeln.« (65)

Machingura und Lally haben ebenfalls Zielkonflikte innerhalb der SDGs untersucht. Sie kommen zu dem Ergebnis, dass es insbesondere drei Zielkonflikte gibt, die besondere Bedeutung für das Erreichen der SDGs darstellen. »Wie kann die Beseitigung des Hungers mit ökologischer Nachhaltigkeit in Einklang gebracht werden? (SDG 2.3 und 15.2) Wie kann wirtschaftliches Wachstum mit ökologischer Nachhaltigkeit in Einklang gebracht werden? (SDG 9.2 und 9.4) Wie kann Einkommensungleichheit mit wirtschaftlichem Wachstum in Einklang gebracht werden? (SDGs 10.1 und 8.1)?« (Machingura & Lally 2017, 9)

Der IPCC hat in einem Sonderbericht zu den Folgen der Erderwärmung um 1,5 °C auf mehrere Zielkonflikte, aber auch mehrere Synergien zwischen den SDGs und Klimaschutzstrategien hingewiesen. Synergien sind ja das Gegenteil von Zielkonflikten – denn sie ermöglichen die gleichzeitige Verwirklichung ganz unterschiedlicher Ziele. Vor allem im Energiebereich gäbe es potenziell mehr Synergien als Zielkonflikte, doch ob diese tatsächlich realisiert würden, hänge von der Art der Maßnahmen und der Gestaltung der Umsetzung ab (IPCC 2018, 21 f.).

Die Frage, wie mit Zielkonflikten umzugehen ist, hängt eng mit dem Verständnis von Nachhaltigkeit zusammen. Wenn man davon ausgeht, dass Natur-»Kapital« wie etwa Biodiversität durch andere Kapitalformen (wie Humankapital, Infrastruktur, Arbeit oder Wissen) ersetzt werden kann, wenn man also ein Konzept schwacher Nachhaltigkeit vertritt, sind Zielkonflikte einfacher zu lösen (Sala et al. 2015, 316). Doch zeigt sich gerade bei der Biodiversität, dass der Substituierbarkeit von Kapitalformen sehr enge Grenzen gesetzt sind, denn ausgestorbene Arten sind für immer verloren und ihr Verlust für die sogenannten Ökosystemdienstleistungen (*ecosystem services*) kann kaum abgeschätzt werden.

Lösungsansätze

Gibt es Hoffnung, Zielkonflikte aufzulösen? Wohl kaum. Aber es gibt Möglichkeiten, mit ihnen umzugehen und sie abzuschwächen, wie die folgenden Vorschläge zeigen.

Den konkreten Zusammenhang erforschen
Die erste Bedingung, um Zielkonflikte zu adressieren, ist ein solides Verständnis für die Zusammenhänge, in denen sie entstehen. Konkret geht es darum, die unterschiedlichen Zielkonflikte der 17 SDGs und ihrer 169 Unterziele zu erkennen und besser zu verstehen. Machingura und Lally folgern in einer Studie zu Zielkonflikten innerhalb der SDGs: »Ohne eine bessere Kenntnis des Wesens der Zielkonflikte und der sie bildenden Faktoren bleibt unser Verständnis des ganzen Prozesses einer nachhaltigen Entwicklung bis 2030 begrenzt.« (Machingura & Lally 2017, 63) Deshalb sei es für politische Entscheidungsträger eine der wichtigsten, aber auch der schwierigsten Aufgaben, im Fall von Zielkonflikten weise Entscheidungen zu treffen (ebd.).

Integrative, systemische Betrachtung und Maßnahmen
Obersteiner et al. sehen das Kernproblem der Zielkonflikte der SDGs in dem Konflikt zwischen Landnutzung und Hunger bzw. Armut. Um dies zu adressieren, seien auf nationaler, regionaler wie internationaler Ebene starke integrative Maßnahmen bei der Umsetzung der Agenda 2030 vonnöten. »Die von Fachspezialisten entwickelten Optionen für Umsetzungsmaßnahmen müssen auch auf ihre Wirkung für das Gesamtsystem, jenseits der Grenzen der jeweiligen Silos geprüft werden.« (Obersteiner et al. 2016, 5) Durch solche Prüfungen wäre es dann möglich, unterschiedliche Implementierungsmaßnahmen für die SDGs

auf ihre Verträglichkeit mit den SDGs insgesamt hin zu beurteilen, ob sie in dieser Hinsicht also eher als inkohärent, neutral oder als kohärent zu beurteilen sind (Obersteiner et al. 2016, 5).

Die Autoren fordern einen stärker integrativ ausgerichteten Ansatz für die Umsetzung der SDGs. Wenn das nicht erfolge, würden Probleme möglicherweise nur verschoben. Im schlimmsten Fall würden Einzelmaßnahmen (*incoherent strategies*) zahlreiche andere Ziele der SDGs unerreichbar machen (Obersteiner et al. 2016, 5).

Die Notwendigkeit integrativer, systemischer Ansätze wird in den Kapiteln 9 und 16 wieder aufgegriffen.

Kritische Einflussgrößen identifizieren
Eine dritte Maßnahme im Umgang mit Zielkonflikten ist die Identifikation kritischer Einflussgrößen. In ihrer quantitativen Analyse konnten Obersteiner et al. zeigen, dass Fragen der Landnutzung für das gleichzeitige Erreichen von Nahrungsmittelsicherheit und ökologischer Integrität wichtiger sind als die Bevölkerungsentwicklung und wirtschaftliches Wachstum. Daraus schließen sie, dass es nicht die demographische Entwicklung, sondern die vorhersehbaren Folgen unzusammenhängender Maßnahmen (*siloed policies*) sind, die zu inkohärenten SDG-Strategien führen (Obersteiner et al. 2016, 5).

Kohärente SDG-Strategien würden die Zielkonflikte zwischen Landnutzung und Ernährung minimieren. In vielen Ländern werde der künftige Bedarf an Fleisch und Tierprodukten die Ressourcenverfügbarkeit und Nahrungsmittelsicherheit stark beeinflussen. In entwickelten Ländern könne eine Abkehr von diesen land- und wasserintensiven Gütern auch die gesundheitlichen Schäden von Überernährung verringern. Zugleich würde dies in den Entwicklungsländern Nahrungspreise, Sterblichkeit und die Entwaldung verringern und zu größerer Nahrungsmittelsicherheit für alle führen (SDG 2). Auch durch Investitionen in größere Effizienz und Abfallvermeidung in der

Landwirtschaft können der Druck auf Landsysteme verringert und die Gesamtkosten der SDG-Strategien gesenkt werden (Obersteiner et al. 2016, 5).

Eine wichtige Grundlage für kohärente SDG-Strategien wären Maßnahmen für mehr Nachhaltigkeit in Konsum und Produktion. Selbst wenn Zielkonflikte zwischen gleichrangigen Zielen nicht völlig ausgeschlossen werden können, würden es solche Maßnahmen ermöglichen, konkurrierenden Anforderungen zu begegnen und die größtmögliche Zahl von SDGs gleichzeitig zu erreichen (Obersteiner et al. 2016, 6).

Synergien suchen
Eine weitere Maßnahme besteht darin, gezielt nach Synergien und multiplen »Win-Win«-Situationen zu suchen (vgl. 15.2), denn umfassende Szenarien bergen das Potenzial, zahlreiche SDGs zugleich zu adressieren und Synergien zwischen ihnen zu nutzen.[18]

Als Antwort auf die Zielkonflikte innerhalb der SDGs fordern Machingura und Lally dazu auf, holistische und integrative Strategien zu entwickeln (Machingura & Lally 2017, 64).

Einen kleinen Versuch in diese Richtung habe ich an anderer Stelle unternommen, ausgehend vom Problem der Biomasse (Berg 2015). Mit dem »Desert2Eden« genannten Vorschlag sollen drei Elemente verbunden werden: Erstens die Renaturierung der auf weiten Flächen erodierten Böden, zweitens die energetische Nutzung der in denselben ariden Gebieten häufig vorhandenen starken Sonneneinstrahlung und drittens der sanfte Aufbau einer Infrastruktur, um die zuvor genannten Elemente zu verbinden sowie dekarbonisierte Industrien und ökologische Industrieparks zu entwickeln. Natürlich steckt der Teufel im Detail und bei einer granulareren Betrachtung wird es sicher auch etliche Zielkonflikte geben. Gleichwohl haben solche Szenarien das Potenzial, zahlreiche ökologische Ziele (in diesem Fall z. B. Vorteile in Sachen Biomasseproduktion, Kohlenstoffsenke, Artenvielfalt und Wasserkreisläufe) mit sozialen und wirtschaftlichen Zielen (hier: wirtschaftliche Entwicklung, Aufbau von Infrastruktur, Arbeitsplätze, Ausbildung) zu verbinden. Allein die primären Effekte solcher Maßnahmen hätten das Potenzial, Fortschritte bzgl. 9 der 17 SDGs zu erzielen.[19]

Auch der Sonderbericht des IPCC von 2018 zum 1,5-Grad-Ziel weist auf mögliche Synergien in dieser Richtung hin. Die Renaturierung von Ökosystemen als Kohlenstoffspeicher könne die Artenvielfalt, Bodenqualität und Nahrungsmittelsicherheit erhöhen (IPCC 2018, 19). Es gäbe »robuste Synergien« insbesondere zwischen den SDGs 3 (Gesundheit), 7 (saubere Energie), 11 (Städte und Gemeinden), 12 (nachhaltiger Konsum und Produktion) und 14 (Ozeane).

Zwar würden einige 1,5-Grad-Szenarien auch Zielkonflikte zwischen SDGs 1 (Armut), 2 (Hunger), 6 (Wasser) und 7 (Energiezugang) mit sich bringen, wenn diese nicht umsichtig angegangen würden (IPCC 2018, 21). Dagegen würden andere 1,5-Grad-Szenarien, die einen geringen Energiebedarf, niedrigen Materialverbrauch und klimafreundliche Ernährung annähmen, die ausgeprägtesten Synergien und die geringsten Zielkonflikte zwischen den SDGs beinhalten. Solche Entwicklungspfade würden auch die Abhängigkeit von Maßnahmen zur Entfernung von CO_2 aus der Atmosphäre (*CDR – Carbon Dioxide Removal*) reduzieren. In den modellierten Szenarien sei es durchaus möglich, dass nachhaltige Entwicklung, Armutsbekämpfung und die Verringerung von Ungleichheiten das 1,5-Grad-Ziel unterstützen (IPCC 2018, 21).
Im Kontext der allgemeinen Fragestellung des vorliegenden Buchs ist übrigens auch interessant, dass der IPCC-Bericht auf die Bedeutung der Fragen von Moral und Gerechtigkeit im Zusammenhang mit Klimaschutzmaßnahmen oder Anpassungsstrategien hinweist (IPCC 2018, 20). Denn es sind ja insbesondere die ärmeren Länder, die stark unter Klimaschäden zu

leiden haben, die aber zugleich kaum etwas zu deren Verursachung beigetragen haben, was weiter unten noch thematisiert werden wird (vgl. 4.2.3).

Alle relevanten Stakeholder einbinden
Es ist schließlich von entscheidender Bedeutung beim Umgang mit Zielkonflikten, dass alle relevanten Anspruchsgruppen (Stakeholder) eingebunden werden – und zwar bei allen Schritten von der Problembeschreibung bis zu Lösungsansätzen. Sala et al. haben in einer Untersuchung zum Erfolg von Nachhaltigkeitsprüfungen (*sustainability assessments*) auf diese zentrale Bedeutung der Stakeholder-Einbindung hingewiesen (Sala et al. 2015, 318). Dies sei gerade für Sustainability Assessments von großer Wichtigkeit. Es gelte, in einem transdisziplinären Format gemeinsam mit den Stakeholdern Wissen zu erarbeiten – und zwar von der Definition des Problems bis hin zu Lösungsoptionen (ebd.).

Aus diesem Grund wird sich eines der später dazustellenden Prinzipien für nachhaltiges Handeln mit dieser Einbindung der Stakeholder befassen (vgl. 15.4).

In seinem Buch *Systems Thinking for Social Change* diskutiert der Systemwissenschaftler David P. Stroh, was bei konfligierenden Zielen zu tun sei (Stroh 2015, 155). Es könnte möglich sein, dass es ein höheres Ziel gibt, das die im Konflikt befindlichen Ziele umfasst. Wenn die Ziele sich wechselseitig ausschließen, müsse man sich auf eines festlegen. Wenn sie sich nicht völlig ausschließen, wären korrigierende Maßnahmen zu erwägen, die es erlaubten, beide Ziele zu erreichen. Doch dies erfordere natürlich, dass auch alle betroffenen Stakeholder-Gruppen involviert sind, denn nur dann kann entschieden werden, ob man sich auf ein gemeinsames Ziel festlegen kann (vgl. Stroh 2015, 79 ff.).

Nur wenn alle Stakeholder eingebunden sind und sie in einem offenen und fairen Dialog ihre legitimen Interessen vertreten und im Sinne einer gemeinsamen Lösung aushandeln können, nur dann besteht eine Möglichkeit, Zielkonflikte zwischen globalen Zielen der Nachhaltigkeit in einer fairen und gerechten Weise anzugehen. Aus diesem Grund erachte ich die Forderung nach *vermehrter Transparenz* als ein fundamentales Prinzip für nachhaltiges Handeln (vgl. 16.3).

4 Soziale Barrieren

Eine dritte Gruppe von Barrieren zur Nachhaltigkeit ist sozialer Natur. Zunächst, als eine Art Meta-Barriere, werden Systemträgheiten und Pfadabhängigkeiten diskutiert, denn in ihnen spiegelt sich die grundsätzliche Frage dieses Buchs, wie eine Transformation zur Nachhaltigkeit möglich werden kann. Sodann wird ein Blick auf die Bedürfnisse der gegenwärtigen Generation erfolgen – immerhin die erste Bedingung der Brundtland-Definition. Drittens wird die Bedrohung durch Populismus und Fundamentalismus thematisiert, die viel zu lange unterschätzt wurde – auch im Nachhaltigkeitsdiskurs. Viertens sind die gewaltigen sozialen Ungleichheiten – national wie international – anzusprechen, bevor schließlich konfligierende Interessen zu diskutieren sind, die Kooperation und internationale Verträge gefährden, wenn sie nicht offen ausgetragen und verhandelt werden.

4.1 Systemträgheiten und Pfadabhängigkeiten

Dieser Abschnitt spiegelt in gewisser Weise das Thema des gesamten Buchs wider, denn es geht darum, warum Systeme aus einer inhärenten Logik heraus schwer zu verändern sind. An einigen ausgewählten Beispielen wird im Folgenden erläutert, inwiefern Systemträgheiten und Pfadabhängigkeiten häufig Veränderungsprozessen entgegenstehen.

Jede Systemveränderung erfordert, Pfadabhängigkeiten zu überwinden. Aus kybernetischer Sicht sind Pfadabhängigkeiten gewissermaßen positive Rückkopplungen in einem System (Gößling-Reisemann 2008, 154), wobei die betreffenden Systeme ganz unterschiedlicher Art sein können: technische, soziale, administrative, politische, institutionelle etc. sowie multiple Kombinationen zwischen diesen.

Ein instruktives Beispiel einer Pfadabhängigkeit ist der Erfolg der QWERTZ-Tastatur (im Englischen: QWERTY) (Stamp 2013). Der Erfinder der QWERTY-Tastatur, Christopher L. Sholes, wollte mit ihr erreichen, dass bei der kurz zuvor erfundenen Schreibmaschine die Typenhebel von häufig zusammen auftretenden Buchstaben nicht so leicht verklemmen. Als er das Patent für die QWERTY-Tastatur 1878 anmeldete, war es eher das Ergebnis von »trial and error« als ergonomischer Analyse. Doch nachdem die QWERTY-Tastatur erst einmal auf dem Markt war, wurde es praktisch unmöglich, sie noch einmal zu verändern. In kurzer Zeit hatten die meisten Unternehmen entsprechende Maschinen und alle Typisten lernten das Maschinenschreiben auf der QWERTY-Tastatur – eine positive Rückkopplung, die umso schwerer zu durchbrechen ist, je länger sie andauert, da Skaleneffekte ins Spiel kommen (Gößling-Reisemann 2008, 154).

Welche der verschiedenen Alternativen für konkurrierende Realisierungen sich schließlich durchsetzt, hängt oft stark von den Anfangsbedingungen ab, in dieser Phase ist der Prozess chaotisch (155) (später werden wir sehen, dass frühe Innovationsprozesse oft an der Grenze zwischen Chaos und Ordnung stattfinden; s. 16.2).

Hat eine Realisierung erst einmal die Wettbewerber aus dem Feld geschlagen, hat das System einen Zustand des Lock-in erreicht, was bedeutet, dass in dieser Hinsicht im Prinzip nur noch eine Möglichkeit besteht. Systemveränderungen können dann nur noch durch radikale externe Maßnahmen herbeigeführt werden, da es systemintern keinen Bedarf bzw. Anreiz mehr für Veränderungen gibt.

Robert Ayres wies bereits in den 1990er-Jahren auf die Lock-in-Effekte der Kohlenutzung und des Verbrennungsmotors hin (Ayres 1994). Es gibt eine Tendenz, dass suboptimale Lösungen durch ihre weite Verbreitung erhalten bleiben. Große Investitionen in Kohletechnologien bedeuten zugleich auch eine entsprechende Menge an Kohlendioxid, die über die Lebensdauer eines Kraftwerks emittiert wird. Aus Sicht des Jahres 2019, vier Jahre nach Bekanntwerden der Abgasmanipulationen bei Volkswagen, liest sich Ayers' Analyse geradezu prophetisch: »Die Einführung des Katalysators bei der Abgasbehandlung ist ein anderer Punkt. Diese Technologie ist gewiss nicht die endgültige Antwort … Aber sie hat den Tag, an dem Verbrennungsmotoren schließlich durch sauberere Antriebstechnologien ersetzt werden, weiter hinausgeschoben. Wenn dieser Tag kommt, wird die weltweite Automobilflotte zwei- oder dreimal größer sein als es sonst der Fall wäre, und die Kosten für einen Ersatz werden erheblich steigen.« (Ayres 1994)

Ein Vierteljahrhundert später sind es genau diese beiden Industriezweige (Energie und Verkehr), die am meisten mit der Dekarbonisierung zu kämpfen haben. In beiden Industrien gibt es mächtige Konzerne, die riesige Investitionen in Fabrikanlagen abschreiben müssen. Die Zögerlichkeit der (deutschen) Automobilindustrie bei Investition und Markteinführung neuer Antriebstechnologien hängt deshalb genau mit solch einem Lock-in-Effekt zusammen, denn sie erfordert derartig hohe Investitionen in Technologien, Anlagen und Infrastruktur, dass ein schrittweiser Übergang geradezu unmöglich erscheint. Vermutlich wäre auch noch keine Strategie für Elekromobilität erkennbar, wenn nicht ausländische Konkurrenz Bewegung in die Sache gebracht hätte.

Veränderung ist schwierig und mühsam. In seinem Buch *The Innovator's Dilemma* beschreibt der Innovationsforscher Clay Christensen, warum große Unternehmen scheitern können, obwohl sie doch ihre Kundenwünsche adressieren. Genau das sei das Problem: dass sie ihre Kundenwünsche bedienen! Solange die Kundenwünsche im Fokus sind (und wie sollten sie das nicht?), werden Investitionen nur zu *inkrementellen* Verbesserungen führen. Doch radikalere Innovationen (auch Basisinnovationen bzw. disruptive Innovationen genannt) wird es so nicht geben. Nicht nur deshalb, weil kein Kunde weiß, was er in Zukunft möchte, sondern auch, weil die Erwartungen der diversen Stakeholder, allen voran die Renditeerwartung der Investoren, befriedigt werden müssen (Christensen 2016, xxvii). Mit anderen Worten: Es ist die Trägheit des Systems, die Veränderung verhindert.

Unsere gegenwärtigen sozialen, politischen, technischen und wirtschaftlichen Systeme und Institutionen können nicht behaupten, nachhaltig zu sein. Die entsprechenden Systeme wurden aber über viele Jahrzehnte, teils Jahrhunderte, errichtet und sie haben Routinen und Prozesse festgelegt, die eine Vielzahl verschiedener Akteure mit ihren jeweils spezifischen Bedürfnissen, Wünschen und Anliegen haben. Schon Max Weber wusste, dass Bürokratie kaum verändert werden kann, wenn sie erst einmal etabliert ist: »Eine einmal voll durchgeführte Bürokratie gehört zu den am schwersten zu zertrümmernden sozialen Gebilden. Wo die Bürokratisierung der Verwaltung einmal restlos durchgeführt ist, da ist eine praktisch so gut wie unzerbrechliche Form der Herrschaftsbeziehungen geschaffen.« (M. Weber 1922, 668 f.)

Wenn schon organisationelle Veränderungen wie das Zusammenführen zweier Organisationen, technologische Veränderungen wie das Umsteigen auf neue Produkte oder das Verändern tradierter Gewohnheiten in etablierten Institutionen einen beträchtlichen Bedarf erfordern, wie man aus täglicher Erfahrung, aber auch aus Forschungen zur Organisationsentwicklung lernen kann (vgl. Marshak 2005, 22), um wie viel schwieriger wird es dann werden, ganze Gesellschaften auf einen nachhaltigeren Pfad einzuschwenken. Die Beharrungskräfte sind enorm.

Lösungsansätze

Da dieser Abschnitt den grundsätzlichen Ansatz des Buchs widerspiegelt, gilt vieles, was andernorts in diesem Buch gesagt wird, auch hier entsprechend.
- *Eine Vision der angestrebten Lösung entwickeln.*
- *Komplexität und Beharrungskräfte nicht unterschätzen.* Je größer und etablierter in Betrieb befindliche Systeme sind, desto schwieriger ist es, sie zu ändern. Dies kann nur durch gut abgestimmte Maßnahmen auf verschiedenen Ebenen erfolgen. Die deutsche »Energiewende« verdeutlicht das Maß der Komplexität von politischen, administrativen, juristischen, technischen und gesellschaftlichen Herausforderungen, die zu bewältigen sind und die wohl von vielen unterschätzt wurden.
- *Die Barrieren für Veränderung beseitigen und die kritischen Hebel identifizieren.* Ein profundes Verständnis der das System bestimmenden Hebel ist erforderlich, welches

- das Wissen um Veränderungsbarrieren und Anreize zur Transformation beinhaltet,
- die maßgeblichen Akteure einschließt und ihnen
- Orientierung gibt, wie der Wandel vonstattengehen kann.
- *Die kritischen Stakeholder einbinden* – und das sind bei einer Transformation zur Nachhaltigkeit im Prinzip alle. Es mag trivial erscheinen, doch Veränderung gelingt umso leichter, je mehr Akteure eine Idee und ihre Umsetzung unterstützen, je mehr von ihnen in eine ähnliche Richtung arbeiten.
- Dies erfordert auch, *Akteure ganz unterschiedlicher Art* und auf unterschiedlichen Ebenen einzubinden – von der Zivilgesellschaft und NGOs über Regierungsorganisationen bis zu Unternehmen. Es gibt nur wenige Fälle, in denen Systemveränderungen sozusagen per Dekret von oben ermöglicht wurden. Chinas Öffnung der Märkte unter Deng Xiaoping ist wohl eine der Ausnahmen. Meist erfordert systemischer Wandel viele Akteure, erhebliche Aufwände und viel Zeit – Rückschläge inbegriffen. Der Fall der Mauer wäre zum Beispiel gewiss ohne die von oben diktierte Perestroika so nicht möglich geworden, doch erst der Druck von der Straße, die Unzufriedenheit mit dem Status quo und der starke Wunsch nach Veränderung haben die Wende gebracht.
- *Positive Anreize für Veränderung* sind meist viel wirksamer als Verbote oder Apelle. Der britische Soziologe Anthony Giddens hat in seinem Buch *The Politics of Climate Change* für positive Anreize auf der Ebene der internationalen Politik geworben. Es wäre ein wichtiger Hebel in der Weltpolitik, so Giddens, wenn gezeigt werden könnte, dass diejenigen Länder und Regionen, die progressive Klimaschutzpolitik betreiben, auch wirtschaftliche Vorteile dadurch hätten (Giddens 2009, 222).

4.2 »Die Bedürfnisse der gegenwärtigen Generation befriedigen ...«

Die Brundtland-Definition beginnt mit der Forderung, »die Bedürfnisse der gegenwärtigen Generation« zu befriedigen. Dies ist nicht nur ein humanitäres Gebot, sondern auch eine Voraussetzung für künftige Nachhaltigkeit und die Bewahrung der natürlichen Lebensgrundlagen.

4.2.1 Die Sorge um Nachhaltigkeit beginnt mit gegenwärtigen Bedürfnissen

Nachhaltigkeit ist nicht nur ein Konzept für die Zukunft – denn es wäre kaum zu begründen, Sorge für die Bedürfnisbefriedigung künftiger Generationen zu tragen, ohne die Bedürfnisse der jetzigen Generation befriedigt zu haben. Doch das wirft sofort die Frage auf, um *wessen* und um *welche* Bedürfnisse es dabei gehen soll. Die Weltkommission für Umwelt und Entwicklung beantwortet diese Fragen dahingehend, dass den Grundbedürfnissen der Armen überragende Priorität eingeräumt werden solle (WCED 1987). Eine Welt, in der Armut und Ungleichheit endemisch seien, werde immer anfällig für »ökologische und andere Krisen« sein (WCED 1987, Kap. 2, Abschnitt 4).

Die Millennium-Entwicklungsziele (Millennium Development Goals, MDGs) wollten gerade die Situation der Armen verbessern. Dies ist teilweise auch gelungen, beispielsweise indem der Anteil der »absolut Armen« – also derjenigen Menschen, die weniger als 1,90 US-Dollar pro Tag zum Leben haben – sogar schon bis 2010 halbiert werden konnte (PEP 2016, 6). Doch gibt es deutliche regionale Unterschiede. So nimmt etwa die extreme Armut im Afrika südlich der Sahara wieder zu (Oxfam 2019, 11), ebenso wie in fragilen und von Konflikten betroffenen Gebieten. In vielen Ländern verbessert sich der Lebensstandard der schwächsten vierzig Prozent der Bevölkerung kaum – oder er nimmt sogar ab (Worldbank 2018, xi).

Schließlich sind auch die SDGs in dieser Linie formuliert, heben sie doch die Bekämpfung von Armut und Hunger als ihre ersten beiden Ziele prominent hervor.

Eine Entwicklung, die beansprucht, nachhaltig zu sein, wird deshalb an den Grundbedürfnissen der gegenwärtigen Generation, an Hunger, Armut, sozialen Instabilitäten und natürlich auch militärischen Konflikten nicht vorbeigehen können.

Diese Bedürfnisse zu adressieren ist ein humanitäres Gebot und bräuchte keine weitere Rechtfertigung mit Blick auf das Konzept der Nachhaltigkeit. Gleichwohl ist dies zugleich auch eine Voraussetzung dafür, dass die Bedürfnisse künftiger Generationen in den Blick genommen und berücksichtigt werden können. Es ist eine Voraussetzung für ökologische Integrität und den Erhalt natürlicher Lebensgrundlagen. Die Menschen im globalen Norden werden einsehen müssen, dass sie die Ökosysteme der Erde nicht für ihre Enkel schützen können, solange Milliarden Menschen im globalen Süden darum kämpfen müssen, heute ihre Kinder zu ernähren.

In seiner Enzyklika *Laudato Si* hat Papst Franziskus nachdrücklich darauf hingewiesen, dass ein wahrhaft ökologischer Ansatz *immer* zu einem sozialen Ansatz wird. »Wir kommen jedoch heute nicht umhin, anzuerkennen, dass ein wirklich ökologischer Ansatz sich *immer* in einen sozialen Ansatz verwandelt, der die Gerechtigkeit in die Umweltdiskussionen aufnehmen muss, um *die Klage der Armen ebenso zu hören wie die Klage der Erde.*« (Papst Franziskus 2015, Abschnitt 49)

Wenn der Grundgedanke der Nachhaltigkeit nicht zynisch werden soll, darf diese Verpflichtung, dem Ruf der Armen zu entsprechen, nicht geopfert werden.

4.2.2 Armut als mehrdimensionales Phänomen

Was sind denn nun aber die Bedürfnisse der Armen und wie kann man sie messen? Es gibt einen allgemeinen Konsens, dass Armut ein multi-dimensionales Problem ist. Das Entwicklungsprogramm der Vereinten Nationen hat einen aktualisierten multi-dimensionalen Armutsindex (Multi-dimensional poverty index, MPI) veröffentlicht, der insbesondere Fortschritte im Bereich der Armutsbekämpfung im Sinne von SDG 1 abzubilden erlaubt (UNDP 2018). Er enthält zehn Indikatoren, die unter anderem Ernährung, Kindersterblichkeit, Schulbesuch, sanitäre Einrichtungen, Zugang zu elektrischem Strom und Trinkwasser beinhalten.

Die Armen starten mit deutlich schlechteren Bedingungen ins Leben, denn Ernährung, Ausbildung, Zugang zu Trinkwasser, sanitären Anlagen und Gesundheitsversorgung sind schlechter; zugleich sind sie vermehrt Umweltverschmutzung und sozialen Risiken ausgesetzt. Der arme Teil der Weltbevölkerung leidet unter anderem darunter, dass sie wegen ihrer geringen Kaufkraft von vielen Herstellern und Anbietern nicht als Kunden betrachtet werden und es für sie keine angepassten Produkte und Dienstleistungen gibt. Gerade sie sind es aber, die vorkonfigurierte und auf sie zugeschnittene Lösungen bräuchten (Halme et al. 2016, 114). Der Ökonom Muhammad Yunus erkannte das und entwickelte das Konzept der Mikrokredite für die Ärmsten, um diese Lücke im Bereich der Kreditfinanzierung zu schließen, wofür er mit dem Friedensnobelpreis ausgezeichnet wurde. Heute versucht der *Base of Pyramid* (BOP)-Ansatz, mit angepassten Angeboten und entsprechenden Geschäftsmodellen, diesen Bedarf zu adressieren (Halme et al. 2016, 114).

Es gibt viele Teufelskreise der Armut, die auch unabhängig vom jeweiligen Gesellschaftssystem bestehen, denn Armut perpetuiert sich selbst (Stroh 2015, 61). Es gibt unzählige, teils sehr unterschiedliche Antworten auf die Frage, was dagegen zu tun sei (vgl. 4.4, 15.1).

Die Schauplätze der Armut haben sich erheblich verändert. Während 1990 die größte Mehrheit (93 Prozent) der absolut Armen in Ländern mit geringem Einkommen lebten (*low-income countries*, LICs), lebten 2008 fast drei Viertel der absolut Armen in Ländern mit mittleren Einkommen (*middle-income countries*, MICs) (Sumner 2010). Für Andy Sumner vom britischen Institute of Development Studies folgt daraus, dass sich Armut zunehmend von einem internationalen zu einem nationalen Verteilungsproblem entwickelt, bei dem gute Regierungsführung, Steuersysteme und Umverteilungsmaßnahmen wichtiger werden als öffentliche Entwicklungshilfe (Sumner 2010).

4.2.3 Die Armen leiden am meisten – ökologische Ungerechtigkeit

Die Hauptverursacher der globalen Umweltveränderungen sind die Gesellschaften des globalen Nordens. Dies gilt sowohl kumulativ in historischer Perspektive als auch bezüglich des gegenwärtigen Umwelteinflusses, da ein großer Teil der Verschmutzung, für die der Konsum des Nordens verantwortlich ist, durch Produktion in den Entwicklungs- und Schwellenländern verursacht wird (vgl. z. B. Lessenich 2017). Die Leidtragenden von Verschmutzung und Zerstörung der Umwelt, zunehmender Dürren, Verknappung des Trinkwassers und Ausbreitung der Wüsten sind jedoch in erster Linie die Menschen des globalen Südens, denn es sind die dortigen ariden Gebiete, die besonders anfällig sind. Die Armen sind viel stärker von den natürlichen Lebensbedingungen ihrer Umgebung abhängig als die Reichen, sie haben weniger Möglichkeiten, sich vor Gefahren zu schützen, Wasserknappheiten zu begegnen oder ihr Lebensumfeld zu verändern. Der Klimawandel wird deshalb Erfolge in anderen Bereichen, etwa bei der Armutsbekämpfung, gefährden (WBGU 2011, 66).

Es sind die Armen, die zu Beginn der globalen Wertschöpfungsketten für Hungerlöhne schuften, denen durch Raubfischerei die Lebensgrundlage entzogen wird und die den Elektroschrott der globalen Mittelschicht unter sehr hohen Belastungen für Gesundheit und Umwelt mit bloßen Händen bearbeiten. Die Deponie Agbogloshie in Ghanas Hauptstadt Accra hat traurige Berühmtheit erlangt als ein Ort, der von Verschmutzung, Verbrechen, Vergewaltigungen und Prostitution geprägt und von den Einheimischen Sodom und Gomorrha genannt wird. Hierher kommen vor allem arme Menschen aus den ländlichen Gebieten im Norden des Landes auf der Suche nach Arbeit und Lebensunterhalt. Es sind Zehntausende Menschen, die hier ihren Lebensunterhalt durch die Verarbeitung von Elektroschrott verdienen, der zu einem großen Teil importiert wird. Abgogloshie ist auf diese Weise unter die Top-Ten der am meisten verschmutzten Gebiete weltweit gelangt (Pure Earth 2013).

Es gibt in dieser Hinsicht viele Teufelskreise, bei denen Umweltdegradation, Bevölkerungswachstum, Migration, rasche Urbanisierung, Korruption, Stammesfehden, Konflikte um Rohstoffe, organisierte Kriminalität und Menschenhandel u. v. m. sich wechselseitig bedingen und verursachen. Sie alle machen es schier unmöglich, die Grundbedürfnisse der Armen nach Nahrung, Sicherheit und Obdach zu befriedigen.

Große ökologische Probleme sind ferner auch mit den humanitären Brennpunkten der Migration verbunden, wie ein Bericht der Entwicklungsorganisation der Vereinten Nationen am Beispiel der Rohingja in Bangladesh darstellt (UNDP Bangladesh 2018).

4.2.4 Gibt es Entwicklung nur zu Lasten der Umwelt?

Armutsbekämpfung ist ein humanitäres Gebot. Doch es gibt die berechtigte Sorge, dass sie zu Lasten der Umwelt geschehen könnte, da es, wie oben diskutiert, Zielkonflikte zwischen Entwicklung und Naturschutz gibt. Arme Länder haben den geringsten ökologischen Fußabdruck – und es steht außer Zweifel, dass sie sich weiterentwickeln können müssen, was auch wirtschaftliches Wachstum und eine Zunahme des Ressourcenverbrauchs bedeuten wird. Das Nachhaltigkeitsziel 8.1 (SDG 8.1) fordert sogar explizit ein Wirtschaftswachstum von 7 Prozent für die am wenigsten entwickelten Länder.

Das bedeutet unter den gegenwärtigen Rahmenbedingungen, bei denen ökologische Kosten zu einem großen Teil externalisiert werden, allerdings, dass der Druck auf die Ökosysteme, Anreize zu Landnutzungsänderungen und Belastungen für die Artenvielfalt weiter zunehmen werden.

Es gibt bis heute praktisch kein Vorbild dafür, wie eine Gesellschaft ein hohes Entwicklungsniveau mit ökologischer Integrität verbinden kann. Im Gegenteil, betrachtet man die Beziehung zwischen ökologischem Fußabdruck (gemessen in Hektar pro Person) und dem HDI, dann erkennt man, dass alle Länder, die über einen hohen Entwicklungsstand verfügen (also HDI > 0,8), weit über der ökologischen Belastbarkeit des Planeten liegen (also mehr als 1,7 Hektar pro Person benötigen), während diejenigen, die sich bezüglich ihres Fußabdrucks auf einem global verträglichen Niveau befinden, kein befriedigendes Entwicklungsniveau aufweisen (Global Footprint Network 2019, Daten von 2014). Kein einziges Land hat einen HDI-Wert größer als 0,8 und zugleich einen Pro-Kopf-Fußabdruck unter 1,7 Hektar (vgl. Abbildung 9).

Das Global Footprint Network hat auch untersucht, wo die in Sachen Nachhaltigkeit besonders engagierten Länder liegen. Das Sustainable Development Solution Network (SDSN) listet in einem

Ländervergleich, wie die Leistung des jeweiligen Landes beim Erreichen der Nachhaltigkeitsziele ist, wer sich also in vorbildlicher Weise um die SDGs bemüht. Pikanterweise liegen die Top-Performer, also im Sinne des Rankings die nachhaltigsten Länder – die übrigens alle aus Europa stammen –, alle deutlich über dem für alle verträglichen globalen Grenzwert von 1,7 ha pro Kopf.

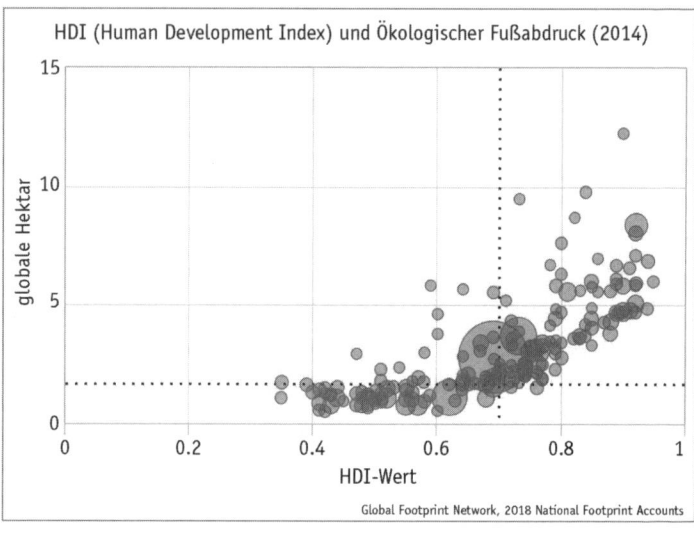

Abbildung 9: Ökologischer Fußabdruck vs. HDI für alle Länder.
(Quelle: Global Footprint Network)

Das Global Footprint Network kommt zu dem Schluss, dass »das Erreichen der Nachhaltigkeitsziele keine Garantie für Nachhaltigkeit ist. Die laut SDG-Index besten Länder haben sämtlich hohe ökologische Fußabdrücke. Wenn jeder in der Welt so lebte wie sie, bräuchten wir mehr als drei Planeten. Es könnte tatsächlich sein, dass sich hier eine Spannung zeigt, denn die SDGs betonen Entwicklungsfortschritte deutlich markanter als die Notwendigkeit, das zugrundeliegende Naturkapital zu erhalten.« (Global Footprint Network 2019)

Auch hier zeigt sich wieder ein Teufelskreis. Denn einerseits verschärft weitere Entwicklung die ökologischen Belastungen zusätzlich, andererseits gefährdet die daraus resultierende zunehmende

Umweltdegradation wiederum die Entwicklungsmöglichkeiten – jetzt und in Zukunft (vgl. UNDP 2018, 11).

Lösungsansätze

Blaupausen öko-sozialer Transformationen entwickeln
Blickt man auf die gerade diskutierten Zusammenhänge, kann es aus meiner Sicht keinen Zweifel daran geben, dass es vor allem die reichen Länder sind, die öko-soziale Transformationen mit großem Engagement voranzutreiben haben – und zwar im eigenen Land wie auch global.

Dies gebietet nicht nur ihre Verantwortung, die sich mit Blick auf ihren großen Anteil an der Verursachung, ihre wirtschaftliche Stärke, ihr technisches Know-how und ihre gesellschaftliche und politische Stabilität begründen lässt. Es ist auch in ihrem wohlverstandenen Eigeninteresse, denn wenn sie nicht aktiv werden, können sich schwächere Länder damit exkulpieren. Wenn sie es aber tun, können sie Blaupausen nachhaltiger Systeme (im Bereich der Energieversorgung, des Konsums, der Produktion, der Mobilität etc.) entwickeln, die dann auch anderen Ländern helfen und zugleich heimische Arbeitsplätze sichern können.

Es wird aber auch erforderlich sein und ist angesichts globaler Ungleichheiten nur recht und billig, eigene Konsummuster zu überdenken (vgl. 13.2, 14.4). Etwas anderes lässt sich kaum verantworten, wenn man die globalen Disparitäten mit einem rationalen Maßstab für Fairness und Gerechtigkeit betrachtet (s. u. 4.4, 15.1).

Entwicklungspolitische Perspektive in alle Politikfelder integrieren
Die eigene nationale Politik ist dahingehend zu hinterfragen, welche Auswirkungen sie auf Länder des globalen Südens hat. Dies betrifft ganz besonders die Agrarsubventionen und die Handelspolitik.[20]

Solange

- subventionierte europäische Agrarprodukte die heimischen Märkte in Afrika gefährden,
- nichttarifäre Handelshemmnisse es afrikanischen Produzenten erschweren oder faktisch unmöglich machen, auf europäischen Märkten anzubieten,
- Elektroschrott illegal in Entwicklungsländer verschifft wird,
- in großem Stil vor Afrikas Küsten illegal Fisch geraubt wird und mit gefälschten Papieren auf europäische Märkte gelangt,
- die intellektuelle Elite armer Länder das Land verlässt, in reichen Ländern studiert und nie in die Heimat zurückkehrt (*brain drain*)
- und viele Entwicklungsländer in globalen Institutionen unterrepräsentiert sind,

solange wird auch die beste Entwicklungszusammenarbeit keine dauerhaften Erfolge aufweisen können und der Migrationsdruck nach Europa nicht abnehmen.

Die Industrienationen sollten daher umfassende und integrative Strategien für Armutsbekämpfung und grüne Entwicklung erarbeiten. Das fordert zum Beispiel auch Owen Barder vom Washingtoner Center for Global Development (Barder 2009, 2). Die reichen Länder sollten zudem, so Barder ihre konsumistischen Lebensstile überdenken (vgl. Kapitel 11) und als Akt globaler sozialer Gerechtigkeit sollte ein Teil der Einkommen und des Konsums des globalen Nordens in den Süden transferiert werden, um dort bessere Lebensverhältnisse zu ermöglichen (Barder 2009, 2).

Dass eine entwicklungspolitische Perspektive (wie übrigens auch eine umweltpolitische) noch nicht systematisch in alle Politikbereiche integriert ist, hängt auch mit den strukturellen Silos zusammen, die viele Bereiche der Gesellschaft, auch Politik und Verwaltung, prägen, was weiter unten noch zu diskutieren sein wird (vgl. Kap. 9).

Armutsbekämpfung
Über die Frage, wie man die globale Armut bekämpft, gibt es seit Jahrzehnten heftige Diskussion.[21] Die Gründe für Armut und die Strategien ihrer Bekämpfung werden je nach eigenem Standpunkt und entwicklungsökonomischer Ausrichtung sehr unterschiedlich beurteilt. Es gibt nicht die *eine* Antwort auf dieses vielschichtige Problem – und vielfach sind die Erklärungen für den schlechten Entwicklungszustand einer Volkswirtschaft ex-post-Erklärungen, wie die beiden Entwicklungsökonomen Abhijit Banerjee und Esther Duflo konstatieren. Sie haben viele Jahre lang Fragen globaler Armut studiert und wurden für ihre Arbeit 2019 mit dem Alfred-Nobel-Gedächtnispreis für Wirtschaftswissenschaften ausgezeichnet. Ergebnisse ihrer Arbeit dokumentieren sie in dem Buch *Poor Economics* (Banerjee & Duflo 2011). Mit Blick auf die Vorhersagekraft ökonomischer Modelle konstatieren sie nüchtern, Ökonomen und »andere Experten« hätten »sehr wenig Nützliches zu sagen, warum manche Länder wachsen und andere nicht« (267). Es wäre immer möglich, eine gegebene Situation *im Nachhinein* zu erklären, doch »sind wir weitgehend unfähig vorherzusagen, wo es Wachstum geben wird und wo nicht.« (Banerjee und Duflo 2011, 267) Das heißt allerdings nicht, dass es nicht viel zu sagen gäbe, wie globale Armut bekämpft werden kann, was die Autoren auch selbst tun. Ein paar Grundgedanken seien hier skizziert.

Banerjee und Duflo stellen zuänchst zwei Extrempositionen gegenüber, nämlich die von Jefferey Sachs und William Easterly. Der Erstgenannte sieht die Armen in einer »Armutsfalle« gefangen (Sachs 2005). Die Armen würden in heißen, unfruchtbaren Ländern leben, oft ohne Meerzugang, und hätten keine Chance, sich ohne große Anfangsinvestitionen aus ihrer Situation zu befreien. Deshalb brauche es die Hilfe von außen, brauche es Investitionen und Entwicklungszusammenarbeit. Easterly hingegen sieht in der öffentlichen Entwicklungszusammenarbeit eher das Problem als die Lösung, denn diese nähme den Menschen den Antrieb, nach eigenen Lösungen zu suchen (Easterly 2006). Die Menschen würden in der Folge lethargisch, die Korruption würde zunehmen und es gäbe keine wirtschaftliche Entwicklung.

Easterly trifft damit zwar sicher einen wahren Kern, er benennt viele Probleme der Entwicklungspolitik zu Recht (vgl. z. B. auch Werner 2010), doch ist sein Optimismus hinsichtlich der heilenden Kräfte des Markts ebenfalls fraglich und sehr umstritten. Wie Simon Maxwell in Auseinandersetzung mit Easterly hervorhebt, ist es beispielsweise bezeichnend, dass er das Problem des Marktversagens (vgl. 5.1) überhaupt nicht thematisiert (Maxwell 2006).

Eine wichtige Initiative, um die Armut zu bekämpfen und zugleich die Ökosysteme in den Entwicklungsländern nicht weiter zu schädigen, hat sich im Nachgang zum World Summit on Sustainable Development in Johannesburg (WSSD, auch »Rio+10«) gebildet. Die Poverty-Environment-Initiative (PEI), die vom Umwelt- wie auch vom Entwicklungsprogramm der Vereinten Nationen getragen wird (also UNEP und UNDP), verbindet mehrere Organisationen unter ihrem Dach, die sich speziell des Zielkonflikts von Umwelt und Entwicklung angenommen haben.

Die Initiative hat sich zum Ziel gesetzt, die extreme Armut zu beenden und zugleich die Umwelt zu erhalten (PEP 2016, 2). Sie verfolgen die ambitionierte Vision, extreme Armut zu beseitigen und zugleich keine Netto-Emissionen von Treibhausgasen und keinen Netto-Verlust von Naturkapital zu erlauben (PEP 2016, 11). Diese Vision ist dazu gedacht, Orientierung für Strukturreformen zu geben, mit denen arme Länder die SDGs erreichen könnten (ebd.).

Im Einzelnen fordern sie

- eine stärkere Beteiligung und Bevollmächtigung der armen und marginalisierten Gruppen im Entwicklungsprozess,

- integrative Institutionen, die fähig sind, Probleme der Armut, der Umwelt und des Klimas in einem umfassenden Ansatz zu behandeln,
- einen »Ganze-Gesellschaft-Ansatz«, der systematisch die Zivilgesellschaft und kleine Unternehmen beteiligt,
- eine Initiative für eine ökologische Steuerreform, durch die Steuern und Subventionen bei klima- und umweltrelevanten Fragen fiskalisch relevant werden (PEP 2016, 42 ff.).

Vor allem in den besonders armen Ländern sind aus meiner Sicht daneben zwei Maßnahmen von überragender Bedeutung, die beide durch Investitionen von außen befördert werden können: Bildungsmaßnahmen und der Aufbau einer Infrastruktur für erneuerbare Energien.

In Bildung investieren
Eine bessere Bildungssituation hat zweifellos einen ganz entscheidenden Einfluss auf die Verbesserung der Lebensbedingungen. Gerade auch die Bildung von Mädchen und Frauen hat neben der ohnehin wichtigen Bedeutung der Bildung noch einen demographischen Effekt. Je länger Mädchen beispielsweise in der Schule bleiben, desto unwahrscheinlicher ist es, dass sie früh heiraten und Kinder bekommen. Sie sind dann zudem besser über Maßnahmen der Familienplanung aufgeklärt, haben bessere Berufschancen, eine bessere Einkommenssituationen, sind dadurch wirtschaftlich unabhängiger von ihren Männern usw. (vgl. Sachs 2015, 213).

Es gibt einen überwältigend klaren empirischen Befund, der sich in praktisch allen Ländern weltweit zeigt, dass die durchschnittliche Kinderzahl pro Frau mit der Zahl der Jahre, die Mädchen und Frauen in einer Schule oder Universität verbracht haben, zurückgeht (Our World in Data 2019).

Abgesehen davon, dass es aus humanitären Gründen ohnehin wichtig ist, mehr in Bildung zu investieren und die afrikanischen

Länder dabei zu unterstützen (Aspekt der Verantwortung), wird dies einen gravierenden Einfluss auf die Bevölkerungsentwicklung in Afrika haben. Und daran wiederum wird sich entscheiden, wie viele Rohstoffe dort in Zukunft nachgefragt, wie viel Klimagase und Abfall produziert werden. Der klimapolitische Hebel ist in Afrika und Asien erheblich größer als in Europa. Und ohne Bildung und Entwicklung werden sich auch die Lebensverhältnisse nicht verbessern, was wiederum den Migrationsdruck nach Europa erhöhen wird. Europa muss daher ein eminentes Eigeninteresse daran haben, die Bildungssituation in den afrikanischen Ländern zu verbessern.

Der demographische Aspekt besserer Bildung ist selbstverständlich nur *ein*, wenngleich sehr wichtiger Grund für Investitionen in diesem Bereich. Ein höheres Bildungsniveau hat zahlreiche weitere sozial erwünschte Folgen: bessere Einkommenssituation, bessere Gesundheit, mehr Teilnahme an freiwilligen Aktivitäten, politische Wirksamkeit, mehr Vertrauen in zwischenmenschliche Beziehungen und größeres Umweltbewusstsein (OECD 2018; OECD 2017; Our World in Data 2019).

Banerjee und Duflo weisen darauf hin, dass den Armen häufig gerade auch solche Informationen fehlen, die gesundheitlich oder für ihre weitere Entwicklung besonders relevant sind, etwa über Impfungen, Ansteckungswege oder Empfängnisverhütung (Banerjee & Duflo 2011, 346).

Dies weist auf die zentrale Bedeutung von Bildungsmaßnahmen hin, deren Förderung deshalb als eines der Prinzipien für nachhaltiges Handeln vorgeschlagen wird (vgl. 15.5).

Aufbau von Versorgung mit erneuerbarer Energie
Armut geht häufig mit schlechter Energieverfügbarkeit einher. Es gibt bereits einen sehr starken Anstieg des HDI, wenn der Energieverbrauch pro Kopf von null auf einen recht moderaten Wert ansteigt (vgl. Gapminder 2019). Insbesondere ist die Verfügbarkeit von elektrischem Strom relevant. Nadia Ouedraogo

hat die Beziehung zwischen dem Energieverbrauch insgesamt sowie zwischen dem Stromverbrauch und HDI für zwölf Länder südlich der Sahara untersucht (Ouedraogo 2013). Sie kommt zu dem Ergebnis, dass der HDI positiv mit dem Stromverbrauch, doch negativ mit anderen Energieformen, was im wesentlichen Biomasse ist, korreliert. Sie fordert deshalb, nicht nur generell den Zugang zu Energie massiv zu verbessern, sondern dies auch klimafreundlich zu tun. Damit wäre eine Wiederbelebung der ländlichen und ein besseres Management städtischer und stadtnaher Räume möglich.

Die eminent wichtige Rolle, die die Versorgung mit Erneuerbaren Energien für die Entwicklung Afrikas, aber auch für den Klimaschutz, spielt, drückt Ouedraogo wie folgt aus: »Den Zugang zu ausreichender Energieversorgung, die bezahlbar, verlässlich, wirksam und ökologisch nachhaltig ist, ist daher in den von uns untersuchten Ländern von zentraler Bedeutung für das wirtschaftliche Wachstum und die menschliche Entwicklung sowie für den Kampf gegen den Klimawandel.« (Ouedraogo 2013, 39)[22]

Angesichts der großen Bedeutung, die eine ausreichende Energieverfügbarkeit für gesellschaftliche und wirtschaftliche Entwicklung hat, und angesichts der Tatsache, dass Afrika immer noch in weiten Bereichen über keinen Zugang zu elektrischem Strom verfügt – vor wenigen Jahren noch war der Stromverbrauch ganz Afrikas in derselben Größenordnung wie der von New York (vgl. z. B. WBGU 2011, 311) – ist ein rascher und großräumiger Aufbau der Versorgung mit regenerativ erzeugtem Strom in Afrika eine Aufgabe, deren klima- wie entwicklungspolitische Bedeutung kaum überschätzt werden kann (vgl. auch WBGU 2011, 292). Damit wären in vielerlei Hinsicht große Chancen verbunden.

- Traditionelle Bioenergienutzung (z. B. Verbrennung von Dung und Holz) durch klimafreundliche zu ersetzen, kann dazu beitragen, die Beanspruchung der Ökosysteme ebenso wie Gesundheitsrisiken zu reduzieren (WBGU 2011, 310). Durch die Versorgung mit Strom aus erneuerbaren Energien werden Dieselgeneratoren ebenso überflüssig wie das Heizen mit Holz oder Dung. Allein durch die häusliche Luftverschmutzung, die im Wesentlichen durch Kochen und Heizen verursacht wird, sterben jedes Jahr 3 Millionen Menschen in Ostasien, Südasien und Afrika (Our World in Data 2019).

- Die Verfügbarkeit erneuerbaren Stroms befördert die gesellschaftliche und wirtschaftliche Entwicklung, denn durch Beleuchtung, Maschinennutzung, Kühlung von Vorräten und Agrarprodukten u. a. m. werden Produktivitätssteigerungen möglich (vgl. z. B. J. Sachs 2015, 155).
- Höhere Einkommen senken oft die Geburtenraten. Demographische Untersuchungen haben gezeigt, dass hohe Fertilitätsraten fast immer mit schlechten Werten bei der wirtschaftlichen und sozialen Entwicklung einhergehen, was laut Myrskylä et al. sogar eine der am besten erhärteten und am meisten anerkannten empirischen Gesetzmäßigkeiten der Sozialwissenschaften sei (Myrskylä et al. 2009, 741). Da gerade viele afrikanische Länder die weltweit höchsten Bevölkerungswachstumsraten aufweisen, ist dies von besonderer Bedeutung.
- Die Energieintensität einer Volkswirtschaft nimmt in der Regel mit der Zeit und mit steigendem Einkommen ab (Rao & Baer 2012, 673). Mit anderen Worten, es gelingt dann immer besser, Wertschöpfung mit weniger Energieeinsatz zu erzielen.

Wie sich mit Energieverfügbarkeit und wirtschaftlicher Entwicklung der Umwelteinfluss verändert, ist umstritten. Von niedrigem Niveau ausgehend nimmt mit steigendem Wohlstand die Größe des Umwelteinflusses zunächst zu. Während einige Ökonomen dem russischstämmigen US-Ökonomen

Simon Kuznets folgten, der annahm, dass der Umwelteinfluss ab einem bestimmten Wohlstandsniveau wieder abnimmt (*Environmental Kuznets Curve*), spricht viel dafür, dass sich ein solcher Verlauf *nur für ganz bestimmte Umweltschäden* zeige (z. B. NO_x, SO_x), während zum Beispiel die CO_2-Emissionen (bisher) weiter zunehmen (Perman et al. 2011, 37 ff.).

Gegen Ende ihres Buchs *Poor Economics* bekunden Banerjee und Duflo, dass auch sie keine Patentlösung für Armutsbekämpfung haben. Wenn man dies jedoch akzeptiere, sei die Zeit auf unserer Seite. »Armut hat es seit Jahrtausenden gegeben; wenn wir noch einmal fünfzig oder hundert Jahre warten müssen, bis wir sie beseitigt haben, dann ist das so. Wir sollten aufhören vorzugeben, einfache Lösungen zu haben, und stattdessen lieber gemeinsam mit Millionen Menschen guten Willens auf der ganzen Welt – mit Politikern und Beamten, Lehrern und NGO-Mitarbeitern, Akademikern und Unternehmern – nach den vielen Ideen suchen, seien sie groß oder klein, die uns schlussendlich eine Welt ermöglichen, in der niemand von 99 Cent am Tag leben muss.« (Banerjee & Duflo 2011, 273)

In drastischen Worten benennt Papst Franziskus das für den Zustand der Armen verantwortliche Wirtschaftssystem als »strukturell pervers«: »Der Erdboden der Armen im Süden ist fruchtbar und wenig umweltgeschädigt, doch in den Besitz dieser Güter und Ressourcen zu gelangen, um ihre Lebensbedürfnisse zu befriedigen, ist ihnen verwehrt durch ein strukturell perverses System von kommerziellen Beziehungen und Eigentumsverhältnissen. Es ist notwendig, dass die entwickelten Länder zur Lösung dieser Schuld beitragen, indem sie den Konsum nicht erneuerbarer Energie in bedeutendem Maß einschränken und Hilfsmittel in die am meisten bedürftigen Länder bringen, um politische Konzepte und Programme für eine nachhaltige Entwicklung zu unterstützen.« (Papst Franziskus 2015, Abschnitt 52)

4.3 Populismus und Fundamentalismus

Populismus und Fundamentalismus gefährden die Realisierung von Nachhaltigkeit zum einen durch die ihnen zugrunde liegenden Werte, zum anderen durch Agitation gegen damit verbundene politische Ziele. Beide Phänomene können zum Teil als Reaktionen auf Komplexitäten und Herausforderungen (post-)moderner Gesellschaften mit ihren sich rasch ändernden Lebenswelten, der Infragestellung etablierter Gewissheiten und dem Aufkommen neuer Bedrohungen und Risiken verstanden werden.

Jede Organisation, Bewegung oder Geisteshaltung, die entweder das Ziel einer nachhaltigen Entwicklung generell oder die zugrunde liegenden Wertvorstellungen implizit oder explizit ablehnt, erschwert die Erreichung dieses Ziels. Aus meiner Sicht sind deshalb sowohl der Populismus als auch der Fundamentalismus als Nachhaltigkeitsbarrieren anzusehen, die zudem strukturell miteinander verwandt sind und eine vergleichbare Klientel ansprechen.

Zunächst zum Populismus. Der Populismus wird in akademischen wie öffentlichen Diskursen heftig und kontrovers diskutiert. Einige bestreiten sogar, dass »Populismus« für die Sozialwissenschaften ein sinnvolles Konzept sei (vgl. Mudde & Kaltwasser 2017, 5).

Es scheint aber unter der überwiegenden Mehrzahl von Wissenschaftlern einen Konsens hinsichtlich einiger wesentlicher Merkmale des Populismus zu geben (vgl. Müller 2016; Mudde & Kaltwasser 2013; Mudde & Kaltwasser 2017; Fraune & Knodt 2018).

Demnach verstehen sich Populisten in Abgrenzung zu einer als korrupt verstandenen »Elite«. Sie bedienen sich des Framing von »wir gegen *die*«. Sie inszenieren sich als die wahren Repräsentanten dessen, was »die Leute« *eigentlich* wollten bzw. dächten, als diejenigen, die das aussprechen, was sich sonst niemand auszusprechen traue und was zu adressieren »die Elite« entweder nicht willens oder nicht fähig sei. Mudde und Kaltwasser beschreiben Populismus als ideologisch dünn, da er weniger eigene starke Positionen habe und sich vor allem durch die Aufteilung der Gesellschaft in zwei homogene und antagonistische Lager definiert, »das wahre Volk« und die »korrupte Elite« (vgl. auch Fraune & Knodt 2018, 2). Politik solle dem Willen des Volkes entsprechen und nur sie (d. h. die Populisten) als die wahren Repräsentanten des Volkes wären dazu in der Lage (Mudde & Kaltwasser 2017, 6). Da er selbst ideologisch dünn ist, bedient sich der Populismus anderer ideologischer Elemente, um sich für breite Bevölkerungsgruppen attraktiv zu machen (ebd.).

In ihm verbindet sich oft anti-elitäres Denken mit Nationalismus und Autoritarismus zu einem Weltbild, in dem »die Leute« durch eine korrupte und illegitime liberale, kosmopolite Elite regiert werden (Lockwood 2018, 726). Der ideologische Charakter des Rechtspopulismus zieht zudem Verschwörungstheorien an, die häufig mit »Klimaskepsis« einhergehen (ebd.).

»Klimaskeptiker« lassen sich deshalb in aller Regel nicht durch empirische Evidenz umstimmen, denn es gibt bereits eine überwältigend klare wissenschaftliche Evidenz für die anthropogene Verursachung der Klimakrise (vgl. z. B. Jaspal et al. 2016; Hobson & Niemeyer 2012). Ihr krudes Denken und ihre politische Agitation schaffen ein Klima, in dem sich viele ernstzunehmende Wissenschaftler in öffentlichen Diskussionen bemüßigt sehen, die wissenschaftliche Evidenz für die anthropogene Verursachung hervorzuheben, gerade so als müssten Fluggesellschaften ihre Kunden über die Machbarkeit des Fliegens belehren.

Die Politik von Rechtspopulisten steht oft im diametralen Gegensatz zu den Zielen von Umweltschutz und Nachhaltigkeit. Nicht nur die Regierungen der USA und Brasiliens, sondern populistische Parteien weltweit verschärfen gesellschaftliche Konflikte, diffamieren Minderheiten, beschränken die Rechte und Möglichkeiten von NGOs und bedienen die Klischees ihrer Anhänger durch simplifizierende, verkürzende und verunglimpfende Botschaften. Oft genug agitieren sie als »Klimaskeptiker« und denken sich die abstrusesten Hirngespinste aus – etwa dass der Klimawandel eine Erfindung der Chinesen sei, um die US-amerikanische Industrie zu schädigen (Trump 2012) –, was ihre Anhänger interessanterweise keineswegs abzuschrecken, sondern im Gegenteil eher aufzustacheln scheint.

Selbstverständlich hat sich jede wissenschaftliche Theorie immer aufs Neue auch der Überprüfung auszusetzen (Popper, Logik der Forschung 1971), doch sehr gut gesicherte wissenschaftliche Erkenntnis ohne gegenteilige Evidenz in Frage zu stellen oder zu diskreditieren, ist für die Grundlagen einer freiheitlichen Gesellschaft gefährlich – weit über das Moment der jeweils konkreten Inhalte populistischer Agitation hinaus. Denn sie gefährdet die Unabhängigkeit der Wissenschaft, bürgerliche Freiheiten und Grundrechte und letztlich die freiheitliche Demokratie selbst – und ganz gewiss auch die Bemühungen um eine nachhaltige Entwicklung, die all jene Werte voraussetzt.[23]

Politisches Handeln mit dem Ziel nachhaltiger Entwicklung hat stets zwischen kurzfristigen und langfristigen Interessen abzuwägen. Es ist wesentlich einfacher, in politischen Wahlkämpfen kurzfristige Wohltaten zu versprechen, als um Einsicht dafür zu werben, dass künftige Herausforderungen schon heute Vorsorgemaßnahmen erfordern, die ihren Preis haben. Aus diesem Grund sind freiheitlich-demokratische Parteien gegenüber Populisten systematisch benachteiligt. Wer in einer sehr komplex gewordenen Welt einfache Antworten mit dem Versprechen kurzfristiger Vorteile verbindet, wird für viele Menschen attraktiver erscheinen als jemand, der in düsteren Farben ein Übel an die Wand malt, das sich erst in der Ferne abzeichnet und dessen Dramatik erst richtig zunimmt, wenn man selbst längst gestorben ist (vgl. Dibley 2018; Fraune & Knodt 2018, 6).

Der Populismus antwortet also auf reale Sorgen und Nöte vieler Menschen, er bietet in einer sich rasch ändernden und als zunehmend unsicher erfahrenen Welt Antworten an, die Sicherheit und Verlässlichkeit versprechen.[24] Dies teilt der Populismus mit einem anderen gesellschaftlichen Phänomen, das ebenfalls eher durch seine Form als durch seine Inhalte bestimmt ist und in vielerlei unterschiedlichen Zusammenhängen auftreten kann: dem Fundamentalismus.

Auch Fundamentalismus begegnet der Verunsicherung vieler Menschen, auch er nutzt binäre Logiken, vereinfachende Antworten und rigide Moralvorstellungen, nutzt eine ausgrenzende »wir-gegen-die«-Logik und widerspricht in der Regel in wichtigen Punkten der wissenschaftlichen Mehrheitsmeinung (Meyer 1989).

So wie auch der Populismus selbst ideologisch dünn ist und sich mit anderen theoretischen Gedankengebäuden verbindet, findet man auch den Fundamentalismus in vielen unterschiedlichen Bereichen, religiösen und philosophischen Traditionen und politischen Parteien. Deshalb verwundert es auch nicht, dass es einen engen Zusammenhang zwischen Populismus und Fundamentalismus gibt. Bei den US-Präsidentschaftswahlen 2016 haben 80 Prozent der Evangelikalen des Landes Trump gewählt – von denen sicher viele dem Fundamentalismus zuzurechnen sind (Washington Post 2016); führende Evangelikale schreiben Trump sogar eine explizit religiöse Rolle zu, wie im religiös motivierten Film *The Trump Prophecy,* in dem jemand behauptet, Trump sei von Gott erwählt worden (Borger 2019).

Der Soziologe Thomas Meyer versteht Fundamentalismus als anti-modernes Phänomen, als Reaktion auf die (Post-)Moderne. Mit Habermas versteht Meyer die Moderne als »erste kulturelle Formation in der Geschichte der Menschheit, die dazu verurteilt ist, ›ihr Selbstbewusstsein und ihre Norm aus sich selbst zu schöpfen‹. Sie vollzieht mit diesem selbstbewussten Sprung ins Bodenlose eine kulturelle, soziale und politische Revolution, deren anthropologische Radikalität historisch ohne Beispiel und deren menschheitsgeschichtliche Tragfähigkeit alles andere als erwiesen ist.« (Meyer 1989, 21)

Die Moderne sei durch generalisierte Ungewissheiten und generelle Offenheit gekennzeichnet, denn etablierte Gewissheiten sind fragwürdig geworden. Diese »generalisierte Ungewissheit« sei auch, so Meyer, der Dauerzustand des Individuums (32). In Anlehnung an Meyer kann man somit Fundamentalismus als anti-modernen Rückzug aus den Zumutungen des Selberdenkens ansehen – Kant hatte Aufklärung als »Ausgang des Menschen aus selbstverschuldeter Unmündigkeit« verstanden.[25]

Fundamentalismus wie Populismus bieten jeweils auf ihre Weise und in unterschiedlichen Bereichen (sozio-politisch im Fall des Populismus, weltanschaulich im Fall des Fundamentalismus) Gewissheiten und Erwartungssicherheiten an, die dem Gefühl von Unsicherheit und Ungewissheit begegnen, das viele Menschen prägt. Für Bemühungen um eine nachhaltige Entwicklung ist dies aus mehreren Gründen relevant:

- Zunächst natürlich, weil insbesondere die militanten Formen des Fundamentalismus in den vergangenen Jahren und Jahrzehnten weltweit Elend und Schrecken verbreitet haben und das friedliche Zusammenleben der Völker massiv beeinträchtigen.
- Fundamentalistische Agenden beeinflussen populistische Politik. Populistische Politik kann oft als Versuch verstanden werden, fundamentalistischen Wählern zu gefallen. Die Diffamierung von Minderheiten (Bsp. Transgender), ihre Ausgrenzung (z. B. Ausschluss vom Militärdienst), die Anerkennung Jerusalems als Hauptstadt Israels oder die Kündigung des Atomabkommens mit dem Iran durch die US-amerikanische Regierung sind so zu interpretieren. Solches Verhalten, das den meisten Menschen außerhalb dieser weltanschaulichen Denkrichtung wohl fremd sein dürfte, vergrößert die Spannungen in der internationalen Politik.
- Auf einer subtileren Ebene schaffen Fundamentalismus und Populismus ein Klima, das den Werten nachhaltiger Entwicklung widerspricht, etwa wenn Frauen, die sich für Gleichberechtigung und Menschenrechte einsetzen, in zunehmendem Maß Diskriminierung, Drangsalierung und Gewalt erfahren (vgl. UN 2016).

Lösungsansätze

Wenn Fundementalismus und Populismus tatsächlich als Reaktionen auf Herausforderungen der (Post-)Moderne zu verstehen sind, dann lassen sie sich selbstverständlich nicht mit einfachen Maßnahmen bekämpfen. Gleichwohl gibt es einige Punkte, die im Nachhaltigkeitsdiskurs beachtet werden könnten bzw. sollten.

- Zunächst gilt es einzugestehen, dass eben dieser *Diskurs lange Zeit zu sehr auf bestimmte Fragestellungen und Themen eingeengt wurde*. Ob die Nationalen Selbstverpflichtungen im Rahmen des Klimaabkommens von Paris (NDCs) ausreichen oder nicht, ist völlig irrelevant, wenn es nicht gelingt, für entsprechende Maßnahmen Mehrheiten zu finden, oder wenn Populisten an die Macht kommen und mit ihrer Klien-

telpolitik die bisherige Weltordnung zerstören. Monty Hampel hat den Einfluss solcher Politik auf den Umweltschutz analysiert und schlussfolgert, dass es in der Umweltbildung viel mehr um Fragen von Demokratie, von kultureller Identität und moralischem Anspruch zu gehen hat:
»Wenn es stimmt, dass Trumps wichtigster und heimtückischster Einfluss auf Umweltpolitik und Umweltwissenschaft letztlich seine Geringschätzung der Wahrheit, sein Anschlag auf politische Legitimität und sein moralisch destruktives Verhalten ist, das er leicht zu beeindruckenden Gemütern vorlebt, dann muss bei der Bearbeitung ökologischer Herausforderungen sehr viel mehr Wert auf Fragen kultureller Identität, demokratischer Prozesse und Ethik gelegt werden.« (Hempel 2018, 187)[26]

- Es mag sein, dass wir auch eine *Lektion in Demut und Bescheidenheit* zu lernen haben. Denn es gibt gute Gründe anzunehmen, dass es nicht zuletzt der als bevormundend empfundene Stil und die dogmatisch vertretenen Ansprüche mancher wohlmeinender Weltverbesserer sind, der bzw. die Menschen für populistische Meinungsmache empfänglich machen. Wie in der Einleitung gesagt, Formulierungen wie »Kinder sind das Schlimmste für die Umwelt« tragen dazu bei, dass diejenigen, die das vielleicht nicht argumentativ, aber doch intuitiv für falsch halten – zum Beispiel deshalb schon, weil ihre Kinder ihnen das größte Glück bedeuten –, nicht nur die Schlussfolgerung, sondern gleich auch die Prämisse (d. h. den Klimawandel) in Zweifel ziehen. Es ist deshalb ein Kernanliegen dieses Buchs, an der Vision der Nachhaltigkeit zwar unbeirrt festzuhalten, doch Vorsicht walten zu lassen bei konkreten Umsetzungsmaßnahmen.
- Es ist drittens der *Bedarf für Orientierung und Komplexitätsreduktion* anzuerkennen. Wenn einerseits die moralischen Erwartungen an ein nachhaltiges Leben immer weiter in die Höhe getrieben werden, es aber andererseits keine hinrei-

chende Unterstützung persönlichen Verhaltens gibt (durch Anreizstrukturen, mehr Transparenz durch klar definierte Label, Aufklärung etc.), kann das zu Überforderung und Frustration führen. Wenn verhindert werden soll, dass noch mehr Menschen den einfachen Versprechungen der Populisten auf den Leim gehen, ist es höchste Zeit, dass die Politik nachhaltiges Konsumieren nicht nur günstiger, sondern auch einfacher macht.

- Den *offenen Austausch* suchen. Mudde und Kaltwasser empfehlen in ihrer Einführung in den Populismus den offenen Dialog mit Anhängern und Verfechtern populistischer Positionen – so schwierig dieser auch sein mag. Da Populisten oft die richtigen Fragen stellen, doch nicht die richtigen Antworten liefern, sollte die Reaktion auf Populismus nicht nur die »Angebotsseite«, also die Vertreter populistischer Positionen, sondern auch die »Nachfrage« nach solchen Ansichten zu schwächen versuchen. Nur wenn dies gelingt, könne die freiheitliche Demokratie gestärkt werden (Mudde & Kaltwasser 2017, 118).
- Das richtige *Framing* ist entscheidend. Es macht in der Wahrnehmung einen großen Unterschied, ob die Bekämpfung des Klimawandels mit moralischem Appell als Abwendung künftiger ökologischer Bedrohungen oder als Chance zur Modernisierung der Wirtschaft positioniert wird (Dibley 2018).
- Da schließlich vor allem der Fundamentalismus in religiösen Traditionen zu finden ist, sollten diese sich darum bemühen, ihre Botschaften in zeitgemäßer Form darzustellen, und *den Dialog zu kontroversen Themen suchen* – anstatt ihn zu unterdrücken oder zu verbieten. Auch in meiner eigenen christlichen Tradition sehe ich hier noch viel Potenzial, den Glauben in einer für heutige Menschen ansprechenden Form zu verkünden, ohne fundamentalistisch zu werden. Die Herausforderung der Nachhaltigkeit birgt eine Chance,

> sich nicht nur der eigenen Tradition zu vergewissern, sondern auch Allianzen zu anderen Konfessionen und Traditionen zu suchen. Nach meiner festen Überzeugung stehen nicht Lehrunterschiede, sondern vielmehr die Frage, wie mit diesen umgegangen wird und ob die Lehre fundamentalistisch behauptet wird, einem Dialog der Traditionen im Weg.

4.4 Ungleichheiten

Obwohl die globalen Ungleichheiten in den vergangenen Jahrzehnten insgesamt abgenommen haben – was vor allem an den wachsenden Mittelschichten in Asien liegt –, haben innerhalb der meisten Länder die Ungleichheiten zugenommen. Dies wirft nicht nur Fragen nach einer gerechten Verteilung von Einkommen und Vermögen auf, die Ungleichheit einer Gesellschaft korreliert auch mit sozialen und gesundheitlichen Problemen: Je ungleicher Gesellschaften sind, desto virulenter sind viele soziale und gesundheitliche Probleme in ihrer Bevölkerung (Armut, Misstrauen, Korruption).

Das Bewusstsein für die globalen wie nationalen Ungleichheiten hat in den letzten Jahrzehnten zugenommen (Atkinson 2015, 1), wobei es naturgemäß insbesondere die extremen Fälle sind, die die öffentliche Aufmerksamkeit auf sich ziehen. Eine kleine Gruppe von Menschen besitzt ein Vermögen, das demjenigen der Hälfte der Menschheit entspricht. Bestand diese Gruppe 2014 noch aus 85 Menschen, ist der Kreis der Superreichen in den folgenden drei Jahren noch einmal deutlich geschrumpft. 2017 waren es nur noch 8 Männer (!), die ebenso viel Vermögen hatten wie etwa 3,5 Milliarden Menschen (Oxfam, 2017).

Wie noch zu diskutieren sein wird, ist diese krasse Ungleichheit an sich schon ein moralisches Problem – doch besonders problematisch ist es, wenn die Reichen ihr Vermögen auch noch dem Zugriff der Finanzämter entziehen, indem sie es in sogenannte »Steueroasen« bringen. Laut Oxfam hat eine sehr kleine, sehr vermögende Gruppe von Menschen dort etwa 7,6 Billionen US-Dollar vor den Steuerbehörden versteckt (Oxfam 2019, 13), was etwa so viel ist, wie die gesamte deutsche Wirtschaft in zwei Jahren erwirtschaftet.

Diesem unglaublichen Reichtum steht die ebenso schwer vorstellbare Armut gegenüber, der Milliarden Menschen ausgesetzt sind. Wie sind solche Ungleichheiten zu bewerten? Sind sie schädlich, sind sie ungerecht – oder ganz natürlich? Weisen marktwirtschaftliche Systeme nicht immer ein gewisses Maß an Ungleichheit auf? (IMF 2017, ix)

Zunächst ist zu sagen, dass die Ungleichheit nicht pauschal zugenommen hat in den vergangenen Jahrzehnten. Im Gegenteil, die globale Ungleichheit – das heißt die Ungleichheit, die sich ergäbe, wenn alle nationalen Grenzen wegfallen würden – hat in den vergangenen dreißig Jahren stark abgenommen (IMF 2017, 1). Der Hauptgrund dafür liegt in dem Entstehen einer globalen Mittelklasse, vor allem in China (Milanovic 2016, 3).

Während diese globale Mittelklasse von der Globalisierung profitiert hat, haben im Gegenzug die mittleren und unteren Einkommensklassen in den hochentwickelten Volkswirtschaften in diesem Prozess verloren (ebd.). Und gerade in diesen hochentwickelten Volkswirtschaften hat die Ungleichheit *innerhalb der Länder* besonders zugenommen (IMF 2017, 1), wobei es wiederum vor allem die Spitzenvermögen und Spitzeneinkommen waren, die in fast allen Ländern in den vergangenen Jahrzehnten gestiegen sind (Alvaredo et al. 2017, 9). Wie unten noch zu sehen sein wird, ist es diese Ungleichheit innerhalb der Länder, die für viele gesellschaftliche Entwicklungen viel entscheidender ist als die globale Ungleichheit (Wilkinson und Pickett 2011, 229).

Warum ist also eine solche Ungleichheit für Nachhaltigkeit problematisch – sogar in einem Maße, dass dem ein eigenes Nachhaltigkeitsziel (SDG 10) gewidmet ist?

Zum einen ist *Ungleichheit vor allem in ihren extremen Formen eine Frage der Gerechtigkeit*. In vielen Fällen haben die Reichen einen besseren Zugang zu Bildung, zur Gesundheitsversorgung, auf dem Arbeitsmarkt, sie sind weniger gesundheitlichen Risiken durch

Umweltverschmutzung, schlechte Ernährung ausgesetzt etc. Es ist das Vermögen, nicht die Begabung, die in vielen Ländern den Bildungsweg von Kindern bestimmt, wie eine Oxfam-Studie dokumentiert (Oxfam 2019). Ein kenianischer Junge aus einer reichen Familie hat eine etwa 30-prozentige Chance, nach der Sekundarstufe noch einen höheren Bildungsabschluss zu bekommen. Für ein Mädchen aus einer armen Familie ist diese Wahrscheinlichkeit 75 Mal kleiner, sie liegt bei 0,4 Prozent (Oxfam 2019, 16). Diese Ungleichheit ist allerdings nicht spezifisch für Afrika. Laut Oxfam ist in den USA der amerikanische Traum zu einem Mythos geworden, die soziale Mobilität war seit Jahrzehnten nicht so niedrig wie heute (Oxfam 2019, 16). In Großbritannien und Brasilien haben die ärmsten 10 Prozent der Bevölkerung einen höheren tatsächlichen Steuersatz als die reichsten 10 Prozent. In den USA ist das ähnlich: Der US-Milliardär Warren Buffet sagte in einem Interview, dass er vermutlich einen geringeren Steuersatz zahle als seine Sekretärin (CNN 2013).

Vermögen kann buchstäblich eine neue Identität ermöglichen. Wie Transparency International in einer Studie 2018 angeprangert hat, könne man Aufenthaltsgenehmigungen und sogar die Staatsbürgerschaft für Länder der Europäischen Union wie Luxusartikel kaufen – je nach Land für einen Betrag zwischen 250.000 und 10 Millionen Euro (Transparency International and Global Witness 2018).

Auch in der Welt der Unternehmen gibt es etwas Vergleichbares. Große multinationale Konzerne zahlen in der EU tatsächlich weniger Steuern als kleinere Unternehmen. Eine Studie von 2019 kommt zu dem Ergebnis, dass in den meisten Ländern der tatsächliche Steuersatz nicht progressiv, sondern regressiv zu sein scheint: je größer das Unternehmen, desto geringer der tatsächliche Steuersatz (Janský 2019, 3). Dabei waren die Unternehmenssteuersätze ohnehin in den vergangenen Jahrzehnten schon deutlich zurückgegangen – in Folge eines internationalen Wettbewerbs um günstige Standortbedingungen (die Mobilität von Kapital ist besonders hoch). Der durchschnittliche Unternehmenssteuersatz hat zwischen 1990 und 2015 in allen Märkten um etwa 40 Prozent abgenommen (IMF 2017, 15).

Zum anderen ist Ungleichheit darüber hinaus mit einer Reihe *unerwünschter gesellschaftlicher* Effekte *korreliert*:

♦ Einkommensungleichheit, insbesondere am unteren Ende der Verteilung, *korreliert mit einem geringeren Grad des gesellschaftlichen Vertrauens,* wie die britischen Epidemiologen Wilkinson und Pickett in ihrem Buch über Ungleichheit herausstellen (Wilkinson und Pickett 2011). Mehr noch, es handle sich nicht nur um eine Korrelation, sondern man könne sogar von einer Kausalität sprechen, denn es sei die Ungleichheit, die das Vertrauen gefährde, und nicht umgekehrt (Wilkinson & Pickett 2011, 55). Vertrauen ist aber, wie auch der Internationale Währungsfonds (IWF; engl. International Monetary Fund, IMF) weiß, eine »wichtige Determinante makroökonomischer Leistung«, weshalb eine zunehmende Ungleichheit Wachstum und Entwicklung eines Landes negativ beeinflussen kann (IMF, 21). Der Grad des Vertrauens, der maßgeblich durch die materielle Ungleichheit gefährdet wird, markiert also den Zusammenhalt und die Hilfsbereitschaft in einer Gesellschaft, von der alle profitieren (62).

♦ Wilkinson und Picket finden es bemerkenswert, dass es in vielen reichen Ländern einen solchen Gegensatz zwischen materiellem Erfolg und gesellschaftlichem Versagen gibt. Sie schlussfolgern daraus, dass wir sehr viel mehr Augenmerk und Sorgfalt auf die Verbesserung des psychischen und sozialen Wohlergehens der Gesellschaften insgesamt legen müssten, anstatt uns nur auf Wohlstandsniveau und Wirtschaftswachstum zu beschränken (Wilkinson und Pickett 2011, 4). Die beiden Epidemiologen haben durch einen Ländervergleich zahlreicher gesellschaftlicher Parameter belegen können, dass *nicht das Einkommensniveau* eines Landes darüber entscheidet, wie viele gesellschaftliche *Probleme* es hat, sondern die *Ungleichheit*! Sie betrachteten Parameter wie Lebenserwartung (umgekehrt kodiert), Übergewicht, Geisteskrankheiten, Tötungsdelikte, Säuglingssterblichkeit, Inhaftierungsraten, Misstrauen, soziale Mobilität (umgekehrt kodiert) oder Bildung (umgekehrt kodiert; 303) und konnten eindrucksvoll zeigen, dass die Häufigkeit dieser unerwünschten Parameter stark mit *dem Grad der Ungleichheit* eines Landes *korreliert – nicht aber mit dem Lebensstandard*! (20.174) Auch andere Autoren bestätigen den schädlichen Einfluss großer Ungleichheiten. Dem

IWF zufolge könne massive Ungleichheit den sozialen Zusammenhalt gefährden, zu politischer Polarisierung führen und letztlich zu geringerem wirtschaftlichen Wachstum (IMF, 2017, ix). Gyimah-Brempong zum Beispiel hat den Zusammenhang mit Korruption untersucht und sieht einen wechselseitig verstärkenden Zusammenhang von Ungleichheit und Korruption (Gyimah-Brempong 2002).

- Ungleichheit korreliert zudem mit Konsumismus – denn Ungleichheit verstärkt das Bedürfnis zu konsumieren (Wilkinson & Pickett 2011, 226.228). Wenn der soziale Status zu einem großen Teil über den Konsum definiert wird, führen gravierende Ungleichheiten zu einem Wettrennen beim Konsumieren, um nicht abgehängt zu werden oder so zu gelten (229).
- Eine Oxfam-Studie fasst die zahlreichen negativen Auswirkungen von Ungleichheit so zusammen: »In Ländern mit größerer Ungleichheit ist das Vertrauen geringer und es gibt mehr Verbrechen. Ungleiche Gesellschaften sind mehr gestresst, weniger glücklich und haben mehr Geisteskrankheiten.« (Oxfam 2019, 14) Oder positiv formuliert: »Größere Gleichheit ist die Grundlage für bessere soziale Beziehungen.« (Wilkinson & Pickett 2011, 272)

Betrachtet man die Ungleichheiten in der Weltgesellschaft unter Vernachlässigung der Ländergrenzen, so haben diese in den vergangenen Jahrzehnten abgenommen, was zu einem großen Teil an dem Aufschwung einiger bevölkerungsreicher Länder liegt, insbesondere China. Besonders benachteiligt sind dagegen weiterhin die Länder im südlichen Afrika und in Südasien, in denen Armut ein gravierendes Problem darstellt, wie oben diskutiert wurde (s.o., 4.2). Die gesellschaftliche und wirtschaftliche Entwicklung dieser Regionen muss von großem Interesse für die internationale Gemeinschaft sein. Joseph Stiglitz, der sich eingehend mit Risiken und Chancen der Globalisierung auseinandergesetzt hat (vgl. Stiglitz 2002; Stiglitz 2006, ch. 1), fordert mehr globale Solidarität. Warum sollten Arbeitsplätze auf heimischen Märkten geschützt werden, wenn sie andernorts so viel mehr Vorteile ermöglichen würden? Stiglitz fordert dazu auf, uns in die Situation anderer hineinzuversetzen, um ihre Bedürfnisse nachvollziehen zu können. Dann wären wir auch in der Lage, unsere rechtlichen Rahmenbedingungen gerechter zu gestalten – er sagt dies mit Verweis auf John Rawls' Theorie der Gerechtigkeit, die im folgenden Abschnitt erläutert wird.

Lösungsansätze

Wie kann eine gerechte Verteilung von Gütern erreicht werden? Diese Frage beschäftigt Philosophen seit alters her und viele Vorschläge wurden gemacht.[27]

- Ist es, zum Beispiel gerecht, wenn jeder dasselbe bekommt? Das würde vernachlässigen, dass Menschen aufgrund natürlicher Gegebenheiten oder Schicksalsschläge sehr unterschiedlich privilegiert sind, was eine gerechte Verteilung berücksichtigen müsste.
- Wäre es stattdessen gerecht, wenn jeder seiner Leistung entsprechend bekäme? Zum einen stellt sich auch da die Frage, wie die von Natur aus sehr unterschiedlich verteilte Leistungsfähigkeit von Menschen zu berücksichtigen ist. Zudem wäre zu klären, was denn genau unter Leistung zu verstehen sei.
- Wäre es vielleicht gerecht, jede und jeden nach ihrer bzw. seiner Bedürftigkeit zu kompensieren? Das klingt nach einer sehr sozialen Lösung, doch beantwortet das nicht die Frage, wodurch genau die Bedürftigkeit bestimmt ist. Wie ist zwischen Bedürfnis und Wunsch zu unterscheiden – und gäbe es dann legitime Wünsche jenseits von Bedürfnissen? Auch berücksichtigt diese Lösung nicht, dass Menschen trotz aller ungleichen Startbedingungen meist sehr wohl Einfluss auf ihre eigene Situation wie auch auf ihre Wünsche haben (vgl. Kapitel 14).
- Die utilitaristische Lösung, die den Nutzen einer größtmöglichen Menge von Menschen maximieren möchte, beantwortet nicht wirklich befriedigend die Frage, wie dieses Glück auf die unterschiedlichen Akteure verteilt ist (vgl. z. B. Schroth 2006).

- Auch eine rechtspositivistische Lösung schließlich, wonach konstatiert wird, dass diejenige Verteilung gerecht sei, die das Gesetz vorschreibe, kann natürlich nicht befriedigen. Denn weder beantwortet sie die Frage, wie diese Gesetze gerechterweise formuliert werden sollten, noch hilft sie weiter in Fällen, in denen das Recht nicht angewendet werden kann.

Der US-amerikanische Philosoph John Rawls hat eine Gerechtigkeitstheorie entwickelt, die die gestellte Frage nach einer gerechten Verteilung in einem rein rationalen (also nicht weltanschaulich geprägten) Ansatz zu beantworten versucht und Gerechtigkeit als Fairness versteht (Rawls 1998).

Ausgangspunkt ist die liberale Überzeugung, dass alle Menschen frei und gleich sind und niemand privilegiert ist. Rawls stellt sich in einem Gedankenexperiment eine Gruppe von Menschen vor, bei denen Fähigkeiten, Güter, Privilegien, Geschlecht, Umstände u. a. m. ganz unterschiedlich verteilt sind – wie im wirklichen Leben. Diese Menschen bekommen dann die Aufgabe, gemeinsam zu überlegen, nach welchen Prinzipien Güter zu verteilen wären, angesichts der Unterschiede, die durch natürliche Anlage, Vererbung, geschichtliche Umstände etc. zustande gekommen sind. Es wird angenommen, dass jede und jeder in der bestmöglichen, neutralen Weise teilnimmt, denn niemand weiß, welche Rolle er oder sie im weiteren Verlauf des Spiels (bzw. Gedankenexperiments) einnehmen wird. Es gibt einen »Schleier des Nichtwissens« (Rawls 1998, 159 ff.).

Rawls geht davon aus, dass jeder vernünftige Akteur in einer solchen Situation zwei fundamentalen Prinzipien zustimmen kann. Das erste Prinzip garantiert jeder Person das gleiche Recht auf die gleichen Grundfreiheiten, die nur die Grundfreiheiten anderer nicht einschränken dürfen. Das zweite Prinzip fordert, soziale und wirtschaftliche Ungleichheiten so zu gestalten, dass sie den am wenigsten Begünstigten den größten Vorteil bringen und dass sie mit Positionen und Ämtern verbunden sind, die jedem offen stehen (Rawls 1998; vgl. auch Rawls 1997).[28]

Heutige freiheitliche Demokratien haben ähnliche Fairness-Prinzipien institutionalisiert, zumindest zum Teil – auch schon vor bzw. unabhängig von Rawls. Doch hinkt die konkrete Realisierung oft hinter den gewünschten Ergebnissen her.

- Zumindest nominell tragen die Reichen nicht nur eine höhere absolute Steuerlast, sie haben auch einen höheren Steuersatz. Wie oben jedoch gesagt, ist in der Praxis mitunter das Gegenteil der Fall – sowohl für Individuen als auch für Unternehmen – was allerdings wohl eher an Ausnahmeregelungen, besseren Startpositionen (bessere Anwälte und Berater), dem Wettbewerb zwischen staatlichen Organen bzw. zwischen Staaten, dem Einfluss von Lobbyisten oder Korruption liegt als an einer konzeptionellen, beabsichtigten Privilegierung. Das macht es allerdings umso wichtiger, dass diese Defizite, die grundlegenden moralischen Prinzipien widersprechen, durch die Politik wirksam bekämpft werden.
- Soziale Sicherungssysteme bieten spezielle Unterstützung für Bedürftige, obwohl natürlich darüber zu streiten ist, ob die angebotene Unterstützung ausreichend ist. Mit Blick auf das zuvor über Ungleichheiten Gesagte kann man vermuten, dass es in vielen Ländern hier noch sehr viel Verbesserungspotenzial gibt.
- Auch auf der Ebene des internationalen Handels, im Rahmen der WTO gibt es Vorkehrungen, die den am wenigsten entwickelten Ländern zugute kommen sollen, obwohl das Scheitern der sogenannten Doha-Runde die Grenzen der Bereitschaft für Zugeständnisse der Industrienationen belegt (s. u., 4.5.1). Und während die OECD-Länder ihr Ziel, 0,7 Prozent des Bruttosozialprodukts für Entwicklungszusammenarbeit auszugeben, weit verfehlen und im Mittel nur 0,3 Prozent ausgeben, fließt ein erheblicher Teil dieses Gelds in Form von Zinszahlungen aus dem globalen Süden zurück

in den Norden. Tatsächlich ist der Netto-Kapitalstrom von den Industrie- in die Entwicklungsländer sogar negativ – das heißt, dass mehr Kapital von Süden nach Norden fließt als umgekehrt (UN-DESA 2017).

Rawls Theorie kann in sehr unterschiedlichen Zusammenhängen angewendet werden, so zum Beispiel auch bzgl. der Frage, wie eine international gerechte Ressourcenverteilung oder auch eine intergenerationell gerechte Verteilung erzielt werden kann. Ist es beispielsweise fair, dass einige Generationen den Nutzen bestimmter Technologien haben, den Preis dafür aber künftige Generationen tragen müssen? Diese Frage kann man sowohl an die Nutzung der Kernenergie als auch, wenn auch in anderer Form, an die der fossilen Energien stellen. Ist es fair, dass künftige Kosten des Klimawandels abdiskontiert werden, was im Wesentlichen bedeutet, dass für künftige Schäden nur relativ wenig Rückstellungen gebildet werden müssen, obwohl wir gegenwärtig sehr niedrige Zinssätze haben und nicht ausgeschlossen werden kann, dass dies längere Zeit so bleibt (vgl. 5.1)? Ist es fair, dass manche Länder gewaltige Vorteile durch die Kolonisation ganzer Erdteile hatten, zugleich die Ökosysteme belastet und Ressourcen ausgebeutet haben und heute mehr Zinseinnahmen bekommen als sie für Entwicklungszusammenarbeit investieren?

Rawls ist wichtig, dass sein Ansatz keinen bestimmten weltanschaulichen Hintergrund benötigt – denn in einem modernen Rechtsstaat sollte das bestimmende Gerechtigkeitskonzept soweit möglich von religiösen oder philosophischen Kontroversen unabhängig sein. Doch schließt das natürlich nicht aus, auf Parallelen zu Rawls' Konzept in solchen Traditionen hinzuweisen. Denn schließlich haben etwa die Hochreligionen immer noch einen wichtigen Einfluss auf Rechtsempfinden und Sitte sehr vieler Menschen, in vielen Weltregionen vermutlich deutlich mehr als es ein philosophischer Ansatz wie der von Rawls je haben wird. Ich halte es deshalb für interessant, auf solche Parallelen hinzuweisen, und möchte exemplarisch nur drei Beispiele anführen, die zeigen, wie Unparteilichkeit, Reziprozität und Sorge für die Schwächsten in der Gesellschaft in den drei monotheistischen Religionen präsent sind.

- Die hebräische Bibel erinnert das alte Israel daran, freundlich zu Fremden zu sein. »Wenn ein Fremdling bei euch wohnt in eurem Lande, den sollt ihr nicht bedrücken. Er soll bei euch wohnen wie ein Einheimischer unter euch, und du sollst ihn lieben wie dich selbst; denn ihr seid auch Fremdlinge gewesen in Ägyptenland.« (Lev 19:33 f.; vgl. Dtn 10:19)
- Im Islam stellt die Zakat eine seiner fünf Säulen dar und ist für alle Muslime verpflichtend. »Was immer ihr an Gutem ausgebt, soll den Eltern, den nächsten Verwandten, den Waisen, den Armen und dem Sohn des Weges zukommen. Und was immer ihr an Gutem tut, so weiß Allah darüber Bescheid.« (Koran Sure Al-Baqarah 2:215)
- Im Matthäus-Evangelium sagt Jesus seinen Jüngern, dass die Hilfe, die sie den Hungrigen, Durstigen, Kranken, Fremden etc. zuteil werden lassen, so beurteilt werden wird, als hätten sie diese Jesus selbst gegenüber erwiesen (Matth 25:40).

Menschen beurteilen Situation anders, wenn sie selbst Vergleichbares erfahren haben. Ein indianisches Sprichwort mahnt ja bekanntlich dazu, niemanden zu beurteilen, bevor man nicht eine Zeitlang in seinen Mokassins gelaufen ist. Die persönliche Betroffenheit durch die Not anderer verändert den eigenen Blick auf die Welt. Wer jemals selbst erfahren hat, wie es einem in einem fremden Land ergehen kann, wird auch Fremde im eigenen Land besser verstehen.

Konkrete Maßnahmen gegen Ungleichheiten
- Der IWF fordert angemessene *Besteuerung von Kapitaleinkünften*, die nicht die Steuerprogression des Einkommen-

- steuersystems gefährdet und unterschiedliche Kapitaleinkünfte einheitlicher besteuert (IMF 2017, x).
- Der Weltungleichheitsbericht 2018, an dem u. a. der französische Ökonom Thomas Piketty mitgewirkt hat, plädiert ebenfalls für das Instrument der Steuerprogression, um Einkommens- und Vermögensunterschiede zu bekämpfen (WIR 2018; WIR 2018, 19).
- Auch spricht sich derselbe Bericht für größere demokratische Transparenz über Einkommen und Vermögen aus. Ein globales Finanzregister, das die Eigentumsverhältnisse von Finanzvermögen dokumentieren würde, würde Steuerflucht, Geldwäsche und wachsender Ungleichheit einen Schlag versetzen (ebd., 19).
- Korruptionsbekämpfung ist auch ein Mittel gegen Ungleichheit und Armut, denn Letztere wird in korrupten Gesellschaften perpetuiert (IMF 1998, 1).
- Wilkinson und Picket fordern, soziale Ziele nach größerer sozio-ökonomischer Gleichheit mit ökologischen Zielen wie dem Klimaschutz zu verbinden. »Anstatt die globale Erwärmung schlicht als etwas zu erfahren, das den Möglichkeiten materieller Befriedigung Grenzen auferlegt, sollten politische Maßnahmen zum Klimaschutz mit solchen für mehr soziale Gerechtigkeit verbunden werden, was uns ganz neue und ganz grundsätzliche Möglichkeiten zur Verbesserung unserer Lebensqualität eröffnet. Dieser Wandel geht mit einer historischen Verlagerung einher, in der die menschliche Befriedigung weniger im wirtschaftlichen Wachstum als im geselligen Miteinander in der Gesellschaft erfahren wird.« (Wilkinson & Pickett 2011, 231). Im Übrigen gibt es sogar einen Zusammenhang von größerer Gleichheit und umweltbewusstem Verhalten, denn gleichere Gesellschaften würden einen größeren Teil ihres Abfalls recyceln! (232)
- Um die globale Ungleichheit zu reduzieren, braucht es vermehrtes Wachstum vor allem in den ärmsten Ländern,

wobei es derzeit so aussieht, als würde dies vielleicht in Asien (außerhalb Chinas), aber kaum in Afrika stattfinden, wie Milanovic in seinem Buch über globale Ungleichheit vermutet (Milanovic 2016, 213). Aus ökologischer Sicht steht andererseits außer Zweifel, dass solches Wachstum so »grün« wie möglich zu erfolgen hat, wenn die ohnehin schon stark beanspruchten Ökosysteme nicht noch weiter belastet werden sollen. Wie soll das ohne ausländische Investitionen, ohne Technologietransfer und Unterstützung beim Wissenstransfer, ohne Kooperation beim Ausbau der Bildungssysteme funktionieren?

Jede politische Maßnahme hat Gewinner und Verlierer. Je grundlegender die gesellschaftlichen Veränderungen für eine Transformation sein werden – und es gibt gute Gründe zur Annahme, dass sie sehr grundlegend sein werden – desto wichtiger ist ein gesellschaftlicher Diskurs darüber, wie eine gerechte Verteilung von Kosten und Nutzen dieser Veränderungen aussehen kann.

4.5 Interessenkonflikte

Menschen haben widerstreitende Interessen, die in der Regel über etablierte soziale oder juristische Prozesse geklärt werden können. Es gibt aber Umstände, in denen dies nicht möglich ist, weil es entweder entsprechend etablierte Prozesse nicht gibt (z. B. auf internationaler Ebene), weil die Konflikte gar nicht offen ausgetragen bzw. öffentlich diskutiert werden können (z. B. im Fall von Lobbyismus oder Korruption) oder weil die streitenden Parteien sehr unterschiedlich mächtig sind (z. B. durch sozio-ökonomische Ungleichheiten). Wichtigste Gegenmaßnahme ist vor allem große Transparenz hinsichtlich etwaiger Abhängigkeiten, Verpflichtungen oder Begünstigungen, klare gesetzliche Vorgaben (z. B. Offenlegungspflichten) und eine gute »Governance« – d. h.

wohldefinierte Prozesse und Regelungen mit Verantwortlichkeiten und Durchsetzungsmöglichkeiten für entsprechende Situationen.

Bei jedem Miteinander verschiedener Akteure gibt es konfligierende Interessen, was schlicht der Diversität der Mitglieder eines Gemeinwesens entspricht. Die Interessen variieren je nach Rolle, sozialer Stellung, Bildungsgrad, eigener Bedürftigkeit u. a. m. Insofern Interessenkonflikte als Angelegenheiten eines Gemeinwesens der Klärung bedürfen, sind sie Aufgabe der Politik. Die Klärung von Interessenkonflikten kann sogar als eine der wichtigsten Aufgaben der Politik angesehen werden und ist gewiss nicht spezifisch für die Diskussion um nachhaltige Entwicklung. Doch gibt es in jenem Bereich viele Beispiele, in denen Interessenkonflikte bisher nur unvollkommen politisch moderiert werden konnten, was mutmaßlich daran liegt, dass durch das Thema Nachhaltigkeit sozusagen eine neue Dimension, eine neue Gruppe von Interessenvertretern hinzugekommen ist – nämlich die Interessen künftiger Generationen –, für deren Berücksichtigung es noch keine eingespielten Routinen gibt wie im Fall anderer Gruppen.

Überall auf der Welt wird zum Beispiel der Konflikt zwischen den Interessen von Kohlearbeitern am Erhalt ihres Arbeitsplatzes und dem gellschaftlichen Interesse des Klimaschutzes diskutiert; oder das allgemeine Interesse am Erhalt wichtiger Umweltqualitäten wie Biodiversität oder Grundwasserqualität, denen das Interesse von Landwirten nach höhern Erträgen entgegensteht, welches wiederum zusammenfällt mit dem Interesse der Chemie- und Agrarindustrie nach dem Absatz von Pflanzenschutz- oder Düngemitteln.

Es ist, wie gesagt, primär die Aufgabe der Politik, solche Interessenkonflikte zu klären und zu befrieden. Dafür ist es aber erforderlich, dass die beteiligten Parteien ihre jeweiligen Interessen offen artikulieren können und in einem fairen Prozess nach einer Lösung gesucht wird. So geschieht es täglich tausendfach an vielen Orten auf der Welt. Es gibt allerdings Situationen, in denen dieses Vorgehen erschwert wird. Dies gilt zum Beispiel auf internationaler Ebene, wo es keinen allgemein akzeptierten Rahmen zur Beilegung von Interessenkonflikten gibt (4.5.1). Es gilt ferner in Situationen, in denen

Interessenkonflikte nicht sichtbar sind (4.5.2), ihr Ausgleich durch sehr ungleiche Machtverhältnisse erschwert wird (4.5.3) oder weil die Führungs- und Machtstrukturen dies verhindern (4.5.4).

4.5.1 Interessenkonflikte auf internationaler Ebene

Im freiheitlichen Rechtsstaat ist der Umgang mit Interessenkonflikten zunächst durch Sitte und Moral und letztlich durch das Recht geregelt, für das man vor Gericht streiten kann. Das ist auf internationaler Ebene erheblich schwieriger, wo Interessenkonflikte im Zweifelsfall eher durch wirtschaftliche oder militärische Macht- oder Gewaltausübung beseitigt werden als durch aufwendige Rechtsprozesse – sofern Letztere überhaupt möglich sind. Dies ist eine Herausforderung für Fragen globaler Governance (vgl. Kapitel 6).

Die Schwierigkeiten multilateraler internationaler Verhandlungen wurden besonders durch das Scheitern der Doha-Runde im Rahmen der WTO deutlich. Es war zentrales Anliegen der Doha-Runde, Regelungen zu treffen, die den weniger entwickelten Regionen hätten ermöglichen sollen, mehr vom Welthandel zu profitieren (WTO 2019). Den hoch entwickelten Volkswirtschaften, vor allem den USA und der EU, war lange vorgeworfen worden, dass ihre Politik die Entwicklungsländer benachteiligen würde, etwa durch die bis 2015 praktizierten Exportsubventionen oder durch Agrarsubventionen allgemein oder durch Handelsbeschränkungen. Die Doha-Runde hatte das ändern sollen und es sah zunächst (2001) so aus, als wären die Industrienationen bereit gewesen, einem solchen Handelsabkommen zuzustimmen, auch wenn die Entwicklungsländer ihre eigenen Handelsbarrieren nicht in derselben Weise abgebaut hätten.[29] Da aber China einen Punkt erreicht hatte, an dem es Handelsüberschüsse erzielte (also mehr ex- als importierte), verlangten die Industrienationen, dass auch China die Handelsbarrieren verringern und die Agrarsubventionen reduzieren müsse, wozu China aber nicht bereit war (New York Times 2016).

Warum ist Doha also gescheitert? Man mag es wohl darauf zurückführen, dass die USA und die EU nicht willens waren, ihre Agrarsubventionen abzuschaffen, so Kimberly Amadeo (Amadeo 2019). Auf der anderen Seite waren auch China und Indien nicht bereit, Konzessionen zu machen. Beide Positionen haben ihre Berechtigung (New York Times 2016). Die USA und die EU wussten, dass ein Kompromiss darin gelegen hätte, Einschnitten bei den Agrarsubventionen zuzustimmen; die großen Schwellenländer wussten, dass sie eine Lockerung der Zollbestimmungen hätten anbieten müssen. Doch als der Vertrag nach mehr als fünf Jahren Vorbereitung schlussendlich auf dem Tisch lag, war keiner der Akteure bereit, auf den anderen zuzugehen und den Vertrag abzuschließen (Charlton 2006).

Als nach mehrjährigen Verhandlungen und einem erneuten Verhandlungsmarathon im Juli 2008, an dessen Ende 18 von 20 strittigen Punkten geklärt werden konnten die Doha-Runde schließlich doch scheiterte, konnte Pascal Lamy, der Generaldirektor der WTO seine Frustration nicht verbergen. Die Entwicklungsländer hätten von diesem Vertrag am meisten profitiert, da er die Regeln des Handelssystems zu ihren Gunsten verändert hätte (Lamy 2008).

4.5.2 Interessenkonflikte nicht immer sichtbar

Interessenkonflikte lassen sich nur dann klären, wenn die jeweiligen Interessen der Beteiligten allen bekannt sind. Das ist aber oft nicht der Fall, was zum Teil schlicht an Unkenntnis liegt, zum Teil aber auch daran, dass eine oder mehrere Parteien kein Interesse daran haben, dass alle Beteiligten (oder zumindest die Öffentlichkeit) volle Transparenz darüber bekommen. Lobbyisten zum Beispiel vertreten zunächst einmal lediglich die legitimen Interessen ihrer Klienten gegenüber politischen Entscheidungsträgern, erklären Hintergründe und technische Zusammenhänge. Doch offenkundig haben viele Lobbyisten kein Interesse an großer Öffentlichkeit, weil ihre Argumente sonst von Opponenten torpediert werden könnten. Es kann geradezu als Markenzeichen des Lobbyismus gelten, im Verborgenen zu wirken.

Es gibt zahllose Beispiele, in denen politische Entscheidungen (oder auch das Ausbleiben derselben) nicht anders erklärt werden können als durch den Einfluss von Unternehmens- oder Industrievertretern, was aber naturgemäß sehr schwer nachzuweisen ist. Politische Analysten führen dies aber immer wieder als plausible Erklärung an.

Die über Jahrzehnte andauernden und mittlerweile gerichtlich dokumentierten Defizite der deutschen Politik in Sachen Nitratbelastung im Grundwasser lassen sich nicht anders erklären als durch massiven Einfluss von Bauern und Agrarindustrie. Das bundespolitische Ziel, die für diese Belastung maßgeblichen Stickstoffüberschüsse in der Landwirtschaft zu senken, besteht mindestens seit der Einführung der Nachhaltigkeitsstrategie der Deutschen Bundesregierung im Jahr 2002 – damals von der rot-grünen Regierung vorangebracht unter Gerhard Schröder. 2002 wurde das Ziel ausgegeben, die Stickstoffüberschüsse aus der Landwirtschaft auf 80 kg/ha zu reduzieren (von damals deutlich über 100 kg/ha) (Bundesregierung 2002, 115). Auch die nächste Bundesregierung (d. h. die erste große Koalition unter Angela Merkel, »Merkel I«) bestätigte dieses Ziel im Fortschrittsbericht zur Nachhaltigkeitsstrategie von 2008 (Destatis 2008, 36), doch wurde dann das Ziel für 2010 verfehlt.

2016 wurde Deutschland dann von der EU-Kommission vor dem Europäischen Gerichtshof (EuGH) wegen dieser zu hohen Nitratbelastung im Grundwasser verklagt. Wie es in der Klageschrift heißt, hätten Bund und Länder spätestens seit 2012 wissen können, dass die von ihnen vorgelegten Maßnahmen (vgl. Bundesregierung 2012) ungenügend seien (Spiegel Online 2016). Obwohl auch das für 2010 avisierte Ziel bei weitem noch nicht erreicht worden war, wurde in der Neuauflage der Nachhaltigkeitsstrategie von 2016 dann ein neues, geringfügig ambitionierteres Ziel ausgegeben: 70 kg/ha, der Zeitraum dafür allerdings um weitere 20 Jahre (!) bis 2030 verlängert (Bundesregierung 2017), wovon die Öffentlichkeit kaum Notiz nahm.

2017 novellierte die Bundesregierung dann dem Druck aus Brüssel folgend das Düngerecht. Als die Bundesrepublik Deutschland dann vom EuGH 2018 verurteilt wurde (Court of Justice of the European Union 2018), gab sich der Deutsche Bauernverband (DBV) »betont gelassen« (Awater-Esper 2018), da sich dieses Urteil auf das alte Düngerecht beziehe (Proplanta 2018). Der Generalsekretär des Deutschen Bauernverbands bezeichnete das Urteil deshalb als »Vergangenheitsbewältigung«, das »für die aktuelle Diskussion nicht relevant« sei (ebd.). »Wer tatsächlich Interesse am Gewässerschutz«

habe, solle »die Betriebe bei der Umsetzung des neuen Düngerechts unterstützen« (ebd.).

Es wird allerdings bezweifelt, dass das neue Düngerecht die Situation grundsätzlich ändert. Eine von Friedhelm Taube im Auftrag des Bundesverbands der Energie- und Wasserwirtschaft e. V. erstellte Expertise zu dessen Bewertung kommt zu dem Urteil, dass »offensichtlich nicht wissenschaftliche Evidenz und die Herausforderungen der EU-Umweltgesetzgebung bezüglich des Komplexes Wasser Richtschnur für den Geist der neuen rechtlichen Regeln zur Düngung waren, sondern bestimmte Interessen des landwirtschaftlichen Berufsstandes.« (Taube 2018)

Und so bezeichnete der Spiegel Landwirtschaftsministerin Klöckner als »Getriebene der Agrarlobby«, nachdem sie noch kein Jahr im Amt war (Der Spiegel 2019).[30]

Es sind auch Lobbygruppen, die den Prozess der Umsetzung der Agenda 2030 »unterstützen«, was zu scharfer Kritik geführt hat. Die *Reflection Group on the 2030 Agenda*, eine von zahlreichen zivilgesellschaftlichen Organisationen (u. a. der Friedrich-Ebert-Stiftung) aus Uruguay, Malaysia, dem Libanon, Fiji, USA und Deutschland unterstützte Initiative, ist irritiert, dass die Internationale Handelskammer (*International Chamber of Commerce*, ICC) Bemühungen der Wirtschaft zum Erreichen der SDGs koordiniert. Konkret geht es um die Global Business Alliance for 2030. »Unternehmens-Lobbyisten, so wie die ICC, haben sich für exakt dieselben Regeln für Handel, Investment und Finanzen ausgesprochen, die die globale Wirtschaft destabilisiert haben und die Ungleichheiten sowohl im globalen Norden als auch im globalen Süden verschlimmert haben.« (Martens 2016, 12)

Es ist selbstverständlich nichts dagegen einzuwenden, dass gesellschaftliche Akteure ihre Sichtweisen und legitimen Interessen gegenüber der Politik vertreten. Das entscheidende Kriterium ist allerdings, dass dies sehr transparent und unter genauer Einhaltung der einschlägigen Standards und Verhaltenskodizes erfolgt. Insbesondere Politiker und öffentliche Entscheidungsträger haben ihre möglichen Interessenkonflikte, ihre Nebeneinkünfte und sonstigen Abhängigkeiten offenzulegen. Denn bei ihnen zeigt sich die Relevanz von Interessenkonflikten im engeren, technischen Sinne, da sich hier widerstreitende Interessen innerhalb desselben Akteurs ergeben – egal ob dies eine Person oder eine Organisation ist.

Transparency International (TI) versteht unter Interessenkonflikt eine Situation, in der jemand in Konflikt gerät zwischen seinen eigenen Interessen und den Pflichten und Anforderungen eines bestimmten Amts oder einer bestimmten Position, die er innehat (TI 2017a, 4).

Der von TI herausgegebene *Corruption Perceptions Index* (CPI) misst weltweit den wahrgenommenen Grad von Korruption im öffentlichen Sektor (TI 2017b, 3).

Laut TI leben mehr als sechs Milliarden Menschen in Ländern, die für den CPI weniger als 50 Prozent der möglichen Resultate erzielen, was im Wesentlichen bedeutet, dass sie in korrupten Ländern leben würden. Besonders beunruhigend sei der Zusammenhang zwischen Korruption und freier Meinungsäußerung. Freie Meinungsäußerung sei essenziell für das Aufdecken von Korruption und der damit verbundenen Ungerechtigkeiten (ebd.). Die Top-Performer beim CPI, diejenigen mit niedrigen Korruptionswerten, schützen die Rechte von Journalisten und Aktivisten sehr viel besser als die Länder mit hohen Korruptionsraten, in denen Bürger und Medien unterdrückt werden. »Die Ergebnisse des CPI korrelieren nicht nur mit Attacken auf Journalisten und Einschränkungen für zivilgesellschaftliche Organisationen. Hohe Korruptionswerte korrelieren auch mit schwacher Rechtsstaatlichkeit, schlechtem Informationszugang, der staatlichen Kontrolle sozialer Medien und geringer Beteiligung der Bürger. Es geht tatsächlich um den Kern von Demokratie und Freiheit.« (Ebd.) 2018 berichtete TI, dass im Zeitraum der zurückliegenden sechs Jahre neun von zehn getöteten Journalisten aus Ländern mit einem CPI unter 45 Prozent kamen (Transparency International 2018).

4.5.3 Ungleiche Machtpositionen gefährden Einigungen

Interessenkonflikte sind besonders schwer zu adressieren, wenn die Kontrahenten sehr ungleiche Machtpositionen innehaben, was oft mit wirtschaftlicher Stärke zusammenhängt. Durch die oben diskutierte, zunehmende Ungleichheit in zahlreichen Gesellschaften wird dieses Problem verstärkt. Der Internationale Währungsfonds schlägt deshalb eine stärkere Steuerprogression vor, die das Wirtschaftswachstum durchaus nicht gefährden würde (IMF 2017, 13). Allerdings räumt der IWF zugleich ein, dass dies wohl politisch schwer umzusetzen wäre, weil diejenigen, denen es besser gehe, tendenziell größeren politischen Einfluss hätten, zum Beispiel durch Lobby-Arbeit, Zugang zu den Medien und größeres politisches Engagement (ebd.).

Ungleiche Machtverhältnisse gibt es natürlich auf allen Ebenen, von persönlichen Beziehungen bis zur Weltpolitik. Die einseitige Kündigung des Atomabkommens mit dem Iran, des INF-Vertrags über Mittelstreckensysteme oder des Pariser Klimaabkommens COP 21 durch die USA, die offensichtlich einer populistischen Logik entsprangen, wäre ohne die wirtschaftliche und militärische Stärke der USA kaum möglich gewesen.

Auch das Scheitern der Doha-Runde mag letztlich damit zusammenhängen. Bei etwaigen Klagen gegen große Unternehmen haben Konsumenten oft nur geringe Erfolgschancen. NGOs sind finanziell sehr viel schlechter ausgestattet als multinationale Konzerne (MNEs, *multi-national enterprises*), die sich die besten Lobbyisten und Anwälte leisten können.

Zugleich findet die Finanzelite immer neue Wege und Mittel, ihr Vermögen zu schützen und zu mehren. Die Panama Papers und die Paradise Papers haben offenbart, welche gigantischen Vermögenswerte vor der Öffentlichkeit versteckt werden. Schon die Begrifflichkeit, Steuer*oase* oder Steuer*paradies*, ist eine Beleidigung ehrlicher Bürger und drückt Verachtung für das Gemeinwesen aus – selbst wenn dabei zum Teil ganz legale Praktiken zur Anwendung kommen. Denn diese Legalität ist meist wohl unzulänglicher Regulierung, dem Standortwettbewerb von Ländern sowie mangelnder Kohärenz von nationaler und internationaler Gesetzgebung geschuldet.

In vielen Fällen, in denen Interessen nicht öffentlich gemacht und Vermögenswerte verborgen werden – von Steuervermeidung, Korruption, Geldwäsche, organisierter Kriminalität bis zum Menschenhandel – sind die dem Staat entgehenden Einkünfte schon schlimm genug, doch leider nicht einmal das schlimmste Übel.

4.5.4 Führungskulturen und Machtstrukturen

Eine subtile Form konfligierender Interessen liegt vor, wenn eine relativ homogene Gruppe mit ähnlichen Interessen an der Macht ist und ihren Einfluss auf die Gestaltung von Macht- und Führungsstrukturen ausübt. Veränderung ist schwer zu erreichen, wenn diejenigen die Spielregeln vorgeben, die selbst an der Macht sind. Zumindest im Bereich der Öffentlichkeit begrenzt der Rechtsstaat eine Selbstbedienungsmentalität der Eliten, etwa durch die Gewaltenteilung und das Verfassungsrecht.

Doch gibt es viele Bereiche informeller und subtiler Machtausübung, die schwer zu regulieren sind. Dass es in Deutschland noch vierzig Jahre dauern wird, bis die Führungskräfte der größten deutschen Unternehmen paritätisch zwischen Frauen und Männern besetzt sein werden, wenn der gegenwärtige Trend anhält (BCG 2019), mag auf diese Weise erklärt werden.

Solche Machtstrukturen sind naturgemäß nicht offensichtlich – jedenfalls nicht für Außenstehende – und genau deshalb sind sie so schwer zu erkennen, zu diskutieren und zu ändern. Oft genug gehen sie jedoch mit Machtmissbrauch, unfairer Behandlung und Diskriminierung bis hin zu sexuellem Missbrauch einher. Die Tatsache, dass entsprechende Skandale in ganz unterschiedlichen Organisationen, in Kirchen und Filmindustrie, bei Musikern und Pop-Künstlern, in Universitäten und großen Unternehmen, bei Sportlern, in der Jugendarbeit und in internationalen Regierungsbehörden vorkommen, verdeutlicht die Dimension des Problems: Führungs- und Machtstrukturen sind sehr sorgfältig zu regulieren und zu kontrollieren, und die sich in ihnen zeigende Kultur ist öffentlich zu diskutieren.

Zwar hat die Aufmerksamkeit für dieses Thema durch besonders prominente Missbrauchsfälle in den vergangenen Jahren zugenommen, doch ist die öffentliche Sensibilität für Machtmissbrauch wohl immer noch deutlich geringer als bei den Leidtragenden. Frauen haben vermutlich eine sehr viel größere Sensibilität für das Problem männlicher Dominanz, Belästigung oder Missbrauch als Männer. Normale Gläubige sehen religiöse Machtstrukturen wohl sehr viel kritischer als »Würden«-Träger. Und Menschen im globalen Süden sind sich ihrer kolonialen Vergangenheit sehr viel stärker bewusst als Menschen aus den Ländern früherer Kolonialherren.

Lösungsansätze

Den diskutierten Interessenkonflikten ist gemein, dass sie nicht durch kodifizierte Standards beigelegt werden können – sei es, weil solche Standards nicht existieren, ihre Anwendung durch Verdunkelung verhindert wird oder weil große Machtungleichgewichte zu unfairen Bedingungen führen. Wie kann das geändert werden? Abgesehen von der Anwendung des oben diskutierten Fairness-Prinzips ist es aus meiner Sicht vor allem *eine* Maßnahme, die von überragender Bedeutung ist und die als Prinzip nachhaltigen Handelns zu diskutieren sein wird: die Erhöhung von Transparenz (16.3).

Es ist von entscheidender Bedeutung, dass alle von konfligierenden Interessen Betroffenen Zugang zu denselben jeweils relevanten Informationen haben. Wie soll eine Verhandlung geführt werden, wenn für die Verhandlung wichtige Informationen nicht allen Beteiligten zugänglich sind?

Es kann als Minimalbedingung für die Klärung von Interessenkonflikten gelten, dass alle Beteiligten Zugang zu allen im betreffenden Zusammenhang relevanten Informationen haben. Erst dann kann es einen fairen und offenen Dialog zwischen den Kontrahenten geben. Für Fälle von öffentlichem Interesse ist es m. E. zudem relevant, dass diese Informationen auch der Öffentlichkeit zugänglich gemacht werden.

Lobbyismus ist eine Grauzone. Obwohl es legitim ist, dass Interessenvertreter ihre Position gegenüber der Politik erklären und für sie werben, gibt es doch, wie gesehen, viele Anzeichen dafür, dass dies in einem Maß erfolgt, welches eine konsequente Anwendung des Transparenz-Prinzips kaum zulassen würde.

Folgende Maßnahmen scheinen darüber hinaus geboten:
- Es muss viel mehr gegen Korruption getan werden. Obwohl die OECD von ihren Mitgliedern seit langem besseren

Schutz von Whistleblowern fordert (OECD 2009), gibt es noch viel Verbesserungspotenzial. Transparency International beklagt, dass nur ein Viertel aller weltweiten Exporte aus Ländern kommen, in denen ausländische Schmiergeldzahlungen gesetzlich verboten sind (TI 2018b, 4). 53 Prozent der G20-Staaten erreichen im Corruption Perception Index 2017 nicht einmal 50 Prozent. Obwohl Korruption mittlerweile in vielen Ländern strafbar ist, ist es im Einzelfall sehr schwer sie nachzuweisen. Das deutsche Strafgesetzbuch stellt beispielsweise unter Strafe, wenn politische Mandatsträger »einen ungerechtfertigten Vorteil für sich oder einen Dritten als Gegenleistung« fordern, sich versprechen lassen oder annehmen (Strafgesetzbuch 2013, 108e), doch liegt es in der Natur der Sache, dass dieser Tatbestand meist sehr schwer nachzuweisen ist. Deshalb ist aus meiner Sicht, wie gesagt, das wirksamste Mittel gegen illegitimen Lobbyismus die konsequente Transparenz – ggf. über Abhängigkeiten oder Finanzströme hinaus. Gerade weil es eine sehr feine Grenze zwischen legitimer Interessenvertretung und illegitimer Beeinflussung gibt, kann nicht ein für allemal benannt werden, für welche Bereiche diese Transparenzforderung anwendbar ist. Selbstverständlich erschwert dies die Arbeit sowohl von Lobbyisten als auch von Politikern. Es wird Mehraufwand bedeuten, Prozesse länger machen und möglicherweise auch Kosten erhöhen. Doch das ist aus meiner Sicht ein angemessener Preis für mehr Fairness und Gerechtigkeit bei widerstreitenden Interessen.

- Jede Machtausübung braucht Kontrolle, jede Führungsstruktur muss in ein Governance-System eingebettet sein, das auch Widerspruch und Systemkritik ermöglicht.
- Die Diversität in Führungsstrukturen ist zu erhöhen. Im zweiten Teil dieses Buchs wird die Erhöhung von Diversität als eines der Prinzipien nachhaltigen Handelns vorgeschlagen, denn Diversität ist ein entscheidendes Merkmal

innovativer Systeme (vgl. 16.2). Diversität macht Unternehmen innovativer und profitabler. Es ist Aufgabe eines guten Diversitätsmanagements, die bestehende Organisationskultur sowie Strukturen und Bedingungen der Macht in einer Organisation herauszufordern und zu verändern (Özdemir 2019).

- Eng mit neuen Organisationskulturen verbunden sind neue Managementstile und Führungskulturen. In ihrem Buch über die Unterstützung von Nachhaltigkeitstransformationen stellt Petra Künkel fest, dass die Diskurse über globale Transformation und über Führungskulturen von einander getrennt stattfinden (Künkel 2019). Kaum jemand, der über Nachhaltigkeit schreibe, gehe auf die Rolle von Führung und Management im Zusammenhang globaler Nachhaltigkeitsherausforderungen ein. Oft sei dies aber eine entscheidende Dimension bei der Führung in Regierungen, Unternehmen, zivilgesellschaftlichen Organisationen und Bürgern. Immer mehr Führungsansätze würden die Vorstellung individualistisch verstandener Führung hinter sich lassen und auch die organisationellen Kontexte betrachten (Künkel 2019, 45). Künkel hat das Collective Leadership Institute gegründet, dessen Vision ist, »zukunftsgerichtete Menschen in die Lage zu versetzen, kollektiv in eine nachhaltige Zukunft zu führen« (CLI 2019). Ein Kerngedanke dieses Ansatzes ist, dass wir uns von der Vorstellung verabschieden müssen, Führung zeige sich in dem isolierten Vorgehen eines Einzelnen in einer hierarchischen Organisation, in der Dialog und Zusammenarbeit bloße Nebenschauplätze sind – hin zu einer neuen Art »kollektiver Führung«, in der nicht-hierarchische Strukturen und Kollaboration die Norm werden und der Beitrag zum Gemeinwohl ein inhärentes Ziel von Führung ist (Künkel 2019, 48).

EXTRINSISCHE BARRIEREN I – INSTITUTIONELLE DEFIZITE

Während die bisher diskutierten, intrinsischen Barrieren dem Konzept der Nachhaltigkeit immer schon inhärent sind, sind die folgenden Barrieren nicht notwendigerweise mit dem Konzept Nachhaltigkeit verknüpft. Die extrinsischen Barrieren werden wiederum in zwei Gruppen eingeteilt. Die erste Gruppe fasst institutionelle Barrieren zusammen, die mit den großen institutionellen Rahmen unserer Gesellschaft zusammenhängen: der Markt, die Politik, das Recht, die Technik sowie eine sozusagen systemisch-institutionelle Barriere: strukturelle Silos. Als zweite Gruppe extrinsischer Barrieren fasse ich solche Barrieren auf, die durch allgemeine großräumige Trends unserer Zeit zustande kommen, denen man sich kaum entziehen kann, die aber einer nachhaltigen Entwicklung entgegenstehen. Ich subsumiere hierunter Kurzfristorientierung und Konsumismus. Diese Barrieren nenne ich zeitgeistabhängig.

5 Wirtschaft: Marktversagen

Obwohl die durch falsche Marktanreize gestellten Hürden für die Realisierung von mehr Nachhaltigkeit beträchtlich sein mögen, sind die wichtigsten von ihnen auf der konzeptionellen Ebene relativ leicht zu beschreiben. Als Beispiele für Marktversagen werden wir zunächst die »Tragik der Allmende« diskutieren, das Trittbrettfahrer-Syndrom und die Externalisierung ökologischer und sozialer Kosten (5.1), bevor einige kritische Gedanken zur anscheinend ungehinderten Verbreitung von Kosten-Nutzen-Kalkülen und Effizienzdenken folgen (5.2).

5.1 Marktversagen

Von den vielerlei Gründen für ein Versagen des Markts können hier nur drei, die mir besonders wichtig für unsere Nicht-Nachhaltigkeit erscheinen, kurz angesprochen werden: das Problem der öffentlichen Güter und die »Tragik der Allmende«, das Problem des Trittbrettfahrens und die Externalisierung ökologischer und sozialer Kosten.

Der Glaube an die Wirksamkeit des Marktmechanismus ist grundlegendes Organisationsprinzip moderner Ökonomik (Perman et al. 2011 (1996), 5). Adam Smith nahm an, dass das Gewinnstreben des Einzelnen einen gesellschaftlichen Nutzen stifte. Der Einzelne suche seinen Eigennutz und fördere meist gar nicht das Allgemeinwohl, sondern strebe lediglich nach eigenem Gewinn. »Und er wird in diesem wie auch in vielen anderen Fällen von einer unsichtbaren Hand geleitet, um einen Zweck zu fördern, den zu erfüllen er in keiner Weise beabsichtigt hat.« (Smith 1978, 371)

Das Funktionieren des Markts basiert allerdings auf einer Reihe von Voraussetzungen,[31] die in der Realität nicht gegeben sind, insbesondere nicht, wenn öffentliche Güter betroffen sind.

Der Markt versagt, wenn er knappe Ressourcen nicht zum größten gesellschaftlichen Nutzen, nicht in der für die gesamte Volkswirtschaft optimalen Weise zuordnen kann (Hanley et al. 2006, 42; Klodt et al. 2009). Folgen eines solchen Marktversagens sind etwa die Zerstörung natürlicher Lebensräume oder das Aussterben biologischer Arten, die gar nicht oder nur sehr unvollkommen vom Markt abgebildet werden. Mit diesem Marktversagen geht ein entsprechendes Politikversagen einher, denn letztlich wird der Rahmen des Markts ja politisch vorgegeben.[32] Im nächsten Kapitel werden die Schwierigkeiten politischer Regulierung für globale Herausforderungen diskutiert (vgl. Kapitel 6).

Es gibt viele Ursachen für Marktversagen, auf die hier nicht eingegangen werden kann. Klodt et al. nennen sieben Ursachen, die unter anderem Wettbewerbsverzerrungen, Staatsversagen und Monopolbildung umfassen (Klodt et al. 2009).[33] Im Folgenden soll lediglich das aus ökologischer Sicht wohl gravierendste Problem thematisiert werden: die mangelnde Fähigkeit des Markts mit öffentlichen Gütern angemessen umzugehen.

5.1.1 Öffentliche Güter und die »Tragik der Allmende«

Ökonomen unterteilen Güter nach den Kriterien von Rivalität (bzw. Wettbewerb) und Exklusivität (Ausschließbarkeit). Rivalität ist gegeben, wenn ein Gut, das von jemandem konsumiert wird, nicht mehr einem anderen zur Verfügung steht. Exklusiv ist ein Gut wiederum dann, wenn der Zugang dazu für andere reguliert bzw. versagt werden kann. Für das Eis am Kiosk gilt sowohl Rivalität als auch Exklusivität: Je mehr Eis jemand kauft, desto weniger bleibt für andere (Rivalität), und über den Preis kann der Zugang zum Gut reguliert werden (Exklusivität) (Perman et al. 2011, 113 f.). Wenn sowohl Rivalität als auch Exklusivität gegeben ist, handelt es sich um rein private Güter. Für sie funktioniert der Markt grundsätzlich gut – sofern die o. g. weiteren Ursachen für Marktversagen nicht gegeben sind (z. B. Monopolbildung oder Staatsversagen).

Ökologische Probleme hängen oft mit öffentlichen Gütern zusammen, bei denen Ausschließbarkeit nicht oder nur teilweise gegeben ist. Die Fischgründe der Weltmeere sind zum Beispiel für jedermann zugänglich, man kann also niemanden ausschließen, doch gibt es selbstverständlich Rivalität, denn je mehr Fisch gefangen wird, desto weniger bleibt für andere.

Bei rein öffentlichen Gütern sind weder Ausschließbarkeit noch Rivalität gegeben: Das Signal eines Leuchtturms hilft bei der Navigation, beschränkt diesen Nutzen aber nicht für andere, jedenfalls nicht in bestimmten Grenzen. Wirklich ganz ohne Rivalität ist kaum ein öffentliches Gut, denn eine extreme Nutzung schränkt meist auch die Möglichkeiten anderer ein. Saubere Luft oder sauberes Wasser sind öffentliche Güter, doch ihre Nutzung ist in aller Regel nicht folgenlos für andere – entweder weil sie nach dem Konsum nicht mehr sauber sind oder weil sie knapper werden. Je mehr Menschen in einem sauberen See schwimmen, desto schmutziger wird dieser.

Unter den Bedingungen einer »vollen Welt«, wie Herman Daly, einer der Väter der ökologischen Ökonomie, es nennt (Daly 2015), stellt sich also für viele öffentliche Güter Rivalität ein, die zuvor nicht gegeben war. Es ist deshalb auch weitgehend anerkannt, dass die von Adam Smith gepriesenen Marktmechanismen im Fall ökologischer Probleme nicht angemessen adressiert werden können. Niemand, der die Probleme ernsthaft untersucht hat, glaubt daran, dass der Umgang mit der Natur allein den Kräften des Markts überlassen werden kann (Perman et al. 2011, 15).

Der Markt kann mit öffentlichen Gütern bzw. Allmendegütern nicht umgehen, weshalb diese ohne staatliche Regulierung nicht auskommen (Perman et al. 2011, 118).[34] Dafür gibt es unterschiedliche Maßnahmen (z. B. Verbote, Grenzwerte, Schutzmaßnahmen etc.).

In einem berühmten Artikel über die »Tragik der Allmende« (*Tragedy of the Commons*) schrieb der Biologe Garrett Hardin, dass im Zuge der wachsenden Bevölkerung die Gemeingüter »im Stich gelassen« worden seien, weshalb er für eine strikte Geburtenkontrolle votierte (Hardin 1968, 1248). Dies schrieb er vor mehr als einem halben Jahrhundert, als die Weltbevölkerung nicht einmal die Hälfte der heutigen betrug.

Auf nationaler Ebene ist es zum Teil schon recht gut gelungen, der Übernutzung von Gemeingütern und der Umweltverschmutzung durch politische Maßnahmen Einhalt zu gebieten. Ordnungsrechtliche wie fiskalische Maßnahmen haben dazu beigetragen, die Übernutzung von Gemeingütern zu begrenzen. Auf internationaler Ebene ist dies aber nach wie vor ein großes Problem, da es sehr schwierig ist, globale Übereinkünfte zu erzielen, die bindend, wirksam und vollzugsfähig sind, wenngleich es einige vielversprechende Ausnahmen gibt (z. B. Montreal-Protokoll, Kyoto-Protokoll) (vgl. Kapitel 6). Dies hat mit zwei anderen Problemen von Allmendegütern zu tun, die unten thematisiert werden: Trittbrettfahren und Externalitäten.

Lösungsansätze

Donella Meadows, Ko-Autorin des ersten Club-of-Rome-Berichts und selbst Natur- und Systemwissenschaftlerin, schlägt drei Maßnahmen vor, die »Tragik der Allmende« zu vermeiden:

- *Erziehen und ermahnen.* Man müsse den Menschen die Konsequenzen der ungeregelten Nutzung von Gemeingütern erläutern, an ihre Moral appellieren und sie zur Mäßigung auffordern. Bei wem das nichts nütze, dem müsse mit »sozialer Missbilligung oder ewigem Höllenfeuer« gedroht werden.
- *Privatisieren von Gemeingütern.* Die Gemeingüter sind aufzuteilen, damit jede Person die Folgen ihres Verhaltens selbst zu spüren bekommt. Wenn einige nicht genügend Selbstkontrolle hätten, innerhalb der Belastungsgrenzen ihrer eigenen Ressourcen zu bleiben, dann würden sie die negativen Folgen selbst erfahren und nicht andere (theoretisch ein interessanter Vorschlag, doch wie soll das praktisch gehen?)
- *Regulieren von Gemeingütern.* Regularien können viele Formen annehmen, von Verboten über Quotenregelungen, Steuern und Anreize. Um wirksam zu sein, müsste die Regulierung erzwungen werden können durch polizeiliche Überwachung und Strafmaßnahmen (D. H. Meadows 2008, 119).

Es ist interessant, wie unbefangen Meadows in ihren Maßnahmen als Erstes auf moralische Appelle eingeht – und auch nicht vor Abschreckung durch Verweis auf »ewiges Höllenfeuer« zurückschreckt. Des Weiteren ist am Gedanken der Privatisierung von Gemeingütern sicher reizvoll, dass negative Auswirkungen umweltschädlichen Verhaltens auch persönlich erfahren werden sollten. Allerdings wirft diese Forderung nach Privatisierung von Gemeingütern sicher gewichtige konzeptionelle und praktische Fragen auf.

Bezüglich des letztgenannten Punkts, der Möglichkeit polizeilicher Zwangsmaßnahmen, haben die Arbeiten Elinor Ostroms einen interessanten Perspektivwechsel gebracht. Die US-amerikanische Ökonomin hat die Frage untersucht, wie die Nutzung von Gemeingütern optimiert und unter welchen Bedingungen eine Übernutzung vermieden werden kann. Für ihre wichtigen Ergebnisse wurde sie mit dem »Wirtschaftsnobelpreis« ausgezeichnet.

Ostrom hat herausgefunden, dass Regulierung durchaus nicht nur durch eine externe Autorität, also etwa von staatlicher Seite erfolgen muss, sondern auch das Ergebnis selbstorganisierter Kontrolle sein kann.[35] Nutzer von Gemeingütern würden keineswegs immer soviel wie möglich aus der Allmende für sich herausziehen, wenn ihnen die Möglichkeit gegeben wird, selbst Kontrollmechanismen zu entwickeln, mit denen die Allmendegüter dauerhaft erhalten werden können (Ostrom 2009, 420).

Unter anderem entwickelten Ostrom et al. (1992) eine Möglichkeit, spielerisch zu testen, inwieweit die Beteiligten in der Lage waren, ihre Nutzung von Gemeinressourcen (*common pool resources*) selbst zu kontrollieren. Während Thomas Hobbes gesagt hatte, dass nur solche Verträge wirksam seien, die sich letztlich mit Gewalt erzwingen ließen, konnte die Gruppe um Ostrom zeigen, dass Menschen unter bestimmten Umständen durchaus zu Übereinkünften und Verträgen kommen können, mit denen die Nutzung von Gemeingütern wirksam kontrolliert wird, selbst wenn es keine äußere Gewalt (*external force*) gäbe (Ostrom et al. 1992).

> Menschen können sehr wohl gemeinsame Strategien entwickeln, um diese Ressourcen effizienter zu managen. Um das zu erreichen, müssen sie über ausreichend Information verfügen, um die betreffenden Allokationsprobleme darzustellen und zu lösen. Sie müssen ferner eine Plattform haben, auf der sie gemeinsame Strategien diskutieren und ggf. Monitoring- und Sanktionsmaßnahmen umsetzen können. Mit anderen Worten, wenn man Menschen die Möglichkeit gibt, ihre eigene Situation zu restrukturieren, dann nutzen sie diese Gelegenheit häufig – wenn auch nicht immer –, um glaubwürdige Versprechen zu geben und bessere gemeinsame Ergebnisse zu erzielen, ohne einen externen Vollstrecker (ebd. 414).

Das würde nicht heißen, so die Autoren, dass es stets Kooperation gäbe, doch würde es durchaus Hobbes' Diktum hinterfragen, wonach das Errichten von Ordnung nur durch einen über den Menschen stehenden Herrscher möglich wäre, der alles überwacht und der diejenigen sanktioniert, die sich sonst nicht regelkonform verhalten würden (414). Die Experimente von Ostrom et al. deuten darauf hin, dass Verträge auch dann Einfluss haben, wenn es keine Möglichkeit gäbe, ihre Durchsetzung zu erzwingen.

An einer anderen Stelle weist Ostrom darauf hin, dass es einen großen Unterschied macht, ob Menschen interagieren können oder nicht. Während isolierte, anonyme Individuen Gemeingüter übernutzen, würde schon die Möglichkeit zu einfacher Kommunikation die Teilnehmer in die Lage versetzen, die Übernutzung zu verringern und die gemeinsamen Erfolge zu steigern – entgegen spieltheoretischer Vorhersagen (Ostrom 2010, 641). Dabei sei sogar fast egal, worüber kommuniziert werde – selbst ein einfacher Alltagsplausch würde die Übernutzungsgefahr schon reduzieren.

Anders als in der mittelalterlichen Allmende, die über Jahrhunderte gut funktioniert hat, werden Gemeingüter heute übernutzt, weil die unterschiedlichen Akteure sich nicht kennen und nicht miteinander kommunizieren können. Laut Ostrom erzielen Gruppen, in denen die Teilnehmer häufig kommunizieren, fast optimale Ergebnisse bei der Nutzung von Gemeingütern, ohne dass es zu Übernutzung käme (Ostrom 2009, 220).

Für die Rolle von Regierungen und Behörden bedeutet dies, dass der entscheidende Faktor für eine wirksame Regulierung *in den Beziehungen der Akteure* liegt, die an einem erfolgreichen Ressourcenmanagement interessiert sind. Das Sozialkapital, das Menschen durch Netzwerkbildung auf verschiedenen Ebenen mit NGOs und Regierungsbehörden bilden können, hat maßgeblichen Einfluss auf den Lernprozess und die Entwicklung neuer und besserer Lösungen (Ostrom 2009, 227 f.; Ostrom 2009, 419). Dieses wichtige Ergebnis trifft sich genau mit dem, was im nächsten Kapitel zur Wirksamkeit von Global Governance zu diskutieren sein wird (vgl. Kap. 6).

In jedem Fall verlangen Kommunikation und Networking nach gemeinsamen Werten, insbesondere nach gemeinschaftsfördernden Werten, was im globalen Kontext eine Herausforderung darstellt. Das ist einer der vielen Gründe, warum die Etablierung einer globalen Zivilgesellschaft so wichtig ist, um den Schutz globaler Gemeingüter zu unterstützen.

5.1.2 Free-Riding

Die zum Schutz von Gemeingütern aufzuwendenden Kosten sollten von allen getragen werden, die davon profitieren, was im Fall globaler Gemeingüter die gesamte Menschheit ist. Da sich aber der Zustand dieser Güter weitgehend unabhängig von eigener Beteiligung an den Kosten verändert – das Klima ändert sich für alle gleich und der eigene Beitrag zum Klimaschutz ist in quantitativer Hinsicht fast immer vernachlässigbar –, entsteht das Problem des Trittbrettfahrens

(Free-riding): Sollen andere doch das Klima schützen, man selbst kann dann die entsprechenden Vorteile genießen, will aber nicht zahlen (Hanley et al. 2006, 78). Wenn Güter nicht nur nicht-exklusiv sind (also alle Zugang haben), sondern zudem auch noch Rivalität herrscht (Bsp. Fischfang), ist die Versuchung sogar besonders groß, denn wenn alle anderen sich an Fangbeschränkungen halten, ist für diejenigen, die sich nicht dran halten, noch mehr vorhanden.

Trittbrettfahrer gibt es auf allen Ebenen: Vom Falschparker, der Einschränkungen anderer bewusst in Kauf nimmt, über den Schwarzfahrer bis hin zu Steuervermeidung oder dem Wettbewerb um Standortvorteile: Stets werden eigene Vorteile gesucht, für die letztlich andere zahlen müssen. Durch den internationalen Steuerwettbewerb wurde eine Abwärtsspirale bei Unternehmenssteuern herbeigeführt, die die Steuerprogression vermindert und teils zu fast vollständiger Steuerentlastung führt (vgl. IMF 2017, 15; vgl. 16.3). In gewissem Sinne könnte man die reichen Länder des globalen Nordens insgesamt auch des Trittbrettfahrens bezichtigen, denn sie leben faktisch auf Kosten der globalen Gemeingüter.

Sanktionsmechanismen können die Anreize für das Trittbrettfahren zwar reduzieren, etwa durch strenge umweltrechtliche Regulierung. Die Abschreckungswirkung ist dabei umso größer, je höher das Risiko ist, entdeckt zu werden, und je schwerwiegender die zu erwartende Sanktion. Bei vielen Umweltvergehen ist aber beides relativ gering – zumal auf internationaler Ebene.

Das führt zu Situationen, in denen es für manche Akteure sogar »rational« erscheinen mag, eine Entdeckung und Bestrafung in Kauf zu nehmen, weil der mögliche Schaden bei Entdeckung als das kleinere Übel angesehen wird, verglichen mit dem Aufwand für Gesetzeskonformität (Stateimpact 2013).

Solch ein Verhalten kann selbstverständlich immer weniger toleriert werden und Korrekturen werden seit langem gefordert. Für den Philosophen Vittorio Hösle beispielsweise »schlägt es der Idee der Gerechtigkeit ins Gesicht, wenn etwa ein Ladendieb härter bestraft und in der Gesellschaft strenger verurteilt wird als derjenige, der sich an den Lebensgrundlagen des Menschen vergreift, um schnelle Gewinne zu erzielen« (Hösle 1994, 126).

Lösungsansätze

Trittbrettfahren wird es immer geben, aber es gibt verschiedene Möglichkeiten, dieses einzuschränken. Zum einen ist es wichtig, dass gesetzeskonformes und auch darüber hinausgehend besonders umweltfreundliches Verhalten für alle Akteure einfacher und günstiger wird[36]. Es darf sich nicht mehr »lohnen«, der Umwelt zu schaden. Deshalb braucht es auch institutionelle Unterstützung des individuellen Verhaltens, was weiter unten noch im Zusammenhang von Suffizienzstrategien anzusprechen sein wird (vgl. 13.2).

Damit sich umweltgerechtes Verhalten auszahlt, braucht es auf der anderen Seite auch besseres Monitoring und härtere Strafen. Denn da sich das Risiko für einen Umweltsünder als Produkt aus Entdeckungswahrscheinlichkeit und Höhe einer möglichen Strafe bestimmt, ist dieses Risiko entsprechend zu erhöhen. Das bedeutet, dass sowohl das Monitoring von Umweltdelikten verbessert als auch die Strafen für Vergehen verschärft werden sollten, damit es für einen »rationalen Akteur« sinnvoller ist, sich gesetzeskonform zu verhalten. Überall auf der Welt gibt es deshalb von Behördenvertretern den Ruf nach härteren Strafen für Umweltdelikte, zum Beispiel in Texas (Stateimpact 2013), Taipei (Taipeitimes 2017) oder Großbritannien (Out-Law 2016; Wateractive 2009). In einem globalen Kontext ist Trittbrettfahrern besonders schwer zu begegnen, da sich sowohl das Monitoring als auch die Sanktionierung als besonders schwierig gestalten.

Allerdings sind Sanktionsmaßnahmen auf globaler Ebene durchaus auch ohne eine zentrale Vollzugsbehörde denkbar, wie die soeben diskutierte Arbeit von Ostrom gezeigt hat. Grechenig et al. (2010) argumentieren als Folge eines Experiments zu öffentlichen Gütern, dass Sanktionsmaßnahmen durchaus nicht vom Staat zu kommen hätten, solange ihre Bestrafung wirksam sei (Grechenig et al. 2010). Wenn mehrere Akteure für die Bereitstellung eines öffentlichen Guts zusammenarbeiten müssten, würde »die Möglichkeit, andere zu bestrafen, die Zusammenarbeit erheblich verbessern« (ebd.). Dies passt wiederum gut zusammen mit dem, was im nächsten Kapitel über Global Governance zu diskutieren sein wird, dass nämlich »horizontale Regulierung« auch auf internationaler Ebene sehr wirksam sein kann, wenn es ein hinreichend großes Eigeninteresse an Kooperation gibt (vgl. Kapitel 6).

Die Umweltökonomen Hanley, Shogren and White (2006, 79) sehen es deshalb als klares, aber schwer zu realisierendes Ziel für die internationale Politik an, Anreize dafür zu finden, die Staaten mit starken Eigeninteressen dazu zu bewegen, sich freiwillig auf das kollektive Ziel der Emissionsreduktion hin zu bewegen.

Im Sinne dieses Ziels kann man die reichen Staaten des globalen Nordens wohl als solche mit »starken Eigeninteressen« bezeichnen. Aus meiner Sicht spricht viel dafür, dass genau sie ein großes Eigeninteresse am Schutz globaler Gemeingüter haben sollten, denn

- sie können damit ihre Verantwortung wahrnehmen und so ihre Glaubwürdigkeit erhöhen. Denn gerade die Industrienationen, allen voran Deutschland, treten oft mit besonders moralischem Anspruch auf, haben aber in der Vergangenheit selbst einen großen Beitrag zur heutigen Situation geleistet und ihre eigenen Ziele wiederholt verfehlt;
- sie sollten realisieren, dass mangelhafter eigener Fortschritt – der oft mit dem Verweis auf die geringe quantitative Relevanz des eigenen Verhaltens zu exkulpieren versucht wird (zum Beispiel durch den Hinweis auf größere Umweltsünder) – dazu führen kann, Inaktivität bzw. Trittbrettfahren bei anderen zu provozieren bzw. als Rechtfertigung dafür dient, was verheerend wäre;
- sie können es sich leisten – aufgrund ihrer wirtschaftlichen Stärke, ihrer politischen Stabilität und der gesellschaftlichen Akzeptanz für ökologische Fragen;

- die für den Kampf gegen globale Herausforderungen erforderliche Reduktion des Wirtschaftswachstums muss nicht mit einer Einschränkung der Lebensqualität einhergehen, sofern Lebensqualität durch Gesundheit, Glück, Freundschaft und das Leben in Gemeinschaft gemessen wird – also durch Dinge, auf die es wirklich ankommt (Wilkinson & Pickett 2011, 231).

Neben diesen praktischen bzw. pragmatischen Ansatzpunkten gegen das Phänomen des Trittbrettfahrens lohnen auch einige theoretische Gedanken über das ökonomische Modell des »rationalen Entscheiders« (*rational choice*), in dessen Rahmen das Trittbrettfahren aus meiner Sicht besonders virulent wird. Dem »Rational Choice«-Modell zufolge bestimmt sich ja das Handeln eines »rationalen Akteurs« aus dem Wunsch, den eigenen Präferenzen, den eigenen Interessen zu folgen.[37] Daraus ergibt sich in unserem Zusammenhang ein Problem: Wenn jemand *nur* das eigene Interesse verfolgt und dieses zu Lasten anderer gefahrlos tun kann (sprich: er ist ein Trittbrettfahrer), weil er entweder nicht erwischt wird oder die Strafe vernachlässigbar ist (oder beides), dann gibt es überhaupt *keinen Grund, nicht Trittbrettfahrer zu sein*. Man kann natürlich einwenden, dass das Trittbrettfahren doch wohl ein reales Phänomen sei und kaum von dem zugrunde liegenden theoretischen Modell abhänge. Ja und nein. Es gibt mittlerweile nicht nur grundsätzliche Kritik am Rational-Choice-Modell. Es konnte in verschiedenen Studien auch nachgewiesen werden, dass die theoretischen Annahmen des Rational-Choice-Modells durchaus auch *zurückwirken* auf die *eigenen Erfahrungen* und das *eigene Empfinden*. Die Frage, mit welchem Modell wir menschliches Handeln zu erklären versuchen, hat durchaus auch Einfluss auf dieses Handeln selbst!

Das haben empirische Studien belegt, in denen das Problem des Trittbrettfahrens hinsichtlich der Frage untersucht wurde, welchen sozio-ökonomischen und gesellschaftlichen Hintergrund die Studienteilnehmer hatten. Die Ergebnisse belegen, dass Menschen ihren Überzeugungen entsprechend handeln. Schon zu Beginn der 1980er-Jahre hatten Marwell und Ames (1981, 307 f.) das Verhalten von Studierenden untersucht. Sie konnten zwar durchaus Trittbrettfahren feststellen, allerdings in geringerem Maß als theoretisch vorhergesagt. Die Studierenden würden öffentliche Güter *besser* schützen bzw. befördern als entscheidungstheoretische Annahmen es hätten erwarten lassen. Allerdings – und nun kommt der präformierende Einfluss theoretischer Annahmen ins Spiel – war das Trittbrettfahren bei Studierenden der Wirtschaftswissenschaften tendenziell eher verbreitet als bei solchen anderer Fächer. Die Autoren vermuten, dass die Studierenden der Wirtschaftswissenschaften anfangen, *ihr Verhalten nach den allgemeinen Grundsätzen ihres Fachs auszurichten*. In Situationen, in denen andere nicht »rational« handeln würden, zeigten die Wirtschaftsstudenten ein Verhalten, das »gute wirtschaftswissenschaftliche Theorie vorhersagt« (ebd., 309).

Ähnliche Ergebnisse werden von anderen Gruppen berichtet (vgl. Frank et al. 1993). In Experimenten wurden Studierende aufgefordert, zu öffentlichen Gütern beizutragen. Auch hier waren es Studierende der Wirtschaftswissenschaften, die sehr viel wahrscheinlicher als Trittbrettfahrer auftraten als andere (Frank et al. 1993, 159). Die Autoren verweisen auf eine »Vielzahl von Belegen« dafür, dass Wirtschaftsstudenten sich stärker eigennützig verhielten als andere, und verbinden damit die Empfehlung: »In einer immer stärker interdependenten Welt ist soziale Kooperation immer wichtiger geworden – und zugleich immer fragiler. Mit Blick sowohl auf das Gemeinwohl als auch auf das Wohl ihrer eigenen Studierenden sollten Ökonomen in ihrer Lehre einen breiteren Erklärungsansatz für menschliches Verhalten betonen.« (ebd., 170 f.)

Zum Glück gilt das Rational-Choice-Modell mittlerweile in der Wissenschaft bei vielen als überholt. Wir sind bei weitem nicht so »rational« – was eben oft mit »eigennützig« gleichgesetzt wird – wie Ökonomen lange behauptet haben. Doch kann das Rational-Choice-Modell immer noch Wirkung entfalten. In ihrer Rede zum Anlass der Verleihung des Nobelpreises stellte Elinor Ostrom als die wichtigste Lehre ihrer eigenen Arbeit die Erkenntnis dar, dass die Motivation für menschliches Verhalten sehr viel komplexer und die Fähigkeit, soziale Dilemmata aufzulösen, sehr viel besser ausgeprägt sei als es das Rational-Choice- Modell behauptet hat (Ostrom 2010, 664). Allerdings beklagt sie in einem Atemzug damit, dass sich manche Politiker und Wissenschaftler dieser zentralen Erkenntnis verweigerten. (664)

In einer Arbeit über Kooperation zum Erhalt globaler Gemeingüter setzen Bechtel et al. (2017) zur Bekämpfung des Trittbrettfahrens auf Reziprozität und Altruismus. Durch Reziprozität, ein Kernelement einer jeden Ethik, würden die wechselseitigen Erwartungen hinsichtlich kooperativen Verhaltens von Akteuren stabilisiert, wodurch die Entwicklung von Kooperation befördert werde. Ebenso könne auch altruistisches Verhalten die Bereitschaft des Einzelnen zur Kooperation in Sachen Klimawandel erhöhen (Bechtel et al. 2017, 5 f.).

5.1.3 Die Externalisierungsgesellschaft lagert Kosten aus auf die Schwachen, die Natur und die Zukunft

Viele Menschen im globalen Norden glauben, dass ihre Gesellschaften in Sachen Umweltverschmutzung relativ gut dastehen. Und in der Tat ist der Grad der offensichtlichen Verschmutzung von Landschaften, Gewässern und Luft sehr viel besser als in anderen Weltregionen oder auch bei uns in früheren Jahrzehnten. Was die meisten aber nicht realisieren, ist, dass dies nur dadurch möglich wird, dass ökologische und soziale Kosten ständig ausgelagert werden – in andere Weltgegenden, auf Kosten der Natur oder in die Zukunft.

Als externe Kosten bezeichnen Ökonomen unbeabsichtigte Kosten, die durch eine wirtschaftliche Aktivität verursacht werden (z. B.

durch Produktion oder Konsum), ohne dass die Leidtragenden dafür entschädigt würden (Perman et al. 2011, 10). Häufig sind Externalitäten mit öffentlichen Gütern verbunden. Der Saure Regen, den die Schwefelemissionen eines Kohlekraftwerks verursachen, ist dafür ein Beispiel, denn er schädigt auch diejenigen, die mit diesem Kraftwerk gar nichts zu tun haben.

Aus mehreren Gründen ist die Verschmutzung bei uns heute besser als früher:

Zum einen hat der Strukturwandel von der Industrie- zur Dienstleistungsgesellschaft, den viele Volkswirtschaften des globalen Nordens in den vergangenen Jahrzehnten durchlaufen haben, dazu geführt, dass viele umweltbelastende Prozesse schlicht nicht mehr bei uns stattfinden, sondern in Ländern mit geringerem Lohnniveau (was meist mit geringeren Umweltstandards einhergeht). Dann haben striktere Regulierung, bessere Technologien und gestiegenes Umweltbewusstsein bei Konsumenten dazu geführt, dass die Verschmutzung tatsächlich sehr viel weniger in den reichen Gesellschaften des Nordens sichtbar ist. Damit ist sie aber nicht verschwunden. Zum Teil ist die Produktion nur nach Osten gewandert. China etwa hat lange Zeit und in einem erheblichen Maße die Rolle der globalen Werkbank gespielt, wurden hier doch in vielen Industrien wichtige Komponenten und Teile produziert, die auch an europäische oder amerikanische Hersteller geliefert wurden.

Diese Rolle hat China erhebliche ökologische Probleme beschert. Die Weltbank hat geschätzt, dass die Umweltverschmutzung in China in den letzten Jahrzehnten des 20. Jahrhunderts zwischen drei und acht Prozent des Bruttosozialprodukts betragen hat (Worldbank 1997, 71). Für die erste Dekade des 21. Jahrhunderts liegen alleine die Kosten der Gesundheitsschäden aufgrund von Luftverschmutzung in der Größenordnung von drei bis vier Prozent des BSP (Worldbank 2007, xv).[38]

Zur selben Zeit hat China Produkte nach Europa und Nordamerika geliefert, die eine unsichtbare CO_2-Last mit sich brachten. Die globalen Handelsströme gehen mit erheblichen Strömen von Kohlenstoff einher und es sind die armen Länder, die den Preis für diese Auslagerung aus der »entwickelten Welt« bezahlen. »Ein allgemeines, durch alle Studien erhärtetes Ergebnis ist, dass es einen großen und zunehmenden Fluss von grauen Kohlenstoff gibt, der von den armen und den Schwellenländern in die entwickelten Länder fließt.« (Peters et al. 2012, 3273) Dies ist wichtig, wenn man die Ursachen von Emissionen auf regionaler Ebene verstehen will (ebd.).

Es sind allerdings nicht nur die Kohlendioxidemissionen, die vom Norden ausgelagert werden – es sind auch andere ökologische und soziale Kosten. Das Wasser der Melonen aus dem Senegal, der Dünger für brasilianische Orangen, Wasser und Pflanzenschutzmittel für kenianische Rosen und oft noch die Treibhausgasemissionen durch die Luftfracht – all das hat Auswirkungen auf die Umwelt, die in den Kosten nicht eingepreist sind. Besonders heikel ist der Baumwollanbau, der nicht nur große Mengen Wasser in den für den Anbau erforderlichen trockenen Regionen benötigt (pro Kilogramm Baumwolle etwa 30 m^2), was den Aralsee hat austrocknen lassen – sondern der auch nur mit großem Pestizideinsatz möglich ist. Schließlich sind es aber insbesondere die in den Herkunftsländern oft geringen Standards für Entlohnung, Arbeitsschutz und Arbeitssicherheit, von denen das globale Produktionssystem profitiert.

Im ökonomischen Sinn (nach David Ricardo) kann man zwar sagen, dass Länder lediglich ihre komparativen Kostenvorteile nutzen, wenn sie in dieser Weise Handel betreiben. Da allerdings Umwelt- und Sozialstandards in vielen dieser Länder geringer sind als in den Ländern des Nordens, da ihre Gesellschaften oft ein großes Maß an Ungleichheit und häufig auch Korruption aufweisen, führt das zu einer systembedingten Ausnutzung der Schwachen.

Eine solche Externalisierung von Kosten in globalem Maßstab ist gewiss kein neues Phänomen – bereits in der Kolonialherrschaft war sie gewissermaßen auf die Spitze getrieben worden. Jean-Jacques Rousseau hatte bereits vor 250 Jahren Überlegungen angestellt, wann die Besitznahme eines Landes legitim erfolgen könne. Er nannte drei Bedingungen, unter denen ein »erster Besetzer« ein Land mit Recht beanspruchen könne: Grund und Boden wären noch nicht von jemand anderem eingenommen, der Besetzer würde nur so viel Land einnehmen, wie er für seinen eigenen Unterhalt bräuchte, und dass er das Land nicht durch einen bloß zeremoniellen Akt, sondern durch Arbeit und Bewirtschaftung einnehmen würde (Rousseau Gesellschaftsvertrag, 1. Buch, 9. Kap.).

In der unrühmlichen Geschichte des europäischen Kolonialismus haben die Kolonialherren zu großen Teilen von diesen Bedingungen wohl keine erfüllt – von der Sklaverei einmal ganz abgesehen. All dies veranlasst den Soziologen Stephan Lessenich von einer Externalisierungsgesellschaft zu sprechen (Lessenich 2017). Es sei unerheblich, ob man externe Effekte als Markt- oder als Staatsversagen ansehe, sie würden sich nicht einfach auflösen, irgendjemand müsse den Preis bezahlen (Lessenich 2017, 45 f.). In der Externalisierungsgesellschaft würden die Menschen deshalb ständig auf Kosten anderer leben, weshalb er seinem Buch den bezeichnenden Titel *Neben uns die Sintflut* gibt. Es sei nicht so, dass wir über *unsere* Verhältnisse lebten. »Wir leben über die Verhältnisse *anderer*. ... Den Leuten in der Externalisierungsgesellschaft geht es gut, weil *andere* den Gürtel enger schnallen, weil *anderswo* Verzicht geübt wird – und zwar dauerhaft und ständig, auf dass die Externalisierungsgesellschaft nicht nur heute, sondern auch morgen und in Zukunft prosperiere.« (ebd., 64.65)

Hinzu kommt, dass Kosten nicht nur in andere Regionen verlagert werden, sondern auch in die Zukunft. Wir türmen immer mehr Schulden auf, die künftige Generationen werden begleichen müssen – zum Teil in finanzieller Hinsicht, zum Beispiel als Staatsschulden oder staatliche Verbindlichkeiten durch soziale Transferzahlungen und Rentenansprüche, vor allem aber auch in ökologischer Hinsicht, da viele ökologische Schäden, die gegenwärtig verursacht werden, erst in einigen Jahrzehnten zu entsprechendem Handeln führen werden.

Für Ökonomen ist es nicht ungewöhnlich, dass die Gegenwart mehr Gewicht hat als die Zukunft – sie sprechen von einer positiven Zeitpräferenz. Menschen bevorzugen, einen Vorteil eher *jetzt* zu genießen als später (Conrad 2010, 11). Solange es eine positive Zinsrate gibt, und das heißt auch eine positive Diskontsatzrate, ist dies kein Problem, denn ein Kreditgeber erhält als Gegenleistung Zinsen. Für die Gesellschaft als Ganzes würde die Diskontrate einen »Sinn für Unmittelbarkeit« ausdrücken, wie Jon M. Conrad es nennt

(Conrad 2010, 15). Hohe Diskontraten würden einen raschen Raubbau nichterneuerbarer Ressourcen begünstigen und Investitionen in Umweltschutz und Umweltqualität unattraktiv machen, verglichen mit anderen Investitionen. Solch eine Situation könnte dazu führen, dass die gegenwärtige Generation eine lange, extravagante, ressourcenvernichtende Party feiern würde, die künftigen Generationen eine Welt mit verarmten Rohstoffbeständen, einer verschmutzten Umwelt und sehr eingeschränkten Optionen für eine wirtschaftliche Zukunft zurücklasse (Conrad 2010, 15).

Die Frage von Zeitpräferenz und Diskontsatz ist für die Bewertung künftiger Kosten des Klimawandels und anderer Umweltschäden ganz zentral. Ökonomen diskontieren künftige Kosten (z. B. für die Behebung künftiger Schäden), um eine realistische Einschätzung für die erforderlichen Rücklagen heute zu gewinnen. Bedenkt man die Eigenschaften exponentiellen Wachstums (vgl. Abbildung 6), was bekanntlich jedes prozentuale Wachstum ist, dann sind zwei Parameter dafür ganz entscheidend: der Diskontsatz und die berücksichtigte Zeitdauer. Wenn man künftige Kosten in Höhe von 1.000 Euro in 100 Jahren erwartet, ist es genug, heute 1,15 Euro zurückzulegen – sofern der Diskontsatz 7 Prozent beträgt. Das mag derzeit zwar als sehr hoch erscheinen, doch gab es Zeiten, in denen der Diskontsatz sogar 17 Prozent betragen hat, wie Anfang der 1980er-Jahre. Wenn dieselben Kosten erst in 200 Jahren fällig würden, bräuchte es heute nur 10 Eurocent an Rücklagen. Wenn der Diskontsatz allerdings null betragen sollte – was der gegenwärtigen Erwartung sicher mehr entspricht als 7 Prozent –, dann müssten die künftigen Kosten *in voller Höhe* bereits heute zurückgelegt werden. Deshalb spielt die Wahl dieses »sozialen Diskontsatzes«, so Zhuang et al. (2007, 21), eine entscheidende Rolle bei der Kosten-Nutzen-Analyse von Projekten und sei in den vergangenen Jahrzehnten deshalb so heftig diskutiert worden. Laut Zhuang et al. sei ein angemessener sozialer Diskontsatz der am Markt übliche Leitzins, sofern eine Situation perfekten Wettbewerbs ohne Störungen des Markts herrsche.

Die Frage, wie künftige Diskontsätze angenommen werden sollen, ist nicht nur entscheidend für die Betrachtung der zu erwartenden Kosten von Umweltschäden, sie entscheidet auch über die Frage, inwiefern sich zum Beispiel Bildungsinvestitionen volkswirtschaftlich »lohnen«. Je höher der angenommene künftige Diskontsatz, desto geringer ist der finanzielle Ertrag von Bildungsmaßnahmen – was natürlich an sich schon eine verrückte Logik ist. Für die OECD-Länder gilt im Mittel, dass der Netto-Gewinn für jemanden, der einen tertiären Bildungsabschluss hat (verglichen mit jemandem, der nur über einen sekundären Bildungsabschluss verfügt), bei einem Diskontsatz von 2 Prozent bei 267.000 US-Dollar liegt, während er bei einem Diskontsatz von 8 Prozent »lediglich« 44.000 US-Dollar beträgt (jeweils kaufkraftbereinigt, Daten von 2015; OECD 2018, 109).

Auch die künftigen Kosten von Klimawandel und Umweltzerstörung hängen ganz entscheidend von dem angenommenen Diskontsatz ab. Der *Stern-Report*, der zu sofortigem Handeln beim Klimaschutz aufrief, um hohe Kosten in der Zukunft zu vermeiden, wurde u. a. wegen der darin angenommenen Diskontsätze kritisiert. Der Ökonom William Nordhaus von der Universität Yale kritisiert beispielsweise, dass der vom Stern angenommene Diskontsatz von 1,4 Prozent deutlich kleiner sei als dessen historische Werte (Nordhaus 2007). Andere Ökonomen, wie Kenneth Arrow, kritisieren zwar ebenfalls die von Stern angenommenen Diskontsätze als zu gering, halten die politischen Forderungen Sterns nach sofortigem politischen Handeln aber gleichwohl für richtig (Arrow 2007).

In dieser inner-ökonomischen Kontroverse kann hier nicht entschieden werden. Doch scheint mir die Frage berechtigt, wie sinnvoll es ist, mit Werten der Vergangenheit zu argumentieren, wenn einerseits die Zinssätze seit über hundert Jahren nicht für so lange Zeit so niedrig waren wie in den letzten zehn Jahren und andererseits völlig unstrittig ist, dass die künftigen Herausforderungen qualitativ wie quantitativ alles Bisherige in den Schatten stellen werden. Da niemand in die Zukunft blicken kann, sollte man schon im Sinne des Vorsorgeprinzips (vgl. 13.6) eher von der ungünstigeren Variante ausgehen.

Vom empirischen, deskriptiven Befund einmal abgesehen, gibt es auch aus normativen Überlegungen hinreichend Kritik am herrschenden Wachstumsmodell, die sich aus ganz anderen Quellen speist – etwa der wachsenden Ungleichheit, dem exzessiven Konsumismus, den Ressourcenengpässen oder dem Vermüllen des Planeten. Wenn das Anthropozän diese Entwicklungen zutreffend auf den Begriff bringt, gibt es begründete Zweifel daran, dass die Wachstumsraten der Vergangenheit auch in Zukunft zu erwarten sein werden.

Der US-amerikanische Jurist Joseph Guth fragt noch grundlegender nach der Legitimation des Diskontierens künftiger Kosten. Er bezweifelt, dass die dahinterstehende Idee einer Kosten-Nutzen-Analyse die Grundlage für das Diskontieren ist, überhaupt legitimerweise angewendet werden darf, wenn es um die Zukunft der gesamten Menschheit geht. Guth nennt dies das »Paradoxon des Diskontierens« (*paradox of discounting*): »Während jeder kleine Teil des ökologischen Funktionierens der Biosphäre für bestimmte begrenzte Ziele entbehrlich sein mag, ist doch die gesamte Biosphäre, obwohl selbst endlich und nur aus kleinen Teilen zusammengesetzt, gleichwohl unersetzlich ... Wir können jedes einzelne dieser Teile opfern, aber wir können nicht das Ganze opfern. Eine Wirtschaft, die den Kleinkram der Erde verschachert, ohne zu begreifen, dass sie Teile eines unschätzbaren Ganzen sind, kann nicht in eine Zukunft extrapoliert werden, in der ewiges Wirtschaftswachstum angenommen wird.« (Guth 2008, 112)

Lösungsansätze

Das Problem externer Effekte wird seit langem diskutiert. Vor einem halben Jahrhundert bereits empfahl die OECD, die Kosten für Umweltschutzmaßnahmen sollten sich »in den Kosten von Waren und Dienstleistungen widerspiegeln, die diese Verschmutzung bei Produktion oder Konsum verursacht haben.« (OECD 1972, Annex, A. a) 4) Vom Grundsatz her und auf einer allgemeinen Ebene ist die Lösung für das Problem der Externalitäten also recht einfach. Umweltverschmutzung muss teuer werden, Gemeingüter müssen einen Preis bekommen. Und da es insbesondere die globalen Gemeingüter sind, die bedroht sind, sollten sie einen globalen Preis bekommen. Erst dann wird es tatsächlich gelingen, sowohl die ökologischen als auch die sozialen Belastungen durch Externalitäten zu reduzieren – ansonsten wird die Verschmutzung nur exportiert. Wie dies in der Praxis umgesetzt werden kann, ist natürlich eine ganz andere Frage und hängt davon ab, wie zunächst Einigung über entsprechende Maßnahmen erzielt und diese dann auch praktikabel umgesetzt werden kann.

Bevor allerdings die bisher externalisierten Kosten den Preisen hinzugerechnet werden, wäre es sehr viel näherliegend, zunächst diejenigen Förderungen zu streichen, mit denen umweltschädliches Verhalten staatlicherseits auch noch belohnt wird. Wenn weltweit fossile Energieträger subventioniert werden, und zwar im Schnitt in Höhe von fünf Prozent der Wirtschaftsleistung (GDP), dann ist das letztlich eine staatliche Förderung von Umweltverschmutzung – für die irgendwann der Staat aufkommen muss. Solch eine Praxis ist also nicht nur aus ökonomischer Sicht bedenklich, sondern auch politisch inkonsistent. Der Abbau dieser Subventionen hätte natürlich nicht von heute auf morgen zu erfolgen. Er könnte über einen längeren Zeitraum, z. B. über zehn oder zwanzig Jahre hinweg, erfolgen (vgl. entsprechende Vorschläge in Berg et al. 2012).

Als nächster Schritt wäre das Steuersystem dahingehend zu reformieren, dass ressourcenschonende, umweltfreundliche Aktivitäten unterstützt, Ressourcen- bzw. Naturverbrauch aber besteuert wird. Dies geht auf eine Idee von Arthur Pigou zurück, der dies schon 1920 vorgeschlagen hatte.[39] Arbeit sollte weniger, Verbrauch von Energie und Rohstoffen (wie auch Flächenverbrauch) stärker besteuert werden (vgl. Repetto et al. 1992; von Weizsäcker et al. 1995; Berg et al. 2012; J. Sachs 2015, 216). Repetto et al. hatten schon 1992 vorgeschlagen, die Steuerlast für Einkommen zu senken und stattdessen die für umweltrelevante Abgaben zu erhöhen, wie Abgaben für Entsorgung oder Umweltverschmutzung.

Wenn dies schrittweise, langfristig und insgesamt aufkommensneutral erfolgen würde, könnte es den Anstrengungen für

Energie- und Ressourceneffizienz einen Schub verleihen, neue, ressourcenschonende Geschäftsmodelle unterstützen (»Nutzen statt Besitzen«) und den Übergang in eine Dienstleistungsgesellschaft weiter befördern. Wie im Fall der Emissionsreduzierung gibt es natürlich mehrere denkbare Instrumente (direkte Steuern, eine Art Emissionshandel, Subventionen etc.). Wichtig ist, dass dies letztlich dazu führt, dass ökologische und soziale Kosten *sämtlicher wirtschaftlicher Aktivitäten* – sei es bei der Ressourcenbeschaffung, der Produktion, in der Logistik, im Konsum, bei der Wiederaufbereitung bzw. der Entsorgung – durch den Preis abgebildet werden. Das setzt natürlich voraus, dass insbesondere auch die globalen Gemeingüter einen Preis bekommen, was letztlich eine globale Übereinkunft erfordert.

Mit Blick auf die Verlagerung von Kosten in die Zukunft sagen einige Ökonomen, dass die Gesellschaft nicht die Zeitpräferenz von Individuen annehmen sollte (vgl. Perman et al. 2011, 78). Perman et al. nutzen ein Argument des indischen Ökonomen Amartya Sen, um zwischen der Rolle, die ein Einzelner als Bürger und als Konsument hat, zu unterscheiden. Mag man für sich persönlich auch eine positive Zeitpräferenz haben (also gegenwärtige Vorteile gegenüber künftigen bevorzugen), so könnte man als Bürger durchaus der Ansicht sein, dass die Gesellschaft als Ganzes eine andere, geringere Zeitpräferenz haben sollte, um künftigen Risiken besser zu begegnen (ebd.).

Der Jurist Guth hält, wie gesagt, die Diskontierung künftiger Schäden in ökologischen Fragen generell für falsch. Wenn es darum geht, dass die Natur in großem Stil zerstört werde, dann helfe ein solcher Kosten-Nutzen-basierter Ansatz der Diskontierung künftiger Kosten keineswegs weiter (Guth 2008, 112).

Hier zeigt sich, dass Urteile in dieser Sache eng mit der eigenen Weltsicht, mit Fragen von Sinn und Bedeutung zusammenhängen, letztlich mit dem eigenen Wirklichkeitsverständnis. Wenn das eigene Interesse, das eigene Wohlergehen, letzter Maßstab der Dinge ist, dann wird es schwer, die Fürsorge für künftige Generationen, für Menschen in anderen Weltregionen und auch die Fürsorge für unsere Mitgeschöpfe und selbst für die unbelebte Natur zu begründen.

Versteht man sich selbst hingegen als einen kleinen Teil im großen Zusammenhang der Schöpfung, als jemand, dem das Leben geschenkt wurde (von wem auch immer), der seinen Vorfahren zu Dank verpflichtet und der bereit ist, auch für andere Verantwortung zu übernehmen und Sorge zu tragen, dass auch für die Generationen der Kinder und Enkelkinder ein erfülltes Leben möglich bleibt, der wird das Abdiskontieren künftiger Umweltschäden anders beurteilen.

Eine solche Sichtweise hat es aber schwer, angesichts der weiten Verbreitung ökonomischer Zweck-Mittel-Rationalität, die auch in Bereiche vorgedrungen ist, in denen sie nichts zu suchen hat.

5.2 Die Proliferation ökonomischen Effizienzdenkens

Abgesehen davon, dass der Markt in bestimmten Zusammenhängen versagt und damit einer Verwirklichung von mehr Nachhaltigkeit entgegensteht, ist auch die Tatsache problematisch, dass ökonomisches Effizienzdenken immer weiter um sich greift, in jeden entlegenen Winkel des Lebens vordringt, das Öffentliche ebenso wie das Private unter seine Kontrolle zwingt und andere Rationalitäten verdrängt.

Für Aristoteles war die Sache klar: Geld und Vermögen sind offensichtlich nicht *an sich* erstrebenswert, sie sind bloße *Mittel* zu einem höheren Zweck. »Das auf Gelderwerb gerichtete Leben hat etwas Unnatürliches und Gezwungenes an sich, und der Reichtum ist das gesuchte Gut offenbar nicht. Denn er ist nur für die Verwendung da und nur Mittel zum Zweck.« (Aristoteles, Nikomachische Ethik 1096a)

Aristoteles bestimmt das, wonach alle streben, was letztes Ziel jeglicher Bemühung sei, was nur noch Ziel, nicht mehr Mittel ist, als das gelingende, glückselige Leben (*eudaimonia*). Trotz der 2500 Jahre, die seitdem vergangen sind, würden wohl die meisten Menschen auch heute der Stoßrichtung Aristoteles' zustimmen – zumindest in der Theorie. Die Praxis sieht aber anders aus. »Geld regiert die Welt« und ist oft entscheidender Maßstab des Handelns. Aristoteles' klare Bestimmung des Gelds als *Mittel* impliziert dessen Nützlichkeit zum Erreichen eines anderen, höheren Zwecks. Es ist aber gerade das Attribut der Nützlichkeit, das sich im modernen Denken verselbstständigt hat, das zur bestimmenden Determinante moderner Rationalität geworden ist. Es überrascht deshalb nicht, dass auch Ressourcen- und Umweltökonomie auf utilitaristischer Ethik aufbauen, wie Perman et al. bekundet (Perman et al. 2011, 59).

Der in Auckland lehrende Jurist Klaus Bosselmann setzt sich in seinem Buch *The Principle of Sustainability* mit der Beziehung von Ökonomie und Ökologie auseinander. Er referiert, dass Ernst Haeckel, als er den Begriff der *Oecologie* 1866 einführte, Herders Bild der Haushaltsführung verwendete. Während Oecologie die fundamentalen Prinzipien des Haushaltens beschreiben würde, wäre die Ökonomie lediglich eine Teildisziplin, in der es um die Frage ginge, wie die Haushaltsführung effizient zu gestalten wäre (Bosselmann 2017, 19).

Was als Diener gedacht und lange verstanden wurde, hat sich immer mehr zum Herrn entwickelt. Ökonomisches Denken hat sich verbreitet und alles einer Marktlogik unterworfen. Genau dieser Logik entsprechend hat der sogenannte Washington Consensus die Privatisierung von Dienstleistungen vorangetrieben, die vormals in öffentlicher Hand lagen. Ob bei der Energieversorgung, der Telekommunikation, Postdienstleistungen oder im Verkehr – überall wurden in den 1990er-Jahren Privatisierungen durchgeführt, womit eine große Machtverschiebung vom öffentlichen in den privaten Sektor einherging (E. U. von Weizsäcker 2007).

Die Proliferation des ökonomischen Effizienzdenkens hängt eng mit dem oben diskutierten Rational-Choice-Modell zusammen. Wenn Menschen im Wesentlichen durch Eigeninteressen getrieben sind, dann liegt es nahe, diese Logik auf alle Bereiche anzuwenden. Wie aber oben dargestellt wurde, ist dieses Modell von verschiedener Seite kritisiert worden. Tversky und Kahneman (1986, 252), Pioniere der Verhaltensökonomie, bemerkten bereits in den 1980er-Jahren, dass eine Präferenz-Logik nicht als Grundlage für eine deskriptive Entscheidungstheorie geeignet ist.

Hodgson weist auf den selbstimmunisierenden Charakter des Rational-Choice-Modells hin. Letztlich könne man jedes Verhalten erklären, wenn man auch solches Verhalten, das eine Mehrheit der Menschen nicht dem Eigeninteresse zuschreiben würde, mit entsprechenden Präferenzen »erklärte« (vgl. Hodgson, 2012, 94.104).

Andrew McKinnon argumentiert ganz ähnlich. Er hebt den quasireligiösen Charakter des Rational-Choice-Modells und seiner Vorstellung des Markts hervor:

> Wenn man bedenkt, wie Ökonomen oder die Wirtschaftsseiten der Tageszeitungen über den Markt sprechen, stellt man fest, dass es oft in einer Weise geschieht, wie Juden, Christen und Muslime über Gott reden. Der Markt wird nicht nur als mächtige Kraft, sondern personalisiert dargestellt: Der Markt verhält sich, er reagiert, er bestraft und belohnt. Der Markt wird oft als allwissend und allmächtig gesehen, und durchaus auf dem Weg zur Allgegenwart: Wer kann Adam Smiths oft zitierte Wendung von der ›unsichtbaren Hand‹ hören, ohne einen Gottesbezug zu vernehmen? (McKinnon 2011, 540)

Die Rational-Choice-Theorie verbreitet eine Sicht des Menschen, die eine eindimensionale Gesellschaft neoliberaler Prägung unvermeidbar macht: Ihr eigennütziger Gott werde, wenn er die Gelegenheit bekommt, Menschen nach seinem Bildnis schaffen. In einem solchen Verständnis der Menschen gäbe es keinen Raum mehr für menschliches Handeln jenseits des berechnenden Eigeninteresses (McKinnon 2011, 540).

Eine Gruppe von Marketing-Experten und Psychologen hat die psychologischen Konsequenzen des Geldes untersucht (Vohs et al. 2006). In neun Experimenten haben sie eine Gruppe Probanden in einer Spielsituation untersucht und getestet, inwiefern ihr Verhalten durch den Gedanken an bzw. die Anwesenheit von (Spiel-)Geld beeinflusst wird. Eine Gruppe von Probanden wurde dabei auf subtile Weise mit dem Gedanken an Geld in Verbindung gebracht, aber so, dass es den Probanden nicht als solches bewusst war. Bei der

Kontrollgruppe unterblieb dieser assoziative Geldbezug.[40] In allen neun Experimenten ergab sich, dass die Probanden, bei denen der Gedanke an Geld aktiviert wurde, »eigenständiger« operierten als die Kontrollgruppe – wobei die Autoren unter »eigenständig« einen Zustand verstehen, in dem Menschen ihre Interessen isoliert verfolgen und es bevorzugen, von anderen getrennt zu sein (1154).

Die mit dem Gedanken an Geld beeinflussten Probanden bevorzugten, alleine zu spielen, zu arbeiten und mehr physische Distanz zu anderen zu haben. Verglichen mit der Kontrollgruppe hätten »Menschen, die an Geld erinnert wurden, durchgehend unabhängigeres, aber sozial unsensibleres Verhalten gezeigt« (1156). Die Autoren waren selbst überrascht, wie stark dieser Effekt war, da alle Probanden sehr vertraut im Umgang mit Geld waren. Sie sehen ihr Ergebnis in Übereinstimmung mit der oben zitierten Arbeit von Frank et al. (1993), die zeigten, dass »Studierende der Wirtschaftswissenschaften in Situationen sozialer Zwickmühlen eher zu eigennützigem Verhalten neigten als Studierende anderer Fächer. Zudem waren die Wirtschaftsstudenten auch mehr als andere davon überzeugt, dass ihre Wettbewerber sich ebenfalls eigennützig verhalten würden, ein Ergebnis, das der These entspricht, dass Geld eine Sicht evoziert, nach der jede und jeder für sich selber sorgt« (Vohs et al. 2006, 1156). Diese Vorstellung würde auch erklären, so die Autoren weiter, dass Menschen Geld sowohl als größtes Gut als auch als größtes Übel ansähen. Geld ermögliche einerseits den Erwerb geschätzter Waren und Dienstleistungen, was aber andererseits die Abhängigkeit von bzw. das Vertrauen in die Familie verringere. In diesem Sinn habe Geld den Individualismus befördert und die Motivation für gemeinschaftliche Aktivitäten verringert, was auch heute noch im menschlichen Verhalten nachweisbar sei.

Interessant sind auch Ergebnisse von Oda et al. (2009), die soziale Interaktionen daraufhin untersuchten, wie sich Menschen verhalten, wenn sie von ihrem Gegenüber ein egoistisches bzw. ein altruistisches Verhalten vermuten würden. Altruisten würde größeres Vertrauen entgegengebracht als Egoisten, was sich zum Beispiel daran zeige, dass man Altruisten eher Geld anvertrauen würde als Egoisten.

Wie sehr die Marktlogik auch Bereiche jenseits des Markts erfasst, zeigt sich daran, dass sie auch moralische Überzeugungen und Wertesysteme beeinflusst, wie Falk und Szech (2013) gezeigt haben. In ihrer Untersuchung über »Moral und Märkte« stellen die Autoren dar, dass sie in sozialen Experimenten nachweisen konnten, wie das Marktgeschehen die Einstellung von Menschen verändert, was die Beurteilung von Schäden und Verletzungen angeht, die Dritten zugefügt werden. In dem Experiment hatten Probanden zu wählen, ob sie einer Labormaus das Leben retten oder Geld bekommen würden. Die Mäuse wären ohnehin eingeschläfert worden, doch sollte sie der Verzicht auf das Geld vor dem Tod bewahren. Es gab drei Gruppen von Probanden, wobei die Probanden in zwei der drei Gruppen im Rahmen eines Marktmechanismus mit anderen Parteien eine Lösung aushandelten, während in der Kontrollgruppe nur die Frage nach »Leben der Maus ohne 10 Euro Gewinn« oder »Tod der Maus mit 10 Euro Gewinn« gestellt wurde. Es stellte sich heraus, dass die Gruppe, in der über Leben oder Tod der Maus in einem reinen Marktmechanismus entschieden wurde, deutlich eher bereit war, den Tod der Maus in Kauf zu nehmen – was unter anderem an dem üblichen Argument liegt, dass das eigene Verhalten ja irrelevant sei, wenn ein anderer anstelle der eigenen Person dasselbe tue. Gemessen an den selbst bekundeten Wertmaßstäben der Probanden, so das Ergebnis der Autoren, würde die Interaktion des Markts die moralischen Überzeugungen der Probanden erodieren (710).

Dieses Phänomen sei weit verbreitet. Viele Menschen würden zwar Vorbehalte gegen Kinderarbeit oder andere Formen der Ausbeutung von Arbeitern, schlechte Bedingungen für Tiere bei der Fleischproduktion oder Umweltschäden bekunden. Wenn sie aber als Marktteilnehmer agieren, scheinen sie ihre moralischen Standards auszublenden, sie suchen und kaufen die billigste Elektronik, Kleidung oder Nahrung und erzeugen damit bewusst oder unbewusst die unerwünschten negativen Konsequenzen, die sie generell ablehnen (ebd.).

Die Autoren sind sich des großen Werts des Markts für die Allokation knapper Güter durchaus bewusst und bekunden auch ausdrücklich, dass andere, nicht marktbasierte Mechanismen für Preisbildung und Allokation nicht generell moralischer wären. Gleichwohl könne man sagen, »dass für eine gegebene Population Märkte moralische Überzeugungen erodieren. Wir stimmen daher mit der Aussage [Michael Sandels, CB] überein, dass wir als Gesellschaft darüber nachdenken sollten, wo Märkte ihre Berechtigung haben – und wo nicht« (713).

Lösungsansätze

Will man dem Überhandnehmen ökonomischen Denkens etwas entgegensetzen, erfordert das zuerst und vor allem anzuerkennen, dass es Bereiche im Leben gibt, die sich eben diesem Denken entziehen. Es ist nicht die Schuld des Markts, wenn wir zulassen, dass der Markt unser Leben bestimmt. Wenn Menschen den Sinn für diejenigen Aspekte des Lebens verlieren, die sich ökonomischem Effizienzdenken widersetzen, darf es nicht verwundern, wenn sie auch nur noch in diesen Kategorien denken. Wenn es nicht gelingt, die Wertschätzung für das zu kultivieren, was Ziel in sich und nicht Mittel für anderes ist, ist vorgezeichnet, dass alles zum Mittel verkommt – zu einem Mittel, das sich letztlich der Logik des Markts unterwirft, eben weil es nur Mittel und nicht Zweck ist. Menschliche Beziehungen, zweckfreies Spiel, gemeinschaftliches Erleben, Empathie und Vertrauen, Liebe und Mitgefühl – nichts von alledem kann durch eine Präferenzlogik hinreichend bestimmt werden.

Kritik an der Dominanz ökonomischen Effizienzdenkens kommt aus ganz unterschiedlichen Richtungen. Der Psychoanalytiker und Philosoph Erich Fromm erkannte schon vor 80 Jahren eine Veränderung im Wesen wirtschaftlicher Aktivität. Während diese früher ein Mittel zu einem Ziel war, und das Ziel war das Leben selbst, hätte der Kapitalismus wirtschaftliche Aktivität, Erfolg und materiellen Gewinn zum Selbstzweck gemacht. Es sei das Schicksal des Menschen, dass er zum Erfolg der Wirtschaft beitragen und Kapital anhäufen müsse, nicht zum eigenen Glück oder Heil, sondern als Ziel in sich.

Der Mensch sei zu einem Zahnrad in der großen Maschine der Wirtschaft geworden – ein Zahnrad, dessen Zweck außerhalb seiner selbst liege (Fromm 2008, 95).

Der Ökonom Wolfgang Sachs kritisierte Anfang der 1990er-Jahre, dass durch die Fixierung der Ökonomen auf das Wirtschaftswachstum (BSP) die Natur und die Gemeinschaft aus dem Blick gerate, obwohl 30 bis 50 Prozent der sozialen Arbeit informell geschehe und meist durch Frauen bewältigt werde (W. Sachs 1993).

Joseph Stiglitz, der u. a. Chefökonom der Weltbank war, kritisiert sehr scharf den »Marktfundamentalismus« des Washington Consensus, der durch die internationalen Finanzinstitutionen verordnet wurde (Stiglitz 2002, 221).

Uwe Schneidewind und Angelika Zahrnt hinterfragen in ihrem Buch *Damit gutes Leben einfacher wird* die »Steigerungslogik unserer Gesellschaft. Das ›immer weiter, immer schneller, immer mehr‹ kennt nur eine Richtung, vom Wachstum des Bruttoinlandsprodukts bis zum Wachstum der Wohnfläche« (Schneidewind & Zahrnt 2017, 51). Es müsse dem etwas entgegengesetzt werden – »das rechte Maß für Zeit und Raum, für Besitz und Markt.« Das heiße »nicht immer, aber oft ein Weniger, aber auch ein Anders, Besser und Schöner« (51).

Christian Felber problematisiert mit seiner Gemeinwohlökonomie das Missverhältnis der Werte, die in der Wirtschaft vertreten werden, zu denen, die wir privat für richtig erachten. Wie schon in Abschnitt 3.2 zitiert, kritisiert er, dass Menschen gegeneinander agieren, wenn sie als oberstes Ziel ihren eigenen Vorteil anstreben. Sie würden dann lernen, andere »zu übervorteilen und dies als richtig und normal zu betrachten. Wenn wir jedoch andere übervorteilen, dann behandeln wir sie nicht als gleichwertige Menschen: Wir verletzen ihre Würde.« (Felber 2018, 14)

Würde ist hier die entscheidende Kategorie, mit der dem Übergewicht der Marktlogik begegnet werden kann. Indem er eine Unterscheidung von Seneca aufnimmt, unterscheidet

Immanuel Kant zwischen Preis und Würde. »Im Reiche der Zwecke hat alles entweder einen Preis oder eine Würde. Was einen Preis hat, an dessen Stelle kann auch etwas anderes, als Äquivalent, gesetzt werden; was dagegen über allen Preis erhaben ist, mithin kein Äquivalent verstattet, das hat eine Würde.« (Kant 1989, BA 78)

Würde widersetzt sich der berechnenden Logik ökonomischer Rationalität. Was Würde hat, ist »über allen Preis erhaben«. Es gilt, diejenigen Aspekte des Lebens neu zu entdecken, zu beleben und zu würdigen, die sich dem Kosten-Nutzen-Kalkül entziehen. Das gilt in besonderer Weise für die Kultur.[41]

Kultur und Kult haben etymologisch wie historisch gleiche Wurzeln. Religiöse Kulte haben das gemeinschaftliche und formalisierte Erleben inszeniert, in dem sich göttliche Präsenz zeigen konnte.[42] Seit ihren frühesten Anfängen waren religiöse Kulte rege Quellen kultureller Aktivität. Wie viele kulturelle Meisterwerke, Schriften, Kunstwerke oder Musikstücke verdanken ihren »Sitz im Leben« dem religiösen Kult?

Das Leben zeigt sich in Kult und Kultur. Staunen und Ehrfurcht liegen aus meiner Sicht vielen großen menschlichen Aktivitäten zugrunde – der Religion, der Philosophie, Musik, Kunst, Literatur, Wissenschaft. Doch sind Staunen und Ehrfurcht quasi das Gegenteil einer berechnenden Kosten-Nutzen-Analyse. Wie kann man etwas bewundern, was man gerade einer Kosten-Nutzen-Analyse unterzogen hat? Wie kann man Vertrauen aufbauen, wenn man davon ausgehen muss, dass die geschenkten Rosen bloß dem berechnenden oder manipulierenden Kalkül des Gegenübers entspringen? Es entspricht dem Wesen der Liebe, dass sie enttäuscht, dass sie verletzt werden kann, denn die liebende Person gibt sich selbst, sie fällt, sie springt – ohne zu wissen, ob sie gehalten wird. Das Geliebte kann nicht kontrolliert werden, es ist unverfügbar. Diese Einsicht war prägend für große Teile der abendländischen Philosophie und der jüdisch-christlichen Tradition.

Und sie trifft sich interessanterweise mit Gedanken aus einer ganz anderen geistigen Verortung – mit denen des Soziologen Hartmut Rosa. In seinem Buch *Unverfügbarkeit* erläutert Rosa, warum eine Welt, die vollkommen bekannt, geplant und kontrolliert wäre, eine tote Welt wäre. (Rosa 2019, 8) Eine erfolgreiche Beziehung zur Welt – Rosa nennt dies eine Erfahrung von *Resonanz* – sei gekennzeichnet durch ein Moment der Unverfügbarkeit. Dinge, über die wir völlige Kontrolle haben, verlieren ihre Qualität der Resonanz (Rosa 2019, 52). Vitalität und wahrhaftige Erfahrung könne nur aus dem Unverfügbaren hervorgehen.

Es sind also ganz unterschiedliche Traditionen, die davor warnen, alle Lebensbereiche der Marktlogik mit ihrem Kosten-Nutzen-Kalkül zu unterwerfen. Eine vollständig bekannte und berechenbare Welt wäre langweilig, uninspiriert und würde kaum Anlass zum Staunen geben. Es muss uns darum gehen, die spielerischen, gemeinschaftlichen und sozialen Aspekte des Lebens zu kultivieren. Wie unten zu diskutieren sein wird, sind Genügsamkeit und Schlichtheit weniger moralische Verpflichtungen (zum Zwecke größerer Suffizienz) als vielmehr Chancen für ein Leben mit geringem Ballast (vgl. 14.4).

6 Politik: Fehlende Governance für globale Herausforderungen

Globale Herausforderungen verlangen nach globalen Lösungen. Es gibt aber bisher keinen globalen Ordnungsrahmen, innerhalb dessen diese Herausforderungen wirksam angegangen werden könnten. Dafür gibt es mehrere Gründe: die bestehenden Strukturen und Institutionen sind entweder nicht hinreichend wirksam – weil sie zum Beispiel nicht von allen Staaten anerkannt, respektiert und unterstützt werden –, sie spiegeln nicht die heutigen globalen Machtverhältnisse wider, sie haben mit Demokratiedefiziten und internen Problemen zu tun (z. B. Bürokratie und Vetternwirtschaft), ihre Mandate und Agenden sind nicht untereinander abgestimmt (z. B. WTO und UNDP oder UNEP), es fehlt ihnen schlicht an der Möglichkeit, die vereinbarten Übereinkünfte auch wirksam umzusetzen oder sie sind angesichts der sich rasch ändernden Welt zu schwerfällig, neue Themen und Herausforderungen zu behandeln.

Nachhaltigkeit ist eine globale Herausforderung.[43] Der Klimawandel, die Ozeanversauerung, der Verlust von Biodiversität, die großen biogeochemischen Stoffkreisläufe von Phosphor und Stickstoff, aber auch die Zerstörung der stratosphärischen Ozonschicht, die Verbreitung von Schadstoffen, Mikroplastik, Radioaktivität oder der sogenannten *Persistent Organic Pollutants (POPs)* – all dies ist von globaler Relevanz.

Für einige dieser Entwicklungen lassen sich globale Grenzwerte definieren, deren Überschreitung das Risiko plötzlicher und irreversibler Veränderung mit sich bringt. Es gibt in komplexen Systemen Kipppunkte, die die Entwicklung des Systems immer weiter von dem Ausgangszustand wegführen und die sich nicht revidieren lassen. Solange man aber innerhalb bestimmter Grenzen bleibt, gibt es noch gute Hoffnung, solche Entwicklungen zu vermeiden. Das ist der Grundgedanke der planetaren Grenzen (*planetary boundaries*) (Rockström et al. 2009; Steffen et al. 2015b; Steffen et al. 2018).

Auch viele soziale Herausforderungen, die zwar von den ökologischen zu unterscheiden, nicht aber zu trennen sind, sind globaler Natur. Steuervermeidung und Steuerflucht, Migration, globale Ungleichheiten, internationaler Terrorismus, organisierte Kriminalität, Menschenhandel und vieles andere können durch nationale Politiken nicht wirksam bekämpft werden.

Gemessen an der Brisanz dieser Herausforderungen gibt es ein erschreckendes Defizit wirksamer Mechanismen, um ihnen adäquat zu begegnen. Es mangelt natürlich nicht an global operierenden Organisationen. Vor allem multinationale Konzerne sind hier für ihre Belange oft gut positioniert, indem sie ihre Wertschöpfungsketten verteilen, unterschiedliche Lohnniveaus, soziale und ökologische Standards, aber auch steuerrechtliche Unterschiede als »komparative Kostenvorteile« geschickt nutzen, um ihre Gewinne zu maximieren – in der Regel ganz legal.

Des Weiteren sind natürlich auch zivilgesellschaftliche Organisationen, NGOs oder Initiativen wie Fridays for Future globalisiert. Sie tragen zu einem globalen Bewusstsein, zu einer globalen Diskussion bei, sie formulieren teils klare politische Forderungen und sind mittlerweile auch wichtige Gesprächspartner für die Politik. Sie sind damit ein wichtiger Treiber für das Entstehen einer globalen Zivilgesellschaft.

Allerdings haben die meisten dieser Initiativen oder NGOs – aus guten Gründen – einen klaren Fokus bei ihrer Arbeit. Sie setzen sich etwa für den Kampf gegen Hunger, für Menschenrechte, für den Schutz der Regenwälder, für Flüchtende ein – alles von entscheidender Bedeutung für Nachhaltigkeit. Doch obwohl das Bewusstsein für die Interdependenz der Herausforderungen zugenommen hat, gibt es immer noch einen großen Bedarf, die verschiedenen Initiativen untereinander abzustimmen – häufig erfolgt dies gar nicht. Wie kann dann verhindert werden, dass sich die verschiedenen Programme und Initiativen gegenseitig Konkurrenz machen, oder schlimmer noch, dass ihre Projekte sich wechselseitig konterkarieren? Wie können Zielkonflikte adressiert werden, wenn es keine übergeordnete

Instanz gibt, die auch nur zunächst einmal erfassen könnte, welche Akteure mit welchem Ziel und welchen Mitteln wo unterwegs sind, von deren Koordination einmal ganz zu schweigen?

Es kommt hinzu, dass NGOs selbst auch nicht demokratisch legitimiert, sondern letztlich Lobbyisten sind – zum Glück in aller Regel für eine gute Sache, aber das ist nicht garantiert. Viele von ihnen kämpfen mit knappen Mitteln und müssen deshalb ständig um Unabhängigkeit kämpfen. Zum Teil haben sie mit Governance-Themen zu tun, wie andere Organisationen auch. Mit anderen Worten, es gibt auch auf NGO-Ebene Legitimationsdefizite, die deren gesellschaftliche Rolle zwar derzeit noch nicht gefährden, was sich aber ändern kann, sollten Glaubwürdigkeit und Vertrauen beschädigt werden.

Das stärkste Mandat für legitime Repräsentation des öffentlichen Interesses liegt bei den Nationalstaaten, den von ihnen verhandelten internationalen Verträgen sowie den IGOs. Letztere haben allerdings auch mit gewaltigen Herausforderungen zu kämpfen. Und auch sie können im günstigsten Fall nur Teil-Lösungen liefern, deren Umsetzung dann oft durch den internationalen Wettbewerb unterminiert wird (vgl. Walker et al. 2009, 1345).

6.1 Herausforderungen der IGOs und multilateraler Verträge

Es hat in den vergangenen Jahrzehnten auf internationaler Ebene große Fortschritte bei der Einigung auf Zielvorgaben zur Adressierung globaler Herausforderungen gegeben. Schon die Agenda 21 war ein wichtiger Meilenstein, dann die Millennium-Entwicklungsziele und im Jahr 2015 die Verabschiedung der Agenda 2030 und das Pariser Klimaabkommen (COP 21). Operationalisierung und Umsetzung dieser Übereinkünfte haben aber mit zahlreichen Hürden zu kämpfen.

Im Folgenden werden verschiedene Probleme angesprochen, mit denen multilaterale internationale Übereinkünfte und Verträge sowie auch IGOs zu kämpfen haben, was eine wirksame Regulierung globaler Herausforderungen erschwert.

Absichtserklärungen ohne konkrete Zielvorgaben

Multilaterale Übereinkünfte oder Verträge sind äußerst schwierig zu verhandeln, schlicht aufgrund der großen Vielfalt der Beteiligten und ihrer widerstreitenden Interessen. Nicht selten scheitern solche Einigungen trotz jahrelanger Verhandlungen, wie zum Beispiel die sogenannte Doha-Verhandlungsrunde der WTO (vgl. 4.5.3). In anderen Fällen kann zwar eine Einigung erzielt werden, doch nur zu dem Preis der Unverbindlichkeit, die sich in allgemein gehaltenen Absichtserklärungen oder Spielräumen für individuelle Auslegung zeigt. Die Agenda 21, auf die sich die Weltgemeinschaft beim UN-Gipfel in Rio 1992 einigen konnte, ist dafür ein Beispiel. Die von ihr beschworene Vision kann kaum jemand ablehnen – Armut bekämpfen (I.3), Konsumverhalten ändern (I.4), ökologische und entwicklungspolitische Fragen bei Entscheidungsprozessen berücksichtigen (I.8), die Atmosphäre schützen (II.9) oder der Abholzung Einhalt gebieten (II.11) (UNCED 1992). Doch bleiben diese Forderungen generisch und appellativ – das Wort »sollte« taucht bei ihren Aufforderungen mehr als 400 Mal auf.

Auch die bei derselben Konferenz verabschiedete »Rio-Erklärung für Umwelt und Entwicklung«, die 27 Prinzipien umfasst, drückt gute Absichten aus, die zum Teil jedoch gleich wieder revidiert werden: So werden die nationalen Behörden aufgefordert, »die Internalisierung von Umweltkosten« voranzutreiben, allerdings solle dies »unter Vermeidung von Verzerrungen im Welthandel« erfolgen (UNCED, Rio Declaration 1992, Grundsatz 16).

Eine Internalisierung von Umweltkosten hat aber selbstverständlich Auswirkungen auf den internationalen Handel, da dieser fast ausschließlich auf fossilen Energieträgern basiert. »Rio« war natürlich trotzdem ein wichtiger Meilenstein, denn zum ersten Mal konnte sich die Weltgemeinschaft überhaupt auf das gemeinsame Ziel einer nachhaltigen Entwicklung einigen.

Aber die weltweite Einigung wurde nur dadurch ermöglicht, dass auf konkrete Ziele und operative Details verzichtet wurde.

Abhängigkeit von freiwilligen Selbstverpflichtungen

Mehr als zwanzig Jahre nach Rio konnte das Pariser Klimaabkommen konkretere Ergebnisse erzielen, was natürlich auch daran lag, dass es im Unterschied zu Rio lediglich um *ein* Thema ging. Die Vertragsparteien einigten sich darauf, den Anstieg der globalen mittleren Temperatur auf unter 2 °C gegenüber dem vorindustriellen Niveau zu begrenzen und Anstrengungen zu unternehmen, diesen Anstieg sogar auf 1,5 °C zu minimieren (UNFCCC 2015, Art. 2.1 (a)). Jede Partei soll die von ihr angestrebten »national festgelegten Beiträge« (*nationally determined contributions*, NDCs) vorbereiten, kommunizieren und einhalten (UNFCCC 2015, Art. 4.2). Diese Beiträge sollen »ambitioniert« sein (Art. 3). Die Achillesferse dieses Abkommens ist allerdings, dass es folgenlos bleibt, wenn die NDCs nicht ambitioniert genug sind. Doch genau das ist die gegenwärtige Situation. Es gibt eine »Ambitionslücke« zwischen der Summe sämtlicher NDCs und dem vereinbarten globalen Ziel. Die bisher kommunizierten NDCs würden zu einer Erwärmung von etwa 3 °C bis 2100 führen (UNEP 2018).

Die weltweite Einigung auf konkrete Ziele wurde durch fehlende Verbindlichkeit ermöglicht.

Begrenzte Sanktionsmaßnahmen

Nicht nur die Ambitionslücke ist ein Problem des Pariser Abkommens, auch die Folgenlosigkeit bei Nichteinhaltung der eigenen Verpflichtungen.

Nach verbreiteter Einschätzung hängt der Vollzug von Recht von einer hohen Befolgungsrate ab, die wiederum ein Gewaltmonopol voraussetzt (vgl. Zürn 2005, 3 f.).[44]

In Ermangelung eines öffentlich legitimierten globalen Gewaltmonopols mag man bezweifeln, dass internationale Übereinkünfte jemals hohe Befolgungs- und Umsetzungsquoten erreichen werden. Der WTO-Rahmen zum Beispiel erlaubt zwar Sanktionsmechanismen, die allerdings in der Praxis kaum Wirkung entfalten, weil die Streitverfahren lange dauern, es zwischen den Kontrahenten oft Machtungleichheiten gibt und weil der Streitschlichtungsmechanismus die Interessen der Industrieländer begünstigen würde, wie von

Seiten der Entwicklungsländer vorgebracht wird (vgl. Kress 2014, 53 f.; Raffer & Singer 2001; Busch & Reinhardt 2004).

Kommt es zwischen WTO-Mitgliedsstaaten zu Konflikten, haben arme Länder oft nicht einmal die Kapazitäten, den Einigungsprozess professionell voranzutreiben (Kress 2014, 53 f.).

Der frühere WTO-Generalsekretär Pascal Lamy war sich dieser Schwierigkeiten sehr bewusst, als er nach dem Scheitern der Doha-Runde 2007 frustriert feststellte: »Während die politische Dekolonisation vor mehr als 50 Jahren geschah, haben wir die wirtschaftliche Dekolonisation noch nicht beendet.« (Lamy, WTO 2007).

Selbst wenn verpflichtende Einigungen über konkrete Ziele erreicht werden können, ist deren Wirksamkeit durch begrenzte Sanktions- und Vollzugsmaßnahmen gefährdet.

Fehlende Akzeptanz

Mitunter wird die Existenz bzw. das Mandat öffentlicher globaler Institutionen und IGOs schlichtweg nicht von allen anerkannt. Dies gilt zum Beispiel für den Internationalen Strafgerichtshof in Den Haag, der weder von den USA noch von Russland oder China anerkannt wird – also den geopolitisch wichtigsten Playern, die Atommächte und ständige UN-Sicherheitsratsmitglieder sind.

Die gerade in jüngerer Zeit von Populisten an den Tag gelegte Tendenz, unverhohlen dem Unilateralismus und nationalen Egoismen das Wort zu reden, gefährdet die Akzeptanz internationaler Übereinkünfte noch mehr. Gerade auch die Missachtung, die die derzeitige (2019) US-Regierung internationalen Verträgen entgegenbringt, gefährdet deren Wirksamkeit. Durch die Kündigung des INF-Vertrags, des Atomabkommens mit dem Iran oder den Rückzug vom Pariser Klimaabkommen, durch Infragestellung der NATO und öffentlich ausgesprochene Forderungen, die Weltbank solle »amerikanische Interessen vertreten und amerikanische Werte verteidigen« (BBC News 2019), wird das Bemühen um die Errichtung eines Rahmens für globale Kooperation unterminiert.

Die Wirksamkeit globaler öffentlicher Institutionen erfordert, dass *sich die Mächtigen der Geltung des Rechts unterwerfen und nicht das Recht des Stärkeren für sich reklamieren.* Dieses grundlegende

Prinzip von Fairness und Gerechtigkeit scheint in der Praxis am schwierigsten zu befolgen zu sein.

Bestehender Gesetzgebung wird nicht wirksam Geltung verschafft

Es gibt kein Äquivalent zu nationalen Polizeibehörden auf internationaler Ebene, was Vollzugsdefizite zur Folge hat. Das Beispiel des unregulierten, illegalen Fischfangs (*illegal, unreported and unregulated fishing, IUU Fishing*) verdeutlicht dies. IUU Fishing ist eine »Praxis, die gegen Fischereigesetze, Regulierungen oder Schutz- und Managementmaßnahmen verstößt« (EJF 2018, 5). Illegaler Fischfang erfolgt häufig von ausländischen Schiffen verbotenerweise in den Hoheitsgewässern von Staaten, die sich dagegen nur kaum zur Wehr setzen können. Angesichts der dramatischen Dimensionen dieses Problems verwundert, wie wenig öffentliche Aufmerksamkeit es erfährt: Die FAO schätzt, dass jährlich bis zu 26 Millionen Tonnen Fisch auf diese Weise geraubt werden, insgesamt in einem Wert von 10 bis 23 Milliarden US-Dollar (FAO 2019).

Andere Beispiele für Vollzugsdefizite betreffen zum Beispiel den Umgang mit europäischem Elektroschrott, der trotz zunehmendem politischen Druck und administrativer Maßnahmen immer noch illegal exportiert wird. Dies hat auch damit zu tun, dass die internationale Kooperation zwischen Regierungsbehörden, die in manchen Bereichen schon recht gut funktioniert (z. B. bei den Polizeibehörden), noch verbessert werden sollte.

Die Wirksamkeit internationaler Verträge wird daher durch mangelhafte Umsetzung bzw. mangelhaften Vollzug gefährdet.

Regulierungslücken zur Kontrolle internationaler Akteure (z. B. MNEs)

Es gibt Themen, die auf internationaler Bühne nicht oder nicht hinreichend durch Verträge oder IGOs abgedeckt sind. Eines der wichtigsten solcher Gebiete betrifft den Markt, insbesondere den globalen Finanzmarkt, sowie die Arbeit multinationaler Unternehmen (MNEs). Den weitgehend globalisierten Marktmechanismen fehlt ein regulatives Pendent. Auf nationaler Ebene ist es (manchen Staaten) (mehr oder weniger) gelungen, den Rahmen für den Markt in einer Weise zu setzen, wie es gesellschaftlich gewünscht ist (z. B. im Rahmen der *sozialen* Marktwirtschaft). Nationale Gesetzgebungen können die problematischen Effekte des Kapitalismus zwar in ihren jeweiligen Jurisdiktionen begrenzen, aber die dringende Frage, wie der Erhalt der globalen Gemeingüter geregelt werden soll, ist noch überhaupt nicht geklärt.

Die soziale Marktwirtschaft, wie sie in Deutschland seit dem Zweiten Weltkrieg entwickelt wurde, kann als Erfolgsmodell für die integrative Berücksichtigung von sozialen und wirtschaftlichen Anliegen betrachtet werden – Tarifautonomie, betriebliche Mitbestimmung, paritätische Beiträge zur Sozialversicherung und vieles andere mehr, wofür insbesondere die Sozialdemokraten lange gekämpft haben, ist heute gut etablierte Praxis.[45] Daran zeigt sich, dass es durchaus möglich ist, den Markt in der gesellschaftlich gewünschten Weise zu regulieren. Allerdings ist solche Regulierung heute in zweifacher Hinsicht zu erweitern: Sie ist global zu konzipieren und sie hat vor allem den Schutz der globalen Gemeingüter zu gewährleisten. Solange das nicht geschieht, werden MNEs und die Finanzmärkte den Wettbewerb zwischen den nationalen Volkswirtschaften ausnutzen.

Zwar wird der Handel trotz aller Unzulänglichkeiten (s. u.) zu einem gewissen Grad über die WTO geregelt, doch betrifft dies längst nicht alle Bereiche, in denen es Regulierung bräuchte. So gibt es beispielsweise auf globaler Ebene keine Wettbewerbsbehörde, die Monopolbildung verhindern könnte – womit eine praktisch von allen Ökonomen anerkannte Grundbedingung für einen funktionierenden Markt nicht garantiert werden kann. Entsprechende Behörden gibt es auf nationaler, im Fall der EU auch auf regionaler Ebene, jedoch nicht global.

Lücken in der internationalen Gesetzgebung erschweren die Regulierung internationaler Akteure.

Demokratie- und Legitimationsdefizite bei internationalen Regierungsorganisationen

Internationale Regierungsorganisationen wie die UN, die Weltbank oder der IWF weisen Demokratie- und Legitimationsdefizite auf.

Zahlreiche dieser Institutionen spiegeln zudem die geopolitischen Machtgewichte der Vergangenheit wider: Die ständigen Mitglieder im UN-Sicherheitsrat repräsentieren die Nachkriegsordnung, aber keineswegs die heutige geopolitische Lage. Die in Rio 1992 beschlossene Klimarahmenkonvention (UNFCCC) teilte die Länder der Erde in drei Kategorien ein: Entwicklungsländer, entwickelte Länder und Länder, die sich im Übergang zur Marktwirtschaft befinden (UN 1992). Diese Kategorien werden immer noch verwendet – und auch die inzwischen fast dreißig Jahre alte Einteilung. Allen voran China hat aber seitdem eine derart rasante Entwicklung genommen, dass es gewiss kein Entwicklungsland mehr ist. Diese Einteilung ist aber wichtig, weil sie festlegt, ob ein Land im Rahmen des Klimaschutzes von anderen Unterstützung erfährt – oder aber selbst andere unterstützen muss.

Es gibt weiterhin westlich orientierte »club-artige« Gruppen wie G7 oder die OECD, die zum Beispiel nicht die BRICS-Staaten einschließen (obwohl die OECD mittlerweile eng mit Brasilien, China und Indien kooperiert; OECD 2019). Jang et al. (2016) sehen die sich ändernden globalen Machtverhältnisse als Herausforderung für jede Art von multilateralem Setting an – egal ob es sich um internationale, globale oder multilaterale Institutionen handelt (ebd., 3).

Ein anderer Grund für die mangelhafte Legitimation von IGOs liegt in ihrer oft beklagten Vetternwirtschaft, in fehlenden demokratischen Prinzipien bei internen Prozessen, in Bürokratie und Missmanagement.

Josef Stiglitz, der selbst wie erwähnt lange für die Weltbank gearbeitet hat und die Bretton-Woods-Institutionen und ihre internen Prozesse bestens kennt, kritisiert diese scharf. Laut Stiglitz hängt der Erfolg der Globalisierung genau daran, ob es gelingt, die richtigen Governance-Strukturen aufzubauen, was auch die Reform von WTO, IWF und Weltbank einschließt (Stiglitz 2002, 226). Wir seien bisher nicht in der Lage, globalen Herausforderungen wirksam zu beggnen, weil die Globalisierung auch den Bedarf an global kollektivem Handeln vergrößert hat, denn die Interdependenz zwischen den Menschen weltweit habe zugenommen (224).

Der französische Ökonom Daniel Cohen teilt diese Kritik an den IGOs. Er betont vor allem auch die mangelhafte Kontrolle ihrer

Arbeit. Die WHO, der IWF und die WTO hätten alle ihre eigenen Statuten und Regularien und sie würden sich wie Regierungsbehörden benehmen, die auf sich selbst gestellt sind und durch niemanden kontrolliert würden (Cohen 2006, 193). Cohens Kritik verweist damit bereits auf ein weiteres Problem der IGOs hin – die fehlende Abstimmung zwischen ihnen und ihren Agenden.

Viele IGOs weisen Demokratie- und/oder Legitimationsdefizite auf.

Fehlende Abstimmung von Mandaten und Agenden

Die Agenden der globalen öffentlichen Organisationen sind nicht harmonisiert und aufeinander abgestimmt (Cohen 2006, 193 f.). Die WTO reguliert den globalen Handel, aber ist gleichgültig gegenüber ökologischen oder gesundheitlichen Problemen, solange sie auf der Produktionsseite auftreten (und nicht auf der Konsumentenseite). Der IWF als Hüter internationaler Finanztransaktionen ist bei Finanzkrisen primär um die Stabilität besorgt, weniger um die Folgen für Beschäftigung und Armut. Die WHO hat das Mandat für Gesundheitsfragen, aber darf nicht die damit eng zusammenhängenden Fragen sozialer Ungleichheit adressieren (ebd., 194).

Einige Standards der ILO (International Labour Organization) widersprechen WTO-Regeln, was bis jetzt nicht beigelegt ist. Konfliktpotenzial gibt es auch zwischen dem WTO-Patentschutz und Gesundheitsrechten, der sich an den Preisen für Medikamente zeigt, die für die Entwicklungsländer unerschwinglich sind (Kress 2014, 53).

Es gibt aber nicht nur *zwischen* verschiedenen Organisationen Abstimmungsschwierigkeiten und Zielkonflikte, sie existieren auch in einem recht umgrenzten Bereich, wenn etwa aus Gründen des Klimaschutzes Aufforstung betrieben wird, die im Konflikt mit den Biodiversitätszielen der Artenschutzkonvention steht (Walker et al. 2009, 1345). Einen ähnlichen Zielkonflikt gibt es bei der energetischen Nutzung von Biomasse, von der man sich zwar zunächst einen Beitrag zum Klimaschutz erhoffte (der aber zudem sehr klein ist, vgl. die Diskussion um EROI oben), der aber in Konflikt mit den Zielen des Artenschutzes gerät.

Die Agenden der IGOs sind nicht aufeinander abgestimmt.

Lösungsansätze

Es sind die oben genannten, ganz unterschiedlichen Problemlagen, wodurch Fortschritte bei internationalen Abkommen und Verträgen sowie die Arbeit von IGOs erschwert werden.

Aber was kann getan werden, um eine bessere Governance globaler Herausforderungen zu ermöglichen? In vielen Fragen scheint Konsens möglich, wenngleich es Unterschiede in der Bewertung eines globalen Ordnungsrahmens, einer Global Governance, geben mag.

Dem Recht Geltung verschaffen
Wenn es darum geht, globalen Herausforderungen wirksam und fair zu begegnen, gibt es aus meiner Sicht keine Alternative dazu, der Anerkennung des Rechts Geltung zu verschaffen, seinen Geltungsraum zu erweitern und seine Durchsetzung zu verbessern – so schwierig internationale Kooperation in dieser Sache auch sein mag. Dies schließt ein Plädoyer für internationale öffentliche Organisationen und Verträge ein – trotz ihrer mannigfachen Fehler und Defizite.

Der Politikwissenschaftler Harald Müller hat ein Buch zu der Frage geschrieben, wie eine neue Weltordnung aussehen kann. Er untersucht darin vier Kandidaten für Kontrollmechanismen für eine Weltordnung: Macht, Markt, Moral und Recht. Alle würden einen Beitrag leisten können, doch sieht Müller im Recht den *primus inter pares*.[46]

- *Macht* ist zu einem gewissen Grad immer erforderlich, da sie divergierende Interessen kontrollieren und den eigenen Willen gegen Widerstand durchsetzen kann (Max Weber). Allerdings provoziert Machtausübung immer auch Widerstand, welcher wiederum den Bedarf an Machtausübung erhöht. Letztlich sei es diese Macht-Widerstands-Dialektik, an der große machtgestützte Systeme scheitern würden, denn eine zunehmende Machtausübung verschlingt auch immer mehr Ressourcen. Zudem würde der Zentralismus, der auf Macht basierende Systeme zwingend kennzeichnet, große Systeme lähmen.

- Der *Markt* erlaubt zwar die effizienteste Allokation knapper Ressourcen, doch brauche auch der Markt einen rechtlichen Rahmen. Es müsse das Problem der Externalitäten und des Schutzes der öffentlichen Güter gelöst werden und die vom Markt produzierten Nebenfolgen, wie etwa die Fokussierung auf das Kurzfristige, müssten auch angemessen begrenzt werden.
- *Moral* könne, drittens, gut als Kontrollmechanismus fungieren solange es sich um eine homogene Gruppe von Menschen handele, die alle einen ähnlichen Moralkodex hätten. In den pluralistischen und sehr diversen Gesellschaften von heute kann dies aber nicht mehr angenommen werden, weshalb Müller die Moral als globalen Kontrollmechanismus ablehnt. Allerdings gibt er selbst zu: »Nahezu alle religiös verwurzelten Moralsysteme enthalten irgendwo den Respekt vor der Schöpfung und die Verpflichtung, im Einklang mit der Natur zu leben. Das hilft als Grundlage für die Promotion einer nachhaltig verträglichen Umweltpolitik.« (ebd., 216) Darüber hinaus gebe es in vielen Moralsystemen auch das »Gebot der Solidarität mit den weniger Begünstigten – das macht Debatten über globale Umverteilungsmaßnahmen leichter«.
- Schließlich ist Müllers letzter und präferierter Kandidat für die Errichtung einer globalen Ordnung das *Recht*. Das Recht sei »außer der Schrift und dem Rad vielleicht die genialste Erfindung in der Geschichte der Menschheit. Kein anderes Mittel vermag die Handlungen so vieler Menschen kontinuierlich über einen so großen Raum mit einem derartigen Minimum an direktem Zwang zu koordinieren und noch dazu so flexibel und wandelbar zu sein.« (217). Eine nachhaltige Weltordnung habe auf der Basis des Rechts zu funktionieren, was bedeute, dass alle Beteiligten dessen Geltung zu respektieren hätten.

Die entscheidende Position des Rechts als Grundlage aller Kontrollmechanismen wird in folgender Ausführung besonders deutlich:

> Eine nachhaltige Weltordnung kann funktionieren, wenn sie sich auf das Recht stützt und das Recht die übrigen Steuerungsinstrumente Macht, Moral und Markt kontrolliert. Und sie kann nur funktionieren, wenn die Mächtigen sich dem Recht aus der Einsicht unterwerfen, dass ein rechtloser Zustand, in dem Ordnung sich auf nichts als ihre Machtausübung stützt, in unserer komplexen und gefährdeten Welt auch ihre eigenen wohlverstandenen Interessen aufs Bedenklichste gefährdet (257).

Die überragende Bedeutung des Rechts für einen globalen Ordnungsrahmen wird auch von anderen Autoren unterstrichen. In seinem Buch über das Zeitalter der Nachhaltigkeit führt Jeffrey Sachs, Direktor des Sustainable Development Solutions Network (SDSN) der UN, aus, dass gute Regierungsführung (*good governance*) beinhalte, dass nicht nur der öffentliche, sondern auch der private Sektor nach den Grundsätzen des Rechts zurechnungsfähig, transparent und mit der aktiven Einbindung der Öffentlichkeit operiere (J. Sachs 2015, 42).

Als positives Beispiel dafür, dass durchaus nicht immer die Macht des Stärkeren regiere, sei der von Stiglitz diskutierte Abschluss der Uruguay-Runde im Rahmen der WTO genannt, der durch die Einhaltung von Prinzipien und nicht durch die Macht des Stärkeren ermöglicht worden sei. Mit einem kritischen Blick auf die US-amerikanische Politik beklagte Stiglitz bereits 2006, dass die förderliche Wirkung des Rechts bei der Gestaltung der Globalisierung sehr viel stärker sein könnte, wenn es erzwungen werde.

> Amerikas Weigerung, irgendetwas gegen die globale Erwärmung zu tun, kann als riesige und unberechtigte Handelssubvention aufgefasst werden. Solche Subventionen durch entsprechende Reglementierung zu unterbinden, könnte ein wichtiges

> Instrument sein, um sowohl ein gerechteres Handelssystem zu schaffen als auch eines der drängendsten globalen Probleme zu adressieren. Wir haben ein mangelhaftes System globaler Governance ohne globale Regierung. Ein Fehler besteht darin, dass wir nicht fähig sind, internationale Übereinkünfte durchzusetzen und negative Externalitäten zu beenden. Wir müssen die Instrumente nutzen, die wir haben – inklusive Handelssanktionen (Stiglitz 2006, 284).

Als Stiglitz dies 2006 schrieb, konnte niemand ahnen, unter welchen Vorzeichen fünfzehn Jahre später über Handelssanktionen zu sprechen sein würde. Es führt kein Weg daran vorbei, dass die Bedeutung der Anerkennung des Rechts für die Errichtung globaler Ordnungsstrukturen kaum überschätzt werden kann. Bis vor kurzem wäre der Hinweis müßig gewesen, dass dies insbesondere Regierungen und öffentliche Autoritäten verpflichtet.

Die einseitige Kündigung internationaler Verträge, die Verletzung geltenden Rechts und die Missachtung, die etablierten öffentlichen Institutionen durch Regierungsvertreter entgegengebracht wird, schädigt die Perspektive für eine internationale Zusammenarbeit weit mehr, als es der konkrete Fall je vermuten lässt. Es erodieren jahrhundertealte Grundsätze menschlichen Miteinanders: *pacta sunt servanda! Verträge sind einzuhalten!*

Internationale öffentliche Organisationen reformieren und aufeinander abstimmen
Wie oben angesprochen wurde, gibt es wohl einen Konsens darüber, dass viele IGOs wie UN, WTO, IWF oder Weltbank Reformbedarf haben, obgleich sich die jeweiligen Herausforderungen natürlich unterscheiden. Es sind allerdings gar nicht in erster Linie die globalen Institutionen selbst, die hierfür Schuld trügen, sagt Joseph Stiglitz, der immerhin einer der schärfsten Kritiker von Weltbank und IWF ist. Stiglitz sieht vielmehr die-

jenigen Länder in der Pflicht, die diese Institutionen faktisch kontrollierten sowie die entsprechenden Wählerinnen und Wähler – was im Wesentlichen die USA und einige westliche Länder meint (Stiglitz 2006, 277). Diese offensichtliche Dominanz dieser Länder ist seit langem kritisiert worden. Wohl nie wurde dieser Anspruch jedoch so unverhohlen vorgebracht wie durch den gegenwärtigen US-Präsidenten, der bei der Nominierung des neuen Weltbank-Präsidenten forderte, die Weltbank solle den Interessen der USA dienen (BBC News 2019).

Eine Reform der IGOs inklusive ihrer Governance ist daher überfällig, weshalb auch von vielen Seiten, auch aus den betreffenden Organisationen heraus, Vorschläge zur Reform gemacht wurden.

- Reinhart und Trebesch argumentieren mit Blick auf den IWF, dass trotz aller Kritik ein internationaler Geldgeber für den Notfall unverzichtbar sei und dass der IWF sich als Institution permanent neu erfinden müsse, um dieser Aufgabe gerecht zu werden (Reinhart und Trebesch 2016, 23).
- Nach der Subprime-Krise mandatierte die UN eine Kommission zur Reform des internationalen Geld- und Finanzsystems und machte konkrete Vorschläge für ein besseres Set-up des internationalen Finanzsystems (UN 2009).
- Auch die IGOs selbst machen Vorschläge zur Verbesserung, zum Teil mit Blick auf andere IGOs: Die Weltbank zum Beispiel gab einen Bericht zur Reform der WTO heraus. Es brauche dringend zusätzliche Maßnahmen, um Dialog und Kooperation über Fragen der Regulierung anzustrengen (Worldbank 2011, 22).

Die meisten Autoren scheinen in den folgenden Empfehlungen übereinzustimmen (vgl. z. B. Stiglitz 2006; Cohen 2006; Reinhart & Trebesch 2016, 23; Diehl 2001; UN 2009):

- *Demokratiedefizite beseitigen:* Im IWF und der Weltbank entsprechen die Stimmanteile weitgehend der wirtschaftlichen

Stärke der Geberländer (Stiglitz 2006, 281f.). Es gibt eine Tendenz dazu, dass die mächtigen Staaten es bevorzugen, über Fragen der Weltwirtschaft lieber im Rahmen des IWF zu beraten oder im Rahmen der G7 oder der OECD anstatt in der UN-Generalversammlung oder im Wirtschafts- und Sozialrat (ECOSOC), weil sie im IWF einen Stimmenvorteil haben (Diehl 2001, 497). Wie der Präsident der 63. Sitzung der Generalversammlung der Vereinten Nationen, Miguel d'Escoto Brockmann, gesagt hat:

> Nach demokratischen Prinzipien sollten diejenigen, die besonders stark von einer politischen Maßnahmen betroffen sind, auch an der Formulierung derselben beteiligt werden und diejenigen, die für massive Fehler und Schäden verantwortlich sind, sollten zur Rechenschaft gezogen werden. Unser gegenwärtiges System zur Lenkung der Weltwirtschaft besteht keinen dieser grundlegenden Tests demokratischer Kontrolle (UN 2009, 9).

Thomas Bollyky vom Council on Foreign Relations – einer einflussreichen außenpolitischen Denkfabrik in den USA – empfiehlt ein »Wahlsystem, das es erforderlich macht, dass Führungskräfte die Mehrheit von Staaten für sich gewinnen müssen und nicht bloß die Stimmen ihrer Anteilseigner« (Masters und Chatzky 2019).

- *Bessere Vertretung der Entwicklungsländer*: Diese Demokratisierung geht einher mit der Forderung nach einem größeren Gewicht der Entwicklungsländer in den globalen Wirtschafts- und Finanzinstitutionen, wie es auch SDG 10.6 explizit fordert:

> Eine bessere Vertretung und verstärkte Mitsprache der Entwicklungsländer bei der Entscheidungsfindung in den globalen internationalen Wirtschafts- und Finanzinstitutionen sicherstellen, um die Wirksamkeit, Glaubwürdigkeit, Rechenschaftslegung und Legitimation dieser Institutionen zu erhöhen (UN 2015).

Solch eine bessere Repräsentation ist nicht nur eine Frage demokratischer Partizipation, es würde auch eine Reform der IGOs vorantreiben.

Dem erwähnten Council on Foreign Relations zufolge würde das nämlich dazu führen, dass die Entwicklungsländer den IWF stärker als bisher als ihre eigene Institution begreifen würden (CFR 2012).

- *Transparenz erhöhen.* Um den erwähnten Demokratiedefiziten zu begegnen, wäre besonders viel Transparenz erforderlich – doch das Gegenteil scheint der Fall zu sein (Stiglitz 2006, 282). In Kapitel 16 wird die Erhöhung von Transparenz als ein Prinzip nachhaltigen Handelns für sehr unterschiedliche Kontexte vorgestellt (vgl. 16.3).
- *Bessere Abstimmung von Mandaten und Agenden verschiedener IGOs.* Die Mandate, Methoden und Ressourcen der meisten IGOs sind nach Ressorts gegliedert, die mit denen der Ministerialbürokratie auf nationaler Ebene vergleichbar sind: Für Fragen des Handels ist die WTO zuständig, für Entwicklung sind es Weltbank, IWF und UN-Entwicklungsprogramm (UNDP), für die Umwelt die UNEP etc. Wie jedoch schon mehrfach diskutiert wurde, sind die Herausforderungen der Nachhaltigkeit nur mittels interdisziplinärer Anstrengung zu *beschreiben* und nur durch ressortübergreifende Maßnahmen zu *adressieren*. Bei monodisziplinären Analysen oder unterkomplexen Maßnahmen können sich leicht Ergebnisse einstellen, die unbeabsichtigt sind und/oder Initiativen anderer Bereiche konterkarieren. Deshalb müssen die Mandate und Agenden der IGOs aufeinander abgestimmt und koordiniert werden.

Ein Beispiel: Nach dem Prinzip der Nichtdiskriminierung der WTO dürfen Produkte nicht deshalb benachteiligt werden, weil sich ihr Produktionsprozess von dem der Wettbewerberprodukte unterscheidet, solange die Produkte identische Qualität aufweisen. Mit anderen Worten, die Tatsache, dass ein Produkt nachhaltiger hergestellt wurde (wie auch immer das gemessen wird, ist eine andere Frage), würde nicht rechtfertigen, es zu bevorzugen – und umgekehrt. Eine nicht-nachhaltige Produktion darf nicht zur Diskriminierung führen, sofern die Produkte die gleiche Qualität aufweisen (ICTSD 2010; WTO 2019).

Natürlich darf man nicht erwarten, dass mit dem Handelsrecht alle globalen Herausforderungen gelöst werden können. Gleichwohl erscheint mir, insbesondere angesichts des Silo-Charakters unserer administrativen Prozesse (s. u., Kapitel 9) und angesichts der fehlenden Ausführungsgewalt auf internationaler Ebene sowie der Machtungleichgewicht zwischen reichen und armen Ländern, eine bessere Abstimmung zwischen den IGOs dringend geboten.

Warum erlaubt die WTO zum Beispiel, dass gesundheitliche Aspekte von Produkten berücksichtigt werden dürfen, solange diese die Konsumenten beeinträchtigen, aber nicht, falls sie auf Seiten der Produzenten auftreten? Wenn Teppiche die Gesundheit der Verbraucher beeinträchtigen, kann ihr Import WTO-konform verboten werden – wenn sie aber mithilfe von Kinderarbeit hergestellt wurden, darf dies für den Import keine Berücksichtigung finden. Warum kann ein Produkt, das unter höheren Umwelt- oder Sozialstandards hergestellt wurde, nicht gegenüber einem anderen bevorzugt werden, das Umwelt und Gesellschaft belastet? Die WTO ist sich dieser Konflikte bewusst. Ob man ihr Urteil für befriedigend hält oder nicht, mag jede und jeder für sich entscheiden.

> Umweltauflagen können den internationalen Handel beeinflussen, insbesondere falls sie dazu verwendet werden, heimische Produzenten vor internationaler Konkurrenz abzuschirmen, oder wenn sie diskriminierend sind. Insofern die Anstrengungen der Länder für grünes Wirtschaften fortbestehen, werden Umweltauflagen immer mehr zu wichtigen Determinanten beim Zugang zu fremden Märkten. Die Gestaltung entsprechender

Maßnahmen, wie transparent sie sind sowie Fragen nach Harmonisierung und Anerkennung können alle Anlass zur Sorge geben (WTO 2011, 10).

Es kann auch Anlass zur Sorge geben, so möchte ich ergänzen, wenn Umweltauflagen in erster Linie als Bedrohung des internationalen Handels angesehen werden. Manche Menschen würden es eher umgekehrt formulieren.

Die Frage, wie der internationale Handel mit Umweltschutz- und Entwicklungszielen vereinbar werden kann, ist natürlich nur eines von vielen Beispielen, die zeigen, dass die Arbeit von IGOs aufeinander abgestimmt werden muss, wenn wir Fortschritte in Richtung Nachhaltigkeit erzielen wollen.

Was ist zu tun? Daniel Cohen fordert, die Weltöffentlichkeit zu mobilisieren, um die Arbeit der großen Regierungsorganisationen aufeinander abzustimmen. Er schlägt vor, dass die Regularien der WTO so anzupassen wären, dass sie die Empfehlungen von WHO oder UNEP berücksichtigen (Cohen 2006). So richtig das auch sein mag, das Scheitern der Doha-Runde gibt wenig Anlass zur Hoffnung, dass dies leicht zu bewerkstelligen ist. Nach dem bisher Gesagten steht aus meiner Sicht außer Frage, dass nicht nur der Handel, sondern die Wirtschaft insgesamt die ökologischen Grenzen des Planeten zu berücksichtigen hat, was über kurz oder lang zu einer Internalisierung ökologischer und sozialer Kosten wird führen müssen.

Ein anderer Vorschlag sieht vor, bestimmte bestehende Institutionen als Vermittler aufzubauen bzw. zu stärken. Müller schlägt zum Beispiel vor, den Wirtschafts- und Sozialrat (ECOSOC) der Vereinten Nationen als Vermittler zu etablieren, wenn es zu Zielkonflikten zwischen verschiedenen Organisationen kommt (H. Müller 2008, 278). Wenn etwa die Weltbank ein ökologisch bedenkliches Großprojekt finanzieren möchte, haben andere Organisationen – wie UNEP – heute keine Möglichkeit, dagegen vorzugehen. In solchen Fällen könnte der ECOSO eine vermittelnde Rolle einnehmen.

Beide Vorschläge laufen letztlich darauf hinaus, dass die wirtschaftlich oder politisch einflussreichen Länder bereit wären, Privilegien aufzugeben.

Schaffung neuer Institutionen
Es wäre natürlich auch denkbar, ganz neue Institutionen zu etablieren, die als vermittelnde Autorität in Konfliktfällen, zur Abstimmung der Arbeitsweise verschiedener IGOs oder auch zur Schließung von Regulierungs- und Vollzugslücken fungieren könnten.

Die oben erwähnte, im Nachgang der Finanzkrise von 2008 mandatierte UN-Kommission zur Reform des Wirtschafts- und Finanzsystems empfahl die Schaffung eines globalen Rats zur Koordination der Wirtschaft – ein *Global Economic Coordinating Council*. Dieser Rat würde zur Aufgabe haben, die weltwirtschaftliche Situation zu beurteilen, Strategien aufeinander abzustimmen, Lücken im institutionellen Gefüge zu entdecken und Lösungsvorschläge zu unterbreiten (vgl. UN 2009, 87; Stiglitz 2009).

Das Fehlen einer globalen Wettbewerbsbehörde wurde oben schon angesprochen. Mit der zunehmenden Akkumulation wirtschaftlicher Macht wird es eine solche Institution brauchen, um das Funktionieren des globalen Markts zu gewährleisten.

Cohen fordert die Einführung zweier weiterer supranationaler Organisationen: Die eine solle zur Aufgabe haben, arme Länder beim Zugang zum internationalen Handeln zu unterstützen, die andere solle als unabhängige Non-Profit-Organisation den Aufbau einer Weltöffentlichkeit unterstützen (Cohen 2006).

Vollzugsdefizite schließen und Regierungszusammenarbeit stärken
Wie die Beispiele des illegalen Fischfangs oder des Exports von Elektroschrott zeigen, sind es nicht nur Regulierungs-, sondern auch Vollzugsdefizite, die den Schutz öffentlicher Güter gefähr-

den. Dies könnte unter anderem durch eine bessere Kooperation von Regierungsbehörden verbessert werden.

In ihrem Buch *A New World Order* verspricht sich Ann-Marie Slaughter viel von der konzertierten Zusammenarbeit von Regierungen (Slaughter 2004). Es gäbe ein großes Potenzial für Regierungsnetzwerke, die ein zentrales Merkmal der Weltordnung im 21. Jahrhundert seien, doch werde deren Arbeit unterschätzt und nicht hinreichend zur Bekämpfung der zentralen Probleme der Weltordnung herangezogen (Slaughter 2004, 1). In vielen regulatorischen und juristischen Fragen könnten solche Regierungsnetzwerke auf eine Annäherung, auf die Einhaltung internationaler Übereinkommen und auf eine bessere zwischenstaatliche Kooperation hinwirken (261).

In einigen Bereichen funktioniert die Zusammenarbeit nationaler Behörden bereits sehr gut, in anderen gibt es noch Aufholbedarf. Für eine bessere Zusammenarbeit der Polizeibehörden wurde bereits 1923 die International Criminal Police Commission gegründet, seit 1956 als Interpol bezeichnet (Interpol 2019). Interessanterweise ist Interpol lediglich ein Verein französischen Rechts, »kein völkerrechtlicher Vertrag liegt ihr zugrunde, kein Parlament hat die Tätigkeit von Interpol je ratifiziert« (Kampf 2015). Die Zusammenarbeit der Sicherheitsbehörden, aber auch die der Finanzbehörden, wurde in den letzten Jahren im Zuge der Bekämpfung des internationalen Terrorismus, der organisierten Kriminalität, der Geldwäsche und der Steuerhinterziehung weiter ausgebaut.

6.2 Geopolitik und der Kampf um die Errichtung einer Weltordnung

Die besten internationalen Verträge und die ambitioniertesten Nachhaltigkeitsprogramme werden wirkungslos bleiben, wenn sie durch geopolitische Konflikte in den Hintergrund gedrängt werden. Es ist des-

halb wichtig, unterschiedliche Vorstellungen einer Weltordnung zu verstehen und in Richtung derjenigen zu arbeiten, die einer nachhaltigen Entwicklung am zuträglichsten ist.

Die Leitfrage dieses Kapitels lautet, wie globale Entwicklungen in Richtung Nachhaltigkeit gelenkt werden können. Die Antworten auf diese Frage variieren stark mit dem jeweiligen Hintergrund und Weltbild. Es hat ganz unterschiedliche Vorschläge gegeben, die bestehende Weltordnung zu beschreiben. Die *empirische* Frage, wie die bestehenden Strukturen und Prozesse am besten zu *erklären* bzw. zu verstehen sind, ist von der *normativen* Frage zu unterscheiden, wie eine solche Weltordnung legitimerweise aussehen *sollte*. Hier können zunächst nur ein paar Schlaglichter auf Extremfälle geworfen werden, bevor dann diejenige Position dargestellt und verteidigt wird, die wohl als Mehrheitsposition gelten kann: die einer Global Governance.[47]

6.2.1 Die Rolle des Staats im Einfluss von Realismus und Neoliberalismus

Der im 20. Jahrhundert von dem US-amerikanischen Politikwissenschaftler deutscher Abstammung Hans J. Morgenthau geprägte Realismus geht davon aus, dass Politiker (»Staats*männer*«) in Kategorien von Interesse und Macht denken und handeln würden (Morgenthau 2005, 5). Der Realismus sei sich zwar der moralischen Dimension politischen Handelns bewusst, hält es jedoch nicht für möglich, moralische Prinzipien auf das Handeln von Staaten anzuwenden – ein Gedanke, der sich auch in der Weberschen Unterscheidung von Gesinnungs- und Verantwortungsethik ausdrückt (ebd. 14). Deshalb bezweifelt der politische (Neo-)Realismus auch generell den Wert internationaler Verträge und Organisationen. Denn ob ein Staat Verträge schließe und einhielte, hinge vom Eigeninteresse des betreffenden Staats ab (Kress 2014, 40). Verträge werden damit zur Kosmetik.

Manche jüngere Entwicklungen der Weltpolitik scheinen diese Position zu bestätigen. Herrschte in den 1990er-Jahren noch die Hoffnung, nach dem Zerfall der geopolitischen Bipolarität eine multipolare Weltordnung errichten zu können (s. u.), muss heute ernüchtert das Propagieren nationaler Egoismen und die bewusste Missachtung oder Diffamierung multilateraler Verträge und Institutionen festgestellt werden. Allerdings gibt es durchaus etliche Beispiele, die belegen, dass internationale Verträge wirksam sein und auch heute noch geschlossen werden und Wirkung entfalten können. Ein oft zitiertes Beispiel ist das Montreal-Protokoll (1987 beschlossen, 1989 in Kraft getreten), mit dem sich die Vertragsstaaten verpflichteten, Maßnahmen zum Schutz der Ozonschicht zu ergreifen und die Verbreitung entsprechend schädlicher Stoffe zu reduzieren. Auch das Kyoto-Protokoll, das Pariser Klimaabkommen und die Agenda 2030 sind Beispiele, die belegen, dass auch heute noch Einigung zwischen sehr vielen Parteien möglich ist und die vereinbarten Maßnahmen Wirkung zeigen – wenngleich nicht immer in genau der angestrebten Weise.

Eine andere, aus meiner Sicht vom Realismus nicht hinreichend berücksichtigte Entwicklung ist die zunehmende Bedeutung neuer, nichtstaatlicher Akteure (wie MNEs und NGOs) auf der weltpolitischen Bühne, was noch zu thematisieren sein wird.

Eine ganz andere Position zur Rolle des Staates nimmt der (Neo-)Liberalismus ein, der die Dominanz der Politik über die Wirtschaft in Zweifel zieht. Beispielsweise der liberale Ökonom Carl Christian von Weizsäcker ist der Ansicht, man solle es dem freien Markt überlassen, die globalen Herausforderungen zu adressieren. »Die wettbewerbliche Wirtschaft ist die Kraft der Veränderung, die Politik, sei sie demokratisch oder nicht, ist die Kraft der Beharrung und Bewahrung. Die Weltprobleme werden dadurch gelöst, dass man der Wirtschaft die Führungsrolle vor der Politik überlässt.« (C. von Weizsäcker 2000, 166) Diese zumindest optimistisch zu nennende Einschätzung der »heilenden Kräfte« des Markts, die zugegebenermaßen vor zwei Jahrzehnten geäußert wurden, atmet noch den neo-liberalen Geist der 1980er- und 1990er-Jahre. Nicht nur die Subprime- und Staatsschuldenkrise seit 2007, auch diverse Skandale in der Finanzindustrie – etwa um Paradise- und Panama-Papers oder »Cum-Ex«-Geschäfte –, aber auch die immer bedrohlicheren ökologischen Krisen haben diesen Optimismus gedämpft und die Einsicht gefördert, dass es in vielen Bereichen, insbesondere zum Schutz der globalen Gemeingüter, *mehr* und nicht weniger staatlicher Regulierung bedarf.

Eine Reihe von Autoren plädieren explizit für eine starke Rolle des Staats – quasi als Anti-These zum Neo-Liberalismus. In seinem Buch über das »Zeitalter der Nachhaltigkeit« erinnert Jeffrey Sachs daran, dass es der Staat sei, der für den Aufbau und Erhalt wichtiger Infrastrukturen zuständig ist – seien es Eisenbahnen, Straßen, Energieübertragung oder die Wasserversorgung–, und dass eben diese Infrastrukturen für die Entwicklung einer Volkswirtschaft essenziell sind. Die Regierung sei für das Gesundheitswesen verantwortlich, für das Bildungssystem und die Ernährung der Bevölkerung, insbesondere der Kinder. Wenn die Regierung ihre Arbeit vernachlässige, seien die öffentlichen Schulen elendig (J. Sachs 2015, 129).

Auch Chandran Nair tritt für einen starken Staat ein. Er beklagt, dass der gegenwärtigen Weltordnung Vollzugs- und Sanktionsmöglichkeiten fehlen würden, dass sie Schwierigkeiten bei der Regulierung globaler Gemeingüter hätte, die IGOs westlich geprägt seien und veralteten geopolitischen Mustern entsprächen (Nair 2018).

6.2.2 Global Governance als analytisches Konzept

Wie Jang et al. (2016) ausführen, hat eben jener neo-liberale Geist der 1990er-Jahre dem Konzept der Global Governance den Boden bereitet (Jang et al. 2016, 1). Denn die Privilegierung von Markt und Kapital gegenüber staatlichen Autoritäten habe Regulierungslücken (*governance gaps*) aufgetan, in die Akteure aus Wirtschaft und Zivilgesellschaft vordrangen und Rollen besetzten, die vormals im Aufgabenbereich des Staats lagen. Das auf multilaterale Kooperation setzende Konzept der Global Governance befasst sich mit Herausforderungen, die zu komplex wären, als dass sie alleine durch einen einzelnen Staat adressiert werden könnten (ebd.).

Doch was ist Global Governance? Das Konzept wird nicht einheitlich verwendet. Einigkeit herrscht darüber, dass Global Governance keine globale Regierung meint (also: *government*). Während eine Regierung auf einem Regelsystem aufbaut, das in formalen und rechtlichen Prozeduren ausgerichtet ist, basiert *Governance* auf einem informellen Regelsystem (Rosenau 2003, 13).

Rosenau bezeichnet Global Governance als die »Summe der formellen und informellen Regelsysteme auf allen Ebenen der Gesellschaft«, als ein »hochgradig disaggregiertes und nur minimal koordiniertes Lenkungssystem« (Rosenau 2003, 13).

Es waren drei Entwicklungen, die für das Auftreten von Global Governance bestimmend und kennzeichnend waren (Biermann, Frank und Pattberg, Philipp 2008, 280): Zum einen sind zu den nationalen Regierungen, traditionell den Hauptakteuren der internationalen Umweltpolitik, neue Akteure hinzugetreten – also zum Beispiel NGOs oder MNEs. Zweitens entstanden jenseits der traditionellen Formen der staatlichen, vertraglich geregelten Regime neue Mechanismen und Institutionen der globalen Umwelt-Governance (z. B. dem IPCC). Und drittens wurden die Governance-Systeme auf allen Ebenen und funktionalen Bereichen ganz allgemein immer stärker segmentiert und fragmentiert.

Global Governance als analytisches Konzept *beschreibt* daher lediglich die veränderte Landschaft globaler Akteure. Neue Akteure wie NGOs haben etwa eine wachsende Bedeutung auch in internationalen politischen Diskursen, ebenso wie multinationale Unternehmen oder wissenschaftliche Expertengremien (IPCC). Lange Zeit waren diese Gruppen bei öffentlichen politischen Debatten oder UN-Konferenzen nicht zugelassen. Einzig der Wirtschafts- und Sozialrat (ECOSOC) der UN unterhielt seit Gründung der Vereinten Nationen auch offizielle Beziehungen zu NGOs. Auf diese Weise konnten NGOs zum Beispiel an der ersten Umweltkonferenz in Stockholm 1972 teilnehmen, in einer beratenden Rolle. Seit 1992 (UNCED) können NGOs sowie wissenschaftliche Experten auch an *formellen* Verhandlungen teilnehmen, seit 2002 (WSSD) ist sogar eine Teilnahme auf Augenhöhe mit Regierungsvertretern am Konferenztisch möglich (Brühl & Rosert 2014, 356).[48]

Es ist kennzeichnend für Global Governance, dass sich ganz neue Konstellationen und Kooperationen ergeben. Man kann mit Jang et al. (2016) vier verschiedene Strukturen innerhalb von *global governance* unterscheiden:

1. IGOs (wie WTO oder UN);
2. Public–Private Partnerships (PPPs) wie den UN Global Compact (UNGC), der eine Kooperation von Regierungsorganisationen (in diesem Fall der UN) und Unternehmen ist;

3. Private Governance, z. B. in Unternehmen;
4. Dreiseitige Governance-Konstellationen, bei der öffentliche, private und zivilgesellschaftliche Akteure kooperieren, wie z. B. bei der Extractive Industries Transparency Initiative (EITI), bei der Regierungen und Zivilgesellschaft (Transparency International) mit Unternehmen der extraktiven Industrien zusammenarbeiten (Jang, McSparren und Rashchupkina 2016, 1).

6.2.3 Global Governance als normatives Konzept

Dass die gegenwärtige Weltordnung rein faktisch Elemente einer Global Governance aufweist, ist, wie gerade beschrieben, unstrittig. Unterschiedliche Ansichten gibt es allerdings bei der Beurteilung dieses Sachverhalts, also bei der *normativen* Frage, ob eine regelbasierte multipolare Weltordnung einem anarchischen Nebeneinander von Nationalstaaten, einer hegemonialen Dominanz einer Führungsnation oder einem Weltstaat vorzuziehen ist (diese vier Typen bilden sich, wenn man mit Rittberger et al. (2013) Weltordnungen hinsichtlich der Frage unterscheidet, ob es bindende supranationale Regeln und Standards gibt oder nicht und ob es eine supranationale Autorität gibt oder nicht. Die nachfolgende Tabelle führt die vier sich daraus ergebenden Möglichkeiten von Weltordnungen auf (vgl. Rittberger et al. 2013, 254 ff.; Müller 2008).

Tabelle 1: Typologie für Typen von Weltordnungen (Quelle: Rittberger et al. 2013, 254)

	Keine supra-nationale Autorität (horizontale Koordination)	*Supra-nationale Autorität (vertikale Koordination)*
Keine verbindlichen Normen und Regeln	Anarchie unabhängiger Staaten	Welthegemonie
Verbindliche Normen und Regeln	Heterarchische Global Governance	Weltstaat

Es wurde oben bereits angedeutet, dass es in den 1990er-Jahren eine gewisse Euphorie angesichts der Vorstellungen von Global Governance gab, an die nach dem Fall des Eisernen Vorhangs Hoffnungen für eine multipolare Weltordnung geknüpft wurden (Messner & Weinlich 2016, 4).[49] Ein Vierteljahrhundert später muss man mit den Politikwissenschaftlern Messner und Weinlich ernüchtert feststellen, dass von dem globalen Optimismus bezüglich einer auf Kooperation aufbauenden Global Governance nicht mehr viel übrig ist (ebd.). Die internationale Gemeinschaft gestalte die Globalisierung nicht wirklich; vielmehr würde diese auf ihrem Weg durch transnationale Krisenszenarien mäandern: Krisen der Sicherheitspolitik, der Weltwirtschaft, der globalen Umweltpolitik und des internationalen Systems als Ganzem.

Hinsichtlich der Frage, ob Global Governance einer nachhaltigen Entwicklung zuträglich ist oder nicht, scheint es keinen Konsens zu geben. James Rosenau zufolge seien die Aussichten für eine wirksame Governance, die zur Nachhaltigkeit führe, eher bescheiden (Rosenau 2003, 11). Anthony Giddens beklagt die Schwäche internationaler Institutionen: Just zu der Zeit, in der die Welt mehr wirksame Governance benötigen würde, erscheinen die internationalen Institutionen schwächer als sie schon waren (Giddens 2009, 207). Natürlich könne eine multipolare Welt, so Giddens, Kooperation befördern; doch könne sie ebenso leicht auch gravierende Trennungen und Konflikte hervorbringen, die von niemandem gelöst werden können (Giddens 2009, 207). Giddens schrieb dies 2009 und man mag sich fragen, ob sich die Situation seitdem nicht noch verschlechtert hat. Allerdings sind mit dem Pariser Klimaabkommen und der Agenda 2030 auch zwei wichtige Meilensteine internationaler Kooperation erreicht worden – wie begrenzt und fehlerhaft diese auch sein mögen.

Es gibt aber zudem aus meiner Sicht auch keine wirkliche Alternative zu einer gewissen Form von Global Governance. Die Alternativen sind allesamt nicht verlockender – weder eine Anarchie von Nationalstaaten noch die Dominanz eines globalen Hegemons, und auch ein Weltstaat würde seine problematischen Aspekte haben (abgesehen davon, dass ein solcher gegenwärtig noch weit unrealistischer erscheint als eine global governance).

Das ist der Grund, warum Jang et al. Global Governance geradezu emphatisch als notwendig für die menschlichen Lebensgrundlagen preisen: »Global Governance ist wohl unvermeidbar für das Überleben der menschlichen Spezies heutiger wie künftiger Generationen. Obwohl Global Governance angesichts der gegenwärtigen Herausforderungen mitunter als fragil und unwirksam erscheint, hat der Trend der Globalisierung und der Bedarf für Ansätze von Global Governance bereits den *point of no return* überschritten.« (Jang, McSparren und Rashchupkina 2016, 3).

Alles in allem lässt sich sagen, dass aus rein analytischer Perspektive in der gegenwärtigen Weltordnung wohl zumindest drei der vier o. g. Typen von Weltordnung zu finden sind. Es gibt Elemente, die eher an anarchisches Nebeneinander von Staaten erinnern und solche, die hegemoniale Struktur aufweisen. Doch es gibt auch Elemente von Multipolarität und globaler Kooperation und Global Governance.

Ritterberger et al. sehen eine *heterarchische* Global Governance de facto bereits als der bestehenden Weltordnung am nächsten stehend (Rittberger, Zangl und Kruck 2013, 259).

Auch unter normativen Gesichtspunkten erscheint mir viel für eine solche Form der Weltordnung zu sprechen, da sie die bestmögliche Kombination der Bewahrung einer relativen Eigenständigkeit von unabhängigen und sehr unterschiedlichen Staaten mit verbindlichen Normen und Regeln für eine große Vielfalt von Akteuren auf der globalen Bühne bietet. Eine heterarchische Weltordnung basiert nicht auf einer hierarchischen Kontrolle von oben (also »top down«), sondern auf einer horizontalen, netzwerkartigen Koordination der Strategien und Ansätze von staatlichen wie nichtstaatlichen Akteuren, von IGOs, NGOs, Regierungen, Unternehmen, von Wissenschaft und Zivilgesellschaft (Rittberger et al. 2013, 259).

Lösungsansätze

Eine starke Stimme der Zivilgesellschaft im globalen Diskurs sicherstellen

Die Entwicklungen in Richtung einer Global Governance geben nichtstaatlichen Akteuren – hier stellvertretend mit Zivilgesellschaft und Wirtschaft benannt – die Möglichkeit, öffentliche Diskurse mitzubestimmen und auch Vertragsverhandlungen mitzugestalten. Um den Einfluss der Wirtschaft auf die Politik braucht man sich dabei wohl keine Sorgen zu machen, doch die Zivilgesellschaft kann diese Chance nutzen, um Interessen des Gemeinwohls zu artikulieren. Es gibt viele ermutigende Beispiele, in denen zivilgesellschaftliches Engagement politische Prozesse verändert, Stimmungen gekippt und politisches Handeln ermöglicht hat, das sonst nicht möglich gewesen wäre. Der deutsche Atomausstieg nach Fukushima oder die durch Greta Thunberg neu entfachte Diskussion um den Klimaschutz, die dazu geführt hat, dass manche Politiker plötzlich in einer atemberaubenden Geschwindigkeit den Klimaschutz als ihr »ureigenstes« Thema entdecken, sind eindrucksvolle Beispiele, was der Druck der öffentlichen Meinung bewegen kann.

Es werden selbstverständlich auch Wirtschaftslobbyisten ihren Einfluss ausüben – mit deutlich größeren Budgets.

Es muss genau unterschieden werden zwischen legitimer Positionierung gegenüber der Politik und den teils dreisten Versuchen, die öffentliche Diskussion wider besseren Wissens in Richtung der gewünschten politischen Richtung zu beeinflussen. Es ist erschreckend zu sehen, wie genau manche Firmen der Öl- und Gasbranche seit Jahrzehnten wissenschaftliche Expertise über die Entwicklung des Klimawandels haben und ihre Lobbyarbeit gleichwohl noch jahrzehntelang in entgegengesetzte Richtung vorantrieben. Der Ölkonzern Exxon wusste aufgrund eigener Studien seit 1982 um die bedrohliche Entwicklung des Weltklimas. In einer Extrapolation aus jenem Jahr wurde die CO_2-Konzentration für das Jahr 2020 mit 420 ppm angegeben, was fast exakt dem heutigen Wert entspricht (Spiegel Online 2019).

Die Gruppe der NGOs, die an internationalen Vertragsverhandlungen teilnehmen, ist sehr heterogen und hat sich über die Zeit verändert (Brühl und Rosert 2014). Immer mehr haben sich neben den »grünen Umwelt-NGOs« auch Unternehmensverbände und »graue NGOs« gebildet, wie Brühl und Rosert ausführen. Und auch diese Gruppe der »grauen NGOs«, die zum Teil direkte Vertreter der Öl- und Kohlelobby waren, vom Dachverband mit dem zynischen Titel »Global Climate Coalition« organisiert wurden und die Bemühungen um den Klimaschutz konterkarierten – auch diese Gruppe sitzt mit am Tisch bei internationalen Klimaverhandlungen (Brühl und Rosert 2014, 349.361).

Umso wichtiger ist es, dass die Stimme der Zivilgesellschaft, die Fürsprecher des Gemeinwohls und die Anwälte künftiger Generationen ihre Stimme in diesen Diskurs einbringen.

Um Abhängigkeiten von Industriezweigen oder Unternehmen offenzulegen, ist es zudem wichtig, finanzielle oder berufliche Verflechtungen transparent zu machen.

Regelkonformes Verhalten setzt kein Gewaltmonopol voraus
Politische (Neo-)Realisten argumentieren, dass internationale Gerichtsbarkeit wenig Sinn mache, weil sie ohnehin durch mächtige Akteure übergangen werden könnte. Die gegenwärtige Realpolitik scheint diese Einschätzung zu bestätigen, denn nicht einmal die Möglichkeit von Sanktionsmaßnahmen verhindert, dass Staaten internationales Recht brechen, wie der Einmarsch der USA im Irak 2003 oder die russische Annexion der Krim 2014 gezeigt hat (vgl. Kress 2014, 40). Nach dieser Logik wäre ein Gewaltmonopol eine Voraussetzung für die Wirksamkeit des Rechts. Denn nur mit einem solchen Gewaltmonopol wäre sicherzustellen, so die Lehrmeinung, dass

es eine hinreichende Gesetzeskonformität gäbe. In diesem Sinn wären Fragen der Gesetzeskonformität die Achillesferse internationaler Regulierung.

Der Politikwissenschaftler Michael Zürn vom Wissenschaftszentrum Berlin (WZB) hat demgegenüber mit Bezug auf zahlreiche reale Fälle, z. B. in der EU-Politik, gezeigt, dass Gesetzeskonformität nicht nur durch Gewalt zu erreichen ist.[50] Vielmehr ergebe sich Gesetzeskonformität aus der Kombination mehrerer Aspekte: der Legitimität der rechtlichen Normen, der Art und Weise, wie rechtliche Normen funktionieren, wenn sie einmal etabliert wurden, und dem geschickten Umgang mit Nicht-Konformität (Zürn 2005, 5).

In einer solchen Perspektive wird deutlich, warum ein globaler öffentlicher Diskurs so eminent wichtig für eine ordentliche Global Governance ist. Die Legitimität rechtlicher Normen und die Konformität mit ihnen kann von einer globalen Öffentlichkeit beurteilt werden, die heute noch einen sehr viel stärkeren Einfluss hat als früher. Der kanadische Philosoph und Kommunikationswissenschaftler Marshall McLuhan sagte bereits 1975, dass der Vietnamkrieg nicht auf den Schlachtfeldern Vietnams, sondern in den US-amerikanischen Wohnzimmern entschieden worden wäre. Denn der Vietnamkrieg war der erste, der quasi live am Fernsehschirm mitverfolgt werden konnte, was einen großen Einfluss auf die öffentliche Meinung und dadurch auf die Politik hatte (McLuhan 1975). Diese Macht der Öffentlichkeit ist in den Zeiten sozialer Medien, die binnen Stunden Menschen rund um den Globus erreichen können, mutmaßlich noch größer als damals (wobei klar ist, dass es hierbei nicht um »die« Öffentlichkeit geht).

Zudem ändert sich auch das Verständnis dessen, was als regelkonform (englisch: compliant) gilt. In der Unternehmenswelt meinte Compliance lange Zeit Konformität mit der staatlichen Gesetzgebung. Im Kern ist das heute auch noch so, aber es geht auch darüber hinaus. Mir sagte mal ein leitender Angestellter eines multinationalen Bergbauunternehmens, dass Compliance für ihn bedeute, die Erwartungen seiner Stakeholder zu erfüllen (»For me compliance means meeting my stakeholder's expectations«). Dies passt gut zu Zürns Darstellung, wonach die Durchsetzung (enforcement) von Regeln weniger an den gewählten Mitteln festzumachen ist, als vielmehr daran, ob die Adressaten sich im Ergebnis so verhielten, wie es gewünscht ist.

Mit wichtigen Akteuren im Club-Format arbeiten und kritische Hebel nutzen
Wenn man in einem idealen multilateralen Ansatz versucht, mit der gesamten Weltgemeinschaft Ziele und Maßnahmen zu vereinbaren, kostet das viel Zeit und es müssen viele Kompromisse geschlossen werden. Das erscheint gegenwärtig besonders schwierig, weil an vielen Stellen Populisten zum Teil offen nationale Alleingänge propagieren und multilaterale Vereinbarungen ablehnen. Um sich davon nicht ausbremsen zu lassen, besteht ein Ansatz darin, mit einer Gruppe von Akteuren voranzugehen, mit denen verbindliche Einigungen zu erzielen sind – im Club-Format.

Die Politikwissenschaftler David Victor und Bruce Jones vom US-amerikanischen Brookings-Institut, die viel zu internationalen Beziehungen und multilateralen Institutionen geforscht haben, schlagen einen »episodischen Multilateralismus« vor (Victor und Jones 2018, 1). Die Bedingungen für wirklich globale Übereinkünfte in Fragen des Klimaschutzes seien selten gegeben und flüchtig, episodisch. In den Phasen dazwischen sei es aber durchaus möglich, wichtige Fortschritte in Richtung Transformation zu erzielen, wenn sich kleine Gruppen sozusagen in Nischen auf innovative Strategien und Technologien konzentrieren würden (ebd., 2).

Der Grundgedanke ist, dass der überwiegende Teil der Emissionen aus einigen wenigen Ländern kommt und schon viel gewonnen wäre, wenn die größten Verursacher sich im

Vorgehen einigen könnten. Zudem hätte dieses Vorgehen den Vorteil, dass es auch nichtstaatliche Akteure und verschiedene Ebenen staatlicher Akteure einbinden könnte. In den USA etwa, die sich auf Bundesebene als eines der größten Hemmnisse für den Klimaschutz erweisen, gibt es viele Initiativen auf der Ebene der Bundesstaaten, der Städte und in der Wirtschaft.

Victor und Jones plädieren zudem dafür, sich auf die Bereiche und die Technologien zu konzentrieren, in denen viel Verbesserungspotenzial liegt, wie den Verkehrsbereich und neue Antriebstechnologien (ebd., 2 f.).

Ein solches Vorgehen im Club-Format macht globale Einigungen natürlich nicht obsolet – allein schon, weil sie den Anreiz zum Trittbrettfahren erhöhen (»wenn die anderen sowieso weitermachen, ist es ja nicht so schlimm, wenn wir es nicht tun«) – doch es zeigt, dass auch die Phasen zwischen den wenigen Momenten, in denen globale Einigung möglich ist, wichtig sind und für Fortschritte genutzt werden sollen.

Bereichsübergreifende Kooperationen fördern
Da die Herausforderungen der Nachhaltigkeit sehr viele Disziplinen, Sektoren und Lebensbereiche umfassen, kann ihnen auch nur durch entsprechend übergreifende Kooperationen begegnet werden (vgl. Kapitel 9). Bereichsübergreifende Kooperationen sind deshalb wichtige Voraussetzungen, um den eigenen Horizont zu erweitern, Verständnis für die Position anderer zu gewinnen und dadurch auch den sozialen Zusammenhalt zu stärken (vgl. 15.2–15.4).

Im Zusammenhang mit Fragen der Global Governance kann dies zudem dazu beitragen, ein gemeinsames Problembewusstsein zu entwickeln und damit den Druck auf die Politik zu erhöhen.

Es ist ja kennzeichnend für Global Governance, dass ganz unterschiedliche Akteure aus der Zivilgesellschaft, Politik, Wissenschaft und Wirtschaft in bestimmten Fragen kooperieren.

Berührungsängste werden abgebaut, die Grenzen zwischen den Bereichen werden durchlässiger. Unternehmen gehen auf NGOs zu, um sich Kritik auszusetzen, weil sie verstanden haben, dass der direkte Dialog besser ist als ein massenmedial vermitteltes *Blame Game*.

Auch wenn solche Kooperationen mühsam sind und mitunter scheitern, können sie doch letztlich zu einer Einigung vieler Akteure beitragen. Anthony Giddens erkennt deshalb an der Doha-Verhandlungsrunde im Rahmen der WTO trotz ihres Scheiterns auch etwas Gutes, denn diese Verhandlungen hätten Fortschritte bei bilateralen und regionalen Handelsabkommen ermöglicht, was schließlich auch Fortschritte auf globaler Ebene ermögliche (Giddens 2009, 221).

Entgegen manch pessimistischer Stimmen im jüngeren Diskurs zur Global Governance arbeiten Messner und Weinlich anhand von Ergebnissen sehr unterschiedlicher Fachgebiete (wie Neurowissenschaften, Kognitionspsychologie, Anthropologie oder Evolutionsbiologie) heraus, dass Kooperation durchaus nicht nur das Ergebnis komplementärer Interessen oder leicht zu überbrückender Interessenkonflikte ist, sondern eine eigenständige Handlungsweise, auf die Menschen selbst in Konfliktsituationen zurückgreifen (Messner und Weinlich 2016, 9). Diese Einsichten seien auch im Rahmen der Forschung zur Global Governance zu berücksichtigen, so die Autoren.

Schlussfolgerung: Global Governance als Orchestrierung zahlreicher Akteure auf unterschiedlichen Ebenen
In seinem Buch *The Politics of Climate Change* setzt sich Anthony Giddens mit der Frage auseinander, ob wir nach der Euphorie hinsichtlich einer neuen Weltordnung nicht inzwischen die Umkehrung und Formen autoritärer Nationalismen erleben würden (208).

Für Giddens steht fest, dass es zur Realität des 21. Jahrhunderts gehöre, dass alles mit allem zusammenhänge, und dass

Staaten, die diese Interdependenz ignorierten, rasch eines besseren belehrt würden. Er kritisiert insbesondere das Verhalten der Administration von George W. Bush, die auf eine Politik der Stärke gesetzt habe, was mit einer verächtlichen Haltung gegenüber den Herausforderungen des Klimawandels einhergehe. Ungeachtet ihrer militärischen Stärke als weltgrößte Militärmacht wäre es den USA trotz militärischer Anfangserfolge nicht gelungen, ein einzelnes Land mittlerer Größe, den Irak, zu befrieden (212). Trotz der Hilfe von Alliierten wären die USA nicht in der Lage gewesen, zugleich im Irak und in Afghanistan Krieg zu führen – und der Erfolg zur Stabilisierung Afghanistans wäre im besten Fall als begrenzt zu bezeichnen. Und obwohl die US-Wirtschaft die größte der Welt ist, sei es kaum möglich, in nationalen Alleingängen die Weltwirtschaft zu beeinflussen, wie die Finanzkrise (von 2007 ff.) eindrücklich bewiesen habe.

Giddens schrieb dies im Jahr 2009 – und doch haben seine Aussagen nichts an Aktualität verloren. In vieler Hinsicht hat sich die geopolitische Situation in der von Giddens kritisierten Weise weiter zugespitzt.

Mehr noch als 2009 scheint die heutige »Weltordnung« Momente nationaler Egoismen, Momente von Anarchie und Hegemonie aufzuweisen. Zugleich sind seitdem aber auch wichtige internationale Abkommen in Kraft getreten (z. B. Pariser Klimaabkommen und Agenda 2030) und es gibt trotz heftig ausgetragener nationaler und internationaler Differenzen doch auch in allen Weltregionen ein Bewusstsein für globale Krisen, das von breiten Schichten in der Bevölkerung geteilt wird.

Unabhängig von der empirisch-analytischen Frage, zu welchem Grad Elemente einer Global Governance im gegenwärtigen System zu verorten sind, steht das Konzept einer multipolaren, regelbasierten Weltordnung auch im normativen Wettstreit mit anderen Herrschaftsformen (vgl. Ott 2014, 909). Mir erscheint es als diejenige Form der Weltordnung, die das Erreichen gemeinsamer Ziele trotz der Berücksichtigung nationaler Eigenständigkeiten am besten ermöglichen kann. Jedenfalls kann eine neorealistische Position kaum glaubhaft machen, die zentralen Herausforderungen, vor denen die Menschheit steht, besser bewältigen zu können. Für den Umweltphilosophen Konrad Ott ist die Institutionalisierung von Nachhaltigkeit jenseits der Nationalstaaten, die in den kommenden Jahrzehnten eine zentrale Herausforderung sei, sogar an die »intellektuelle Voraussetzung« geknüpft, den Neorealismus zu verwerfen (Ott 2014, 909).

Dass es für Konzepte der Global Governance nicht einfach sein wird, sich in diesem Wettbewerb zu behaupten, ist evident, denn die gegenwärtigen Entwicklungen erschweren die Bedingungen für Multi-Stakeholder-Kooperationen (Kress 2014, 49 ff.). Komplexität und Fragmentierung nehmen auf der globalen Bühne weiter zu – durch die ständig steigende Zahl der Akteure, den rasanten technischen Fortschritt und das Nebeneinander unterschiedlicher Wertsysteme. Zum anderen herrschen bei den beteiligten Akteuren gewaltige Unterschiede hinsichtlich ihrer wirtschaftlichen und institutionellen Stärke. Und schließlich sind die Akteure auf der globalen Bühne auch sehr unterschiedlich hinsichtlich ihrer demokratischen Legitimation.

Gleichwohl gibt es auch ermutigende Zeichen für eine Global Governance, wie Pegram und Acuto betonen, die der Ansicht sind, dass die wechselseitige Befruchtung von Forschung und Praxis im Bereich Global Governance erst begonnen hätte und noch stark ausgebaut werden könne. Wenn man die disziplinären Grenzen überwinde, könne noch viel erreicht werden (Pegram und Acuto 2015, 596).

Schlussendlich gibt es wohl keine wirkliche Alternative zu einer gewissen Form von Global Governance – sowohl rein faktisch als auch in normativer Hinsicht. Die globalen Herausforderungen werden wohl leider an Bedeutung zunehmen und es wird zugleich immer deutlicher werden, dass sie nur gemeinsam bewältigt werden können.

Mit Kenneth W. Abbott kann man Global Governance als Orchestrierung verstehen, bei der nicht einer alleine die Richtung bestimmt, sondern es auf das übereinstimmende Hinwirken auf ein gemeinsames Ziel ankommt (Abbott et al. 2015, 349). Abbott et al. untersuchen IGOs hinsichtlich ihres Beitrags zu einer solchen Orchestrierung, doch es ist durchaus denkbar, dass auch andere Akteure eine solche orchestrierende Funktion übernehmen (BMGS macht dies z. B. bei der Malaria-Bekämpfung).

Damit eine solche Orchestrierung gelingen kann, ist es allerdings unverzichtbar, dass Akteure verschiedener Art und auf verschiedenen Ebenen bereit sind, ihre eigenen Interessen denen ihrer Urenkel unterzuordnen, wie es Rosenau fordert (Rosenau 2003, 26).

Wenn das aber geschieht, dann bietet sich in einem solchen Modell die Chance für einen Phasenübergang (vgl. 1.2), weil das System sozusagen »von unten« durch das synergetische Wirken zahlreicher Akteure beeinflusst wird und nicht durch eine zentrale Instanz.

Wie in einem Phasenübergang (z. B. von flüssig zu gasförmig) jedes Teilchen sozusagen »automatisch« bei einem bestimmten Punkt ein entsprechendes »Verhalten« zeigt, so kann man sich den Übergang in eine nachhaltigere Welt vorstellen, wenn erst einmal das Handeln einer hinreichend großen Zahl von Akteuren auf verschiedenen Ebenen in eine entsprechende Richtung »orchestriert« wird. Das wird kaum in Fristen von Monaten oder Jahren gelingen, eher in Jahrzehnten. Viel Zeit bleibt allerdings nicht mehr, weshalb alles getan werden sollte, diesen Phasenübergang so rasch wie möglich einzuleiten.

> Obwohl Global Governance angesichts der gegenwärtigen Herausforderungen manchmal als fragil und unwirksam erscheint, haben der Trend der Globalisierung und der Bedarf für Global Governance bereits einen *Point of no return* überschritten (Jang et al. 2016, 3 f.).

7 Recht: Rechtliche Schwierigkeiten mit Blick auf Nachhaltigkeit

Wenn es darum geht, menschliches Verhalten zu koordinieren, bietet das Recht einen der verlässlichsten Rahmen an. Wie wertvoll Rechtsstaatlichkeit aber tatsächlich ist, erkennt man oft erst dann, wenn sie gefährdet ist. Gleichwohl steht das Rechtssystem, aus unterschiedlichen Gründen, vor einer Reihe von Schwierigkeiten, wenn es um den Schutz öffentlicher Güter bzw. des Gemeinwohls und die Berücksichtigung der Bedürfnisse künftiger Generationen geht. Wie kann der Staat die politische mittlerweile allseits akzeptierte Forderung nach Nachhaltigkeit institutionalisieren? Wie können öffentliche Güter wirksamer geschützt werden? Und in welchem Maß darf der Staat individuelle Freiheiten beschränken, um das Gemeinwohl zu schützen?

Die vorangegangenen Kapitel haben die Schwierigkeiten diskutiert, die sich bei der Formulierung, Implementierung und dem Vollzug von Regulierung auf globaler Ebene ergeben. Es gibt erfolgreiche Umsetzungen internationaler Verträge wie das Montreal-Protokoll, das binnen sehr kurzer Zeit Wirkung entfaltete und das Problem des Ozonlochs wirksam adressierte. Doch ist internationale Einigung oft schwer zu erreichen, sie krankt an Kompromissen, ist schwer zu vollziehen und oft genug nicht hinreichend ambitioniert. Viele Autoren halten es deshalb für ausgemacht, dass bis auf Weiteres den Nationalstaaten die entscheidende Rolle für den Schutz der Umwelt und globaler öffentlicher Güter zukommt (vgl. z.B. Bosselmann 2017, 176 ff.; SRU 2019, 62; H. Müller 2008; Nair 2018; Ott 2014)[51], obwohl sie selbst auch mit gravierenden Veränderungen und Herausforderungen konfrontiert sind, wie oben anklang (vgl. Kress 2014, 22).

Im Fall der Europäischen Union als einer stark supranational integrierten Gesetzgebung ist diese Rolle weitgehend auf die europäische

Ebene verschoben, weil die Umweltgesetzgebung in weiten Teilen innerhalb der EU harmonisiert ist.

Für alle Mitglieder des Rechtsstaats ist die Herrschaft des Rechts eine nicht hintergehbare und unbezweifelbare Basis für Rechtssicherheit und Erwartungssicherheit. Sie ist der letztgültige gemeinsame Bezugsrahmen für alle Mitglieder einer Gesellschaft.

Rechtssysteme sind dauerhafter, stabiler und robuster als politische Stimmungen und Entscheidungen. Für öffentliche Institutionen ist dies einerseits von Vorteil, weil sie dadurch stabiler werden. Zugleich ist es jedoch ein Nachteil, wenn neue Themenfelder und Inhalte auf die öffentliche Bühne treten. Und wenngleich Nachhaltigkeit als ein *politisches* Thema nach vier Jahrzehnten öffentlicher Diskussion sicher nicht mehr neu ist, gilt das in *juristischer* Hinsicht teilweise durchaus noch.

Es ist wohl kaum übertrieben zu sagen, dass Fragen von Nachhaltigkeit und Umweltschutz in keinem Rechtssystem eine ähnliche Bedeutung zukommt wie Finanzen, Wirtschaft, Arbeit oder Verteidigung. Doch wenn Nachhaltigkeit von den Schwankungen des politischen Tagesgeschäfts gelöst und langfristig das staatliche Handeln wie auch den durch den Staat gesetzten Ordnungsrahmen für Wirtschaft und Gesellschaft bestimmen soll, müssen entsprechende Vorkehrungen auch im Recht getroffen werden.

7.1 Fehlende Institutionalisierung einer Perspektive der Nachhaltigkeit

Damit die Perspektive der Nachhaltigkeit staatliches Handeln auf Dauer und unabhängig von politischen Stimmungen bestimmt, ist es erforderlich, sie stärker zu institutionalisieren.[52]

Dies ist aber mit einer Reihe von Herausforderungen verbunden. Fragen des Schutzes öffentlicher Güter (wie der Umwelt) sind strukturell gegenüber anderen Themengebieten benachteiligt. Zudem ist bei einer stärkeren Institutionalisierung von Nachhaltigkeit ein integrativer – und das heißt für den Staat vor allem ressortübergreifender – und langfristiger Ansatz zu verfolgen, also unter Berücksichtigung der

Bedürfnisse künftiger Generationen. Beiden Anforderungen werden bestehende Institutionen nur unvollkommen gerecht.

Es ist unstrittig, dass der Staat durch Recht und Gesetz auf die »spezifischen Herausforderungen des Umweltschutzes« reagieren muss, wenngleich die Einschätzungen darüber, wie das konkret auszusehen hat, sehr unterschiedlich sind (Heselhaus 2018, 16).

Die Forderung nach Nachhaltigkeit beinhaltet eine integrative und langfristige Sichtweise, die nicht nur alle gesellschaftlichen Bereiche, sondern auch erwartbare Bedürfnisse künftiger Generationen einschließt (s. o.). Diese beiden Anforderungen sind im Recht bisher nur unvollkommen institutionalisiert, was gewiss auch damit zusammenhängt, dass die betreffenden Fragestellungen noch relativ neu sind, vergleicht man sie etwa mit dem Alter des deutschen Bürgerlichen Gesetzbuchs oder des Strafgesetzbuchs, die seit 1900 bzw. sogar seit 1871 in Geltung sind.

Eine Institutionalisierung von Nachhaltigkeit ist aber auch aus inhaltlichen Gründen erschwert. Schon das (verglichen mit dem Umfang der Nachhaltigkeitsanforderungen beschränktere) Umweltrecht und die Umweltpolitik stehen vor grundsätzlichen Herausforderungen. Das deutsche Umweltrecht wurde über einen Zeitraum von mehreren Jahrzehnten im Lichte unterschiedlicher ökologischer Herausforderungen formuliert, was dazu geführt hat, dass sich das Umweltrecht an den Umweltmedien (Luft, Wasser, Boden) orientiert (BMU 2018). Diese verschiedenen Gesetze sind untereinander nicht konsistent hinsichtlich ihrer Terminologie, ihrer Regulierungsansätze sowie ihrer Beurteilung ökologischer Belange. Der Vollzug des Umweltrechts ist aber gefährdet, wenn dieses auf eine große Vielzahl einzelner Gesetze verteilt ist. Hinzu kommt im Fall der Bundesrepublik Deutschland, dass Umweltrecht auf drei Ebenen wirksam ist: auf Ebene der (Bundes-)Länder, des Bundes und der EU. Es gibt deshalb seit langem Bestrebungen, das Umweltrecht durch die Schaffung eines einheitlichen Gesetzesrahmens in Form eines Umweltgesetzbuchs aufzuwerten. Im Koalitionsvertrag der ersten Regierung Merkel (CDU/CSU-SPD-Koalition, 2005–2009) war dies bereits vereinbart worden, dann allerdings am Widerstand aus Bayern gescheitert: Der bayerische Ministerpräsident Seehofer bestand auf einem »vollständigen Abweichungsrecht der Länder«, was zur Folge gehabt hätte, dass es in Deutschland zwei nebeneinander bestehende Genehmigungssysteme gegeben hätte, was ein »bürokratisches Monster« gewesen wäre (BMU 2018).

Man kann also sagen, dass es das Unvermögen der Politik war, institutionelle Vorkehrungen für einen besseren Umweltschutz zu treffen.

Zugleich gilt aber auch das Umgekehrte – und das macht die Sache zu einem Teufelskreis: dass nämlich institutionelle Unzulänglichkeiten auch die fehlende Wirksamkeit der Umweltpolitik bedingen!

In einer Analyse der Aufgaben- und Organisationsstruktur der Umweltpolitik in Deutschland kamen Edeltraud Günther und Maja Krebs schon im Jahr 2000 zu dem (heute immer noch weitgehend richtigen) Ergebnis, dass einer der Erfolgsfaktoren der Umweltpolitik »die Aufgaben- und Organisationsstruktur auf der höchsten Ebene des politisch-administrativen Systems« sei (Günther & Krebs 2000, 3). Dies betreffe einerseits Zuständigkeiten, andererseits auch die Beziehungen innerhalb des (politischen) Systems. Wie die Autorinnen ausführen, liegt ein Problem beispielsweise darin, dass ökologische Fragen durch Bereiche – politisch: Ressorts – berührt werden, die nicht zum Verantwortungsbereich der Umweltpolitik gehören. Die Entscheidungen aus den Ministerien für Finanzen, Wirtschaft, Landwirtschaft oder Verkehr haben große umweltpolitische Relevanz, ohne dass das Umweltministerium federführend wäre. Und bei Ressortabstimmungen hat das Umweltministerium oft nur geringe politische Verhandlungsmasse und ist häufig zur Ordnungspolitik verdammt (ebd., 20), was politische Gegner gerne als »Politik der Verbote« diffamieren.

Dies sind strukturelle Herausforderungen, die in der Verfasstheit und den Kompetenzen der Regierung, der Ministerien und nachgeordneter Behörden begründet liegen. Abstimmungen zwischen verschiedenen Ministerien sind oft durch eine »negative Koordination« erschwert, was bedeutet, dass jedes Ministerium versucht, die eigenen Initiativen vor Einflüssen anderer Ressorts zu schützen (Scharpf 1993; Günther & Krebs 2000, 17) (vgl. Kapitel 9). Kooperation wird nicht immer geschätzt, denn letztlich stehen den Ministerien Politiker vor, die sich auch im politischen Wettbewerb untereinander befinden. Hinzu kommen gewiss auch Trägheiten und Schwierigkeiten, die jede Bürokratie kennzeichnen. Es gibt sehr viel Fach- und Expertenwissen, es gibt über lange Zeit eingespielte Prozesse und auch eine bestimmte, eher förmlich-formelle Kultur des Umgangs miteinander.

Neben diesen Herausforderungen für eine integrative Nachhaltigkeitspolitik stellt sich zudem die Frage, wie den Bedürfnissen künftiger Generationen Rechnung getragen wird. Politikerinnen und Politiker müssen sich dem Wähler-Votum stellen. Das Wort »Wahlgeschenk« bringt dieses Problem auf den Punkt. Um die Wählergunst buhlend werden Versprechungen gegeben (oft gewiss ernsthaft und ehrlich gemeint), die sich dann später in den Niederungen und Komplexitäten des rechtlich-bürokratischen Rahmens oder der politischen Antagonismen nicht durchsetzen lassen.

Wer aber Einschränkung und Verzicht ankündigt, wird damit keine Mehrheiten bekommen – entsprechende Versuche sind legendär. Schon in der Ökonomie wird das Problem der »positiven Zeitpräferenz« diskutiert, was beinhaltet, dass Menschen einen Vorteil lieber heute als morgen genießen. Um wie viel schwerer ist es zu argumentieren, dass heute Einschränkungen geboten sind, damit übermorgen das Überleben gesichert werden kann? Wie sind in einer solchen Situation die Bedürfnisse ungeborener Generationen sicherzustellen?

Schließlich ist speziell der Schutz der Gemeingüter mit dem Problem konfrontiert, dass Durchsetzung und Vollzug des Umweltrechts oft aus praktischen Gründen erschwert werden. Wenn jemand seinen Müll illegal in der Umwelt entsorgt, kann das nur geahndet werden, wenn es auch justiziabel erfasst wird. Das ist aber rein praktisch oft gar nicht möglich. Eine allgegenwärtige Überwachung ist weder möglich noch wünschenswert – aus ökonomischer Sicht ist dies ein Problem unvollkommener Information (Phaneuf & Requate 2017, 86).

Lösungsansätze[53]

*Die nationale Nachhaltigkeitsstrategie verbessern
und konsequent umsetzen*

Nach ersten politischen Diskussionen zum Thema Nachhaltigkeit in den 1980er-Jahren war es die in Rio verabschiedete Agenda 21, die die Staaten der Welt aufrief, den Worten Taten folgen zu lassen und nationale Nachhaltigkeitsstrategien zu entwickeln (UNCED, Agenda 21 1992, § 8.7). Zehn Jahre später (2002), beim World Summit on Sustainable Development (WSSD) in Johannesburg hatten dann immerhin 85 Staaten dieser Selbstverpflichtung entsprochen, wenn auch in recht unterschiedlichem Maße (UN 2019). Gerade noch rechtzeitig vor dem WSSD hatte auch die Deutsche Bundesregierung ihre Nationale Nachhaltigkeitsstrategie veröffentlicht (Kabinett Schröder I), die seitdem regelmäßig überarbeitet wird, meist einmal pro Legislatur, zwischendurch gibt es Aktualisierungen der Daten durch das Statistische Bundesamt (vgl. z. B. Bundesregierung 2002; Bundesregierung 2012; Bundesregierung 2017; Destatis 2018). Die folgenden Gedanken beziehen sich auf diese Strategie sowie auf Verbesserungsvorschläge dafür, die im Rahmen eines von Bundeskanzlerin Merkel initiierten »Dialog über Deutschlands Zukunft« (2011–2012) erarbeitet wurden. Die meisten der Vorschläge sind auch heute noch relevant (Berg et al. 2012).

Zu Beginn der ersten Nachhaltigkeitsstrategie bekennt sich die Bundesregierung zur »Querschnittsaufgabe« Nachhaltigkeit, die sie zum Grundprinzip ihrer Politik machen wolle (Bundesregierung 2002, 1). Sie orientiert sich an den vier Leitthemen Generationengerechtigkeit, Lebensqualität, Sozialer Zusammenhalt und Internationale Verantwortung und legt dafür 21 Indikatoren und Zielvorgaben vor. Es werden zudem ein »Managementkonzept« mit zehn »Managementregeln« und einer Grundregel vorgeschlagen, die für die Umsetzung der Strategie leitend sein sollen. Die Grundregel lautet: »Jede Generation muss ihre Aufgaben selbst lösen und darf sie nicht den kommenden Generationen aufbürden. Sie muss zugleich Vorsorge für absehbare zukünftige Belastungen tragen. Das gilt für den Erhalt der natürlichen Lebensgrundlagen, für die wirtschaftliche Entwicklung sowie den sozialen Zusammenhalt und den demographischen Wandel.« (50)

Sehr differenziert wird der Zusammenhang unterschiedlicher Dimensionen des Themas Nachhaltigkeit dargestellt und ein Konzept vorgeschlagen, wie die Bundesregierung ihre Ziele erreichen kann.

Trotz dieser gut durchdachten Strategie wurden die Ziele in wichtigen Bereichen nicht erreicht. So gab die Strategie 2002 ein Ziel für die Stickstoffüberschüsse in der Landwirtschaft vor: Bis 2010 sollten diese auf 80 kg/ha sinken (von weit über hundert). Auch die Regierungen (Merkel I und II) hielten zunächst an diesem Ziel fest, doch wurde das Ziel für 2010 nicht erreicht. 2016 lagen die Werte immer noch über 100 kg/ha (Destatis 2018), weshalb dann in der Neuauflage der Strategie ein neues Ziel ausgegeben wurde, das eine Reduktion der Stickstoffüberschüsse auf 70 Kilogramm pro Hektar vorsah – allerdings wurde der Zielzeitpunkt um 20 Jahre nach hinten verschoben, bis 2030! Vergleichbares geschah mit anderen Zielen. Der »Anstieg der Verkehrs- und Siedlungsfläche« sollte bis 2020 auf 30 Hektar pro Tag reduziert werden (Bundesregierung 2002, 99), so der Plan 2002. Auch hier ist der Wert noch lange nicht erreicht, 2016 lag er noch doppelt so hoch. Die Neuauflage der Strategie hält an dem Ziel im Wesentlichen weiterhin fest (es heißt jetzt: »Senkung auf 30 ha minus x pro Tag bis 2030«) – allerdings setzt sie auch hier eine Fristverlängerung um 10 Jahre bis 2030 an (Bundesregierung 2018, 55).

Warum sind diese Ziele nicht erreicht worden? Zum einen hat jede Regierung ihre eigenen politischen Prioritäten und sieht sich nicht unbedingt allen Zielen verpflichtet, die frühere Regierungen festgelegt haben – zumindest werden diese nicht mit der hinreichenden Energie verfolgt. Zudem gibt es in der Nachhaltigkeitsstrategie programmatische Defizite, die ihre Wirksamkeit beschränken. Berg et al. (2012) haben eine Reihe von Vorschlägen gemacht, mit denen die Wirksamkeit der Nationalen Nachhaltigkeitsstrategie erhöht werden könnte (Berg et al. 2012, 89 f.). Es sind in den vergangenen Jahren eine Reihe von Maßnahmen ergriffen worden, die auf eine bessere Wirksamkeit der Strategie hinwirken sollen. So wurde unter anderem die wichtige Ressortkoordination verbessert. Seit 2017 benennt jedes Ministerium auf Abteilungsleiterebene einen Ressortkoordinator für nachhaltige Entwicklung, der zentraler Ansprechpartner für Fragen nachhaltiger Entwicklung im jeweiligen Ministerium ist und bei der Umsetzung der Nachhaltigkeitsstrategie sowie der Agenda 2030 in die jeweilige Ressortpolitik einbezogen wird (Bundesregierung 2018, 21):

- Ziele und Indikatoren sollten regelmäßig von einem *unabhängigen* Gremium auf ihre Angemessenheit überprüft werden. Dagegen mag man zwar einwenden, dass es doch Aufgabe der Politik und nicht die von Experten sei, Zielvorgaben zu machen; dem steht aber gegenüber, dass die Politik durch eine Vielzahl internationaler (Selbst-)Verpflichtungen hinsichtlich bestimmter Ziele ohnehin bereits festgelegt ist (wie in den o. g. Beispielen etwa im Bereich Klima und Stickstoffüberschüsse). Außerdem ist die Angemessenheit von Indikatoren zur Erreichung bestimmter Ziele durchaus eine fachliche und kaum eine politische Entscheidung. Seit ihrer Neuauflage 2016 bezieht sich die Nachhaltigkeitsstrategie auf die Nachhaltigkeitsziele der UN und bricht diese auf nationale Ebene herunter (Bundesregierung 2017; Bundesregierung 2018). Auch werden gesellschaftliche Anspruchsgruppen in den Prozess der Indikatorenauswahl integriert (Bundesregierung 2018, 40), doch sollte eine solche Überprüfung systematisch und institutionalisiert erfolgen.

- *Ziele sollten mit spezifischen Maßnahmen verbunden werden*, andernfalls bleibt der Erfolg ungewiss. Wie oben erläutert, gibt es gesamtgesellschaftliche Herausforderungen wie den Klimawandel oder das Artensterben, die nur ressortübergreifend adressiert werden können. Es braucht Initiativen, die für diese Herausforderungen Ziele definieren und konkret *auf die Ressorts herunterbrechen*, damit deutlich wird, welches Ressort in welchem Umfang mit welchen Maßnahmen zum Erreichen der Ziele beiträgt (analog den Gedanken für ein Klimaschutzgesetz).
- Mit einer ressortspezifischen Zuordnung von Teilzielen und Maßnahmen werden auch *politische Verantwortlichkeiten* erkennbar, die bislang oft nur vage bleiben. Diese Transparenz für politisches Handeln sollte gerade bzgl. der großen Zukunftsaufgaben gesellschaftlich eingefordert werden. Die Politik könnte Transparenz erhöhen, indem etwa in der Geschäftsordnung des Bundestages niedergeschrieben wird, dass die Bundesregierung einmal im Jahr über den Fortschritt in Sachen Nachhaltigkeitsstrategie berichtet.
- *Stärkung der Rolle des Parlamentarischen Beirats* für nachhaltige Entwicklung (PBnE). In der Legislative werden Bemühungen um das Thema Nachhaltigkeit durch den PBnE gebündelt. Der PBnE treibt parlamentarische Debatten voran und ist unter anderem für die Nachhaltigkeitsprüfungen neuer Gesetze und Verordnungen zuständig. Allerdings ist die Rolle des PBnE nicht institutionell verankert – jeder neu gewählte Bundestag hat darüber zu entscheiden, ihn einzusetzen (oder auch nicht). Seit langem wird eine Stärkung der Rolle des PBnE gefordert (Berg et al. 2012, 89), unter anderem durch den Internationalen-Peer-Review-Bericht, worauf auch die von der Bundesregierung herausgegebene Aktualisierung der Nachhaltigkeitsstrategie hinweist – um dann schlicht zu konstatieren, dass über eine entsprechende Aufwertung des PBnE »seitens des Deutschen Bundestages

zu entscheiden« sei (Bundesregierung 2018, 40) – wobei doch die Fraktionen der Bundesregierung dort die erforderliche Mehrheit hätten, dies auch umzusetzen.
- *Nachhaltigkeitsprüfung von Gesetzesvorhaben.* Analog zur Arbeit des Normenkontrollrats, der alle Gesetzesinitiativen der Bundesregierung daraufhin prüft, in welchem Maß sie den bürokratischen Aufwand vergrößern (NKR 2019), sollte auch eine Prüfung hinsichtlich der Nachhaltigkeitstauglichkeit von Gesetzen beschlossen werden. Auch heute schon gibt es eine solche Prüfung und sie wurde in den vergangenen Jahren auch weiter verbessert – zum Beispiel durch Einführung eines entsprechenden »IT-gestützten Prüftools« (Bundesregierung 2018, 22). Das ist zu begrüßen und trägt sicher zu einer Verbesserung bei. Allerdings wird eine solche Prüfung nur dann richtig wirksam werden, wenn sie von unabhängiger Seite vorgenommen wird und auch die entsprechenden Mittel hat, sich Gehör zu verschaffen. Dies könnte erfolgen, wenn eine solche Prüfung von einem unabhängigen Expertengremium vorgenommen wird.
- *Einrichtung eines unabhängigen Expertengremiums mit verfassungsrechtlicher Legitimation und Befugnis zu suspensivem Veto.* Die oben erwähnte, unvollkommene Zielerreichung in wichtigen Fragen der Nachhaltigkeitspolitik deutet darauf hin, dass es wichtig ist, einen über das politische Tagesgeschäft hinausgehenden Garanten für die Verlässlichkeit politischen Handelns im Sinne der Nachhaltigkeit zu installieren. Wichtigster Garant für eine solche Verlässlichkeit ist das Recht, hier insbesondere das Verfassungsrecht. Ein solcher Verlässlichkeitsgarant könnte zum Beispiel sein, Nachhaltigkeit als Staatsziel im Grundgesetz zu verankern und die Überprüfung der Einhaltung der Nachhaltigkeitsstrategie sowie die Gesetzesfolgenabschätzung von einem unabhängigen Expertenrat vornehmen zu lassen, der nach sehr speziellen Bedingungen zu ernennen wäre. Ein Vorschlag dazu

findet sich in Berg et al. 2012, 89 f. Hätte ein solches Expertengremium – dessen Unabhängigkeit durch paritätische Besetzung von Bundestag und Bundesrat, durch lange Amtszeit, die Unmöglichkeit der Wiederwahl und andere Kriterien erreicht werden könnte, zum Beispiel die Möglichkeit, Gesetzesverfahren durch ein temporäres Vetorecht für eine bestimmte Zeit (zum Beispiel drei Monate) zu suspendieren, könnte dies eine öffentliche Diskussion über die Frage initiieren, ob bestimmte Gesetze tatsächlich verabschiedet werden sollten. Solange dieses Gremium die Entscheidung nur aufschieben, aber nicht aufheben kann, wäre sie auch verfassungskonform möglich (vgl. Berg et al. 2012, 92).

7.2 Einschränkung individueller Freiheiten zugunsten des Gemeinwohls?

In welchem Maß darf der Staat individuelle Freiheiten einschränken, um das Gemeinwohl zu schützen? Dies könnte die schwierigste Frage des ganzen Buchs sein. Die Debatte darum ist sehr polarisiert und polarisierend – die einen wollen schon in einem Tempolimit auf Autobahnen eine »Öko-Diktatur« erkennen – demnach würde die Welt fast nur aus Öko-Diktaturen bestehen –, bei anderen hat man den Eindruck, sie würden erwarten, dass sich staatliche Regulierung einfach so über (teils auch gut erklärbare) Widerstände hinwegsetzen könnte und dass dies nicht geschehe, liege allein an der Unfähigkeit von Politikern.

Die Beantwortung dieser Frage hängt nicht nur vom persönlichen Standpunkt ab. Wie das Gemeinwohl beurteilt wird und wie sich individuelle Freiheiten zu diesem verhalten, hat sich auch im Lauf der Geschichte stark verändert. Wo liegt also die angemessene Balance zwischen individueller Freiheit und Gemeinwohl?

Ist es, kurz gesagt, die primäre Aufgabe des Staats, das Gemeinwohl, die öffentliche Sache (die *res publica*) zu schützen? Oder soll sich der Staat vielmehr möglichst weitgehend aus öffentlichen Angelegenheiten heraushalten und primär die Freiheit seiner Bürger schützen?

Diese Frage hat sich schon immer gestellt – doch wird sie durch die Herausforderung der Nachhaltigkeit in zweifacher Weise heute ganz neu zu klären sein, nämlich räumlich und zeitlich. Das Gemeinwohl kann nicht mehr länger nur auf die Grenzen eines Staats beschränkt gedacht werden. Und es ist um eine Perspektive künftigen Gemeinwohls zu ergänzen.

7.2.1 Schwache Rechtsstellung von Umweltbelasteten und künftigen Generationen

Es gibt ein Ungleichgewicht zwischen den Rechten eines Umweltverschmutzers und den Rechten derjenigen, die die Leidtragenden dieser Verschmutzung sind (SRU 2019, 129 f.).[54]

Wenn der Staat Umweltschutzmaßnahmen beschließt und anwendet, greift er dabei meistens in Grundrechte ein, wie den Schutz des Eigentums (Art. 14 GG), die Berufs- oder die allgemeine Handlungsfreiheit (Art. 12 GG bzw. Art. 2 Abs. 1 GG). Deshalb müssen solche staatlichen Eingriffe gut begründet werden. Insbesondere muss der Staat den Nachweis erbringen, dass

- der Verschmutzer ursächlich für einen konkreten Schaden oder ein konkretes Risiko ist,
- dass die zur Diskussion stehende staatliche Intervention diesen Schaden oder dieses Risiko begrenzen würde und
- dass diese Intervention dem Grundsatz der Verhältnismäßigkeit genügt.

Da die individuellen Grundrechte in freiheitlichen Demokratien einen so großen Schutz genießen, muss ihre Einschränkung sehr genau begründet werden und gerichtlicher Überprüfung standhalten (129). Auf der anderen Seite ist der individuelle Beitrag des Verschmutzers schwer nachzuweisen, denn Umweltschäden

- haben oft multiple Quellen und werden von multiplen Akteuren verursacht,
- sind oft diffus und schwer zu messen,

♦ wirken oft langfristig und sind deshalb mit einer gewissen Unsicherheit behaftet.

Mit anderen Worten, der Verschmutzer hat rechtlich eine sehr viel stärkere Position als der Leidtragende.

Auf der anderen Seite ist es wesentlich schwerer zu sagen, wie der Staat die Bürger vor Umweltschäden zu schützen hat.

Wie das SRU-Gutachten ausführt, war es in der Anfangszeit des Umweltschutzes noch wesentlich einfacher, staatliche Eingriffe in die Grundrechte eines Umweltschädigers zu rechtfertigen, da es häufig um unmittelbar erkennbare Gefahren ging und der Mehrwert eines staatlichen Eingriffs sofort erkennbar war (129). Demgegenüber besteht heute »die Herausforderung vielfach darin, diffuse und multikausale Umweltbeeinträchtigungen mit ihren teilweise erst langfristig eintretenden Wirkungen zu begrenzen. So ist der beobachtete Insektenrückgang auf unterschiedliche Faktoren wie die Monotonisierung von Landschaften, Einträge von Pflanzenschutzmitteln und Nährstoffen, aber auch auf Lichtverschmutzung und Klimawandel zurückzuführen, ohne dass der kausale Beitrag der einzelnen Faktoren genau bekannt ist« (129).

Die rechtliche Besserstellung des Verschmutzers gegenüber den Leidtragenden ist insbesondere gegenüber »ungeborenen Leidtragenden«, also bzgl. künftiger Generationen erheblich, wenn somit das Ziel staatlicher Intervention bzw. die Abwehr von Risiken oder die Vermeidung ökologischer Schäden erst in einer weit entfernten Zukunft zu erwarten sind. Die Grundrechte eines Verschmutzers heute einzuschränken, verlangt vom Staat sehr konkretes Handeln. Demgegenüber erscheint eine künftige Bedrohung häufig abstrakt und ungewiss.

Angesichts der großen Bedeutung, die individuelle Freiheitsrechte in westlichen Demokratien haben, ist es eine zentrale Herausforderung, ob und in welchem Maß Demokratien in der Lage sein werden, heutige Freiheiten zugunsten künftiger Lebensgrundlagen einzuschränken. Der zunehmende Opportunismus und Populismus in der Politik und der Wunsch, den eigenen Wählerinnen und Wählern auf kurze Sicht zu gefallen, können daran zweifeln lassen.

7.2.2 Herausforderungen für das Gemeinwohl und die Qualifizierung von Freiheitsrechten

Der Staat und seine Institutionen sind kein Selbstzweck, sondern haben den Bürgerinnen und Bürgern zu dienen – allerdings nicht den Partikularinteressen einzelner Gruppen, sondern dem Wohlergehen der Bürgerinnen und Bürger *insgesamt* (SRU 2019, 70). Deshalb legitimiert sich der Staat durch den Schutz des Gemeinwohls. Das Gemeinwohl ist der »allgemeinste und zugleich grundlegende Legitimationsgrund für Staatlichkeit« (SRU 2019, 70).

Eines der wichtigsten Ziele des Staats überhaupt ist, die Sicherheit seiner Bürger zu schützen – und diese Sicherheit schließt heute in zunehmendem Maße auch ökologische Sicherheit bzw. die Abwehr ökologischer Gefahren ein (vgl. Calliess 2001, 101.149).

Der Staat ist somit nicht nur *autorisiert,* die natürlichen Lebensgrundlagen und Rohstoffe zu schützen, sondern gerade durch das Staatsziel der Gewährleistung von Sicherheit auch dazu *verpflichtet*, will er seine eigene Legitimität nicht gefährden (ebd., 102). Das schließt auch ein, eine Übernutzung öffentlicher Güter (wie zum Beispiel sauberer Luft) zu vermeiden (SRU 2019, 70 f.).[55]

Doch wie ist das Gemeinwohl seinem Inhalt nach bestimmt? Mit der Idee des Gemeinwohls ist zunächst das bezeichnet, was der Gesellschaft insgesamt dient. Diese Vorstellung durchzieht praktisch alle Konzepte politischer Theorien seit der Antike, trotz zum Teil erheblicher Unterschiede im Detail (Dupré 1993, 687). Ein kurzer Blick in die historischen Ursprünge hilft, die gegenwärtige Herausforderung besser zu verstehen.

Zunächst einmal ist zu sagen, dass es lange Zeit und in wichtigen Denktraditionen, zumal in der Antike, gar nicht üblich war, den Einzelnen von der Gemeinschaft zu trennen. Platon nutzte zum Beispiel die Metapher des menschlichen Körpers, um den perfekten Staat zu beschreiben. In einem solchen Staat würde das Gute oder das Böse, das ein einzelner Bürger erfährt, dazu führen, dass der ganze Staat dies zu seiner Sache mache und sich mit dem einzelnen freuen oder mit ihm trauern würde (Platon, Politeia 462b)[56]. Interessanterweise findet sich zu einer ähnlichen Zeit derselbe Gedanke in einer ganz anderen Tradition, dem alten Israel.

Der Alttestamentler Gerhard von Rad spricht davon, dass es im alten Israel – zumindest in vorexilischer Zeit – eine »fast somatische Verbundenheit des Einzelnen mit der Gemeinschaft« gegeben habe. »Es gab damals kein isoliertes und derart auf sich gestelltes Individuum, das seine Handlungen mehr oder minder ohne Bezug zur Allgemeinheit als lebendige Körper wusste« (von Rad 1992, 399). Immer hingen das »gemeinschaftstreue Verhalten« des Einzelnen und das Wohl der Gemeinschaft zusammen, wie auch umgekehrt vom Wohl des Volkes jeder einzeln profitierte (vgl. dazu Berg 2001, 70 f.).

In der Scholastik wurde dieses Denken herausgefordert – allerdings zunächst eher indirekt und subtil. Die Scholastiker nahmen den alten Streit (zwischen Platonikern und Aristotelikern) wieder auf, ob Allgemeinbegriffen (wie zum Beispiel dem Menschen) eine ontologische Existenz zukomme. Dies war die Position der *Realisten* (der Name leitet sich daraus ab, dass sie die von den Begriffen beschriebene Wirklichkeit für *real* hielten). Dem standen die *Nominalisten* gegenüber, die der Auffassung waren, dass diese Begriffe bloße Namen (lat. *nomina*) wären, menschliche Abstraktionen der jeweils nur konkret existierenden Dinge.

Die Entwicklung, die dieser Streit im Spätmittelalter nahm, wurde prägend für modernes Denken. Denn es war die Position der Nominalisten, die zur herrschenden Lehrmeinung in den meisten Universitäten wurde (Klima 2017). Damit verbunden war eine Hinwendung zum Individuellen, zum Einzelnen, zum Konkreten, die nicht nur Anlass zur konkreten Erforschung der Natur gab – denn wenn es die von Allgemeinbegriffen beschriebene Wirklichkeit nicht »gibt«, sondern nur das jeweils konkrete Einzelne, dann kann man davon nicht anders Kenntnis erhalten als durch Hinschauen und Beobachten –, sondern auch kirchliche Autoritäten infrage stellte.

Der Einzelne rückte ins Zentrum. Die Kopernikanische Wende verbannte nur vordergründig mit der Erde auch den Menschen aus dem Mittelpunkt – in Wahrheit wurde menschliche Erkenntnis (fähigkeit) zum Maß aller Dinge (vgl. Berg 1997). Für Luther war die entscheidende Frage: »Wie bekomme *ich* einen gnädigen Gott?«, für Descartes wurde das »*Ich*-denke« der letzte Anker von Gewissheit.

Dass der oder die Einzelne zum Maß aller Dinge wurde, veränderte selbstverständlich auch das Verständnis von Gemeinschaft ganz grundlegend. Während unter nominalistischem Denken die Idee der Gemeinschaft ihre »ontologische Endgültigkeit« verlor, entwickelte sich ein Streit um die Frage, ob die Gemeinschaft, wie in der herkömmlichen Vorstellung, *ein Ziel in sich selbst* sei oder ob sie lediglich (*funktional*) die privaten Interessen ihrer Mitglieder zu schützen habe (Dupré 1993, 687).

> Sobald die Idee der Gesellschaft auf individualistischen Voraussetzungen zu ruhen begann, war es unvermeidbar, dass das Gemeinwohl zu einem kollektiven Wohlbefinden der einzelnen Mitglieder der Gesellschaft reduziert wurde. Da die bürgerliche Gesellschaft keinen anderen Zweck mehr hatte, als das Leben, die Freiheit und die Sicherheit ihrer Mitglieder zu schützen, lieferte sie kaum Unterstützung für den Gedanken einer normativen Vorstellung des Gemeinwohls (Dupré 1993, 687.696 f.).

Damit ist jede *materiale*, jede inhaltliche Bestimmung des Gemeinwohlgedankens in Frage gestellt. Moderne pluralistische Gesellschaften können das Gemeinwohl nicht mehr in *materialer* Hinsicht bestimmen. Sie haben stattdessen ein formales, *prozedurales* Verständnis des Gemeinwohls entwickelt. So ist es beispielsweise eine Voraussetzung des Gemeinwohls, dass alle Mitglieder einer Gesellschaft an einem Diskurs teilnehmen können und sich auf ein vernünftiges Vorgehen einigen, ohne eine bestimmte Weltanschauung zu bevorzugen oder zu benachteiligen. Aus einer solchen formalen Gemeinwohlbestimmung lassen sich aber keine normativen Inhalte des Gemeinwohls ableiten.

Wie sich das Gemeinwohl näher bestimmt, ist »entsprechend der demokratischen Grundordnung im Wege der öffentlichen Willensbildung vermittelt über die Parlamente und schließlich durch Wahlen sowie in förmlichen Entscheidungsverfahren vorzunehmen« (SRU 2019, 71).

An einer rein prozeduralen Bestimmung des Gemeinwohls gibt es allerdings auch Kritik. Die estnische Philosophin Kadri Simm verweist auf John Dewey, der es als Aufgabe der Medien gesehen hätte, die Öffentlichkeit für das öffentliche Interesse zu interessieren, was auf einen normativen Aspekt des Gemeinwohlgedankens hinweise (Simm 2011, 561). Was ist zu tun, wenn die Öffentlichkeit kein Interesse am öffentlichen Interesse, am Gemeinwohl hat?

Was ist zu tun, wenn die Mehrheit der Gesellschaft, die über das Gemeinwohl zu bestimmen hat, lieber einer Vielzahl privater Interessen folgt, anstatt sich um dasjenige zu sorgen, was der Gesellschaft insgesamt dient? Braucht es vielleicht zumindest eine gewisse, minimale *inhaltliche* Bestimmung des Gemeinwohlbegriffs?

Der Religionsphilosoph Louis Dupré hält den Gedanken des Gemeinwohls notwendig mit einem gewissen Verständnis dessen verbunden, was intrinsisch gut sei, was wiederum ein gewisses Maß an Tugendhaftigkeit in der Gesellschaft voraussetze (Dupré 1993, 711). Ein zentrales Dilemma des modernen freiheitlichen Staats sei, dass Tugend durch Präferenz ersetzt wurde (Dupré 1993, 711).

Das Verhältnis von Tugend und Präferenz wird später im Rahmen des Unterschieds von Prinzipien und Interessen aufgenommen (vgl. 14.1). Wenn jemand keine Tugenden pflegt, keine moralischen Verpflichtungen anerkennt – philosophisch gesprochen: wenn er oder sie die Ethik rein konsequentialistisch begründen möchte und kein Element von Verpflichtung oder Tugend einschließt –, dann wird es nur Interessen bzw. Präferenzen geben. Die Logik von Interessen, die Logik der instrumentellen Vernunft bestimmt nicht nur Technik und Wirtschaft, sondern auch die konsequentialistische Ethik des Utilitarismus.

Dass ein solches Verhalten, das mit dem Rational-Choice-Modell zutreffend beschrieben wäre, das tatsächliche Verhalten von Menschen nicht hinreichend erklärt, wurde oben bereits deutlich (vgl. 5.2).

Den Befürwortern des Gemeinwohlgedankens und einer materialen Bestimmung desselben stehen auch Kritiker gegenüber, die z. T. den Gedanken des Gemeinwohls generell ablehnen. Der Jurist Felix Ekardt etwa hält schon das Konzept des Gemeinwohls als solches für eine »paternalistische Freiheitsbegrenzung« (Ekardt 2007, 104). Freiheiten würden nur durch Freiheiten begrenzt werden – wozu allerdings auch »elementare« Freiheitsvoraussetzungen gehörten –, »niemals dagegen durch kollektive Gemeinwohlbelange« (Ekardt 2007, 104). Allerdings steht auch für Ekardt fest, dass nicht alles Privatsache ist, »was man in klassisch-liberaler Tradition dafür hält. Man darf also fragen, ob der klimaschädliche Urlaubsflug *gerecht* ist ...« (Ekardt 2007, 196).

Der Streit, der sich zwischen den genannten Positionen andeutet, kann hier nicht diskutiert oder gar entschieden werden. Das ist aber für den hier vorliegenden Zweck auch gar nicht nötig. Denn aus beiden Positionen heraus ergibt sich die Notwendigkeit, Freiheitsrechte zu qualifizieren – sei es um des Schutzes des Gemeinwohls willen, sei es, weil ein konsequent zu Ende gedachter Freiheitsbegriff in einer globalen und langfristigen Perspektive auch die vermeintlichen Freiheiten des Einzelnen in Frage stellt (Ekardt, 164). Die »globalen und intertemporalen Freiheitskonflikte« lassen sich nur durch globale Institutionen lösen.

Die entscheidende Frage ist, ob und in welchem Maß der politische Prozess in liberalen Gesellschaften in der Lage sein wird, nicht nur die Interessen der Gegenwart abzubilden, sondern einerseits auch Langfristinteressen zu repräsentieren (SRU 2019, 71) und andererseits der Tatsache Rechnung tragen kann, dass jede Vorstellung eines Gemeinwohls heute nur in einer globalen Perspektive zu denken ist, denn das nationale Gemeinwohl wird immer mehr auch von globalen Veränderungen abhängen.

Lösungsansätze

Sollen die globalen Gemeingüter geschützt und die irreparable Zerstörung der Umwelt vermieden werden, dann werden persönliche Freiheiten künftig stärker zu beschränken sein – egal ob man dies mit Bezug auf das Gemeinwohl oder mit Bezug auf die Freiheitsrechte von Menschen in anderen Weltregionen oder denen unserer Kinder und Enkel begründet. Denn solange Marktmechanismen externe Kosten produzieren, die anderen Menschen die Lebensgrundlagen entziehen, darf der Konsum nicht allein Angebot und Nachfrage überlassen werden, wenn er nicht ungerecht und zynisch werden soll.

Genau das geschieht aber, wenn etwa die Frage nach einer Höchstgeschwindigkeit auf deutschen Autobahnen reflexartig mit dem Verweis auf eine »Öko-Diktatur« beantwortet wird. Es gibt ja, wie in der Einleitung erwähnt, durchaus Autoren, die den westlichen Demokratien Versagen im Umgang mit ökologischen Krisen vorwerfen. Und zweifellos können autoritäre Regime in vielerlei Hinsicht im wörtlichen Sinn »schlagkräftiger« agieren. Genau deshalb ist es aber für westliche Demokratien umso wichtiger, sich im globalen Wettbewerb der Systeme zu behaupten und zu zeigen, dass es möglich ist, auch ein räumlich und zeitlich erweitertes Konzept von Gemeinwohl mit Freiheit zusammen zu denken. Ich halte es nicht für übertrieben zu sagen, dass dies sozusagen der Lackmus-Test für die Glaubwürdigkeit jenes Wertekanons ist, auf dem die freiheitlichen Demokratien des Westens fußen.

Es gilt aus meiner Sicht zunächst zu zeigen, dass der freiheitliche Rechtsstaat sowohl in historischer wie systematischer Hinsicht auf der Voraussetzung aufbaut, dass Freiheit des einen immer durch die Freiheit der anderen bzw. durch das Anerkennen eines Gemeinwohls eingeschränkt ist (1.). Wenn es Zweck des Staats ist, die Bürger zu schützen, dieser Schutz aber angesichts der möglichen Überschreitung planetarer Grenzen künftig massiv gefährdet sein könnte, dann ist die Vorsorge zur Einhaltung dieser planetaren Grenzen eine Minimalforderung für jede Bestimmung des Gemeinwohls (2.). Dies gilt auch, wenngleich in geringerem Maß, für die Vorstellung eines globalen Gemeinwohls (3.) sowie für künftige Generationen (4.).

1. Trotz ihrer Verschiedenheit im Detail haben wohl die weitaus meisten Konzeptionen abendländischen Denkens die Erhaltung bzw. Förderung des Gemeinwohls als Staatszweck angesehen, woraus sich auch eine Begrenzung bürgerlicher Freiheiten ergibt. Schon Rousseau diskutierte den Fall, dass das Eigeninteresse eines Bürgers vom allgemeinen Interesse abweiche. Solch ein Verhalten, bei dem jemand die Rechte eines Bürgers für sich in Anspruch nehme, aber nicht willens sei, korrespondierende Pflichten zu erfüllen, würde den Gesellschaftsvertrag zerstören (Rousseau, Gesellschaftsvertrag, 1. Buch, 7. Kap.). Wenn man vermeiden wolle, so Rousseau, dass der Gesellschaftsvertrag zu einer leeren Formel werde, müsse das beinhalten, dass diejenigen, die dem allgemeinen Willen nicht gehorchen wollen, durch die Gesellschaft dazu gezwungen werden. »Wer dem Gemeinwillen den schuldigen Gehorsam verweigert, wird durch den Staat zum Gehorsam gezwungen; mit andern Worten, man wird ihn zwingen, frei zu sein, denn nur unter dieser Bedingung wird jedem Bürger, der sich dem Vaterlande zur Verfügung stellt, seine persönliche Unabhängigkeit gewährleistet« (ebd.). Natürlich rufen Rousseaus Worte heute Widerspruch hervor, wenn man an die Zwänge denkt, die totalitäre Regime auferlegen. So steht zum Beispiel auch die nationalsozialistische Parole »Gemeinnutz geht vor Eigennutz« in dieser Tradition (Ekardt 2007, 108 f.). Der Grundgedanke allerdings, dass Freiheit notwendigerweise das Anerkennen der Freiheit anderer bedeutet, hat bleibende Gültigkeit. Kant nahm diesen Gedanken daher auch in seiner *Metaphysik der Sitten* auf (Kant 1968, § 47, A 169): »Der Akt, wodurch

sich das Volk selbst zu einem Staat konstituiert ..., ist der ursprüngliche Kontrakt, nach welchem alle (omnes et singuli) im Volk ihre äußere Freiheit aufheben, um sie als Glieder eines gemeinen Wesens, d. i. des Volks als Staat betrachtet (universi), sofort wieder aufzunehmen ...« (Kant 1968, § 47, A 169). Wie Kant weiter ausführt, könne man nicht sagen, dass die Freiheit damit »einem äußeren Zwecke aufgeopfert« werde, sondern vielmehr werde die Freiheit überhaupt erst in einer »gesetzlichen Abhängigkeit« gefunden, da diese Abhängigkeit aus seinem eigenen gesetzgebenden Willen entspringe (Kant 1968, § 47, A 169). In dieser kantischen Tradition argumentiert auch John Rawls mit seinem Konzept von Gerechtigkeit als Fairness, das Freiheit und Gleichheit zu verbinden sucht. Mit dem ersten seiner beiden Prinzipien soll jeder »gleiches Recht auf das umfangreichste System gleicher Grundfreiheiten haben, das mit dem gleichen System für alle anderen verträglich ist.« Und zweitens sollen soziale und wirtschaftliche Ungleichheiten so zu gestalten sein, dass zum einen zu erwarten ist, dass sie zu jedermanns Vorteil dienen und sie zweitens mit Positionen und Ämtern verbunden sind, die jedem offen stehen (Rawls 1998, 81). Verkürzt gesagt ist der Akt der bewussten Unterordnung des eigenen Willens unter das Fairness-Prinzip die Voraussetzung einer freien Gesellschaft, in der die individuellen Freiheiten nur durch die Bedingung begrenzt werden, dass sie dieselben Freiheiten anderer nicht gefährden.

In dieser Argumentationslinie liegt auch der Philosoph Harry Frankfurt, der das Verhältnis von Freiheit und Notwendigkeit gründlich reflektiert hat. Ein Mensch ohne Ideale – ein Mensch also, der keine Verpflichtungen anerkennt, die zu verletzen er nicht bereit wäre –, ein solcher Mensch kann tun, was ihm beliebt und ist in seinem Handeln nicht begrenzt. Gleichwohl, so argumentiert Frankfurt, ist er mitnichten frei, denn sein Wille ist nicht gesetzmäßig, sondern anarchisch. Sein Wille ist bloß ein Spielball seiner Impulse und Leidenschaften. Frankfurt verdeutlicht dies an der Macht der Liebe, die in gewissem Sinne paradox sei:

> Die Liebe nimmt uns gefangen; doch diese Gefangenschaft wird in mancher Hinsicht als Befreiung erlebt. Liebe ist selbstlos; doch sie macht es möglich, sich zutiefst als Selbst zu erleben. Liebe könnte nicht so befreiend oder steigernd wirken, wäre ihre Macht nicht so überwältigend und so außerhalb jeder unmittelbaren Kontrolle durch den Willen. Wir können nicht anders als lieben, was wir lieben ... Ein Mensch, der nicht liebt, hat keine Ideale. Ein Ideal ist eine Grenze. Die Ideale eines Menschen sind die Verpflichtungen, die er nicht zu verraten vermag, und die Bestimmungen, deren Verletzung für ihn undenkbar sind. Wenn einer keine Ideale hat, gibt es für ihn keine Grenzen möglicher Handlungen. Es steht ihm frei, seinen Willen nach seinen Launen zu formen und beliebige Entscheidungen zu treffen. Doch das bedeutet nicht, dass sein Wille frei ist. Es zeigt nur, dass sein Wille anarchisch ist – ein bloßer Spielball von Impulsen und Neigungen (Frankfurt 2001, 163 f.).

2. Das Gemeinwohl ist heute in besonderer Weise durch die Übernutzung natürlicher Ressourcen und die Zerstörung und Verschmutzung von Ökosystemen gefährdet. Da beides in zunehmendem Maß auch die Sicherheit der Bürger gefährdet, hat der Staat auch diesbezüglich Vorsorge zu tragen (SRU 2019). Das Recht auf Leben und physische Unversehrtheit wird zum Beispiel immer mehr durch Trockenheiten, Überflutungen, extreme Wetterereignisse gefährdet (SRU 2019, 71). Als Minimalbedingung für den Erhalt der Lebensgrundlagen bezieht sich der SRU auf das oben erwähnte Konzept der planetaren Grenzen. Um des Ziels der Sicherheit seiner Bürger willen, ist es Aufgabe des Staats, Maßnahmen zu ergreifen, die auf die Einhaltung dieser planetaren Grenzen hinwirken. Diese Einhaltung planetarer Grenzen kann auch als Minimalforderung an den Gemeinwohlgedanken gelten, der genau genommen noch keine

inhaltliche, sondern lediglich eine prozedurale Bestimmung bedeutet, da dies eine Möglichkeitsbedingung dafür ist, dass auch künftige Generationen das Gemeinwohl je neu bestimmen können.
3. Der Gemeinwohlgedanke kann heute nicht mehr auf nur einen Staat beschränkt werden. Jede Vorstellung eines Gemeinwohls ist heute nur in einer globalen Perspektive zu denken, denn das nationale Gemeinwohl wird immer mehr auch von globalen Veränderungen und den globalen Gemeingütern wie Klima, Ozeane, Urwälder, Fischbestände u. v. a. m., die massiv bedroht sind, betroffen. Wie im vorigen Kapitel deutlich wurde, sind internationale Abkommen bedauerlicherweise sehr mühsam zu erzielen und ihr Erfolg ist fraglich. Dies mag sich mit einem zunehmenden weltweiten Problembewusstsein und der Etablierung einer globalen Zivilgesellschaft ändern. Der Erfolg von Initiativen wie Fridays for future deutet darauf hin, dass sich eine solche globale Zivilgesellschaft auszubilden beginnt. Auf nationaler Ebene kann die Zivilgesellschaft bereits einen enormen Druck auf die Politik ausüben (wie zum Beispiel der Atomausstieg nach Fukushima gezeigt hat) – es ist zu hoffen, dass Vergleichbares auch auf globaler Ebene möglich werden wird.
4. Schließlich ist die Frage, wie der Gemeinwohlgedanke künftige Generationen einschließen kann, zu klären. Die entscheidende Frage ist, ob und in welchem Maß der politische Prozess in liberalen Gesellschaften in der Lage sein wird, nicht nur die Interessen der Gegenwart abzubilden, sondern auch die Interessen künftiger Generationen zu repräsentieren (SRU 2019, 71). Wendet man den Gedanken der Rawls'schen Anfangsposition auf Vertreter verschiedener Generationen an, kann man rasch einsehen, dass es gegen jeden Gedanken von Fairness verstößt, ohne Not künftige Lebensgrundlagen zu zerstören.

Es gibt zudem noch eine Reihe von Maßnahmen und Prinzipien, die dem Gemeinwohl zuträglich sind und das Bewusstsein dafür stärken. Diese sollen später noch diskutiert werden. Dazu zählt beispielsweise, den gesellschaftlichen Zusammenhalt zu stärken (vgl. 15.3), wechselseitiges Verständnis und Kooperationsfähigkeit zu fördern (vgl. 15.2), das Rawls'sche Prinzip des größten Nutzens für die am wenigsten Privilegierten anzuwenden (vgl. 15.1), persönliche Prinzipien zu stärken (vgl. 14.1), externe Kosten zu internalisieren (vgl. 13.5) sowie Transparenz zu erhöhen (vgl. 16.3).

Zusammenfassend lässt sich festhalten, dass die Begrenzung persönlicher Freiheiten zum Wohl der Gemeinschaft in der Sozialen Marktwirtschaft erstaunlich gut funktioniert hat. In welchem Maß sich Vorstellungen von Gerechtigkeit und gutem Leben zum Beispiel in der deutschen Gesellschaft niedergeschlagen haben, erkennt man leicht beim Blick in Länder mit anderen Traditionen des Kapitalismus. Die heutige Herausforderung ist insofern derjenigen nicht unähnlich, vor der Ludwig Erhard stand. Nur muss es jetzt darum gehen, dieses Modell in dreierlei Hinsicht zu erweitern: *zeitlich* durch die Integration einer Zukunftsperspektive, *räumlich* durch eine globale Sichtweise und *inhaltlich* durch die Hinzunahme der ökologischen Dimension und der konsequenten Orientierung an den planetaren Grenzen.

Eine Diskussion der Beschränkung von Freiheitsrechten zugunsten des Gemeinwohls kann sich deshalb ganz selbstbewusst auf eine gut eingeführte und erfolgreiche Tradition des Verhältnisses von Freiheit und Gemeinwohl berufen und braucht sich nicht den Vorwurf der »Öko-Diktatur« zu eigen zu machen.

8 Technologie: Diskrepanz zwischen Wirkmächtigkeit und Steuerungsfähigkeit

Kaum etwas hat den Charakter der Moderne mehr geprägt als die Technik. Es war die Technik, die menschliche Lebensverhältnisse verbessert und Lebenserwartungen gesteigert hat. Doch es war auch die Technik, die beispiellose Zerstörung von Mensch und Natur ermöglichte und in Gang setzte. Qua Technik wurde der Mensch zur dominierenden Kraft auf diesem Planeten, nach Einschätzung Vieler sogar in geologischer Hinsicht, was der Ausdruck des Anthropozäns auf den Punkt bringt.

Es sind insbesondere zwei Gründe, warum die heutige Technik Fortschritte in Sachen Nachhaltigkeit erschwert: ihre globale Verbreitung und ihre immens gewachsene Macht mit nie dagewesenen Wirkungen und Nebenwirkungen (in Zeit und Raum) auf der einen Seite und auf der anderen Seite der beinahe deterministische Charakter der technischen Entwicklung (was gemacht werden kann, wird gemacht), der wenig Raum für öffentlichen Diskurs und politische Regulierung lässt.

Die Technik hat Leben und Charakter der Moderne wie kaum ein anderer Bereich geprägt, sie hat gesellschaftliche Entwicklung ermöglicht, das Leben der Menschen verlängert, verbessert und annehmlicher werden lassen. Sie hat den Menschen in die Lage versetzt, das Gesicht der Erde dauerhaft zu verändern – ohne sie gäbe es kein Anthropozän. Gemessen an dieser großen Bedeutung der Technik für das menschliche Leben spielen Reflexionen auf Technik und die sich aus ihr ergebenden ethischen Fragen in der philosophischen, aber auch in der öffentlichen Debatte eher eine Nebenrolle. Das hat seinen Ursprung sicherlich in der Geringschätzung mechanischer Fertigkeiten im antiken griechischen Denken.[57]

Erst die Kerntechnik, vor allem die Atombomben von Hiroshima und Nagasaki und das Wettrüsten des Kalten Krieges warfen die Frage nach der Rolle der Technik in der Gesellschaft auf. Das Jahr 1945 war für die Reflexion auf Technik eine Wasserscheide (Anders 1980, 20). Wissenschaftler wie Albert Einstein, Max Born oder Bertrand Russell wiesen auf die Gefahr der Atomwaffen hin und setzten sich gegen das Wettrüsten ein. Philosophen wie Günter Anders oder Hans Jonas diskutierten den »metaphysischen« Charakter einer Technologie, die erstmals in der Lage war, menschliches Leben auf der Erde vollständig auszulöschen.

In seinem einflussreichen Buch *Das Prinzip Verantwortung* bot Hans Jonas eine Darstellung einer »Ethik für ein technologisches Zeitalter« (Jonas 1984). Er argumentierte darin, dass es das heute so enorm gewachsene Zerstörungspotenzial der Technik sei, das eine neue Ethik erfordere, in der die »Pflicht zur Zukunft« eine herausragende Rolle spielt. Jonas forderte, die Unsicherheit von Zukunftsprognosen ethisch zu reflektieren (Jonas 1984, 70 ff.). Denn Folgen und Nebenfolgen von Technik sind so gewaltig und potenziell so zerstörerisch, ihre künftige Entwicklung aber zugleich ungewiss, dass die »negative Prognose« stets Vorrang vor der positiven haben sollte (Jonas 1984, 70 ff.).

Die weite Verbreitung der friedlichen Nutzung der Kernenergie weltweit belegt, dass Jonas' Ruf nicht gehört wurde – obwohl die »negative Prognose« mittlerweile bereits zweimal, in Tschernobyl und Fukushima, eingetreten ist. Die Folgen beider Reaktorkatastrophen werden noch auf Jahrhunderte zu spüren sein.

Das 2017 vom Deutschen Bundestag verabschiedete »Standortauswahlgesetz« (genauer: Gesetz zur Suche und Auswahl eines Standortes für ein Endlager für hochradioaktive Abfälle) benennt als Sicherheitsanforderung für ein Endlager radioaktiver Abfälle: »Für einen Zeitraum von einer Million Jahren muss im Hinblick auf den Schutz des Menschen und, soweit es um den langfristigen Schutz der menschlichen Gesundheit geht, der Umwelt sichergestellt werden, dass Expositionen aufgrund von Freisetzungen radioaktiver Stoffe aus dem Endlager geringfügig im Vergleich zur natürlichen Strahlenexposition sind.« (§ 26 (2) 1 StandAG). Allein die Nennung des Zeitraums von *einer Million Jahre* in einem juristischen Text kann befremden. Nie zuvor war die Menschheit genötigt, Vorkehrungen für einen Zeitraum zu treffen, der die Existenzdauer ihrer biologischen Gattung um ein Vielfaches übersteigt! Die damalige Umweltministerin Barbara Hendricks hob anlässlich dieses Gesetzes hervor, dass die Kernenergie zwar nur etwa 60 Jahre Nutzungsdauer gehabt habe, ihre Folgen aber 30.000 Generationen betreffen werde (Bundesregierung 2017).

Keine menschliche Zivilisation hat bisher länger als einige hundert bis maximal wenige tausend Jahre überdauert. Von daher mutet allein die Vorstellung bizzar an, man könne für den Zeitraum von einer Million Jahre Sicherheit garantieren.

Es ist nicht übertrieben zu sagen, dass direkt oder indirekt alle ökologischen Probleme durch Technik vermittelt sind. Abgesehen von den großtechnischen Katastrophen, die etwa mit den Namen Tschernobyl, Fukushima, Bhopal, Deep Water Horizon oder der Exxon Valdez verbunden sind, ergeben sich die destruktiven Folgen der Technik meist ganz schlicht als die Folgen oder Nebenfolgen von wohlüberlegter technischer Nutzung. Die als Kältemittel verwendeten Fluorchlorkohlenwasserstoffe (FCKW) wiesen die aus technischer Hinsicht sehr willkommene Eigenschaft auf, sehr stabil zu sein – doch als man ihre ozonschichtschädigende Wirkung erkannte, wurde genau diese Eigenschaft zum Problem.

Rachel Carson, eine US-amerikanische Biologin und eine der frühesten Stimmen der Umweltbewegung, beschrieb den verheerenden Effekt von Pestiziden bereits Anfang der 1960er-Jahre. »Zum ersten Mal in der Weltgeschichte ist jedes menschliche Wesen nun gefährlichen chemischen Substanzen ausgesetzt, vom Moment der Empfängnis bis zum Tod. In weniger als zwei Jahrzehnten ihrer Nutzung haben sich die synthetischen Pestizide in der belebten wie der unbelebten Welt so vollständig verteilt, dass sie praktisch überall vorkommen.« (Carson 1962, 24)

Der industrielle Metabolismus der Menschheit vertilgt so gewaltige Rohstoffmengen und produziert und emittiert so gewaltige Stoffströme, dass Treibhausgase, Kunststoffe und Mikroplastik, langlebige organische Verbindungen (POPs), Schwermetalle, Pestizide, Fungizide, Herbizide, Düngemittel und radioaktive Abfälle in die

Umwelt gelangen und sich über den Globus verteilen, dass es unberührte natürliche Habitate praktisch nicht mehr gibt.

Wie sollen diese negativen Wirkungen der Technik kontrolliert werden? Wie soll bzw. wie kann die technische Entwicklung gelenkt werden? Diese Fragen werden seit mehr als einem halben Jahrhundert gestellt, aber sie sind noch nicht beantwortet. Schon 1965 konstatierte Jürgen Habermas: »Die Menschengattung hat sich mit den ungeplanten soziokulturellen Folgen des technischen Fortschritts selbst herausgefordert, ihr soziales Schicksal nicht nur heraufzubeschwören, sondern beherrschen zu lernen. Dieser Herausforderung der Technik ist durch Technik allein nicht zu begegnen.« (Habermas 1969, 118). Habermas' Forderung, die »noch naturwüchsige Beziehung zwischen technischem Fortschritt und sozialer Lebenswelt« zu reflektieren und »unter die Kontrolle einer rationalen Auseinandersetzung« zu bringen (ebd., 107), hat in mehr als fünfzig Jahren nichts von ihrer Aktualität eingebüßt.

Wo sind solche Orte rationalen Diskurses über Technik? Es gibt mittlerweile gut etablierte akademische Disziplinen wie Technikfolgenabschätzung, Technikphilosophie und Technikethik, die sich mit dem komplexen Verhältnis von Technik und Gesellschaft in all seinen Facetten befassen (vgl. z. B. Grunwald 2018; Grunwald 2000; Ropohl 2009; Hubig et al. 2000; Grunwald 2002). Doch gibt es einen öffentlichen Diskurs über die Frage, welche Technik gesellschaftlich gewünscht ist? Kaum. Ist es vielleicht gar nicht möglich, die Richtung der technischen Entwicklung zu beeinflussen? Es gibt begründete Zweifel daran.

Der Soziologe Ulrich Beck, dessen Buch *Risikogesellschaft* (Beck 1986) zu einem Meilenstein im Bereich der Soziologie und Ethik der Technik wurde, war skeptisch, dass die Richtung technischer Entwicklungen maßgeblich beeinflusst werden könnte.

> Die politischen Institutionen werden zu Sachverwaltern einer Entwicklung, die sie weder geplant haben noch gestalten können, aber doch irgendwie verantworten müssen. Auf der anderen Seite werden die Entscheidungen in Wirtschaft und Wissenschaft mit einem effektiv politischen Gehalt aufgeladen, für die die Akteure über keinerlei Legitimation verfügen. Die Entscheidungen, die die Gesellschaft ver-

ändern, haben keinen Ort, an dem sie hervortreten können, werden sprachlos und anonymisiert. In der Wirtschaft werden sie in Investitionsentscheidungen eingebunden, die das gesellschaftsverändernde Potenzial in die ›ungesehene Nebenfolge‹ abdrängen. Die empirischanalytischen Wissenschaften, die die Neuerungen vordenken, bleiben in ihrem Selbstverständnis und ihrer institutionellen Einbindung von den technischen Folgen und den Folgen der Folgen, die diese haben, abgeschnitten. Die Unerkennbarkeit der Folgen, ihre Nichtverantwortbarkeit ist das Entwicklungsprogramm der Wissenschaft ... Die Notwendigkeit, die Nichtentscheidbarkeit des technischen ›Fortschritts‹, wird zur Klammer, die den Vollzug an seine demokratische (Nicht) Legitimation bindet. Die ›Niemandsherrschaft‹ (Hannah Arendt) der (nicht mehr) ungesehenen Nebenfolge übernimmt das Regime in dem entwickelten Stadium westlicher Demokratie. (Beck 1986, 305 f.)

Es ist aber nicht nur so, dass unsere öffentlichen Institutionen es noch nicht geschafft haben, technische Entwicklungen wirksam zu kontrollieren. Man kann auch, wie der Philosoph Vittorio Hösle es tut, bezweifeln, dass unser *ethisches Bewusstsein* hinreichend ausgeprägt ist, um diese neuen Herausforderungen zu reflektieren. »Die Schere zwischen beschleunigter wissenschaftlich-technischer Entwicklung und stagnierendem, wenn nicht regredierendem ethischem Bewusstsein, öffnet sich immer mehr« (Hösle 1997, 23). Hösle schrieb dies 1997 und er forderte die Ausbildung von »ethischer-naturwissenschaftlicher Doppelkompetenz«, für die auch neue Studiengänge eingerichtet werden müssten (ebd.). Obgleich solche Studiengänge mittlerweile an vielen Universitäten weltweit zu finden sind, haben sich dadurch die gesellschaftliche Reflexion auf Technik und die Möglichkeiten, technische Entwicklungen zu steuern, kaum verändert.

Auch Harry Frankfurt thematisiert die wachsende Kluft zwischen dem, was möglich, und dem, was legitim ist. Er fragt danach, wie die steigenden technischen Möglichkeiten ethische Argumentationen verändern.

»Die Vermehrung der Möglichkeiten, die durch technologische und sozialtechnische Fortschritte herbeigeführt wurden, hat zu einer erheblichen Schwächung der ethischen und sozialen Einschränkungen geführt, welche die Legitimität von Präferenzen und Handlungsweisen bestimmen. Die Erweiterung der Freiheit betrifft folglich sowohl die Handlungsoptionen als auch das Urteil über die Erlaubtheit einer Option. Die Verbindung einer grenzenlos verbesserten technischen Kontrolle mit einer zunehmend unkritischen Festlegung auf das Ideal der Freiheit hat eine Entwicklung in Gang gesetzt, an deren Ende eine Kultur steht, in der alles möglich und alles zulässig ist.« (Frankfurt 2001, 156)

Mit Frankfurt kann man also sagen, dass nicht nur die Diskrepanz zwischen der Wirkmächtigkeit heutiger Technik und der Unwirksamkeit der Kontrolle ihrer Entwicklung Anlass zur Sorge gibt, sondern auch die Tatsache, dass diese erweiterten Möglichkeiten nicht durch eine entsprechende ethische Reflexion begleitet werden. Was gemacht werden *kann, wird* gemacht. Und beides ist maßgeblich durch wirtschaftliche Interessen bestimmt. Steve Jobs' Maxime, dass die Menschen manchmal gar nicht wüssten, was sie wollten, bis man es ihnen zeige, bringt dies auf den Punkt (The Times 2011). Produkte werden entwickelt, deren Bedarf erst noch entwickelt werden muss.

Die Kluft zwischen ethischer Reflexion, gesellschaftlicher Diskussion und politischer Steuerung auf der einen Seite und der eigengesetzlichen Entwicklung der Technik in Verbindung mit wirtschaftlichen Interessen auf der anderen ist eine ungelöste Herausforderung heutiger Gesellschaften. Habermas' Frage nach einem rationalen Diskurs zur Kontrolle der Beziehung von technischem Fortschritt und sozialer Lebenswelt bleibt offen. Sie ist heute sogar noch weit bedrohlicher angesichts der unglaublichen Geschwindigkeit des technischen Fortschritts.

Lösungsansätze

Zunehmendes Bewusstsein für problematische Nebenfolgen von Technik
Mit dem weltweit steigenden Bewusstsein für die problematischen (Neben-)Folgen von Technik, die sich an den öffentlichen Diskursen zum Klimawandel, zur Abholzung der Regenwälder, zur Vermüllung der Ozeane und vielem anderen mehr zeigt, ist eine wichtige Voraussetzung für Veränderung erfüllt – denn ohne Problembewusstsein wird sich auch nichts ändern. Das Augenmerk der Öffentlichkeit korrespondiert zwar nicht unbedingt mit der wissenschaftlichen Priorität und ist häufig auf die im wörtlichen Sinn offensichtlichen Problemfelder gerichtet – so ist das Thema »Plastikmüll« medial viel präsenter als das Artensterben. Doch ist zu hoffen, dass von dort ausgehend mit der Zeit auch die zugrunde liegenden Ursachen in den Blick genommen werden und danach gefragt wird, mit welcher Technik und welcher Art des Wirtschaftens wir Produktion und Konsum gestalten wollen.

Internationale Abkommen
Es gibt ermutigende Beispiele dafür, dass besonders problematische Technologien, Substanzen oder Praktiken durch internationale Abkommen und Verträge reguliert werden konnten. Die Regulierung von FCKW durch das Montreal-Protokoll von 1987 wird in diesem Zusammenhang oft zitiert. FCKW waren als Kühlmittel und Treibgase in den 1960er- und 1970er-Jahren weit verbreitet. Die Möglichkeit, dass sie eine schädigende Wirkung auf die Ozonschicht haben könnten, wurde seit den frühen 1970er-Jahren diskutiert (Douglas et al. 2014).

1985 wurde dann entdeckt, dass die Ozonschicht über der Antarktis um 30 Prozent abgenommen hatte. Nur zwei Jahre später beschloss die internationale Staatengemeinschaft das Montreal-Protokoll, das eine Trendumkehr einleitete. Obwohl es noch Jahrzehnte dauern wird (bis 2050, evtl. sogar bis 2070), bis die Ozonschicht dieselbe Konzentration wie 1980 aufweisen wird, geht der Trend in die richtige Richtung und das »Loch« schließt sich langsam wieder (ebd., 48).

Zugegeben, es gab mehrere günstige Bedingungen für diesen Erfolg: Es gab *gesicherte wissenschaftliche Erkenntnis*, eine *eindeutige, gut umschreibbare Gefährdungssituation* und es gab relativ *leicht und wirksam umzusetzende politische Maßnahmen*. Und es gibt eine Reihe anderer internationaler Abkommen, die sich bewährt haben, wie der Atomwaffensperrvertrag von 1968.

Öffentlicher Diskurs und Stakeholder-Übereinstimmung
Wie im Kapitel über Global Governance deutlich wurde, kann eine breite Übereinstimmung wichtiger Stakeholder eine ähnliche Wirkung entfalten wie ein Vertrag. Adèle Langlois verdeutlicht dies am Beispiel der internationalen Diskussion zu reproduktivem menschlichen Klonen. Auf staatlicher Ebene sei eine Einigung über das Verbot dieses Klonens schwer zu erzielen, doch gebe es eine breite Übereinstimmung zahlreicher Stakeholder, was ebenso viel wert sei. Langlois hält einen »breiten Stakeholder-Konsens« für besser als eine »dünne Übereinstimmung von Staaten«, was den alten hierarchischen Governance-Ansatz gekennzeichnet habe.

Verträge mögen durchaus in juristischer Hinsicht international gültig sein, doch wenn sie durch Hinterzimmer-Deals zwischen undemokratischen Staaten abgeschlossen worden sind, seien sie nicht unbedingt auch legitim (Langlois 2017, 5). Langlois sieht eine Chance in solchen pluralistischen Konzepten von Global Governance, die sich nicht ausschließlich auf internationale Verträge verließen (1).

Technikfolgenabschätzung
Die bisher diskutierten Beispiele beziehen sich auf schädliche Technikfolgen oder verwerfliche Praktiken. Doch was ist

zu tun, wenn es darum geht, eine Technologie *noch vor ihrer Einführung* zu beurteilen? Dieser Frage widmet sich die Technikfolgenabschätzung, die nach ihrem »klassischen« Konzept neue Technologien beurteilt, was bedeutet, in einem interdisziplinären Team von Experten die wahrscheinlichen Wirkungen einer Technologie auf Gesellschaft und natürliche Umwelt zu erforschen, die Ergebnisse dann der Öffentlichkeit zugänglich zu machen und das Für und Wider verschiedener Handlungsoptionen öffentlich zu diskutieren, bevor dann die Politik entsprechende Regulierungen in die Wege leiten würde (Grunwald 2002, 124). Dieser »klassische« Ansatz der Technikfolgenabschätzung ist allerdings aus einer Reihe von Gründen problematisch:

- *Fehlende Information.* Neue Technologien werden häufig von Unternehmen entwickelt, weshalb Informationen über sie gerade in frühen Phasen oft nicht leicht zu bekommen sind. Wenn eine Technologie aber erst einmal auf dem Markt ist und Informationen erhältlich sind, ist es schwer, sie wieder vom Markt zu nehmen, und eine Technikfolgenabschätzung ist deshalb möglicherweise folgenlos.
- *Geschwindigkeit der Entwicklung.* Die rasante Geschwindigkeit technischer Entwicklungen macht eine Abschätzung von Technikfolgen schwieriger. Denn Geschwindigkeit heißt Wettbewerbsvorteil, heißt Marktanteile in einem global umkämpften Markt. Demgegenüber kostet die Abschätzung von Technikfolgen viel (zu viel) Zeit – nicht nur wegen inhaltlicher Schwierigkeiten, sondern auch weil die Forschungsmethoden Zeit brauchen. Eine Delphi-Umfrage, bei der Expertinnen und Experten sehr gezielt zu ihrer Einschätzung neuer Entwicklungen befragt werden, braucht gute Vorbereitung und ausreichend Zeit für die Durchführung.
- *Kompliziertheit und Komplexität.* Heutige Technologien werden immer komplexer und schwieriger zu verstehen,

weil sie oft eine Reihe unterschiedlicher Technologien verbinden und von Teams unterschiedlicher Expertise entwickelt werden.
- *Personalbeschaffung* (Recruiting). Forschungseinrichtungen und Regierungsbehörden konkurrieren um die besten Köpfe mit Unternehmen, die oft attraktivere Arbeitsbedingungen und Anreizsysteme bieten können, weshalb staatliche Stellen oft einen schweren Stand im Wettbewerb um die besten Kräfte haben.
- *Gesellschaftliche Folgen schwer zu antizipieren.* Die gesellschaftlichen Folgen von Technologien sind oft schwer zu antizipieren, da sie von einer Vielzahl von Faktoren abhängen (wie Nachfrage am Markt, Ressourcenpreise, Trends etc.).
- *Werturteile erforderlich.* Technikfolgenabschätzung ist nicht bloß eine technische Fertigkeit, denn es gehen an vielen Stellen Werturteile ein, die nicht an Experten delegiert werden können, sondern eine gesellschaftliche Diskussion erfordern. Das ist im Fall neuer Technologien aber aus einer Vielzahl praktischer Gründe schwierig (Aufklärung, Kosten etc.).

Technikfolgenabschätzung wurde zuerst in den USA institutionalisiert. 1972 führte der US-Kongress ein *Office of Technology Assessment*, ein Büro für Technikfolgenabschätzung ein.[58] Diese wegweisende Institution war weltweit die erste ihrer Art und genoss bald einen exzellenten Ruf. Sie wurde gleichwohl 1995 geschlossen, als die Republikaner, die seit 1994 in beiden Parlamentshäusern die Mehrheit hatten, an vielen Stellen die Rolle des Staats zurückdrängen wollten (Grunwald 2002, 104). Andere Länder betreiben immer noch vergleichbare Institutionen (z. B. Großbritannien, Deutschland und Dänemark), die eine Vielzahl wertvoller Beiträge zur Technikfolgenabschätzung leisten (vgl. z. B. TAB 2019), obwohl es schwer ist, den tatsächlichen Einfluss solcher Studien auf die Regulierung (oder gar die technische Entwicklung überhaupt) abzuschätzen – er dürfte begrenzt sein.

Vorsorgemaßnahmen
Wenn es darum geht, die Entwicklung bzw. die Anwendung von möglicherweise gefährlichen Technologien rechtzeitig zu stoppen, kommt das Vorsorgeprinzip zur Anwendung, das weiter unten noch eigens diskutiert werden wird (vgl. 13.6). Das Vorsorgeprinzip ermöglicht es dem Staat, bei begründetem Verdacht auf schädliche Folgen einer Risikosituation (z. B. einer neuen Technologie) tätig zu werden, auch wenn noch keine gesicherten wissenschaftlichen Erkenntnisse über die genauen Wirkungszusammenhänge vorliegen. Das Vorsorgeprinzip beruht deshalb »auf der Erkenntnis, dass Umweltbeeinträchtigungen am besten vorausschauend und präventiv zu begegnen ist. Dabei sind oft Prognosen auch aufgrund unsicherer Datenlage erforderlich. Da nicht alle natürlichen Wirkungszusammenhänge bekannt sind und Auswirkungen oft nicht durch Wiederherstellung, sondern regelmäßig nur kompensatorisch ausgeglichen werden können, muss der Staat bereits im Vorfeld konkreter Bedrohungen von Umweltgütern tätig werden.« (Heselhaus 2018, 32).

Das Vorsorgeprinzip geht sozusagen mit einer Beweislastumkehr einher (Calliess 2009, 127), das Vorsorgeprinzip wird »vor allem auf Situationen der Ungewissheit bezogen, sodass es insbesondere dann anwendbar ist, wenn die *wissenschaftlichen Beweise nicht ausreichen,* keine eindeutigen Schlüsse zulassen oder unklar sind, jedoch aufgrund einer vorläufigen und objektiven wissenschaftlichen Risikobewertung Anlass zur Sorge besteht.« (Calliess 2009, 127).

Das Vorsorgeprinzip ist innerhalb der EU ein »umweltrechtliches Leitprinzip«, es ist Bestandteil des Vertrags über die Arbeitsweise der Europäischen Union (Art. 191 Abs. 2, Satz 2 AEUV) (Calliess 2018, 101).

9 Strukturelle Silos: Fragmentierung von Wissen, Verwaltung und Verantwortung

Erst Spezialisierung und Arbeitsteilung haben den wissenschaftlich-technischen Fortschritt ermöglicht. Doch Spezialisierung hat ihren Preis: Zum einen berühren gesellschaftliche Herausforderungen, allen voran die Herausforderung der Nachhaltigkeit, eine Vielzahl von Disziplinen und erfordern Wissen, Fertigkeiten und Erfahrung aus ganz unterschiedlichen Bereichen, was angesichts zunehmender Spezialisierung immer schwieriger wird. Es gibt bisher viel zu wenige und zu wenig wirksame Gegenbewegungen, die auf eine Integration von Wissen und interdisziplinäre und intersektorale Kooperationen zielen würden – auch wenn diese oft gefordert werden. Inter- und transdisziplinäre Kooperation ist oft gefordert, aber der Substanz nach selten verwirklicht. Zum Zweiten führt die Spezialisierung zu einer Fragmentierung von Verantwortung. Wenn jede und jeder nur für einen vernachlässigbaren Teil des Ganzen zuständig ist, dann »verdünnt« sich die Verantwortung (Hans Lenk).

Die fehlende institutionelle Unterstützung für eine Integration von Wissen ist eine extrinsische Barriere der Nachhaltigkeit, da sie eng mit der Verfasstheit unserer sozialen Institutionen verknüpft ist, die grundsätzlich geändert werden können.

9.1 Fragmentierung von Wissen

»Die Arbeitsteilung dürfte die produktiven Kräfte der Arbeit mehr als alles andere fördern und verbessern. Das Gleiche gilt wohl für die Geschicklichkeit, Sachkenntnis und Erfahrung, mit der sie überall eingesetzt oder verrichtet wird (Smith 1978, 9). Mit diesen Worten beginnt Adam Smith seine Untersuchung über den *Wohlstand der*

Nationen, in der er die ersten drei Kapitel den bemerkenswerten Wirkungen, den Prinzipien und den Grenzen der Arbeitsteilung widmet. Smith war gewiss nicht der erste, der diese große Bedeutung der Arbeitsteilung erkannte. Bereits Platon kannte ihre große Bedeutung, er sah sie sogar als entscheidend für die Bildung des Staates an (Platon, Politeia, 369f.). Während Smith die Arbeitsteilung als Motor der Produktivitätssteigerung pries, beklagte Karl Marx bereits die andere Seite dieser Entwicklung, die Entstehung von Fachidiotie: »Was die Arbeitsteilung in der modernen Gesellschaft charakterisiert, ist die Tatsache, dass sie die Spezialitäten, die Fachleute und mit ihnen den Fachidiotismus erzeugt.« (Marx, Das Elend der Philosophie, 157)[59]

In seiner Einführung in die Soziologie geht Norbert Elias auf das Problem der Spezialisierung in der Wissenschaft ein und verweist auf einen Gedanken August Comtes, der schon im 19. Jahrhundert auf die »großen Unannehmlichkeiten« einer »übergroßen Spezialisierung« hingewiesen hatte (*Cours de Philosophie Positive (1830–1842), Bd. 1).* Diese Spezialisierung lasse sich zwar nicht, so Comte, gänzlich vermeiden, doch gäbe es Mittel und Wege, »um die schädlichsten Wirkungen einer übertriebenen Spezialisierung zu vermeiden ... Man darf keine Zeit verlieren, um diesem Übel entgegenzusteuern, ehe der Schaden größer wird. *Sorgen wir dafür, dass der menschliche Intellekt nicht am Ende seinen Weg in einem Haufen von Einzelheiten verliert* (Hervorhebungen N. E.)« (zitiert nach Elias 1996, 49) Comte schlägt dann nicht die Rückkehr in eine »antike Undifferenziertheit« vor, sondern die »Vervollkommnung der Arbeitsteilung selbst«, die er in der »Schaffung eines weiteren wissenschaftlichen Spezialzweiges, der dem Studium der wissenschaftlichen Theorien gewidmet ist« sieht. Es ist bemerkenswert, mit welcher Klarheit Comte bereits vor fast zweihundert Jahren die Spezialisierung in der Wissenschaft beklagt. Die von ihm vorgeschlagene Lösung, die Schaffung eines weiteren »wissenschaftlichen Spezialzweigs« konnte das Problem offenbar nicht lösen, denn diejenige Disziplin, die sich mit »dem Studium der wissenschaftlichen Theorien« befasst, ist die Wissenschaftstheorie – die aber in ihrer heutigen Ausprägung nur einen sehr kleinen, eben wissenschaftstheoretischen Teil abdeckt, aber weit davon entfernt ist, einen integrierenden Wissenskorpus aufzubauen.

Davon abgesehen erfordert die Adressierung aller gesellschaftlichen Herausforderungen immer auch Werturteile, deren Beantwortung nicht einfach Experten einer Universalwissenschaft überlassen werden darf.

Spezialisierung, »Fachidiotie« und disziplinäres Silo-Denken haben seit Marx' und Comtes Zeiten noch erheblich zugenommen und stellen insbesondere für Belange der Nachhaltigkeit ein Problem dar, da diese ohne fachübergreifende Zusammenhänge nicht einmal hinreichend verstanden, geschweige denn bewältigt werden können. Der Wissenschaftsphilosoph Jürgen Mittelstraß bringt es so auf den Punkt: »Spezialisierung um jeden Preis löst nicht nur die Wissenschaft in wissenschaftliche Partikularitäten auf, sie ist auch *wirklichkeitsfremd.* Gemeint ist: Probleme, die technische Kulturen, d. h. die modernen Industriegesellschaften, heute im überreichen Maß haben, tun uns nicht den Gefallen, sich als Probleme für disziplinäre Spezialisten zu definieren. Als Stichworte seien genannt: Umwelt, Energie, Technikfolgen. Es gibt eine Asymmetrie von Problementwicklung und disziplinärer Entwicklung, und diese wächst in dem Maße, in dem die disziplinäre Entwicklung durch zunehmende Spezialisierung bestimmt ist.« (Mittelstraß 1992, 99)

Ulrich Beck spricht angesichts wachsender Risiken und Zivilisationsgefährdungen von einem Versagen der wissenschaftlich-technischen Rationalität, das nicht etwa nur ein Versagen einzelner Wissenschaftler oder Disziplinen sei. Vielmehr liege dieses Versagen »*systematisch* in dem institutionell-methodischen Zugriff der Wissenschaften auf Risiken begründet« (Beck 1986, 78). »Die Wissenschaften sind so, wie sie verfaßt sind – in ihrer überspezialisierten Arbeitsteiligkeit, in ihrem Methoden- und Theorieverständnis, in ihrer fremdbestimmten Praxisabstinenz –, gar *nicht in der Lage,* auf die Zivilisationsrisiken angemessen zu reagieren, da sie an deren Entstehen und Wachstum hervorragend beteiligt sind.« (ebd., 78; Hervorhebung im Original)

Botkin et al. wiesen in ihrem 1979 erschienenen Bericht an den Club of Rome, *No Limits to Learning. Bridging the Human Gap,* auf die zentrale Bedeutung hin, die ein fachübergreifendes Wissen im Lichte globaler Herausforderungen hätte. »Nirgends ist die Auswirkung von Überspezialisierung so einschneidend zu spüren wie im Zusammenhang globaler Herausforderungen. Es ist schlichtweg nicht möglich aus einer exklusiv disziplinären Perspektive Strategien für globale Herausforderungen zu analysieren und zu formulieren. Der ökonomische Ansatz, der juristische Ansatz, der sozialwissenschaftliche und der politikwissenschaftliche Ansatz sind, jeder für sich, unzureichend, wenn es darum geht, mit Problemen umzugehen, die ein integriertes und holistisches Verständnis erfordern. Solch eine Spezialisierung garantiert geradezu Irrelevanz.« (Botkin et al. 1979, 70)

Im Jahr 2010 kommunizierte eine Gruppe von Wissenschaftlern im Fachmagazin Nature einen dringenden Appell für die Förderung transdisziplinärer Forschung. »Europas Zukunft hängt von der Förderung transdisziplinärer Forschung ab. Aber Karrierepfade, Bestätigung der Fachkollegen (*peer recognition*), Publikationsorgane und öffentliche Fördermittel für die Wissenschaft sind immer noch weitgehend darauf ausgelegt, Disziplinarität zu erhalten und zu verstärken. Wir verstehen nicht wirklich, welchen Einfluss die Technik auf die Entwicklung derjenigen Systeme hat, von denen wir alle abhängen. Um es mit globalen Herausforderungen wie dem Klimawandel, der zunehmenden Urbanisierung und dem Verlust von Biodiversität aufzunehmen, müssen wir eine neue wissenschaftliche Community aufbauen, die gemeinsame Themen in natürlichen, technischen und sozialen Systemen erforscht.« (Vasbinder et al. 2010)

In der jüngeren Vergangenheit kann man zwar beobachten, dass »transdisziplinäre Forschung gewiss an Momentum gewinnt« (Brandt et al. 2013, 6). Roderick Lawrence stellt sogar eine »Proliferation von Beiträgen zur Transdisziplinarität« fest (Lawrence 2015, 1). Trotzdem seien konzeptionelle und institutionelle Barrieren für transdisziplinäre Forschung immer noch üblich, wenn entsprechende Anreize fehlen, so Lawrence. Das liege nicht nur an der Skepsis, die Entscheidungsträger in akademischen Institutionen, in herkömmlichen Fördereinrichtungen oder in der Politik an den Tag legten, sondern auch an der formalen Ausbildung und den persönlichen Motiven von Forschenden in akademischen Institutionen.« (Lawrence 2015, 1)

Auch der Club-of-Rome-Bericht von 2017, *Wir sind dran*, kritisiert die Fragmentierung des Wissens und die zunehmende Spezialisierung. Zudem beobachten die Autoren auch eine zunehmende Kluft zwischen Theorie und Praxis (von Weizsäcker & Wijkman 2017, 173).

Schließlich ist die Fragmentierung des Wissens auch eine Frage der *Geisteshaltung und Kultur*. In seinem Buch *Harmonie* ruft der Prince of Wales zu einer *neuen Sicht der Welt* auf. »Der erste Schritt der Nachhaltigkeitsrevolution ist der Übergang zu einer viel integrativeren Weltsicht, die alles im Innersten zusammenführt – so wie die Dinge wirklich sind, statt wie sie scheinen. Aber wir müssen die Herausforderung freudig annehmen und eine solche Revolution eher als Chance begreifen denn als Bedrohung. Wir alle werden unsere Lebensauffassung verändern müssen, aber das können wir als Investition betrachten statt als Belastung. Es wird unzweifelhaft seine Zeit dauern, unsere Werte und Prioritäten zu überprüfen und unser Denken neu auszurichten. Aber wenn es geschieht, dann durch gegenseitigen Austausch und Gespräche statt durch Erlass oder Verfügung.« (The Prince of Wales et al. 2010, 35)

Man könnte mit dem Prince of Wales sagen, dass die Fragmentierung von Wissen mit der Fragmentierung der Weltsicht zusammenhängt, die wiederum unsere Geisteshaltung, unsere Verhaltensmuster und unsere Kultur prägt.

9.2 Fragmentierung der Administration

Spezialisierung und Arbeitsteilung gibt es natürlich auch in der Verwaltung. Dem disziplinären Denken in der Wissenschaft entspricht das Ressortdenken von Regierung und öffentlicher Verwaltung. An der Spitze der Ministerien stehen Minister, deren Ressortverantwortung ihnen sogar grundgesetzlich zugesichert ist: Innerhalb der von der Bundeskanzlerin vorgegebenen Richtlinien der Politik »leitet jeder Bundesminister seinen Geschäftsbereich selbständig und unter eigener Verantwortung« (Art. 65 GG, Bundestag 2014).

Insofern »orientieren sich politische und ministeriale Entscheidungsträger in erster Linie an den spezifischen Zielen der Fachpolitik«, die meist eine bestimmte Branche oder einen Sektor repräsentiert (SRU 2019, 125). Die Kernaufgabe der jeweiligen Fachpolitik liegt andererseits aber »oftmals in der Unterstützung und Förderung von Sektoren, die für Umweltgefährdungen verantwortlich sind« (126). Das Verkehrsministerium ist an einer Unterstützung des Verkehrssektors, das Landwirtschaftsministerium an der der Landwirtschaft interessiert etc. Zugleich haben Landwirtschaft und Verkehr natürlich auch großen Einfluss auf die Umweltqualität.

Mögen diese Umwelteinflüsse in den Ressorts auch wahrgenommen werden, sie fließen aufgrund der möglichen negativen Folgen für die eigene Fachpolitik oft nicht angemessen in die Entscheidung ein (»negative Koordination«) (vgl. SRU 2019, 125, Günther und Krebs 2000, 17). »Dieses ›Ressortdenken‹ ist damit ein starkes Hemmnis für frühzeitige Umweltintegration und eine effektive Umweltschutzpolitik.« (SRU 2019, 125) Und bei später erfolgender Ressortabstimmung im Kabinett hat das Umweltressort nur geringe politische Tauschmasse in die Verhandlung einzubringen. Insofern kann man sagen, dass sich die dem Thema Nachhaltigkeit immanenten Zielkonflikte (vgl. 3.4) in den politischen Ressorts widerspiegeln.

Hinzukommt, dass an der Spitze der Ministerien Politiker stehen, die nicht nur ihr Ressort repräsentieren, und das heißt oft auch: gegen Einwände anderer verteidigen müssen, sondern die auch untereinander im politischen Wettbewerb stehen. Es drängt sich bisweilen der Eindruck auf, dass bestimmte politische Projekte trotz gravierender Bedenken von Experten vor allem deshalb verfolgt werden, weil sie (warum auch immer) persönliche Steckenpferde des Ministers sind – die mit Ansage gescheiterte PKW-Maut könnte so zu erklären sein.

Das Problem der »negativen Koordination« zwischen Ministerien hat nicht nur strukturelle und institutionelle Gründe, sondern auch kulturelle. Das Ressortdenken ist nicht gerade förderlich für ressortübergreifende Kooperation, bedenkt man die oben diskutierte Trägheit von Bürokratien (vgl. 4.1). Daran zeigt sich allerdings auch, dass eine Nachhaltigkeitstransformation auch eine Frage einer neuen Organisations- und Managementkultur ist (Künkel 2019). Menschen fühlen sich wohl in ihrer sogenannten *comfort zone* – denn genau so ist dieser Bereich definiert. Die *comfort zone* zu verlassen, macht verletzlich, macht angreifbar. Um es trotzdem anzuregen, braucht es Anreize – und es braucht ein Klima von Offenheit, Fehlertoleranz und Respekt vor dem anderen.

Der Physiker und Ökonom Robert Ayres bezeichnet die traditionelle Ressortaufteilung von Regierungen mit ihrer Vielzahl unabhängiger bürokratischer Machtbereiche als »gefährlich falsch« (Ayres 1994, 36). Ayres prägte den Ausdruck »industrieller Metabolismus«, mit dem er die »Gesamtheit physikalischer Prozesse« beschrieb, mit denen »Rohstoffe und Energie, plus Arbeit, zu fertigen Produkten und Abfall« verwandelt werden (23). Die Perspektive des industriellen Metabolismus sei ihrem Wesen nach holistisch, denn sie berücksichtige sämtliche Wechselwirkungen zwischen Energie und Materie und der Umwelt. Doch diese fundamentale Gegebenheit würde die an Ressorts ausgerichtete Struktur der Umweltschutzpolitik ignorieren, indem sie die Regulierung anhand der *Umweltmedien* (Boden, Wasser, Luft) vornehme. Typischerweise werde durch eine Gesetzgebung ein Verwaltungsapparat beauftragt, der dann Regelungen zum Umgang mit Luftemissionen nach Punktquellen formuliert und durchsetzt; ein anderes Gesetz schafft einen Verwaltungsapparat, der Emissionen ins Wasser reguliert, wiederum als Punktquelle, und so weiter (35).

9.3 Fragmentierung von Verantwortung

Mit der Spezialisierung in Wissenschaft und Gesellschaft geht auch eine weitere Fragmentierung einher: die der Verantwortung. Der Technikphilosoph Hans Lenk spricht davon, dass sich Verantwortung »verdünne« (Lenk 1993, 125 f.). Mit zunehmender gesellschaftlicher Ausdifferenzierung ist die oder der Einzelne in immer längere Interdependenzketten eingebettet, die sich individueller Kontrolle entziehen (Elias 1996, 159). Der Einzelne ist nur ein kleines Rädchen in einer großen Maschine und sein Beitrag zum Ganzen wird kleiner und kleiner. Verantwortliches Verhalten zu motivieren und Verantwortung zuzuschreiben wird damit schwieriger. Wir leben in Zeiten »organisierter Unverantwortlichkeit« (Beck 1988), denn Ausdifferenzierung und Spezialisierung haben zu einem Systemdesign geführt, in dem Zurechenbarkeit immer schwieriger wird. Unglücke und Schadensfälle sind zum Teil gar nicht mehr dem konkreten Fehlverhalten Einzelner zuzuschreiben, obwohl außer Frage steht, dass letztlich menschliche Fehlentscheidungen das Unglück hervorgerufen haben.

Das tragische Unglück auf der Love Parade 2010 in Duisburg ist dafür ein Beispiel. Während der dort ausgebrochenen Massenpanik starben 21 Menschen und mehr als 650 wurden verletzt, weil die Menge trichterförmig auf einen viel zu kleinen Ausgang gelenkt wurde. Es hatte im Vorfeld zahlreiche Indizien für die Unzulänglichkeit des Geländes gegeben. In den Planungs- und Genehmigungsprozess waren viele Menschen eingebunden. Und doch sieht es so aus, als würde der Prozess fast zehn Jahre später ohne Urteil zu Ende gehen. Bisher konnte niemand in einer Weise zur Rechenschaft gezogen werden, dass dies eine Verurteilung gerechtfertigt hätte (Deutsche Welle 2019).

Natürlich hat es Unfälle, Schicksalsschläge und Unglücke schon immer gegeben. Doch dass das Ganze mehr ist als die Summe seiner Teile, gilt nicht nur im Positiven. Das Resultat ist zwar letztlich das Ergebnis der Wirkungen sämtlicher Entscheidungen, aber es gibt trotzdem niemanden, dem eine hinreichende Verantwortung zugeschrieben werden kann. Erschwerend kommt hinzu, dass Prozesse mit einer großen Vielzahl von Beteiligten sehr aufwendig und komplex werden. Das liegt in der Natur der Sache und ist sozusagen geradezu eine Folge bzw. »Errungenschaft« eines sehr ausdifferenzierten Rechtssystems. Und trotzdem ist dies Betroffenen schwer zu vermitteln und es erscheint wie eine Niederlage des Rechtsstaats.

Lösungsansätze

Institutionelle Unterstützung für integriertes Denken und Handeln

Die zunehmende Ausdifferenzierung moderner Gesellschaften kann natürlich nicht zurückgenommen werden, aber es braucht wirksame Mechanismen, die den damit verbundenen Schwierigkeiten entgegenwirken. Das disziplinäre, ressortspezifische Denken in mentalen Silos, das sich in der Wissenschaft, Verwaltung, aber auch in großen Unternehmen zeigt – ist eine Sackgasse. Wie schon Georg Lichtenberg im 18. Jahrhundert wusste: »Wer nichts als Chemie versteht, versteht auch die nicht recht.« (Lichtenberg 1984) Wie viel mehr gilt dies in der heutigen, stark vernetzten Welt, in der fast buchstäblich alles mit allem zusammenhängt.

Als Mittel gegen diese Spezialisierung hat Mittelstraß einen Vorschlag Helmut Schelskys aufgegriffen, der gefordert hatte, dass für jeden Schritt akademischer Spezialisierung eine Gegenmaßnahme der Wissensintegration durchzuführen sei (Mittelstraß 1992, 96).

Erst langsam beginnt sich im politisch-administrativen Denken und Handeln der Gedanke durchzusetzen, dass die Herausforderungen der Nachhaltigkeit *Querschnittscharakter* haben – obgleich dies bereits in der ersten Auflage der Deutschen Nachhaltigkeitsstrategie ausdrücklich so formuliert wurde. Das Klimaschutzgesetz, das gegenwärtig verhandelt wird, könnte dafür ein wichtiger Anfang sein.

Mehr als jedes andere Thema verlangt Nachhaltigkeit nach interdisziplinärer, ressortübergreifender Kooperation, denn die Herausforderungen sind derart komplex, die Aufgaben so unterschiedlicher Art, dass praktisch alle akademischen Disziplinen dazu beitragen können.

- Es braucht mehr institutionelle Unterstützung für Kooperation über Grenzen hinweg – Grenzen von Disziplinen und Sektoren (vgl. 15.3). Die meisten Anreizstrukturen in Wissenschaft und Verwaltung stärken eher disziplinäres bzw. ressortbezogenes Denken und Arbeiten. Es braucht deshalb mehr Anreize für interdisziplinäre Zusammenarbeit, für entsprechende Systeme von Qualitätskontrolle, für Anerkennung und Kompensationsmechanismen, für Karrierepfade. Große Unternehmen bieten Fellowship-Programme an, in denen Mitarbeitende für eine gewisse Zeit in einer anderen Abteilung arbeiten können, um Erfahrungen zu sammeln. Dies fördert nicht nur das abteilungsübergreifende Verständnis, es wirkt auch sehr motivierend und stärkt die Corporate Identity. Ähnliche Programme wären denkbar für den Austausch zwischen öffentlichem und privatem Sektor oder zwischen NGOs und MNEs oder zwischen Theorie und Praxis.

- Ein vielversprechendes Zeichen ist das Entstehen der Nexus-Forschung, bei der gezielt der Zusammenhang von Problemen thematisiert wird, wie zum Beispiel beim Wasser-Energie-Nahrungsmittel-Nexus, was man so interpretieren kann, dass sich im wissenschaftlichen Denken ein Übergang zu integrativem Denken vollzieht, der für globale Herausforderungen erforderlich ist (Al-Saidi & Elagib 2017, 1137).
- Wie oben im Zusammenhang mit Zielkonflikten diskutiert wurde (vgl. 3.4), gibt es zahlreiche Stimmen, die sich für eine integrative Formulierung von SDG-Politiken aussprechen. Verschiedene politische Szenarien, die von Fachexperten entwickelt würden, müssten stets von außen begutachtet werden (Obersteiner et al. 2016, 5).

Integrierte Bildung
Der Astrophysiker und Systemdenker Erich Jantsch, der u. a. Mitbegründer des Club of Rome war, stellte 1970 seine Vorstellungen zur Neuaufstellung der Universitäten vor. Er rief zu einer »inter- und transdisziplinären Universität« auf[60], die

zu der Entwicklung einer gemeinsamen Strategie für die Gesellschaft insgesamt beizutragen hätte (Jantsch 1970, 427). »Die Universität von einem passiven Diener unterschiedlicher gesellschaftlicher Elemente und individueller und sogar egoistischer Ambitionen ihrer Mitglieder zu einer aktiven Einrichtung im Planungsprozess für die Gesellschaft zu machen, erfordert einen grundlegenden Wandel in der Zielsetzung, den Gedanken und institutionellem wie individuellem Verhalten« (Jantsch 1970, 428).

Ihre Übersicht über transdisziplinäre Forschung in der Nachhaltigkeitswissenschaft schließen Brandt et al. mit der Erinnerung daran ab, dass gesellschaftliche Übergänge den Einsatz aller gesellschaftlichen Gruppen erforderten, insbesondere auch aus Wissenschaft, Politik und Zivilgesellschaft (Brandt et al. 2013, 8). Die Autoren rufen Wissenschaftler dazu auf, bei der Verwirklichung einer nachhaltigen Zukunft mitzuwirken. Das erfordere zwar sowohl von Seiten der Wissenschaft als auch von Seiten der gesellschaftlichen Akteure, dass sie transdisziplinäre Forschungsansätze unterstützen würden. Gegenwärtige Defizite in der Kommunikation und beim politischen Willen führten dazu, dass sich Strukturen in Wissenschaft und Politik zu langsam änderten, um den raschen Veränderungen in sozio-ökologischen Systemen zu entsprechen. Wenn solche transformativen und kollaborativen Forschungsvorhaben nicht gefördert würden, liefen wir Gefahr, das Potenzial der Nachhaltigkeitswissenschaft zu verspielen und wichtige Nachhaltigkeitsprobleme blieben ungelöst (Brandt et al. 2013, 8).

Angesichts der immer größeren Spezialisierung von Studiengängen – allein deutsche Universitäten bieten 19.559 unterschiedliche Studiengänge an (HRK 2018) – sollte darüber nachgedacht werden, ein verpflichtendes Basis-Curriculum zu etablieren, in dem nicht nur fachübergreifende Inhalte vermittelt, sondern auch die Überschneidung zu gesellschaftlich relevanten Brennpunkten sowie Lösungsansätze thematisiert werden sollten. Wer mit einer solchen Sensibilisierung in sein Studium geht, wird später Querverbindungen zu anderen Fächern und in gesellschaftliche Diskurse hinein bereitwilliger verfolgen.

Verantwortung und Haftbarkeit von Unternehmen
Die heutige Verantwortungsverdünnung ist nicht nur eine Folge von Spezialisierung und Arbeitsteilung. Sie hat auch damit zu tun, dass neue Akteure die globale Bühne betreten bzw. ihre Macht darauf ausgebaut haben, die sich ihrer gesellschaftlichen Verantwortung entziehen. Der öffentliche und politische Druck auf Unternehmen wächst und ihnen wird zunehmend auch eine moralische Verantwortung für ihr Handeln zugeschrieben.[61]

Der Grundsatz, der wirtschaftliches Denken und Handeln in vielen Bereichen bestimmt, dass Ertragserwartung und Risiko korrelieren, dass also der Wunsch nach höheren Erträgen mit erhöhtem Risiko einhergeht, dieser Grundsatz gilt in vielen Bereichen nicht (mehr). Als Faustregel für Venture-Capital-Investoren gilt ja, dass neun von zehn Investments erfolglos bleiben, dass aber das eine erfolgreiche die Verluste der neun anderen (über-)kompensiert. Unternehmerinnen und Unternehmer, deren eigenes Kapital im Unternehmen steckt, haben oft eine längerfristige, ganzheitliche Perspektive als angestellte Top-Manager, die selbst bei fatalen Fehlentscheidungen meist sehr weich fallen und in der Regel nicht in Regress genommen werden.

Anteilseigner großer Unternehmen können von Dividenden oder Kursgewinnen profitieren – doch auch hier stehen Ertragschancen und Risiko in keinem ausgewogenen Verhältnis.

Wer in Kernkraft investiert hat, konnte jahrzehntelang gute Gewinne verbuchen, doch droht im Fall eines GAU lediglich der Totalverlust des Kapitals, während die Gesellschaft auf den Kosten sitzen bleibt. Tepco, der japanische Betreiber des

Kernkraftwerks Fukushima wäre wenige Wochen nach der Kernschmelze insolvent gewesen, hätte der Staat nicht mit gewaltigen Finanzspritzen ausgeholfen. Acht Jahre nach der Reaktorkatastrophe wird geschätzt, dass es 30 bis 200 Jahre dauern wird, das verstrahlte Kraftwerk zurückzubauen und zu entsorgen und die Kosten zwischen 200 Milliarden und 640 Milliarden US-Dollar betragen (Denyer 2019).

Wenn die Nutzung von Kernenergie ein rein privates Geschäft wäre, mit voller unbegrenzter Haftbarkeit der Anteilseigner, würde wohl keine Versicherung diese Risiken übernehmen wollen. Doch so werden Gewinne privatisiert und Risiken bzw. Kosten sozialisiert.

Es braucht deshalb auch eine Neubewertung der Rolle von Unternehmen. Milton Friedman, Vordenker des Neo-Liberalismus, sagte 1970, die einzige gesellschaftliche Verantwortung von Unternehmen sei es, die Gewinne der Anteilseigner zu erhöhen (Friedman 1970). Ohne Friedman explizit zu nennen, aber offensichtlich in Anspielung auf ihn betitelten zwei Autoren der Beratungsfirma Boston Consulting Group (BCG), einer von ihnen Direktor des BCG Henderson Instituts, einen Beitrag zur neuen Rolle von Unternehmen mit den Worten: »The Business of Business is no longer just Business« (Reeves und Harnoss 2017). Angesichts des neuen Gefüges von Global Governance (vgl. Kapitel 6) hat sich die Rolle von Unternehmen verändert – und immer mehr wird dies auch erkannt und angenommen, obwohl fraglos noch sehr viel Greenwashing passiert.

Kultureller Wandel
Das Denken und Handeln in »Silos«, in Disziplinen und Ressorts, kann nicht allein der Spezialisierung angelastet werden – die zu einem gewissen Grad eine faktische Notwendigkeit geworden ist. Es ist auch das Ergebnis einer bestimmten Kultur. Offenheit für neue Konzepte und andere Menschen erfordert oft, die eigene Komfortzone zu verlassen, was unbequem ist

und verletzlich macht – denn genau deshalb fühlen sich viele ja in der Komfortzone so wohl.

Aus persönlicher Erfahrung kann ich sagen, dass es mich oft irritiert, wie wenig offensichtlich intelligente Menschen in der Lage oder willens sind, ihr eigenes Denken im Licht der Perspektive anderer zu hinterfragen. In ganz unterschiedlichen Zusammenhängen, an Universitäten und in Ministerien, in Unternehmen wie im privaten Bereich bin ich oft erstaunt, wie wenig ein aufrichtiger Dialog stattfindet. Nach meiner Einschätzung hängt das damit zusammen, dass wir alle wohl in Gefahr sind, die Welt stark von uns selbst her zu sehen, und lieber uns selbst hören als andere. Ich weiß nicht, ob es je anders war, aber es ist aus meiner Sicht extrem selten, dass man jemanden trifft, der wirklich zuhören kann – und nicht nur eine Redepause der Gesprächspartnerin sucht, um eigene Botschaften zu platzieren. Dafür gibt es wohl viele Gründe, die vom Getriebensein durch die Hektik des Alltags über Ignoranz bis zu fehlender Achtsamkeit reichen. Doch bin ich überzeugt, dass es letztlich auch an einer tiefen eigenen Verunsicherung liegt. Je mehr man weiß, wer man selber ist, desto leichter fällt es einem, auch andere zu hören und auf sie einzugehen.

Zuhören ist aber eine zentrale Voraussetzung für wechselseitiges Verständnis und Dialog (vgl. 15.2). Viele Vorurteile liegen schlicht in Unkenntnis begründet. Meine persönliche Beobachtung ist, dass es oft fehlende Kenntnis und fehlendes Verständnis ist, wenn pauschal bestimmte Berufsgruppen verurteilt werden (Beamte, Politiker, Unternehmer etc.).

Ich bin überzeugt davon, dass es für unsere Gesellschaft und das Anliegen der Nachhaltigkeit sehr förderlich wäre, wenn wichtige Gruppen ein besseres Verständnis anderer gesellschaftlicher Bereiche hätten, wenn Menschen aus unterschiedlichen Bereichen – aus Politik, Wirtschaft, Wissenschaft, Handwerk, NGOs, Behörden –, wenn sie alle mehr Verständnis für die Komplexitäten und jeweils eigenen Herausforderungen anderer Kontexte bekämen. Das würde den sozialen Zusammenhalt sehr befördern.

In ihrem Buch *Stewarding Sustainability Transformations* entwickelt Petra Künkel »Lebendigkeitsprinzipien« (*aliveness principles*), von denen eines sehr gut zu dem Kulturwandel passt, den wir benötigen. Das Prinzip der »wechselseitig anreichernden Ganzheit« (*mutually-enhancing wholeness*) setzt darauf, dass Menschen in der Lage sind, sich in ein größeres Ganzes einzubringen, zu einem größeren System, einer größeren Aufgabe beizutragen (Künkel 2019, Abbildung 8.2). Ich würde sogar noch weitergehen und sagen, dass sie nicht nur in der Lage dazu sind, sondern dass der dadurch vermittelte Sinn geradezu wesentlich für menschliche Zufriedenheit und Glücksempfinden ist (vgl. Kapitel 14).

Solche Veränderungen laufen dem herrschenden Individualismus entgegen, sie fordern ein kollaboratives und systemisches Denken (vgl. 15.3–15.4 und Kapitel 16). Sie benötigen Zeit und brauchen ein neues Denken (*mindshift*) und es braucht auch neue Formen von Führung und Leadership, die weniger hierarchisch, diverser und kollaborativer sind als die bisherigen (vgl. 16.2 und 15.3).

EXTRINSISCHE BARRIEREN II – ZEITGEISTABHÄNGIGE BARRIEREN

Es ist schwer, eine Situation zu verstehen, in der man sich selbst befindet. Von außen ist es einfacher, typische Merkmale, Stärken und Schwächen zu erfassen. Das gilt auch für die Zeit, in der man lebt. Wie sehr äußeres Erscheinen und Verhaltensweisen von aktuellen Moden, Stimmungen und Standards geprägt sind, erkennt man oft erst im Nachhinein. Durch Berichte, Bilder oder Videos vergangener Zeiten treten die Besonderheiten der damaligen Zeit deutlich hervor.

Das, was diesem allen, den Weltbildern, Paradigmen und Wertvorstellungen einer Zeit, seine Prägung gibt, ist der Zeitgeist. Es war Johann Gottfried Herder, der den Begriff Zeitgeist im 18. Jahrhundert in die deutsche Sprache einführte, wobei er das zugrunde liegende Konzept aus dem Lateinischen (genius seculi) übernommen hatte.[62] Zeitgeist bezeichnet ein »geistig Gemeinsames, das den verschiedenen, auch heterogenen, Strömungen, Tendenzen, Denk- und Empfindungsweisen, Idealen und Werten eines bestimmten Zeitabschnitts ein charakteristisches Gepräge gibt und diesen damit von anderen Epochen unterscheidet.« (Kühne-Bertram 1999) Der Begriff versucht, den spezifischen Charakter einer Epoche einzufangen (Hiery 2001). Naturgemäß kann der Zeitgeist der eigenen Epoche nicht genau spezifiziert werden, denn das würde die Fähigkeit voraussetzen, den eigenen Zeitgeist zu verlassen (ebd.).[63] Doch mag es möglich sein, bestimmte Elemente des Zeitgeists zu identifizieren.

Im Folgenden werden deshalb zwei Phänomene als zeitgeistabhängig dargestellt, die aus meiner Sicht verglichen mit anderen Zeiten heute besonders ausgeprägt vorkommen: Die Fokussierung auf das

Kurzfristige und die Dominanz des Konsumismus in weiten Teilen der Welt.

Beide Barrieren hängen selbstverständlich eng mit den Fragen des marktwirtschaftlichen Rahmens zusammen, sie haben dort ihren Ursprung. So tragen der globale Wettbewerb mit seinen immer kürzeren Zyklen von Produktion und Konsum oder die Quartalsberichterstattung sicher dazu bei.

Industrielle Massenproduktion, global verteilte Wertschöpfungsketten und geringe Rohstoffpreise heizen den Konsumismus an.

Gleichwohl haben beide Phänomene, so die These, einen über das Marktwirtschaftliche hinausgehenden Charakter, der das allgemein intellektuelle, moralische und kulturelle Klima unserer Zeit prägt.[64] *Und obwohl man den Zeitgeist sicher nicht einfach ändern oder beeinflussen kann, können zumindest bestimmte Aspekte daraus beeinflusst werden, weshalb diese Barrieren unter die extrinsischen subsumiert werden.*

10 Beschleunigung und kurzfristiges Denken[65]

Alles wird immer schneller. In vielen Bereichen haben sich die Zeitskalen von Prozessen in den letzten Jahrzehnten stark verkürzt. Getrieben durch den technischen Fortschritt und zunehmenden globalen Wettbewerb und die Tatsache, dass sowohl die Technik als auch die Wirtschaft viele Bereiche des Lebens dominieren, kennzeichnet eine starke Beschleunigung die Prozesse in vielen Bereichen des Lebens. Dabei steht die Konzentration auf kurzfristige Erfolge im diametralen Gegensatz zu dem langfristigen Denken der Nachhaltigkeit.

Welches war die wichtigste App während der Fußballweltmeisterschaft in Deutschland 2006? – Es gab dafür gar keine. Es gab nämlich noch überhaupt keine Apps, denn es existierten noch keine Smartphones, jedenfalls nicht im heutigen Sinn und nicht auf dem deutschen Markt (Bloomberg 2012).

Apple brachte mit dem iPhone das erste Smartphone erst 2007 auf den Markt, was buchstäblich die Welt in wenigen Jahren verändert hat. Smartphones mit ihren Apps veränderten ganze Wirtschaftszweige. Nicht nur wären Uber oder mytaxi ohne Smartphones undenkbar, auch praktisch alle sozialen Medien sind erst durch ubiquitäres Online-Sein so erfolgreich geworden. All dies geht mit einer Geschwindigkeit vonstatten, dass diejenigen, die aus welchen Gründen auch immer nicht Teil der Entwicklung sind (sein können oder wollen), sehr rasch abgehängt werden, was mit Verunsicherung und Verlustängsten einhergeht.

Wer auf diese rasanten Entwicklungen reflektiert, mag zu dem Urteil kommen, dass sich ihr Tempo erst durch die Einführung der Smartphones oder ggf. der Mobiltelefonie, aber frühestens mit der Verbreitung des Internets seit den 1990er-Jahren oder der PCs in den 1980er-Jahren ergeben hat.

Und die objektiven Indikatoren der Veränderung sprechen dafür, dass sich Produktionszyklen, die Ausbreitung neuer Geschäftsmodelle, aber auch viele andere gesellschaftliche Prozesse tatsächlich ganz *objektiv* in den letzten 40 Jahren stark beschleunigt haben. In der *subjektiven* Wahrnehmung der Zeitgenossen besteht dieses Gefühl der rasanten Veränderungen aber schon sehr viel länger. Auch schon vor fast 200 Jahren hatten die Menschen den Eindruck, dass alles immer schneller werde. Es waren insbesondere die Technologien in den Bereichen Information und Kommunikation sowie Verkehr, die dafür tonangebend wurden (vgl. Berg 2005; Berg 2008).

Die Eisenbahn verkürzte Reiserouten seit Mitte des 19. Jahrhunderts. So verkürzte sich die Zeit für eine Reise von Köln nach Berlin 1852 von etwa einer Woche auf 14 Stunden (W. Weber 1997, 172). »Die Zeit wurde schnelllebiger: Die Post brauchte statt Wochen nur noch Tage für die Beförderung über dieselbe Strecke.« (ebd.)

Das Dampfschiff hatte denselben Effekt auf See. Während die Reise von Liverpool nach New York mit dem Segelschiff bis 1850 etwa einen Monat gedauert hatte – wobei etwa zehn Prozent der Passagiere die Überfahrt nicht überlebten (ebd. 156) –, verkürzte sich diese durch Dampfschiffe auf etwa zehn Tage. Ein Zeitgenosse berichtete enthusiastisch: »Zeit und Raum sind aufgehoben; ... zehn Tage von Land zu Land über die riesige Wasserwüste!« (ebd. 158)

Zum ersten Mal wurden wirklich globale Märkte möglich, da Preisinformationen zwischen Kontinenten in Echtzeit ausgetauscht werden konnten – seit 1866 gab es eine dauerhafte Telegraphenleitung zwischen London und New York (ebd. 218), was die Globalisierung der Märkte beschleunigte, da Angebot und Nachfrage in Echtzeit abgeglichen werden konnten.

Diese Entwicklungen beschleunigten sich weiter mit dem Telefon, dann mit dem Radio und Fernsehen bis zum Internet mit all den verbundenen Anwendungen im Informationsbereich, mit Ausbau der Eisenbahn, mit Auto und Flugzeug im Verkehrsbereich.

Ein wichtiger Treiber der Beschleunigung ist die technische Entwicklung im IT-Bereich, die seit Jahrzehnten vom »Moore'schen Gesetz« geprägt ist. Gordon Moore, einer der Begründer von Intel, hatte 1965 entdeckt, dass sich die Leistungsfähigkeit Integrierter

Schaltkreise in regelmäßigen Abständen verdoppelt (anfangs hatte er 18 Monate angenommen, später korrigierte er dies auf zwei Jahre) (Moore 1965). Obwohl Moore sein Prinzip vor mehr als einem halben Jahrhundert formulierte, hat es bis heute bemerkenswerte Gültigkeit (Roser 2019). Ähnliche Entwicklungen sind bei den Speicherkapazitäten und den Übertragungsbandbreiten festzustellen. Angesichts der zentralen Bedeutung aktueller IT-Infrastruktur für die Wettbewerbsfähigkeit von Unternehmen (z. B. durch die Unterstützung und Optimierung von Prozessen), werden die Zeitskalen der technischen Entwicklung auf die Zeitskalen der betrieblichen Prozesse transformiert, was den gesamten Wirtschaftsablauf und damit auch die Gesellschaft und praktisch alle Lebensbereiche beschleunigt – und die Illusion erzeugt, dass Geschwindigkeit stets Gewinn wäre.

Zeit ist Geld. Börsenunternehmen operieren in Quartalen, der Hochfrequenzhandel in Nanosekunden. Der Erste im Markt zu sein, ist oft wichtiger als die beste Lösung zu haben. Anreiz- und Kompensationssysteme sind trotz einiger Korrekturen im vergangenen Jahrzehnt immer noch auf kurzfristigen Erfolg getrimmt.

Mitarbeitende von Unternehmen sind durch die starke Beschleunigung herausgefordert. Die Kurzfristigkeit in der Wirtschaft verlangt ihnen ständige Flexibilität und Anpassungsfähigkeit ab. Der US-amerikanische-britische Soziologe Richard Sennett nennt dies *Corrosion of Character* (Sennett 1998). Diejenigen, die diesem ständigen Anpassungsdruck nicht gewachsen sind, werden zurückgelassen und verlieren schnell den Anschluss an wichtige Entwicklungen.

Den Verbraucherinnen und Verbrauchern wird neben der »Geiz-ist-Geil«[66]-Mentalität auch das »Genuss-Sofort-Denken« verkauft. Wenn in der Leistungsgesellschaft Schnelligkeit Qualität ist, dann traut sich keiner, sich durch Langsamkeit als Verlierer zu zeigen.

Hinzu kommt, dass vorausschauendes Denken und das Anlegen von Vorräten, wie es sogar Tiere praktizieren, in Zeiten von 24/7-Öffnungszeiten oder grenzenlosem Online-Shopping mit seiner »over-night-delivery« obsolet zu werden scheint. Im Konsumismus ist Geduld keine Tugend (vgl. Kapitel 11). Die auf immer größere Effizienz getrimmten Prozesse von Produktion und Logistik machen Warenzwischenlager obsolet (bzw. verlagern die Lager auf die Straße), weil direkt zum Kunden geliefert wird. Nicht nur »just-in-time« ist die Devise in der Produktion, also die Anlieferung der Waren erst zum Zeitpunkt der Produktion, schon länger wird auch »just-in-sequence« produziert. Die Warenlieferungen müssen in einer wohldefinierten Reihenfolge auf dem Fabrikgelände eintreffen, damit die Produktion reibungslos funktioniert.

Die etablierten Medien haben besonders mit der ubiquitären Verfügbarkeit von Information zu kämpfen. Über soziale Medien verbreiten sich Meldungen weltweit in Stunden – auch bzw. gerade wenn sie falsch sind. Sorgfältig recherchierte Berichte erfordern Zeit – zum Schreiben wie zum Lesen, und obwohl wir kürzer arbeiten als je zuvor ist das subjektive Empfinden bei vielen gegenteilig. Alles wird immer schneller.

Auf gesellschaftlicher Ebene ist es schwierig, für langfristige Interessen Gehör zu finden, wenn kurzfristige dominieren. Das Versprechen kurzfristiger Gewinne schlägt das auf langfristigen Erfolg – um wie viel mehr noch die Zumutung kurzfristiger Verluste! Fast definitorisch gilt, dass kurzfristiges Denken Nachhaltigkeit bedroht. Für praktisch jedes Problem sind nachhaltige Lösungen schwierig und komplex – und kaum leicht zu finden.

Auch die Politik ist mit dem Denken in Legislaturperioden an kurzfristige Perioden gebunden. Wahlkämpfe beginnen immer früher und nehmen mittlerweile einen beträchtlichen Teil der Legislaturperiode ein, was die Zeit wirksamer politischer Arbeit sehr verkürzt. Ständige Meinungsumfragen fühlen den Menschen den Puls, was die Kurzatmigkeit politischer Entscheidungen weiter erhöht.

Kurzfristigkeit ist eng verknüpft mit Effizienz, dem Paradigma instrumenteller Vernunft, dem bestimmenden Treiber des Prozesses der Rationalisierung, wie ihn Max Weber beschrieben hat.[67]

Effizienzstreben liegt nicht nur dem Kapitalismus zugrunde, sondern auch der Technik und dem Utilitarismus. In allen Fällen geht es darum, mit möglichst wenig Mitteln viel zu erreichen, knappe Mittel effizient zu verteilen (Wirtschaft), Ressourcen effizient einzusetzen, um die größte technische Wirkung zu erzielen (Technik) oder das größte Gut für eine möglichst große Zahl von Menschen zu erreichen (Utilitarimus). Ohne Zweifel war es dieses Effizienzparadigma mit seiner instrumentellen Rationalität, das der wesentliche Treiber des technischen Fortschritts und der gesellschaftlichen Entwicklung in den vergangenen zweihundert Jahren gewesen ist. Doch wird daraus zunehmend eine Bedrohung der menschlichen Kultur, wenn es in Bereiche des Lebens vordringt, die mit einer solchen Zweck-Mittel-Logik nicht angemessen dargestellt werden können (vgl. oben in 5.2).

Hösle erachtet den »Wahn, alle wesentlichen Fragen ließen sich in zweckrationale verwandeln« sogar als den »größten Irrtum der neuzeitlichen politischen und geistigen Geschichte« (Hösle 1994, 66).

Es ist genau diese Logik, die modernen Gesellschaften zugrunde liegt. Die technische Entwicklung und die infektiöse Logik der Effizienz der Märkte verstärken sich wechselseitig und schließen jeden Diskurs über wesentliche, grundlegende Fragen aus, indem sie eine Logik der Maximierung auf Umstände und Entitäten anwenden, die sich einer Maximierungslogik entziehen. Es ist aber sinnlos, nach der besten Farbe oder dem schönsten Musikstück zu fragen.

Der Philosoph Georg Picht kritisiert deshalb den permanenten Ruf nach Expansion: »Nur wo man Maße kennt, gibt es ein Optimum. Wenn aber durch die Forderung der permanenten Expansion das Maß als solches schon als Negation erscheint, tritt an die Stelle des möglichen Optimums die Jagd nach dem unerreichbaren und deshalb stets expandierenden Maximum.« (Picht 1959, 10)

Im Wohlstand der Konsumgesellschaft wird Zeit zur kostbarsten Ressource (vgl. z.B. Paech 2012, 127). Im Rahmen der soeben beschriebenen Logik ist es deshalb nur natürlich, dass Beschleunigung, Geschwindigkeit und die Konzentration auf das Kurzfristige unsere Gesellschaft dominieren.

Lösungsansätze

Was kann man gegen die Kurzfristorientierung und immer größere Beschleunigung vieler Prozesse tun?

Ein erster Schritt ist es, ein Problembewusstsein zu entwickeln und die Treiber von Beschleunigung und kurzfristigem Denken zu erkennen. Getrieben wird die Beschleunigung aus einem Komplex von Entwicklungen, zu denen der technische Fortschritt, der globale Wettbewerb, die relativ zu Arbeitskosten immer noch zu niedrigen Rohstoffpreise und der Konsumismus gehören.

Zugleich ist es wichtig zu erkennen, dass es eine bestimmte Rationalität ist, die dieser Beschleunigung zugrunde liegt. Es ist die instrumentelle Rationalität von Effizienz- und Maximierungsstreben, die sowohl das Marktgeschehen als auch den technischen Fortschritt antreibt. Mit Hannah Arendt könnte man die Konzentration auf die *Vita activa*, auf das Tätigsein, als einen der Gründe dafür ansehen, weshalb die *Vita contemplativa* in den Hintergrund gedrängt wurde (vgl. 14.2). Die instrumentelle Vernunft mit ihrer Zweck-Mittel-Relation wird zur dominierenden Größe. Alles wird zum Mittel. Man(n) definiert sich über Arbeit und Erfolg – Reflexion und Kontemplation, die zu Selbstvergewisserung und Gelassenheit führen, haben kaum eine Chance im hektischen Alltag. Hektik, Betriebsamkeit und Fixierung auf »Ergebnisse« sind auch Folge innerer Leere und Verunsicherung und unersättlichen Lebenshungers, den der Konsum aber nicht stillen kann (vgl. Kapitel 11).

Es gibt zum Glück auch Gegenbewegungen zu dieser zunehmenden Beschleunigung, eine *Entdeckung der Langsamkeit* (Sten Nadolny), ein neues Bewusstsein dafür, was durch Geschwindigkeitsfixierung verloren geht. Es gibt eine neue Wertschätzung für bewusste Kontrapunkte: *slow food, slow travel* etc. Wird »langsam« der neue Trend? Ist es möglich, sich dem

Zeitgeist hier zu widersetzen? Oder ist er in den Milieus einiger Gesellschaften vielleicht schon auf dem Rückzug?

Wolfgang Sachs, ehemals Wissenschaftler am Wuppertal Institut, empfahl zur Durchsetzung von mehr Suffizienz schon Anfang der 1990er-Jahre vier Handlunsmaximen: Entschleunigung, Entrümpelung, Entflechtung und Entkommerzialisierung (W. Sachs 1993).[68]

Neben der persönlichen Dimension braucht es natürlich auch auf institutioneller Ebene Mechanismen, die langfristiges Denken, Planen und Handeln unterstützen – und anreizen bzw. vorschreiben. Für staatliches Handeln ist hier auf die oben diskutierte Institutionalisierung von Nachhaltigkeit hinzuweisen (vgl. 7.1).

Instrumentelle Rationalität hat selbstverständlich weiterhin ihre Berechtigung, aber ihr Wirken muss auf die Bereiche beschränkt werden, in denen ihr Einsatz sinnvoll ist, weshalb die Pflege von Räumen wichtig ist, in denen Effizienz nicht zum Maß aller Dinge wird (vgl. 5.2).

Abgesehen von der ohnehin erforderlichen Revision der Marktbedingungen (allein schon, um Externalitäten begegnen zu können) (vgl. 5.1) braucht es auch Anreizstrukturen für längerfristiges Denken und Handeln. Dies beginnt mit den Gehalts- und Vergütungssystemen von Managern, die naturgemäß vor allem im Vertrieb zu einem großen Teil an Quartals- bzw. Jahresergebnissen orientiert sind. Es sind des Weiteren in Produktion und Konsum Anreize für Längerfrist-Orientierung zu setzen. Unterstützt durch immer noch vergleichsweise geringe Rohstoffpreise (gemessen an ihrem ökologischen Fußabdruck) werden lieber kurzlebige, billige Wegwerfprodukte auf den Markt geworfen anstelle von dauerhaften, langlebigen Konsumgütern. Eine Verlängerung der gesetzlichen Gewährleistungspflichten könnte dazu beitragen, den Übergang zu Geschäftsmodellen der Dienstleistung anzureizen. Warum soll ein Waschmaschinenhersteller seine Geräte *verkaufen*? Wenn er sie als Dienstleistung anböte, würde er automatisch ein Interesse an Langlebigkeit, Dauerhaftigkeit, leichter Nach- bzw. Aufrüstbarkeit, einfacher Entsorgung u. a. m. haben. Dass bestimmte Plastikwegwerfartikel in der EU ab 2021 verboten sein werden, ist zumindest ein Schritt in diese Richtung.

Die immer größere Beschleunigung vieler Prozesse hat uns sehr viel effizienter gemacht – aber Sinn und Bedeutung kann sie nicht vermitteln. Im Gegenteil. In der hektischen Betriebsamkeit und nach kurzfristigem Effekt haschender Effizienz gerät völlig aus dem Blick, dass die wesentlichen Fragen noch gar nicht berührt wurden.

Wie in einem Hamsterrad jagen wir kurzfristigen Zielen nach, die verlockend wirken und während des Konsums einen Moment der Sicherheit vorgaukeln, aber keine Befriedigung schaffen. Kurzfristorientierung ist deshalb eng mit dem Konsumismus verwandt, den wir als nächste zeitgeistabhängige Barriere diskutieren werden.

11 Konsumismus

Exzessiver Konsum gefährdet Bemühungen um Nachhaltigkeit, da er mit einem großen Durchsatz an natürlichen Rohstoffen und der Abfallproduktion verbunden ist – und allzu oft auch mit schlechten Sozialstandards bei der Herstellung von Produkten. Drei Aspekte des Konsumismus sollen im Folgenden betrachtet werden: der selbsterhaltende Charakter des Konsums als systemischer Effekt der Industriegesellschaft; die Rolle des Konsums als Ersatzbefriedigung angesichts von Sinn- und Identitätskrisen sowie die schädlichen Wirkungen für sozialen Zusammenhalt und Solidarität.

Es kann kein Zweifel bestehen, dass das Niveau exzessiven Konsums der globalen Eliten nicht nachhaltig ist. Ein sehr kleiner Teil der Weltbevölkerung verbraucht den Großteil der Rohstoffe, produziert den meisten Müll und schädigt Natur und Klima. Die reichste halbe Milliarde Menschen sind für die Hälfte der weltweiten Treibhausgasemissionen verantwortlich (Pearce 2009).

Doch Konsum ist weit mehr als die Befriedigung von Bedürfnissen, er ist zum Selbstzweck geworden. Eine Reihe von Autoren aus ganz unterschiedlichen Disziplinen haben sich kritisch mit dem heutigen Konsumismus auseinandergesetzt und dabei verschiedene Aspekte hervorgehoben: Fragen des Marktsystems, der persönlichen Identität und Fragen von Gemeinschaft und Gesellschaft.

Günther Anders, Philosoph und Literat und erster Ehemann von Hannah Arendt, führt aus, inwiefern Konsum zu einem konstitutiven Merkmal der Industriegesellschaft geworden ist, zu einer Notwendigkeit, um den Industrieprozess am Laufen zu halten. Das System der Industriegesellschaft hänge von der Produktion von Produkten ab, die wiederum selbst zu Produktionsmitteln für andere Produkte werden usw. »Der Mechanismus unseres Industriekosmos besteht nun aus der (durch Produkte, und zwar Produktionsmittel, bewerkstelligten) Herstellung von Produkten, die ihrerseits als Produktionsmittel auf Herstellung von Produkten abzielen, die ihrerseits ... u. s. f. – bis eine letzte Maschine *Finalprodukte* auswirft, die keine Produktionsmittel mehr sind, sondern Konsummittel, das heißt: solche, die *durch ihr Gebrauchtwerden verbraucht werden* sollen, wie Brote oder Granaten« (Anders 1980, 15; Hervorhebung im Original). Dies bezeichnet Anders als »zweite industrielle Revolution«, in der Konsumakte zu Produktionsmitteln werden. Es sind dann »nicht eigentlich die Produkte selbst, die als Produktionsmittel fungieren, sondern unsere *Konsumakte* – eine wahrhaftig beschämende Tatsache, da sich nun ja unsere, der Menschen, Rolle darauf beschränkt, durch den Produktkonsum (für den wir überdies noch zahlen müssen) dafür zu sorgen, dass die Produktion in Gang bleibe.« (ebd., 16)

Wenn wir ehrlich wären, würden wir heute nicht »Unser täglich Brot gib uns heute« beten, sondern »*Unseren täglichen Hunger gib uns heute*« – damit die Brotfabrikation täglich gesichert bleibe. Sofern das heute fällige Gebet überhaupt noch aus unserem menschlichen Munde kommt, da es ja eigentlich die Produkte sind, die beten. Nämlich: »*Unsere täglichen Esser gib uns heute.*« (ebd.)

Die Logik der Industriegesellschaft macht jedes Ding und jedes Wesen zu einer Ressource im Produktionsprozess. Demjenigen, aus dem sich nichts machen ließe, würde die Existenz abgesprochen werden und es dürfe vernichtet werden, wenn es uns im Weg ist. »Analog zu dem nationalsozialistischen ›lebensunwerten Leben‹ gibt es ein ›*existenzunwertes Seiendes*‹. Kurz: *Rohstoffsein ist criterium existendi, Sein ist Rohstoffsein* – dies ist die metaphysische Grundthese des Industrialismus ...« (33). Der Konsumismus wäre demnach in der »metaphysischen Grundthese des Industrialismus« begründet.

Gegen Anders kann man einwenden, dass (zu einem gewissen Grad) in jeder arbeitsteiligen Gesellschaft derjenige, der ein Produkt oder eine Dienstleistung anbietet, darauf angewiesen ist, dass es dafür auch eine Nachfrage gibt. Das gilt selbst in einer Planwirtschaft, mit dem einzigen Unterschied, dass die Nachfrage dann staatlich garantiert wird. Allerdings weist Anders aus meiner Sicht durchaus zu Recht darauf hin, dass unser Wirtschaftssystem von der permanenten *Erzeugung von Bedürfnissen und Wünschen* abhängig ist. Die oben zitierte Aussage von Steve Jobs wonach viele Menschen gar nicht wüssten, was sie wollten, bis man es ihnen zeige, kann als Beleg dafür gelten. Unabhängig davon, wie diese marktsystemische Frage zu beurteilen ist, gibt es noch einen anderen problematischen Aspekt des Konsumismus, der von vielen Autoren beklagt wird: dass Konsum nämlich zu einem bestimmenden Moment menschlicher Identität geworden ist.

Dem polnisch-britischen Soziologen und Philosophen Zygmunt Bauman zufolge hat sich Konsum zu einer Antwort entwickelt, mit der versucht wird, der Angst vor der Erosion von Institutionen und der zunehmenden Individualisierung zu begegnen (Bauman 2001). In einer sich ständig ändernden und zunehmend unsichereren Welt bietet der Konsum eine Zuflucht in Sicherheit und Vorhersagbarkeit, wie Bauman anhand der Erwartungen illustriert, die Touristen des globalen Nordens an ihre Urlaubsreisen hätten (26). Touristen würden Wildniserfahrungen wollen – doch sollten diese klar gekennzeichnete und markierte Ausgänge aufweisen (ebd.). »Die Macht und die Schwäche, die Herrlichkeit und der Pesthauch der Konsumgesellschaft – einer Gesellschaft, in der das Leben durch den kontinuierlichen Erfolg diskontinuierlicher Konsuminteressen konsumiert (und sich dabei selbst verbraucht) – liegen in derselben Bedingung begründet: Den Ängsten, die sich aus dem Zerfall von Institutionen und einer zunehmenden Individualisierung begründen und dadurch bestärkt werden.« (28)

Lange vor Bauman hatte der Psychoanalytiker und Soziologe Erich Fromm eine ähnliche Position vertreten. In seinem Buch *Escape from Freedom,* das erstmals 1941 erschien, konstatiert Fromm, dass es das Schicksal des Menschen sei, zum Erfolg des Wirtschaftssystems beitragen zu müssen, zu einem Rädchen in der riesigen wirtschaftlichen Maschine zu werden (Fromm 2008). »Im Kapitalismus wurden die wirtschaftliche Betätigung, der Erfolg und der materielle Gewinn Selbstzweck. Es wurde zum Schicksal des Menschen, daß er zum Gedeihen des Wirtschaftssystems beitragen mußte, daß er Kapital anhäufen mußte, und dies nicht zum eigenen Glück oder Heil, sondern als Selbstzweck. Der Mensch wurde zu einem Zahnrad im riesigen Wirtschaftsapparat, das einem Zweck diente, der außerhalb seiner selbst lag.« (Fromm 2008, 85)

Für Fromm ist Konsum eine Form des Habens, nicht des Seins. Er ist in den heutigen »Überflussgesellschaften« vielleicht sogar die wichtigste Form des Habens (Fromm 1980, 37). »Konsumieren hat etwas Zweideutiges. Es vermindert die Angst, weil mir das Konsumierte nicht weggenommen werden kann, aber es zwingt mich auch, immer mehr zu konsumieren, denn das einmal Konsumierte hört bald auf, mich zu befriedigen. Der moderne Konsument könnte sich mit der Formel identifizieren: *Ich bin, was ich habe und was ich konsumiere.*« (Fromm 1980, 37) Wenn der Konsum also Identität stiftet, wird Identität flüchtig. Identität macht sich abhängig vom unstillbaren Verlangen nach Konsum. Konsum wird zur Ersatzbefriedigung und offenbart ein tiefer liegendes Problem der Selbstsucht – die Fromm als das Gegenteil von Selbstliebe versteht.

> Selbstsucht ist eine Art Gier. Wie jede Gier ist sie unersättlich und daher nie wirklich zu befriedigen. Die Gier ist ein Fass ohne Boden. Der Gierige erschöpft sich in der nie endenden Anstrengung, seine Bedürfnisse zu befriedigen, ohne dass ihm dies je gelingt. Genaue Beobachtung zeigt, dass der Selbstsüchtige zwar stets eifrig darauf bedacht ist, auf seine Kosten zu kommen, dass er aber nie befriedigt ist und niemals zur Ruhe findet, weil ihm stets die Angst im Nacken sitzt, er könnte nicht genug bekommen, es könnte ihm etwas entgehen und er könnte etwas entbehren müssen. Ein brennender Neid erfüllt ihn auf jeden, der vielleicht mehr haben könnte als er. Wenn wir noch etwas genauer hinsehen und besonders die unbewusste Dynamik beachten, so finden wir, dass sich solche Menschen im Grunde selbst nicht ausstehen können. Das Rätsel, worauf dieser scheinbare Widerspruch beruht, ist leicht zu lösen. Die Selbstsucht beruht genau darauf, dass man sich selbst nicht leiden kann. Wer sich nicht leiden kann, wer mit sich nicht einverstanden ist, befindet sich in einer ständigen Unruhe in Bezug auf das eigene Selbst. Er besitzt nicht die innere Sicherheit, die nur auf dem Boden einer echten Liebe zu sich selbst und der Bejahung der eigenen Person gedeihen kann. Er muß sich ständig mit sich beschäftigen voller Gier, alles für sich zu bekommen, da er von Grund auf unsicher und unbefriedigt ist. Dasselbe gilt für einen sogenannten narzisstischen Menschen, dem es nicht so sehr darauf ankommt, etwas für sich zu bekom-

men, sondern der sich vor allem selbst bewundern möchte ... Der Narzisst liebt weder sich selbst noch die anderen. (Fromm 2008, 89)

In diesem Sinn kann man sagen, dass übersteigerter Konsum den aus Selbstsucht stammenden Mangel an Selbstliebe adressiert. In Abwesenheit innerer Sicherheit versucht gieriges Eigeninteresse Identität zu stiften – Konsum als Folge fehlender Selbstachtung. Konsumismus wäre dann Spiegel einer Identitäts- und Sinnkrise.

Genau das ist auch das Ergebnis Viktor Frankls, der ebenfalls Psychoanalytiker war. Frankl sieht unser unersättliches Streben nach Konsum in einer Sinnkrise begründet. Der Wohlfahrtsstaat könne »praktisch alle Bedürfnisse des Menschen« befriedigen, »ja, einzelne Bedürfnisse werden von der Konsumgesellschaft überhaupt erst erzeugt. Nur *ein* Bedürfnis geht leer aus, und das ist das Sinnbedürfnis des Menschen – das ist sein ›Wille zum Sinn‹ ...« (Frankl 2013, 46).

Auch die Schlussfolgerungen zeitgenössischer ökonomischer Querdenker wie Nico Paech oder Tim Jackson fügen sich nahtlos hier ein. Nico Paech, deutscher Ökonom, moniert, dass Konsum zu einer sich selbst erhaltenden Aktivität geworden ist, die uns vom Wesentlichen abbringt. »Derzeit verzetteln wir uns in einer reizüberfluteten Konsumsphäre, die unsere knappste Ressource aufzehrt, nämlich Zeit. Durch den Abwurf von Wohlstandsballast hätten wir die Chance, uns auf das Wesentliche zu konzentrieren, statt im Hamsterrad der käuflichen Selbstverwirklichung zusehends Schwindelanfälle zu erleiden.« (Paech 2012, 11)

Und der Brite Tim Jackson kritisiert, dass Konsum bestimmt, wie wir unsere Identität verstehen, wie wir Liebe ausdrücken, und dass wir sogar Sinn und Bedeutung in der Sprache von Waren ausdrücken (Jackson 2011, 175 ff.). Jackson weist ebenso darauf hin, dass Konsumismus auch das menschliche Miteinander verändert – der *dritte* Aspekt des Konsumismus, der hier thematisiert werden soll.

Jackson kritisiert die verheerenden sozialen Effekte des Konsumismus scharf, die einen unergiebigen Wettbewerb um Statussymbole befördere und dem Leben der Menschen in psychologischer wie sozialer Hinsicht schade (83). Jackson bezieht sich in seiner Kritik auf die Arbeit der britischen Epidemiologen Richard Wilkinson und Kate Pickett, die in ihrem Buch *The Spirit Level* unter anderem die soziale Dimension des Konsumismus untersuchten. Konsumismus wäre keineswegs lediglich eine Folge der Befriedigung grundlegender materieller Bedürfnisse. Im Gegenteil.

> Unser beinahe neurotisches Bedürfnis nach Shoppen und Konsum zeigt vielmehr, wie grundlegend sozial wir sind. In unseren ungleichen und individualistischen Gesellschaften nutzen wir Besitz, um uns selbst in gutem Licht darzustellen, um einen guten Eindruck zu machen und um zu vermeiden, dass wir in den Augen anderer als inkompetent oder mangelhaft erscheinen. Konsumismus zeigt, wie stark wir durch andere beeinflusst werden. Haben wir erst einmal die Grundbedürfnisse befriedigt, ist Besitz an sich immer weniger wichtig und wird zunehmend dazu verwendet, etwas über den Besitzer auszusagen. Eigentlich sollte unser Eindruck voneinander ja durch persönliche Begegnungen im sozialen Miteinander bestimmt sein, anstatt durch äußere Eindrücke ohne wirklich voneinander zu wissen. Die Schwächung des sozialen Miteinanders und das Wachstum des Konsumismus stehen miteinander in Beziehung. (Wilkinson und Pickett 2011, 230)

Fazit: Es ist höchste Zeit, den dominierenden Konsumismus des globalen Nordens zu hinterfragen, nicht zuletzt deshalb, weil eine wachsende globale Mittelklasse den Ressourcenverbrauch in den nächsten Jahrzehnten über jedes bekannte Maß hinaus verstärken wird und wir dringend nach Wegen suchen müssen, um die schlimmsten Auswüchse des Konsumismus zu vermeiden. Wir können uns nicht auf Effizienzmaßnahmen verlassen, denn bisher ist es noch nicht gelungen, das Wirtschaftswachstum vom Ressourcenverbrauch (absolut) zu entkoppeln. Und da der Wohlstand für die vielen Menschen in den Entwicklungsländern, für viele Menschen der sogenannten *Base of the Pyramid* selbstverständlich noch zunehmen muss, ist es um so wichtiger, dass die reichen Länder ihre Konsummuster ändern und Wege finden, wie die Bedingungen für gelingendes Leben auch bei deutlich geringerem Konsum bereitgestellt werden können.

Auf *systemischer* Ebene ist exzessiver Konsum zu einem konstitutiven *Treiber* des Marktsystems geworden, der geändert werden muss, um die Ausbeutung von Rohstoffen wie auch Abfall und Umweltverschmutzung zu reduzieren (vgl. Kapitel 5).

Auf einer *persönlichen und gesellschaftlichen* Ebene ist exzessiver Konsum allerdings eher ein *Symptom* – ein Symptom für Sinnsuche, Identität und Sicherheit in einer immer unsichereren und stärker individualisierten Welt.

In Abwandlung eines Wittgensteinschen Worts kann man sagen: Wir fühlen, dass, selbst wenn alle kurzfristigen Konsumbedürfnisse gestillt sind, die wesentlichen Fragen des Menschseins noch gar nicht berührt sind. Es bleibt ein leeres Versprechen, dass flüchtige Konsumerfahrungen Selbstverwirklichung ermöglichen würden. Exzessiver Konsum offenbart vielmehr einen unbeherrschten, zügellosen Charakter. Es gehört zur Würde des Menschen, sein Verhalten durch selbstauferlegte Beschränkungen des Willens steuern zu können. Dies verweist auf die Bedeutung persönlicher Prinzipien (vgl. 14.1).

Lösungsansätze

Das Problem des Konsumismus zu adressieren, erfordert Maßnahmen auf verschiedenen Ebenen und in verschiedener Hinsicht.

- *Anpassungen des Marktsystems, um den Schaden des Konsumismus zu begrenzen*
  Auf der Ebene des Marktsystems sollte als eine Art Notfallmaßnahme derjenige Konsum gefördert werden, der mit geringeren ökologischen oder sozialen Belastungen verbunden ist. Externe soziale und ökologische Kosten sollten so weit irgend möglich internalisiert, also durch die Marktpreise abgebildet werden (vgl. 5.1). Neue, weniger ressourcenintensive Geschäftsmodelle sollten gefördert werden (z. B. Nutzen statt Besitzen, vgl. 13.2). Produktionssysteme sollten dahingehend angepasst und Produkte so entwickelt werden, dass sie für Langlebigkeit, Haltbarkeit, Upgrade-Fähigkeit und Rezyklierbarkeit (*design for disassembly*) ent-

wickelt werden. Diese Maßnahmen sind zwar eher symptomatischer Natur und keine Änderung des Problems an sich, doch können sie helfen, die ökologischen und sozialen Belastungen des Konsumismus zu begrenzen.

- *Den Übergang in eine post-materialistische Gesellschaft befördern*

Der empirische Sozialforscher Ronald Inglehardt hat die Veränderung von Werthaltungen jahrzehntelang in beinahe 50 Ländern weltweit untersucht. Seine »World Value Surveys« basieren auf Befragungen von mehr als 1000 Bürgerinnen und Bürgern pro Land. Sie dokumentieren den Trend zu einem Übergang in eine post-materialistische Gesellschaft, wie Jan Delhey es beschreibt.

Vor allem durch steigende Lebensstandards und das Gefühl, dass die eigene Existenz gesichert ist, haben sich die Wertpräferenzen grundlegend geändert, weg von materialistischen Knappheitswerten hin zu postmaterialistischen Werten der Selbstdarstellung. »Es ist deshalb sehr gut möglich, dass sich mit der existenziellen Sicherheit auch der Weg zu individuellem Glück verändert hat, von materialistischem zu post-materialistischem Glück.« (Delhey 2010, 66). Blickt man von armen zu reichen Ländern, falle auf, so Delhey, dass es einen ziemlich konsistenten Trend zu postmaterialistischem Glück gibt, der sich augenscheinlich sowohl durch eine geringere Wertschätzung materialistischer Belange als auch durch eine größere Wertschätzung post-materialistischer Belange ausdrücke, obwohl der erstgenannte Trend stärker ausgeprägt sei (65).

Obwohl der Höhepunkt des weltweiten Konsums im Sinne des Rohstoffverbrauchs sicher noch nicht erreicht ist, kann man sehen, dass sich in reichen Ländern Wertvorstellungen ändern. Es mag sein, dass es noch etwas Zeit braucht, bis sich dies auch in den Stoffströmen widerspiegelt. Es ist zu hoffen, dass dies bald geschieht.

- *Ungleichheiten reduzieren, denn sie verstärken den Konsum*
Eine Maßnahme zur Reduzierung von Konsumanreizen ist die Verringerung sozialer Ungleichheiten, wie Wilkinson und Pickett belegt haben. »Größere Gleichheit ist der entscheidende Schlüssel, um den kulturellen Konsumdruck zu reduzieren.« (Wilkinson & Pickett 2011, 226). Die Autoren sehen den Wettbewerb um Statussymbole als Hauptursache des Konsums. »Das Problem mit zweitklassigen Waren ist, dass sie uns wie zweitklassige Menschen aussehen lassen. Durch den Vergleich mit den Reichen und Berühmten erscheint der Rest von uns zweitklassig und minderwertig, und je größer die Differenzen, desto sichtbarer und bedeutsamer werden sie. Da Ungleichheit den Wettbewerb um Statussymbole verstärkt, müssen wir uns immer mehr anstrengen, um mitzuhalten.« (227). Die soziale Ungleichheit innerhalb von Gesellschaften zu verringern, stärkt deshalb nicht nur den sozialen Zusammenhalt (vgl. 15.3), es verringert auch den Druck zu konsumieren.
- *Das Konsumparadigma hinterfragen: »Verbraucher« als Schimpfwort?*
Auf einer tieferen Ebene müssen wir das dem Konsum zugrunde liegende Paradigma verändern. Denn was heißt Konsum letztendlich? Es heißt, etwas zu verbrauchen, Konsumenten sind Verbraucher. Verbrauchen bedeutet aber, etwas aufzuzehren, etwas aufzubrauchen. Es bedeutet, dass das Verbrauchte nach dem Konsum nicht mehr für andere zur Verfügung steht. Dies spiegelt das Paradigma der *Take-Make-Waste*-Gesellschaft der letzten einhundert Jahre wider, das auf lange Sicht nicht funktionieren wird und bereits heute große Probleme bereitet.

Das Konsumparadigma muss sich ändern. Wieso ist »Verbraucher« eigentlich kein Schimpfwort? Immerhin ist ein Verbraucher – jedenfalls dem Wortsinn nach – jemand, der etwas für sich beansprucht, das danach für andere nicht mehr zur Verfügung steht. In diesem Sinn kann Verbrauchen kein Konzept sein, das auf einem begrenzten Planeten auf ewig perpetuiert werden kann. Es wird Zeit, ein anderes Paradigma zu kultivieren, das weniger aggressiv und weniger invasiv ist und das Nutzen, Gebrauchen, Verwenden in den Mittelpunkt rückt, an dem sich (im Anschluss daran oder zugleich) auch andere erfreuen können. In ihrem Buch *The Great Mindshift* fragt die Politikökonomin Maja Göpel, warum wir eigentlich die Vorstellung pflegen, dass ständiges Anhäufen für Menschen oder die Gesellschaft insgesamt von Vorteil wäre? (Göpel 2016, 77). Wir müssen in der Tat daran arbeiten, unsere Geisteshaltung gegenüber dem Konsum zu ändern.

◆ *Suffizienz und Lebensstile der Genügsamkeit*
Es mag sein, dass suffizientere und genügsamere Lebensstile (noch) keine massentauglichen Empfehlungen sind, doch sind diese fraglos wichtige Gegenmaßnahmen gegen ausufernden Konsumismus. Suffizienz wird unten als eines der Prinzipien nachhaltigen Handelns diskutiert werden (vgl. 13.2) (vgl. Schneidewind & Zahrnt 2017). Wie oben angemerkt, weisen Wilkinson und Pickett darauf hin, dass ein geringeres Konsumniveau keineswegs mit geringerer Lebensqualität einhergehen muss, gemessen an Gesundheit, Glück, Freundschaft und sozialem Leben (vgl. 5.1).

Ganz entsprechend hat auch Wolfgang Sachs Entkommerzialisierung und Entrümpelung (oder weniger Anhäufung) als Mittel für Suffizienz empfohlen. Paechs Darstellung betont den befreienden Charakter geringeren Konsums: Er spricht davon, dass der Wohlstandsballast uns dazu befreien würde, dass wir uns auf die wesentlichen Dinge konzentrieren würden. »Wenige Dinge intensiver zu nutzen und zu diesem Zweck bestimmte Optionen einfach souverän zu ignorieren, bedeutet weniger Stress und damit mehr Glück.« (Paech 2012, 11).

◆ *Selbstsucht und Sinnleere adressieren*
Wenn wir Viktor Frankl und Erich Fromm folgen, dann ist Konsumismus auch Ausdruck einer Sinnkrise und fehlender Selbstannahme. Wenn exzessiver Konsum Selbstsucht offenbart, dann kann dem Konsumismus nur dann wirksam begegnet werden, wenn auch die zugrunde liegenden Fragen von Sinn und Identität beantwortet werden. Konsumismus kann nur bewältigt werden, wenn die menschliche Selbstliebe (die ja nach Fromm das Gegenteil der Selbstsucht ist) und die Selbstachtung gestärkt werden.

TEIL 2

Der erste Teil des Buchs betrachtete Nachhaltigkeitsbarrieren und nahm dabei eine systemische Perspektive ein. Die Frage nach (Nicht-)Nachhaltigkeit wurde sozusagen top-down gestellt und für jede Barriere wurden Lösungsperspektiven vorgeschlagen.

Der zweite Teil des Buchs wird nun die Perspektive wechseln und die Sicht der Akteure einnehmen. Er wird sozusagen bottom-up danach fragen, was jede und jeder tun kann, um mehr Nachhaltigkeit zu verwirklichen. Dies ist keineswegs bloß als Appendix zu verstehen, in dem es darum geht, die Leute zu beschäftigen, indem man ihnen etwas Sinnvolles zu tun gibt, wenn es schon nicht möglich ist, manche Barrieren vollständig zu überwinden (wie etwa Zielkonflikte). Ganz im Gegenteil, wer sollte ein System verändern, wenn nicht die

HANDLUNGS-
PRINZIPIEN

Akteure – denn es gibt ja keinen »zentralen Steuermann«! Jede Veränderung, jeder Lösungsvorschlag des ersten Teils setzt Akteure voraus, die bereit sind, die entsprechenden Maßnahmen zu ergreifen. Weil aber die Maßnahmen sehr speziell und kontextabhängig sind und im Einzelfall viel Detailkenntnis und Abwägungsprozesse erfordern, geht es hier nicht primär um Maßnahmen. Vielmehr wird der Versuch unternommen, Prinzipien aufzustellen, die für Akteure verschiedener Ebene und Art generell richtig zu sein beanspruchen. Während konkrete Maßnahmen vor der Schwierigkeit stehen, mannigfaltige Randbedingungen und Kriterien berücksichtigen zu müssen, wäre der Gedanke von Handlungsprinzipien, dass sie Komplexität reduzieren und Handeln einfacher machen.

12 Warum Handlungsprinzipien?

12.1 Perspektivwechsel: die Sicht der Akteure

Die systemischen Barrieren des ersten Teils werden nicht leicht zu überwinden sein. Zunächst natürlich schon aus den dargestellten sachlichen Gründen, die eine Barriere zu einer Barriere machen. Zudem auch deshalb, weil es für komplexe Systeme kein zentrales Steuerungsorgan gibt. Die Richtung, in die sich ein System entwickelt, wird durch die zahlreichen Handlungen verschiedener Akteure bestimmt, aus denen das System zusammengesetzt ist (Brown 2008, 149). Deshalb ist es von entscheidender Bedeutung, die multiplen Akteure in einer bestimmten Weise zu koordinieren.

Die Schwierigkeit besteht allerdings darin, dass bei der Anwendung konkreter Maßnahmen (z. B. CO_2-Steuer vs. Cap-and-Trade-Mechanismus) nicht nur fachliche Expertise erforderlich ist, sondern unzählige Details und spezielle Randbedingungen zu berücksichtigen sind.

In diesem Buch wurden mehr als 20 Barrieren diskutiert mit zahlreichen Lösungsvorschlägen, zum Teil wurden Maßnahmen angedeutet, weshalb eine Verallgemeinerung auf der Ebene der Maßnahmen entsprechend schwierig wäre. Um die für Fortschritte im Bereich der Nachhaltigkeit dringend erforderliche Komplexitätsreduktion zu erreichen, sollen deshalb im Folgenden Handlungsprinzipien vorgeschlagen werden, mithilfe derer eine Synchronisierung verschiedener Akteure im Sinne des gemeinsamen Fortschritts möglich werden soll.

Denn es ist eine zentrale Überzeugung dieses Buchs, dass die Nachhaltigkeitsbarrieren nicht isoliert betrachtet und überwunden werden können. Vielmehr ist es essenziell, dass viele Akteure auf verschiedenen Ebenen die richtigen Dinge tun. In Ermangelung einer zentralen Koordinationsstelle (»Steuermann«) sollten diese Prinzipien so klar und einfach wie möglich sein.

Dieser Ansatz weicht entscheidend von dem der Agenda 2030 ab, die ja bekanntlich konkrete Nachhaltigkeitsziele vorgibt. Es ist selbstverständlich wichtig, konkrete Indikatoren und Zielvorgaben zu haben. Und die Konzentration auf das Ergebnis hat den Vorteil, konkrete Vorgaben machen und Fortschritte dokumentieren zu können. Doch zum einen adressieren die SDGs meist die Systemebene und dann vor allem die Staaten – und nicht etwa die Individuen. Und zum anderen werden die Akteure von der Agenda 2030 weitgehend sich selbst überlassen, wenn es um konkrete Operationalisierungen geht. Da die SDGs Ziele darstellen und keine Maßnahmen vorschlagen, bleibt deshalb völlig offen, wie ein konkreter Akteur ein konkretes Ziel erreichen können soll.

In konkreten Situationen, die eine Entscheidung verlangen, nützt die Vorgabe eines globalen Ziels wenig, denn oft ist es nicht möglich zu sagen, welche langfristige Wirkung eine Handlung hat. Dies ist ein allgemeines Problem des ethischen Konsequentialismus, der den moralischen Wert einer Handlung an seinen Folgen beurteilt, so wie etwa der Utilitarismus für die größtmögliche Zahl von Menschen das größtmögliche Gut zu erreichen bestrebt ist. Doch dabei bleibt nicht nur die kritische Verteilungsfrage ungeklärt und damit die Gerechtigkeit auf der Strecke (was ist zu tun, wenn das größte Glück mit einer ungerechten Verteilung einhergeht, also wenn etwa neun Personen glücklich werden, aber eine gar nicht?). Vor allem kann man, wie bereits gesagt, nie sicher sein, die langfristigen Folgen einer Handlung richtig einzuschätzen.

12.2 Warum »Prinzipien« für nachhaltiges Handeln?

Ein Prinzip ist eine »feste Regel, die jemand zur Richtschnur seines Handelns macht, durch die er sich in seinem Denken und Handeln leiten lässt« (Duden 2001). Immanuel Kant formulierte mit seinem kategorischen Imperativ ein solches Handlungsprinzip. Er wollte ein solches Prinzip, einen solchen Imperativ kategorisch formulieren, worunter er versteht, dass er »eine Handlung als für sich selbst ohne Beziehung auf einen anderen Zweck, als objektiv-notwendig vorstellte« (Kant, Grundlegung zur Metaphysik der Sitten 1989, BA 40). Demgegenüber bezeichnete er einen Imperativ als hypothetisch, wenn »die Handlung bloß wozu anderes, als Mittel, gut sein würde« (ebd.). Eine der Formulierungen des kategorischen Imperativs lautet: »Handle so, daß die Maxime deines Willens jederzeit zugleich als Prinzip einer allgemeinen Gesetzgebung gelten könne.« (Kant 1989, A 54)

Die Universalisierbarkeit dieses kategorischen Imperativs ist seine große Stärke – im Zusammenhang unseres Kontextes jedoch zugleich auch eine Schwäche. Denn der kategorische Imperativ hilft kaum weiter, wenn man sich in konkreten Situationen fragt, welche von zwei Handlungsoptionen die nachhaltigere wäre.

Zweihundert Jahre nach Kant hat Hans Jonas angesichts der neuen technisch ermöglichten Bedrohungspotenziale einen anderen Imperativ im Duktus Kants formuliert: »Handle so, daß die Wirkungen deiner Handlung verträglich sind mit der Permanenz echten menschlichen Lebens auf Erden.« (Jonas 1984, 36) Auch dieser Imperativ hilft bei der schwierigen Frage nicht wirklich weiter, welche von zwei konkreten Handlungsoptionen denn genau das erfüllt, was Jonas fordert.[69]

Im Sinne Kants bräuchte man für die hier interessierende Fragestellung vielmehr einen *hypothetischen* Imperativ – denn es soll ja darum gehen zu klären, welche Handlungen als Mittel zum Erreichen von mehr Nachhaltigkeit geeignet sind. Wenn im Folgenden Prinzipien nachhaltigen Handelns aufgestellt werden, so wären es also im Sinne Kants hypothetische Imperative. Sie beschreiben praktische Notwendigkeiten, die zu befolgen erforderlich wären, wenn man dem Ziel der Nachhaltigkeit näherkommen möchte.

Es gibt einen Zielkonflikt zwischen der universellen Gültigkeit eines Prinzips und seiner Anwendbarkeit für konkrete Situationen. Je allgemeiner das Prinzip formuliert ist, desto schwieriger ist die Anwendung auf konkrete Fälle (und umgekehrt). Die allgemeine Gültigkeit des kategorischen Imperativs oder auch des Rawlsschen Fairnessprinzips ist nur zu dem Preis recht hoher Abstraktion zu haben, die sie für konkrete Handlungssituationen nur bedingt verwendbar macht. Auf der anderen Seite stehen Handlungsempfehlungen, die sehr konkret auf bestimmte Situationen eingehen (z. B. »Nahrungsmittel sollten nur lokal eingekauft werden«), in der Gefahr, nur einen sehr kleinen Anwendungsbereich zu haben – oder falsche Generalisierungen vorzunehmen. Es ist deshalb das Ziel der im Folgenden vorzuschlagenden Handlungsprinzipien, einerseits so allgemein formuliert zu sein, dass sie einen hinreichend großen Anwendungsbereich haben, zugleich aber auch hinreichend konkret, dass sie Entscheidungssituationen unterstützen können.

Mit dieser Konzentration auf Handlungsprinzipien ist die Hoffnung auf zwei Vorteile verbunden: Sie sollen die Komplexität der Nachhaltigkeitsanforderungen zu reduzieren helfen und sie sollen Handeln konkret und operational machen. Niemand kann den erforderlichen Systemwechsel alleine bewältigen – nicht einmal die einflussreichsten Politiker. Allerdings kann Veränderung durchaus möglich werden, wenn das Handeln vieler Akteure auf vielen Ebenen durch Prinzipien koordiniert wird – obwohl es kein zentrales Steuerungssystem gibt. Wie wirkungsvoll Systeme sein können, in denen sehr viele, zuvor unkoordinierte Teilchen plötzlich in ein und derselben Weise operieren, zeigt das Beispiel des Laserstrahls. Erst wenn es gelingt, die Atome im Laser in einer Weise zu stimulieren, dass sie alle kohärent sind, dass sie »in Phase« schwingen, kommt ein Laserstrahl zustande, der ungleich höhere Energiedichten aufweist als inkohärente Strahlung.

Es gibt eine Reihe möglicher Einwände gegen einen solchen Ansatz:

Konsistenz?
Die schwerwiegendsten Probleme der Realisierung von mehr Nachhaltigkeit (oder der Agenda 2030) liegen mutmaßlich in den Zielkonflikten zwischen einzelnen Zielen. Es ist keineswegs klar, ob die SDGs untereinander konsistent sind, ob sie also letztlich überhaupt alle zugleich erreichbar sind. Das ist aus meiner Sicht ein Problem, das dem Konzept der Nachhaltigkeit immer inhärent ist – daran ändert sich selbstverständlich auch dann nichts, wenn man Handlungsprinzipien aufstellt. Nur wird es umso schwieriger, Prinzipien aufzustellen, die die Zielkonflikte minimieren.

Ich kann nicht beanspruchen, vollständig konsistente Prinzipien aufzustellen. Es mögen sich bei näherer Betrachtung Inkonsistenzen zeigen und künftige Betrachtungen mögen präzisere und umfassendere Prinzipien zutage fördern. Ich halte es gleichwohl für wichtig, die Diskussion um solche Prinzipien in Verbindung mit den Handlungsbarrieren zu beginnen, denn diese Prinzipien könnten potenziell einer großen Zahl von Akteuren wichtige Orientierung geben.

Praktikabilität?
Ein praktischer Einwand könnte sein, dass es einem einzelnen Akteur schwerlich möglich ist, die vorgeschlagenen Prinzipien jeweils vollständig zu reflektieren, dass es zumindest kaum praktikabel wäre dies zu tun, wenn es darum geht, in einer konkreten Situation die nachhaltigere Lösung zu finden. Auch das ist ein berechtigter Einwand, dem man allerdings mit dreierlei Argumenten begegnen kann.

Erstens stellt sich die Frage, *was* denn die *Alternative wäre.* Wenn man in jeweils konkreten Situationen beurteilen will, welche Option die nachhaltigere ist, braucht man doch Kriterien. Und diese immer neu festzulegen, wäre kaum einfacher als sich gleich an Handlungsprinzipien zu orientieren. Zweitens ist nachhaltigeres Handeln fraglos auch *einzuüben*. Wie sollte man erwarten können, dass ein Handeln, welches sich einer globalen und langfristigen Verantwortung stellt, im Handumdrehen realisiert werden kann? Wäre es so einfach, wäre es längst Allgemeingut. Doch auch in anderen Bereichen wird ständig trainiert. Man schaue nur, mit welcher Hingabe in den Fitness-Studios landauf, landab Körper trainiert werden. Und drittens sind viele der vorgeschlagenen Prinzipien durchaus in vielen bestehenden kulturellen und moralischen Kontexten *bekannt* – nur noch nicht im neuen Zusammenhang angewendet. Das Verursacherprinzip zum Beispiel ist ein Rechtsprinzip, das bereits im frühesten überlieferten Rechtskodex der Menschheit enthalten ist, im Codex Hammurabi (vgl. 13.5), dort freilich auf Fälle angewendet, die wir heute dem Zivilrecht zuordnen würden. Mit anderen Worten, das Verursacherprinzip ist keine bizarre Erfindung von Umweltpolitikern, es ist lediglich eine Anpassung eines uralten Rechtsprinzips auf einen erweiterten Anwendungsbereich. Indem gelegentlich auf derlei Traditionen verwiesen wird, wird es hoffentlich einfacher, den vorgeschlagenen Prinzipien zuzustimmen.

Können Prinzipien den systemischen Wandel ersetzen?
Selbstverständlich können Handlungsprinzipien *nicht* den erforderlichen Systemwechsel *ersetzen* – aber sie können ihn *möglich machen*! Denn Systemveränderung erscheint nicht aus dem Nichts. Wie oben gesagt, werden Systeme über ihre Komponenten, ihre Akteure bestimmt, und es braucht Druck von allen Beteiligten, damit sich etwas ändert. Deshalb ist es so wichtig, dass es Prinzipien gibt, die generell von allen Akteuren in gleicher Weise befolgt werden können. Zwar gibt es durchaus solche Prinzipien, denen Geltung zu verschaffen dem Staat obliegt. Das Verursacherprinzip, um bei diesem Beispiel zu bleiben, erfordert staatliche Anerkennung, damit es Geltung erfährt.

Eine Nachhaltigkeitstransformation erfordert kollektives Handeln durch Myriaden von Akteuren, von lokal bis global (Künkel 2019, 6). So kann das Prinzip des Strebens nach wechselseitigem Verständnis, Vertrauen und multiplen Vorteilen für alle Beteiligten (vgl. 15.2) von der lokalen bis zur geopolitischen Ebene für alle Akteure relevant werden. Systemischer Wandel wird sich ereignen – das ist die dieser Arbeit zugrunde liegende Annahme –, wenn sich eine hinreichend große Zahl von Akteuren in die richtige Richtung bewegt.

Überforderung des Individuums?
Bürdet die Betonung von Handlungsprinzipien nicht den Individuen zu viel Last auf und trägt der systemischen Ebene zu wenig Rechnung? Auch dieser Einwand hat seine Berechtigung. Doch würde ich entgegnen, dass jeder Systemwechsel von »Change-Makern« vorangetrieben wird, die eine spezielle Last tragen und denen besondere Verantwortung zukommt. Wenn sich erst einmal der systemische Wandel vollzieht, wird sich der Druck für Individuen drastisch reduzieren. Wenn negative ökologische Externalitäten angemessen durch den Markt abgebildet würden, bräuchten Verbraucherinnen und Verbraucher nicht länger umständlich irgendwelche »Food-Meilen«,

ökologischen Fußabdrücke oder Fälle von Kinderarbeit zu berücksichtigen, sie würden einfach auf der Basis von Präferenzen und Preis einkaufen.

12.3 Arten von Prinzipien

Die folgenden Prinzipien werden anhand des Bereichs dargestellt, *den das Prinzip in erster Linie* adressiert. Das Verursacherprinzip zum Beispiel bezieht sich vorwiegend auf die natürliche Umwelt (wie gesagt, in anderen Bereichen ist es bereits etabliert), Genügsamkeit zu feiern, ist ein persönliches Prinzip, da es zunächst das Individuum anspricht. Selbstverständlich gibt es aufgrund des Zusammenhangs der Prinzipien auch Effekte zweiter oder höherer Ordnung in anderen Bereichen. So werden naturbezogene Prinzipien auch soziale Folgen haben. Strukturgebend soll aber der primäre Effekt sein.

Generell gilt allerdings ohnehin, dass die vorgeschlagene Taxonomie vor allem einen heuristischen, keinen substanziellen (ontologischen) Zweck betrachtet.

Die Logik der Bereiche des ersten Teils wird auch hier verwendet, d. h., es werden zunächst naturbezogene Prinzipien dargestellt, dann persönliche Prinzipien, gesellschaftsbezogene und schließlich systemische Prinzipien. Nicht alle Prinzipien sind relevant für alle Akteure. Einige Prinzipien richten sich in erster Linie an die Politik (z. B. Verursacherprinzip), andere, besonders die persönlichen, sprechen vor allem Individuen als Akteure an.

13 Naturbezogene Prinzipien

Eine erste Gruppe von Prinzipien betrifft die Wirkung des Handelns auf die Natur. Die Integrität der Ökosysteme zu erhalten bzw. wieder zu verbessern, ist eine notwendige Bedingung für Nachhaltigkeit. Eine Minimalforderung dafür ist, die planetaren Grenzen nicht zu überschreiten, denn diese stellen Belastungsgrenzen dar, deren Überschreiten das Risiko gravierender irreparabler Schäden stark erhöht (vgl. Steffen et al. 2015b; Rockström et al. 2009).

Insgesamt muss der menschliche Einfluss auf die Natur, sein ökologischer Fußabdruck, so rasch wie möglich reduziert werden – und zwar nicht nur relativ, sondern in absoluten Zahlen, was angesichts der immer noch wachsenden Bevölkerung und steigender Ansprüche eine radikale Trendumkehr erfordert. Dazu ist es erforderlich, die Wirtschaft und Gesellschaft zu dekarbonisieren (1.), Maßnahmen von Effizienz, Suffizienz und Konsistenz zu verbinden (2.), ökologisches und soziales Kapital aufzubauen (3.) und die Ernährung lokal, saisonal und pflanzenbasiert auszurichten (4.). Der Staat als Akteur sollte dem Verursacherprinzip (5.) und dem Vorsorgeprinzip (6.) mehr Geltung verschaffen. Und auf persönlicher Ebene wird es darauf ankommen, trotz aller Negativmeldungen die Faszination für die Wunder der Natur zu kultivieren (7.).

Die ersten vier Prinzipien richten sich an diverse Akteure, von den einzelnen Konsumenten über Unternehmen bis zu Regierungsbehörden, das fünfte und sechste Prinzip zielen auf staatliches Handeln, das letzte auf Individuen.

13.1 Dekarbonisieren

Wie die eingangs dargestellte Keeling-Kurve eindrucksvoll gezeigt hat, haben alle bisherigen Bemühungen zur Reduktion der Treibhausgasemissionen nicht dazu geführt, den Trend steigender CO_2-Konzentrationen umzukehren (vgl. Abbildung 1).

Das Pariser Klimaabkommen war ein wichtiger Meilenstein, aber bisher hat es praktisch nichts bewirkt, aus einer Reihe von Gründen. Nicht nur, dass die ersten Staaten bereits ihren Rückzug aus dem Abkommen erklären, es gibt auch eine »Ambitionslücke« in den Selbstverpflichtungen der Staaten. Jeder Staat gibt an, in welchem Umfang er eigene Beiträge zur Zielerreichung leisten wird (die Nationally Determined Contributions, NDCs). Doch reichen diese Selbstverpflichtungen nicht aus, um das von allen vereinbarte Ziel zu erreichen, den Anstieg auf maximal 2 °C, besser noch auf 1,5 °C zu begrenzen. Die gegenwärtigen NDCs führen eher zu einem Anstieg von mehr als 3 °C, legt man nur die gegenwärtigen bereits beschlossenen Maßnahmen zugrunde, würde der Anstieg sogar auf 3,3° C bis 2100 hinauslaufen (Climate Action Tracker 2018).

Und nicht einmal diese unambitionierten Ziele werden erreicht! Deutschland verfehlt sein für 2020 ausgegebenes Ziel, die Treibhausgasemissionen gegenüber 1990 um 40 Prozent zu reduzieren, obgleich Deutschland durch die Wende nach 1989 mit dem Basisjahr 1990 in den ersten Jahren einen großen Vorteil hatte (UBA 2019b). Und von dem im September 2019 beschlossenen »Klimapaket« der Bundesregierung war schon zum Zeitpunkt der Verabschiedung klar, dass es nicht ausreichen würde, um die (selbstgesteckten) deutschen Emissionsziele bis 2030 zu erreichen (PIK 2019).

Um die Klimakrise zu bekämpfen, müssen alle wirtschaftlichen und gesellschaftlichen Bereiche auf die Nutzung fossiler Energieträger verzichten und die Prozesse dekarbonisieren. Kohlendioxid ist für 76 Prozent der anthropogenen Treibhausgasemissionen verantwortlich; der Energiesektor trägt dazu 35 Prozent bei, Land- und Forstwirtschaft und Landnutzungsänderungen 24, die Industrie 21, der Transportsektor 14 und der Gebäudebereich 6 Prozent (IPCC 2014, 46, Zahlen von 2010).

War es lange Zeit die Frage, wie lange die fossilen Reserven noch reichen werden, ist diese Frage heute fast irrelevant, denn die Menschheit kann sich nicht erlauben, diese zu nutzen! Die Internationale Energie Agentur schätzt, dass maximal ein Drittel der nachgewiesenen Reserven fossiler Brennstoffe im Rahmen des 2-Grad-Ziels bis 2050 verbraucht werden dürfen, wenn nicht im großen Stil Speichertechnologien (CCS, carbon capture and storage) angewendet werden (IEA 2012, 3).

Zwar haben die ersten Staaten angekündigt, aus der Kohleverstromung auszusteigen, doch sind die Zeiträume dafür, insbesondere in Deutschland, viel zu lang: Großbritannien will bis 2025 aussteigen (The Guardian 2018), Deutschland bis 2038.

Einer der ersten Sektoren, der dekarbonisiert werden muss, ist natürlich der Energiesektor, denn weltweit machen fossile Energieträger noch mehr als 80 Prozent des Primärenergieverbrauchs aus. Erneuerbare Energien tragen zwar weltweit bereits zu 24 Prozent der Stromversorgung bei, ihr Anteil an der Primärenergieversorgung beträgt aber lediglich 14 Prozent (European Commission 2018, 16.13).

Die gute Nachricht ist, dass die technischen Lösungen für eine erneuerbare Energieversorgung bereits existieren und auch wettbewerbsfähig sind, selbst angesichts starker Subventionen für fossile Energieträger. Es gibt zwar immer noch große Herausforderungen im Bereich skalierbarer Speichertechnologien oder auch für Antriebssysteme im Verkehrsbereich, doch sind die wesentlichen Herausforderungen weniger technischer, sondern eher administrativer und gesellschaftlicher Art.

So wurden die Komplexität der deutschen Energiewende wie auch die gesellschaftlichen Widerstände deutlich unterschätzt. Es ist eine anspruchsvolle politische Aufgabe, die Ansprüche von Gewinnern und Verlierern in einen gerechten Ausgleich zu bringen.

Während die Förderung von Öl und Gas ohnehin in vielen Lagerstätten aufwendiger wird und einen zunehmenden Energieaufwand erfordert (mit geringem EROI, vgl. 2.1), ist Kohle in manchen Regionen noch reichlich und günstig vorhanden, was eine große Herausforderung für den Ausstieg aus fossilen Energien ist.

Allerdings wird die Kohle allein schon durch die Wettbewerbsfähigkeit der erneuerbaren Energien immer mehr unter Druck geraten. Laut dem britischen Think Tank Carbon Tracker wird Kohle schon bald auch finanziell nicht mehr attraktiv sein.

Die Denkfabrik hat wirtschaftliche und finanzielle Risiken der Kohleverstromung untersucht und dabei 95 Prozent der bestehenden operativen Kapazitäten berücksichtigt und 90 Prozent der in Bau befindlichen Anlagen. Sie diskutieren verschiedene Wendepunkte für die Beurteilung der Rentabilität der Kohle: Der erste Wendepunkt ist erreicht, wenn *neue* Kohleverstromungskapazitäten teurer werden als *neue* Kapazitäten der erneuerbaren Energien. Dieser Zeitpunkt sei in allen Märkten spätestens 2025 erreicht (Carbon Tracker 2018, 6). Der zweite Wendepunkt sei erreicht, wenn erneuerbare Energie aus *neuen* Anlagen günstiger wird als die aus bestehenden Kohlekraftwerken. Dies ist laut Carbon Tracker bereits heute für 35 Prozent der weltweiten Anlagen der Fall und dieser Prozentsatz werde bis 2030 auf 96 Prozent steigen (ebd., 7). Die Kombination aus den sinkenden Kosten für erneuerbare Energien, einer Bepreisung von Treibhausgasemissionen und regulatorischen Anforderungen für Umweltschutzmaßnahmen werde dazu führen, dass bereits 42 Prozent der heute aktiven Kohleanlagen in Zukunft Verluste schreiben, was im Verlauf noch deutlich zunehmen werde (ebd., 5).

Zwar trägt der Energiesektor am meisten zu den Treibhausgas (THG)-Emissionen bei, doch liegt die wohl noch größere Herausforderung im Verkehrsbereich. Denn die meisten Verkehrsträger sind heute noch praktisch vollständig auf fossile Energien angewiesen: der gesamte Luft- und Seeverkehr und auch fast der gesamte Straßenverkehr.

Die Automobilindustrie, insbesondere die deutsche, tut sich erkennbar schwer mit der Umstellung auf neue Antriebstechnologien. Bereits Ende der neunziger Jahre brachte Toyota mit dem Prius den ersten in Serie produzierten Hybridantrieb auf den Markt, zehn Jahre später (2008) folgte Tesla mit dem Model S. In Deutschland zeigt sich nicht nur das oben erwähnte *innovators dilemma* und die Trägheit etablierter Systeme (vgl. 4.1), es ist auch das Versagen der Politik, die frühzeitig Weichen in Richtung neue Antriebstechnologien hätte stellen und die Hersteller in die Pflicht nehmen müssen. 2008 hatte die Bundesregierung das Ziel ausgegeben, bis 2020 eine Million Elektroautos auf deutschen Straßen zu haben – kurz vor Ablauf dieser Frist liegt der Grad der Zielerreichung bei 8,3 Prozent.

Das Kraftfahrtbundesamt meldete im Januar 2019 83.175 Elektro-PKW, das ist ein Anteil von 1,7 Promille Elektrofahrzeuge am deutschen PKW-Bestand. Selbst wenn man noch Hybridfahrzeuge hinzurechnet, käme man nur auf 34 Prozent Zielerreichung! (KBA 2019)

Diese Verfehlung als Politikversagen zu kennzeichnen, ist keine billige Polemik. Wie sonst soll man es nennen, wenn der Staat bzw. die von ein und derselben Kanzlerin seit 2005 angeführten Regierungen so weit vom selbstgesteckten Ziel abweichen – während es andere Länder vormachen, wie man solche Quoten erreichen kann? Es ist dabei unerheblich, ob man die Zielvorgabe oder die Maßnahmen für falsch hält – oder beides. Fest steht, dass ein über zehn Jahre politisch verfolgtes Ziel um etwa 90 Prozent verfehlt wird – die meisten Topmanager wären schon gefeuert, wenn sie 90 Prozent Ziel*erreichung* hätten (und 10 Prozent Verfehlung)!

Dies wiegt umso schwerer, als niemand anderes als der Staat die Aufgabe übernehmen kann, für die Koordination der verschiedenen Akteure zu sorgen. Wenn etwa die Koordination unterschiedlicher Verkehrsträger vorgenommen werden soll – was Zeit und Bequemlichkeit besonders gefährdet –, dann braucht es klare Regulierungen, die derartige Abstimmungsprozesse erleichtern.

Meine persönliche Interpretation ist, dass die Politik aus Angst vor den erforderlichen Veränderungen und dem drohenden Arbeitsplatzverlust über Jahrzehnte dem Druck der Autolobby nachgegeben hat und offenbar auch durch Dieselgate (2015) nicht wirklich gelernt hat.

Ganz Entsprechendes gilt im Bereich der Landwirtschaft. Wie oben schon gesagt, wurden auch dort wichtige ökologische Ziele seit mittlerweile fast zwanzig Jahren immer wieder verfehlt (vgl. 4.5.2). Die Dekarbonisierung der Landwirtschaft hat viele Ansatzpunkte, die sich im Geflecht von politischer Regulierung, Subventionen und Nachfrage des Markts ergeben.

Die Anforderungen sind so vielfältig, dass sie hier nur kurz genannt werden können: Nicht nur die THG-Emissionen (CO_2, Methan und Lachgas) sind zu berücksichtigen, auch die Biodiversität, die Wasserqualität, die Flächeninanspruchnahme etc.

Eine Umstellung auf biologischen Landbau würde bzgl. der CO_2-Emissionen nur dann etwas bringen, wenn die dann fehlenden

Erzeugnisse (Ökolandbau braucht mehr Fläche) nicht importiert werden würden, wie Smith et al. (2019) für eine vollständige Umstellung der konventionellen Landwirtschaft auf Biolandwirtschaft für England und Wales berechnet haben (Smith et al. 2019, 10). Aus Gründen des Klimaschutzes ist eine vegetarische Ernährung, oder zumindest eine Einschränkukng des Fleischkonsums, der deutlich wirksamere Hebel als der Biolandbau (obwohl Letzterer natürlich noch weitere Vorteile hat, z. B. bzgl. Eutrophierung, Artenvielfalt etc.) (Scarborough et al. 2014).

13.2 Kombination von Effizienz, Suffizienz und Konsistenz

Der ökologische Fußabdruck der Menschheit liegt weit über dem nachhaltigen und muss dringend reduziert werden – nicht nur relativ, sondern absolut (was angesichts der wachsenden Bevölkerung und wachsender Ansprüche eine Herausforderung darstellt). Effizientere Technologien wirken für viele als Heilsversprechen, doch wird Effizienz alleine nicht ausreichen, weil der Rebound-Effekt die Erfolge oft überkompensiert. Genügsamere Lebensstile sind wichtig, lassen sich aber politisch schwer vermitteln. Und die Stoffströme naturverträglicher zu gestalten, ist wichtig, wird aber alleine auch nicht genügen. Aus diesem Grund sind die drei genannten Maßnahmen zu kombinieren.

Die Enquete-Kommission »Schutz des Menschen und der Umwelt« schlug bereits Ende der 1990er-Jahre vier Regeln für einen nachhaltigen Umgang mit Stoffkreisläufen vor:
1. Die Abbaurate erneuerbarer Ressourcen soll deren Regenerationsrate nicht überschreiten.
2. Nichterneuerbare Ressourcen sollen nur in dem Umfang genutzt werden, in dem ein physischer und funktionell gleichwertiger Ersatz in Form erneuerbarer Ressourcen oder höherer Produktivität der erneuerbaren sowie der nicht erneuerbaren Ressourcen geschaffen wird.

3. Stoffeinträge in die Umwelt sollen sich an der Belastbarkeit der Umweltmedien (Luft, Boden, Wasser) orientieren.
4. Das Zeitmaß anthropogener Einträge bzw. Eingriffe in die Umwelt muss im ausgewogenen Verhältnis zum Zeitmaß der für das Reaktionsvermögen der Umwelt relevanten natürlichen Prozesse stehen (Bundestag 1998, 2.2.2).

Zwanzig Jahre später ist zu konstatieren, dass wir weltweit und ganz gewiss auch in Deutschland sehr weit davon entfernt sind, diese Ziele zu erreichen.[70] Viele erneuerbare Ressourcen werden so ausgebeutet, dass ihr Kapitalstock reduziert wird (z.B. Fischbestände), es gibt in vielen Bereichen noch keine funktionalen Äquivalente zu fossilen Energien (vgl. den Transportsektor, s.o.), die Stoffeinträge übersteigen die Belastbarkeit der Umweltmedien (vgl. Stickstoffüberschüsse, s.o.) – und das alles geschieht in Zeitskalen, die sehr viel kürzer sind als die natürlichen.

Schlimmer noch, die globalen Stoffströme haben sich seit Beginn des 21. Jahrhunderts sogar noch verstärkt. Krausmann et al. (2018) haben die Stoffströme der Weltwirtschaft zwischen 1900 und 2015 untersucht und beobachtet, dass es in diesem Zeitraum eine Zunahme der Rohstoffentnahme um den Faktor 12 gab (auf 89 Gt/a) (Krausmann et al. 2018, 131). Trotz der globalen Finanzkrise nach 2007 hat die Rohstoffentnahme zwischen 2002 und 2015 um 53 Prozent zugenommen (ebd.). Die Autoren ermahnen zu raschem Handeln, um die Stoffströme der Industrienationen zu reduzieren, da die Industriegesellschaften sich immer noch den größten und unverhältnismäßig großen Teil der globalen Schlüsselmaterialien aneignen würden (Krausmann et al. 2018, 139).[71]

Was muss getan werden? Aus kybernetischer Sicht kann man sagen, dass der industrielle Metabolismus angepasst werden muss. Die absoluten Mengen der Rohstoffentnahme müssen ebenso reduziert werden wie jegliche Stoffeinträge in die Umwelt (wozu natürlich auch die THG-Emissionen gehören).

Um dies zu erreichen, braucht es Maßnahmen verbesserter Effizienz ebenso wie verändertes Konsumverhalten, sprich Suffizienz.[72] Effizienz und Suffizienz sind wichtig, müssen aber durch Konsistenz

Naturbezogene Prinzipien | 315

ergänzt werden, denn die Stoffströme sind naturverträglicher zu gestalten.

Alle drei Konzepte – Effizienz, Suffizienz und Konsistenz – sind seit Jahrzehnten diskutiert worden. Keine von ihnen allein wird ausreichen, um den ökologischen Fußabdruck zu verringern – es ist erforderlich, *sie zu kombinieren.*

Effizienz
Mit möglichst geringen Mitteln viel zu erreichen, wird oft durch neue Technologien ermöglicht. Was die effiziente Nutzung natürlicher Ressourcen angeht (»Öko-Effizienz«), hängen große Erwartungen an diesem Gedanken. Kaum ein Politiker verspricht sich nicht Fortschritte bei der Ressourcennutzung durch bessere Effizienz, und da sparsamere Ressourcennutzung auch Kostenersparnis bedeutet, erfreut sich dieses Konzept bei Politik und Wirtschaft gleichermaßen großer Beliebtheit.

In ihrem einschlägigen Buch *Faktor 4. Doppelter Wohlstand – halbierter Naturverbrauch* geben Ernst von Weizsäcker und Amory und Hunter Lovins zahlreiche Beispiele von Produktivitätssteigerungen im Bereich Energie, Produktion und Transport, die zum einen die effiziente Nutzung von Ressourcen, zugleich aber auch Steigerungen bei Wohlstand und Lebensqualität ermöglicht haben (vgl. von Weizsäcker et al. 1995; von Weizsäcker et al. 2010; Schmidt-Bleek 2000). Mit anderen Worten, das wirtschaftliche Wachstum wäre einerseits vom Ressourcenverbrauch entkoppelt (*resource decoupling*) und andererseits vom ökologischen Fußabdruck (*impact decoupling*) (UNEP 2011). Unglücklicherweise hat diese Entkoppelung allen Hoffnungen zum Trotz bisher nur *relativ* stattgefunden, das heißt, dass die Wirtschaft zwar (z. T. erheblich) schneller gewachsen ist als der Ressourcenverbrauch, doch ist Letzterer trotzdem noch gestiegen. Wenn aber der ökologische Fußabdruck der Menschheit insgesamt *kleiner* werden muss, dann müsste diese Entkoppelung auch *absolut* erfolgen. Es müsste also möglich sein, den ökologischen Fußabdruck zu reduzieren, obwohl gleichzeitig die Wirtschaft wächst.

Fast immer wurden in der Vergangenheit technische Effizienzgewinne dadurch verwässert oder sogar überkompensiert, dass sie mit verändertem Verhalten oder/und gestiegenem Komfort einhergingen, was als Rebound-Effekt bezeichnet wird. Zunächst im Bereich der Energiewirtschaft diskutiert ist der Rebound-Effekt mittlerweile auch in zahlreichen anderen Gebieten der Umweltökonomik präsent (Santarius 2012). Ein durchschnittlicher Verbrennungsmotor eines PKW verbraucht heute (in absoluten Mengen) kaum weniger als vor fünfzig Jahren – doch ist der PKW deutlich schwerer, hat mehr Leistung, verfügt über mehr Komfort, Klimaanlage etc. Zudem fahren die Menschen größere Distanzen. In Deutschland haben etwa die gefahrenen Kilometer zwischen 1991 und 2016 um 30 Prozent zugenommen; der Energieverbrauch im Personenverkehr war 2014 fast genauso groß wie 1991 (UBA 2019a). Deshalb wird Effizienz alleine nicht genügen, wenn der Rohstoffverbrauch und die Umweltbelastung reduziert werden sollen. Es muss sich auch das Verhalten ändern.

Suffizienz
Die Verringerung des Ressourcenverbrauchs durch Verhaltensänderungen wird als *Suffizienz* bezeichnet.

Es war Herman Daly, der das Konzept der Suffizienz einführte (Daly 1996; Daly 2007). Dalys Ausgangspunkt war die Beobachtung, dass Einkommen und Glück nur bis zu einem gewissen »Grenzwert der Suffizienz« korrelieren. Jenseits dieser Grenze werde die eigene Glückswahrnehmung eher durch die relative Position verglichen mit anderen beeinflusst (Daly 2007, 23). Daly ruft in deutlichen Worten zu einer Reduktion des Konsumniveaus auf. Anstatt nur vage »veränderte Konsummuster« zu fordern, sollten wir das Kind beim Namen nennen: Wir müssen das Niveau reduzieren, mit dem wir Ressourcen und Umweltdienstleistungen verbrauchen. Wenn der Rohstoffdurchsatz erst einmal auf ein nachhaltiges Niveau gebracht wurde, würden sich Konsummuster dank des Markts automatisch ändern (Daly 1996, 17).

Suffizienz ist in der Vergangenheit sehr viel seltener diskutiert worden als Effizienz, denn oft wird sie mit Verzicht verbunden, was sich in einer auf Wachstum und Konsum getrimmten Gesellschaft nicht gut verkauft. Die landläufige Vorstellung ist, dass Verbraucher kaum damit zu begeistern wären, ihren Konsum zu reduzieren (Boulanger 2010, 5). Kein Politiker würde Wahlen gewinnen durch das Predigen von Konsumverzicht, Genügsamkeit und Suffizienz. Gleichwohl kann sich das Plädoyer für Suffizienz auf eine Reihe von Gründen stützen:

- *Suffizienz als Akt der Solidarität mit den Armen*
  Die Dominanz des Rebound-Effekts erfordert Maßnahmen jenseits von Effizienz. Besonders die Menschen in den reichen Ländern sollten ein Bewusstsein dafür entwickeln, dass die globale Wohlstandsverteilung direkt mit dem ökologischen Fußabdruck korreliert. Die Reichen verbrauchen um ein Vielfaches mehr Ressourcen als die Armen. Zugleich gibt es gerade bei den Ärmsten noch gewaltigen Nachholbedarf im Bereich der Entwicklung, was den Ressourcenverbrauch weiter steigern wird. Da kein vernünftiger Mensch wollen kann, dass jeder auf dem Planeten genau so viel Ressourcen verbraucht und soviel Abfälle und Emissionen produziert wie die Menschen in den reichen Ländern – denn das würde den Kollaps der Ökosysteme stark beschleunigen –, kann die Konsequenz nur lauten, dass der globale Norden seinen Verbrauch reduzieren muss und zwar in absoluten Zahlen. Wir müssen lernen, ein gutes Leben mit geringerem Umwelt- und Ressourcenverbrauch zu führen. Angesichts von Milliarden von Menschen, die in absoluter oder gravierender relativer Armut leben, ist die Einschränkung eines verschwenderischen Lebensstils schlicht eine Forderung des Rawlsschen Fairness-Prinzips.
- *Institutionelle Unterstützung suffizienten Verhaltens*
  Suffizientere Lebensstile sollten nicht allein durch moralische Appelle motiviert werden. Sie können auch durch politische Maßnahmen befördert werden – was als *Nudging* (Anstupsen) bezeichnet wird. Eine Abgabe für diejenigen, die mit dem Auto in die Innenstadt möchten, wie es London seit langem hat, kann den Verkehr sehr wirksam auf die öffentlichen Verkehrsmittel verlagern. Mit Maßnahmen des Nudging könnten Verhaltensänderungen unterstützt werden (WBGU 2011, 78), sei es über Steuern, Subventionen, Produktkennzeichnungen oder Ordnungspolitik (vgl. Schneidewind & Zahrnt 2017). Warum erfordern es

viele Haushaltsgeräte, aktiv zu werden, um den »Eco-Mode« zu aktivieren, statt einstellen zu müssen, wenn man den Eco-Mode *nicht* möchte? Warum werden Drucker nicht gleich so entwickelt und ausgeliefert, dass sie duplexfähig sind? Kaiser et al. haben die Wirksamkeit von Nudging untersucht und festgestellt, dass freiwillige Maßnahmen (z. B. »opt-out defaults« – also die Möglichkeit, bestimmte präferierte Voreinstellungen abzulehnen) sehr viel wirksamer sind als verpflichtende Maßnahmen (Kaiser 2014, 204).

- *Breiten Mix von Maßnahmen kombinieren*
Um eine Änderung des nicht-nachhaltigen Ressourcenverbrauchs zu erzielen, plädieren Hirschnitz-Garbers et al., die verschiedene Treiber des hohen Ressourcenverbrauchs untersucht haben, für eine Mischung unterschiedlicher Maßnahmen (*policy mix*) (Hirschnitz-Garbers et al. 2016, 28). Diese sollten Informationskampagnen, politische Zielvorgaben, Preismechanismen sowie die Verfügbarkeit und Bezahlbarkeit nachhaltiger Alternativen beinhalten (ebd.). Die Autoren sind dagegen skeptisch bezüglich Zwangsmaßnahmen – wie zum Beispiel der Verpflichtung, an einem Tag in der Woche nur vegetarisches Kantinenessen anzubieten. Dies würde nur Widerstand provozieren. Je einschneidender eine politische Maßnahme sei (oder entsprechend wahrgenommen werde), je stärker sie also die Adressaten einschränke, desto schlechter werde sie sich umsetzen lassen. Dies beziehe sich insbesondere auf solche Instrumente, die top-down von der Regierung verordnet werden (ebd.).

- *Suffizienz befördert aufgeklärtes Glück*
In einer auf Wachstum und Konsum angelegten Umgebung ist es schwer, sich den Impulsen zur ständigen Expansion zu entziehen, wie unten diskutiert werden wird (vgl. 14.4), doch Einfachheit und Genügsamkeit können nicht nur den ökologischen Fußabdruck reduzieren, sie können auch das persönliche Leben bereichern. Die Wertschätzung von Verzicht und Genügsamkeit können laut Nico Paech auch zu einer Freiheitserfahrung führen. Paech ruft zu einer »Befreiung vom Überfluss« auf und schlägt die Kategorie eines »aufgeklärten Glücks« vor (Paech 2012, 148).

Naturbezogene Prinzipien | **319**

> Dieses wäre untrennbar mit dem Bewusstsein verbunden, Glück stiftende Lebenskunst innerhalb eines verantwortbaren, also nicht entgrenzten Handlungsrahmens zu praktizieren. Wer nicht über seine ökologischen Verhältnisse lebt, sondern ein kerosin- oder plünderungsfreies Glück genießt, muss nicht ständig neue Ausreden erfinden. Wie viel Selbstbetrug ist nötig, um mit Dingen glücklich zu werden, von denen ich wissen kann, dass ich sie – gemessen an meinem Bewusstsein für globales Wohlergehen – nie verantworten könnte. Ist Glück, das nicht ehrlich ist, weil es das Aushalten oder Verdrängen von Widersprüchen abverlangt, nicht letztlich ein Unding? Demnach würde aufgeklärtes Glück voraussetzen, nicht nur zu genießen, sondern dabei mit sich selbst im Reinen zu sein. Dafür böte die Postwachstumsökonomie neben ihren sonstigen Potenzialen eine ideale Grundlage. Worauf warten wir noch? (Paech 2012, 148 f.)

Es ist die Kombination von Effizienz und Suffizienz, die dabei helfen kann, den Ressourcenverbrauch zu reduzieren. Es ist allerdings wichtig, dass die Diskussion dieser beiden Maßnahmen nicht auf die Produktebene beschränkt bleibt. Es muss darum gehen, ganz neue Systeme zu entwickeln. Solange das Systemdesign nicht ressourcenschonend ist, können produktbezogene Effizienzsteigerungen auch mit suffizienterem Verhalten nicht wirklich Erfolg haben. In ihrem Buch *A Good Disruption* zeigen Stuchtey et al. sehr eindrücklich, wie eine Systembetrachtung noch ungeahnte Optimierungspotenziale in sich birgt (Stuchtey et al. 2016, 16 ff.).

Berücksichtigt man die Zeit, die Autos im Schnitt auf dem Parkplatz, in der Garage oder im Stau stehen, dass sie im Mittel mit 1,5 Personen besetzt sind, dass der Wirkungsgrad des Verbrennungsmotors faktisch kaum über zwanzig Prozent liegt, dann ist der Wirkungsgrad des gesamten Systems bei nicht einmal zwei Prozent (ebd.). Die Autoren stellen ähnliche Überlegungen für die Straßennutzung an. Doch man kann noch weiter fragen: Was ist eigentlich der *Grund* für den Transport? Ist es wirklich nötig, von A nach B zu gelangen? Ist es vielleicht möglich, denselben Nutzen zu erzielen, obwohl gar nicht Material transportiert wird? Es sind solche Überlegungen, die sich an die Verbindung von Effizienz und Suffizienz anschließen müssen.

Konsistenz
Während Effizienz und Suffizienz die *Menge* des Ressourcenverbrauchs adressieren, geht es bei Konsistenz um die zivilisatorischen Stoffströme und deren Verträglichkeit mit den natürlichen Stoffkreisläufen. Die gegenwärtigen anthropogenen Stoffströme sind nicht mit den natürlichen Stoffströmen verträglich – zum einen wegen der Größe der Stoffströme, die in kurzer Zeit die Umwelt belasten, zum anderen weil sie zu einem großen Teil nicht oder nicht in hinreichender Geschwindigkeit abgebaut werden können und deshalb die natürlichen Systeme beeinflussen (vgl. Ayres 1994; Rockström et al. 2009; Steffen et al. 2018; Schaub & Turek 2016, 83 ff.). Wir emittieren anthropogene Substanzen und Stoffe, die entweder überhaupt nicht oder nur schwer durch natürliche Prozesse abbaubar sind (wie z. B. POPs, nukleare Abfälle, Plastik, …), oder für die der natürliche Abbauprozess sehr viel länger dauert als neue Substanzen hinzukommen. Der industrielle Metabolismus muss deshalb *konsistenter* mit den natürlichen Stoffströmen gestaltet werden (was z. T. auch als Ökoeffektivität bezeichnet wird).

Die Idee, dass es in diesem Prozess des industriellen Stoffwechsels eigentlich gar keine Abfälle geben sollte, weil alles wieder zurück ins System geführt wird und entweder die natürlichen oder die technischen Kreisläufe bereichert, ist der Grundgedanke des Cradle-to-Cradle-Konzepts. Michael Braungart, deutscher Chemiker, und William McDonough, US-amerikanischer Architekt, sind die Väter des Cradle-to-Cradle-Konzepts (Braungart & McDonough 2002; McDonough und Braungart 2013). Den Grundgedanken, wonach jeder Abfallstoff Ausgangspunkt für neue Wertschöpfungen und für neue Produkte ist (»waste is food«), teilen sie mit der Blue Economy, die von dem belgischen Unternehmer Gunter Pauli entwickelt wurde, als Weiterentwicklung der »Green Economy« (vgl. Pauli 1998; Pauli 2010). Beiden Konzepten gemeinsam ist, dass sie die positiven Potenziale von Innovationen und geschlossenen Stoffkreisläufen hervorheben, bei Pauli zudem noch verbunden mit der Arbeit an innovativen Geschäftsmodellen.

Es ist die Kombination von *Effizienz, Suffizienz* und *Konsistenz*, die einen Übergang in eine Dienstleistungsgesellschaft unterstützen kann, den Ressourcenverbrauch und Umwelteinfluss reduziert, zugleich aber Arbeitsplätze schafft, Innovationsmotor ist und lokale Wertschöpfungsketten fördert. Eine solche Dienstleistungsgesellschaft ist, wie der Ökonom und Physiker Robert Ayres sagt, »von sich aus arbeitsintensiver als eine auf Massenproduktion angelegte Wegwerfgesellschaft. Wenn Produkte wie Kapitalgüter behandelt werden, entstehen mehr Arbeitsplätze, denn das Reparieren, Ausbessern, Demontieren und Wiederaufbereiten sind an sich arbeitsintensiver als der ursprüngliche Herstellungsprozess« (Ayres 2008, 292).

13.3 Kapitalbilanz netto-positiv aufbauen – in ökologischer und sozialer Hinsicht!

Ein wesentliches Versagen des Markts besteht in der Externalisierung ökologischer und sozialer Kosten (vgl. 5.1). Diese Kosten werden nicht vom Verursacher getragen, sondern gehen zu Lasten anderer, zu Lasten der Umwelt oder der Zukunft. Der Grund dafür liegt darin, dass die ökologischen und sozialen Kosten nicht finanziell beziffert und zugerechnet werden und Unternehmen (wie auch ganze Volkswirtschaften) primär nach ihren finanziellen Kennzahlen beurteilt werden – zumindest war dies in der Vergangenheit so. Wie bereits verschiedentlich deutlich wurde, ist diese Verengung auf eine monetäre Perspektive aus einer Reihe von Gründen zu kritisieren.

Immer mehr Unternehmen erkennen inzwischen, dass nicht nur ihre finanzielle Leistung (financial bottom line), *sondern auch ihre ökologischen und sozialen Aktivitäten für die Stakeholder bedeutsam sind* (triple bottom line). *Es genügt nicht, Finanzkapital aufzubauen, wenn zugleich Naturkapital oder Sozialkapital zerstört wird. Dies ist für keine Stakeholder-Gruppe attraktiv. Das vorliegende Prinzip fordert daher, das (individuelle, unternehmerische oder staatliche) Handeln daran auszurichten, dass es nicht nur in finanzieller Hinsicht, sondern auch in ökologischer und sozialer Hinsicht Kapital aufbaut.*[73]

Einer der einflussreichsten Ökonomen des 20. Jahrhunderts, Milton Friedman, der 1976 den sogenannten Nobelpreis für Wirtschaftswissenschaften erhielt und einer der Vordenker des Neo-Liberalismus war, schrieb 1970 in einem Beitrag zum *New York Times Magazine* über die soziale Verantwortung von Unternehmen, die offenbar auch damals schon kontrovers diskutiert wurde, weshalb Friedman sich veranlasst sah, dazu Stellung zu nehmen. In deutlichen Worten kritisiert Friedman darin die Vorstellung, Unternehmen hätten eine gesellschaftliche Verantwortung, die darüber hinausgehe, den Gewinn der Anteilseigner zu erhöhen. Es gäbe »eine und nur eine gesellschaftliche Verantwortung von Unternehmen – ihre wirtschaftlichen Möglichkeiten zu nutzen und den Gewinn zu steigern, solange sie sich an die Spielregeln halten, was heißt, in einen offenen und freien Wettbewerb ohne Täuschung und Betrug einzutreten« (Friedman 1970) (vgl. 9.3).

Es ist hier nicht der Ort, diese Aussage inhaltlich, in einer wirtschaftswissenschaftlichen Auseinandersetzung zu diskutieren. Allerdings kann man zum einen die Gültigkeit von Friedmans Prämisse in Zweifel ziehen. Es gibt hinreichend viele frappante Fälle, in denen sich Unternehmen ganz offensichtlich *nicht* in einem »offenen und freien Wettbewerb ohne Täuschung und Betrug« befinden. Von den sehr zahlreichen »Einzelfällen«, in denen dies gerichtlich dokumentiert wurde, einmal abgesehen, muss man Friedmans Prämisse auch für die Bedingungen der gegenwärtigen Weltwirtschaft hinterfragen, die ja immerhin Anlass zur Doha-Entwicklungsrunde gegeben haben (vgl. 4.4, 4.5 und 6.1).

Zum zweiten aber, und darum soll es hier gehen, hat sich die Rolle von Unternehmen seit Friedman sehr verändert, was mit den sehr viel stärker globalisierten Märkten, mit Liberalisierung und Deregulierung und dem neuen Kräfteverhältnis von Staat und Wirtschaft sowie mit den Entwicklungen, die oben unter dem Stichwort der Global Governance diskutiert wurden (vgl. Kapitel 6), zusammenhängt. *The Business Of Business Is No Longer Just Business* – mit dieser offensichtlichen Anlehnung an Friedmans Credo plädieren, wie bereits erwähnt, zwei BCG-Manager für ein erweitertes Verständnis der Rolle von Unternehmen, denn angesichts der neuen Komplexitäten der heutigen Wirtschaftswelt, in der Individuen, Unternehmen, Gesellschaften und politische Systeme untrennbar miteinander verwoben seien, genüge es nicht mehr, nur das eigene Unternehmen im Blick zu haben (Reeves und Harnoss 2017).

So wie die Investorensicht auf Unternehmen lange auf die finanzielle Performance fokussiert war (was sich gegenwärtig ändert, s. u.), so steht für die Politik bei der Beurteilung von Unternehmen meist ihr Beschäftigungseffekt im Vordergrund. Was wird nicht alles mit Verweis auf Arbeitsplätze gerechtfertigt! Besonders markantes Beispiel ist die Braunkohle. Die Zahl der im Braunkohlebergbau Beschäftigten hat in den letzten Jahrzehnten ohnehin kontinuierlich abgenommen und ist von 156.000 Beschäftigten 1989 auf 40.000 im Jahr 1995 gesunken und liegt heute bei 20.000 (Statistik der Kohlenwirtschaft 2018), das sind weniger als ein halbes Promille aller Beschäftigten in Deutschland. Natürlich gibt es sekundäre Beschäftigungseffekte, und trotz dieser geringen absoluten Zahl sind ganze Regionen stark von dieser Industrie geprägt. Aber wie unverhältnismäßig es ist, mit Verweis auf die »Arbeitsplätze« dringend notwendige Klimaschutzmaßnahmen zu unterlassen, zeigt schon die Tatsache, dass im Rahmen des globalen Klimastreiks am 20.09.2019 an einem einzigen Tag allein in Berlin dreizehn mal mehr Menschen für den Klimaschutz auf die Straße gingen als in ganz Deutschland in der Kohleindustrie arbeiten (Berliner Morgenpost 2019).

Die Reduktion der wirtschaftlichen Aktivität von Unternehmen auf sehr wenige Kennzahlen entspricht in keiner Weise mehr dem komplexen Anforderungsprofil heutiger Unternehmen und den Ansprüchen der verschiedenen Stakeholder. Und warum sollte auch die Sorge um öffentliche Güter dem Staat oder der Zivilgesellschaft überlassen werden, und diejenigen, die *de facto* den größten Einfluss auf Umweltqualität und soziale Bedingungen haben, kümmern sich um Profitmaximierung? Es ist aus meiner Sicht höchste Zeit, Unternehmen ganzheitlicher zu bewerten.

Immer stärker fordern deshalb die verschiedenen Anspruchsgruppen von Unternehmen auch gute Ergebnisse hinsichtlich der ökologischen und sozialen Folgen der wirtschaftlichen Aktivitäten von Unternehmen. Und es gibt eine Reihe von Beispielen, die belegen, dass Unternehmen dieser Forderung entsprechen.

Der Sportartikelhersteller Puma veröffentlichte im Jahr 2011 als erstes Unternehmen weltweit eine ökologische Gewinn- und Verlustrechnung (Environmental Profit and Loss, EP&L) (Puma SE

2011). Darin berechnete Puma die ökologischen Schäden, die aus seiner Geschäftstätigkeit resultierten, aus dem Wasserverbrauch, den Treibhausgasemissionen, weiteren Luftverschmutzungen, der Landnutzung und dem Abfall. Da Puma nicht selbst produziert, sondern mit Lieferanten zusammenarbeitet, umfasste die Bilanz auch die Lieferanten – bis in die vierte Lieferantenebene. Die Schäden wurden erfasst und finanziell bewertet, wobei das Unternehmen von einer Wirtschaftsprüfungsgesellschaft unterstützt wurde. Alles in allem bezifferte Puma die durch seine Produkte für die Gesellschaft verursachten Kosten auf 145 Millionen Euro (Puma SE 2011, 15).

Dieses weitsichtige Projekt stellt sich nicht nur den Konsequenzen des Verursacherprinzips (vgl. 13.5), denn der erste Schritt zur Zurechnung von Kosten ist zu wissen, welche Kosten angefallen sind. Es impliziert natürlich auch, dass die Höhe der Schäden mit der Zeit verringert wird, bis sie vielleicht eines Tages auf null reduziert werden. Und warum sollte dann aufgehört werden? Wieso sollten Unternehmen nicht auch Erträge erwirtschaften, die nach klassischer Bilanzierung nicht finanzieller, sondern ökologischer oder sozialer Art sind?

Im Wettbewerb um Kunden, Nachwuchskräfte, guten Markenwert, gutes öffentliches Image und andere »weiche« Faktoren sind Unternehmen seit langem dabei, neben dem Finanzkapital auch andere Kapitalformen in ihrer Strategie zu berücksichtigen.

Die Bemühungen um eine integrierte Unternehmensberichterstattung, wie sie das International Integrated Reporting Council (IIRC) vorantreibt, zielen genau in diese Richtung. Das IIRC ist eine Initiative unterschiedlicher Stakeholder (z. B. Investoren, Unternehmen, NGOs, Behörden), die der Ansicht sind, dass »der nächste Schritt in der Unternehmensberichterstattung die Kommunikation über Wertschöpfung sein sollte« (IIRC 2013). Das Ziel eines integrierten Geschäftsberichts sei es, den Investoren zu erläutern, wie eine Organisation im Verlaufe der Zeit Wert schafft, wobei alle Stakeholdergruppen und ganz unterschiedliche Kapitalformen berücksichtigt werden, unter anderem Finanzkapital, Sozialkapital, Humankapital und Naturkapital (IIRC 2013, 4.11).

Der Druck auf Unternehmen, mit ihrer Berichterstattung auch ihre Leistungsbilanz zu überdenken, kommt aus zwei ganz unterschiedlichen Richtungen, denn weder die bisherige Finanzberichterstattung noch die immer zahlreicher herausgegebenen Nachhaltigkeitsberichte erfüllen ihren Zweck. Grob vereinfachend könnte man sagen, dass die Finanzberichte zu wenig Nachhaltigkeit und die Nachhaltigkeitsberichte zu wenig Finanzen enthalten. Denn Erstere berücksichtigen kaum nichtfinanzielle Indikatoren (wozu Ressourcenverbräuche, Emissionen und Abfälle, soziale Fragen u. a. m. gehören), während Letztere häufig über Initiativen berichten, die zu wenig mit dem Kerngeschäft des Unternehmens zu tun haben.

Verglichen mit der Zeit Milton Friedmans haben sich die Kriterien für die Bewertung von Unternehmen erheblich verschoben. Während 1975 die physischen und finanziellen Werte eines Unternehmens (also z. B. die Immobilien, Fabrikanlagen etc.) 83 Prozent des Marktwerts von Unternehmen ausmachten und nur 17 Prozent die sogenannten intangiblen Werte (Basis war der S&P 500), hat sich dieses Verhältnis bis 2015 fast genau umgekehrt: 2015 machten die intangiblen Werte 84 Prozent und die physischen und finanziellen Werte nur 16 Prozent des Marktwerts von Unternehmen des S&P 500 aus (Ocean Tomo 2017). Zu den intangiblen Werten gehört unter anderem das »intellektuelle Kapital«, das wiederum im Wesentlichen aus Rechten am geistigen Eigentum (*intellectual property*) besteht, also Patente, Warenzeichen und Urheberrechte sowie aus dem Markenwert des Unternehmens.

Einen noch radikaleren Ansatz schlägt Christian Felber mit der Gemeinwohlökonomie vor (ecogood.org 2019; Felber 2018), er will die Wirtschaft damit vom Kopf auf die Füße stellen. »Die Gemeinwohlökonomie trägt in allen gesellschaftlichen Bereichen zu einer Kultur des guten Lebens in einer friedlichen und nachhaltigen Zivilisation bei. Das Zusammenleben in der Gemeinwohlgesellschaft ist geprägt durch ein menschliches Miteinander, ein hohes Maß an Vertrauen und Wertschätzung, starken sozialen Zusammenhalt, überschaubare Strukturen und gesicherte Grundrechte. Gemeinsam mit souveräner Demokratie bietet sie den Bürger*innen den geeigneten Rahmen dafür, dass sie:

- sich mit Toleranz und in gegenseitigem Respekt für natürliche Unterschiede und unterschiedliche Lebensentwürfe begegnen;

- ihre persönlichen Werte definieren, ihre individuellen Ziele setzen, ihre Identität finden und ihr volles Potenzial entfalten;
- ihre Talente und Fähigkeiten einbringen und auf diese Weise sinnvoll und kooperativ zum Wohl der Allgemeinheit beitragen;
- sich aktiv politisch engagieren, selbst demokratische Entscheidungen herbeiführen und damit ihre Zukunft frei gestalten.

Die Wirtschaft dient dem Gemeinwohl und nicht mehr der Geldvermehrung um ihrer selbst willen. Ungleichheiten bei Einkommen, Vermögen und Macht halten sich in maßvollen Grenzen. Der Umweltverbrauch bleibt innerhalb der Regenerationsfähigkeit natürlicher Ökosysteme und der planetaren Grenzen. Gegenwärtige und zukünftige Generationen genießen gleiche Lebenschancen.« (ecogood.org 2019)

Die Gemeinwohlökonomie lädt Organisationen aller Art (auch Kommunen oder NGOs) dazu ein, eine Gemeinwohlbilanz zu erstellen, die darüber berichtet, inwiefern die Organisation zu Solidarität und Gerechtigkeit, zu ökologischer Nachhaltigkeit, Transparenz und Partizipation u. a. m. beigetragen hat, wobei die Wirkung auf alle Stakeholdergruppen betrachtet wird: Lieferanten, Eigentümer, Mitarbeitende, Kunden und das gesellschaftliche Umfeld (ecogood.org 2019).

Die Gemeinwohlökonomie geht insofern noch konsequenter voran auf dem Weg, den Puma mit der EP&L schon eingeschlagen hatte und auf dem auch der IIRC unterwegs ist. Es geht um eine ganzheitliche Bilanzierung der Leistung von Unternehmen. Es wird nicht mehr nur selektiv bewertet, welchen Wertbeitrag Unternehmen leisten (z. B. Finanzkapital und Arbeitsplätze), sondern in einem umfassenden Sinne – sowohl hinsichtlich verschiedener Kapitalarten als auch bzgl. verschiedener Stakeholder. Warum sollen wir uns darauf beschränken, die negativen Einflüsse zu minimieren, anstatt das Positive anzustreben? Warum gestatten wir es, dass die nur wenigen zukommenden finanziellen Gewinne ökologische und soziale Kosten verursachen, die von allen zu tragen sind?

In ihrem Buch *A Good Disruption. Redefining Growth in the Twenty-First Century* schlagen Stuchtey et al. das Konzept der netto-positiven Aktivitäten bzw. der netto-positiven Kapitalbilanz vor (*net-positive*), das mit den genannten Ansätzen in wichtigen Punkten übereinstimmt (Stuchtey et al. 2016).

Ausgehend von der Einsicht, dass »weniger schlecht« als Maßstab unseres Handelns nicht ausreicht, fordern sie, es zur grundlegenden Regel aller wirtschaftlichen Aktivitäten zu machen, dass ihre Gesamtwirkung (*total net impact*) positiv sein soll, auch dann, wenn man den Einfluss auf Natur und Menschen berücksichtige. Die wirtschaftliche Tätigkeit solle also im Ergebnis mehr Gutes als Schlechtes anrichten – und zwar auf die gesamte Lebenszeit des betreffenden Guts hin betrachtet (24).

Wie könnte das konkret aussehen – wie könnte zum Beispiel ökologisches Kapital aufgebaut werden? Ein Weg ist die Renaturierung degradierter Böden (vgl. Commonland 2019). Während der letzten 40 Jahre sind etwa ein Drittel der weltweiten landwirtschaftlich nutzbaren Flächen durch Erosion verloren gegangen und der Verlust setzt sich mit einer Rate von 10 Millionen Hektar pro Jahr fort (UNCCD 2014, 7).

Die Rekultivierung degradierten Lands hat zahlreiche Vorteile für Biodiversität, Wasserkreisläufe, Arbeitsplätze und wirtschaftliche Entwicklung und als Kohlenstoffsenke. In Verbindung mit einem sanften Infrastrukturaufbau und einer energetischen Nutzung der in vielen ariden Gebieten hohen Sonneneinstrahlung könnten solche Projekte mehr als die Hälfte der SDGs in direkter Wirkung positiv beeinflussen, mögliche indirekte Wirkungen kommen hinzu (»Desert2Eden«, Berg 2015).

13.4 Nachhaltig konsumieren: lokal, saisonal und vegetarisch

Dieses Prinzip richtet sich an Individuen und Organisationen als Konsumenten. Da die Preise (noch) nicht die öko-sozialen Kosten von Waren und Dienstleistungen abbilden, kann bewusstes Konsumieren die Nachhaltigkeitstransformation unterstützen. Lokal, saisonal, pflanzenbasiert und arbeits-, anstatt resourcenintensiv zu konsumie-

ren, kann dabei eine Richtschnur sein, um den ökologischen Fußabdruck zu reduzieren.

In einer idealen Welt würden die Preise sämtliche Kosten berücksichtigen, die mit einem Produkt oder einer Dienstleistung verbunden sind – inklusive der ökologischen und sozialen Kosten des Herstellungs- und Entsorgungsprozesses. Dass dies nicht der Fall ist, wurde oben als ein Symptom des Marktversagens diskutiert (vgl. 5.1). Bis auf Weiteres gilt es deshalb, diese negativen Externalitäten zu minimieren. Bewusstes, verantwortliches Konsumieren ist eine Möglichkeit, diese negativen Externalitäten zu verringern. Der Konsum ist sozusagen das »Interface« zwischen dem persönlichen Verhalten und der »Welt da draußen« mit ihren nichtnachhaltigen Produktions- und Distributionsmechanismen. Deshalb sind Konsumentscheidungen nicht nur unmittelbar ökologisch und sozial relevant, sie entfalten auch eine Lenkungswirkung, weil sie über die Nachfrage mittelbar auch das Angebot beeinflussen. Doch steht der nachhaltige Konsum vor einer Reihe von Schwierigkeiten.

- *Begrenzte Wirkung:* Mit Appellen zu nachhaltigem Konsum wird man nur eine begrenzte Zahl von Menschen erreichen. Es ist gegenwärtig nicht absehbar, dass solche Appelle alleine schon genügend Wirksamkeit entfalten.
- *Möglichkeit der Überforderung:* Werden moralische Appelle zu sehr betont, kann das nicht nur Abwehrmechanismen auf der einen und Moralisierungen auf der anderen Seite provozieren. Es kann auch diejenigen überfordern, die sich in besonderer Weise engagieren, aber den selbstgesteckten hehren Zielen nicht immer entsprechen und an der Wirkung ihres Verhaltens verzweifeln können. Wenn nämlich die etablierten Standards nicht bei der Entscheidung helfen, welche Handlungsoption die bessere wäre, und Preismechanismen versagen, dann kann es leicht passieren, dass das permanente Verfehlen der eigenen Ziele Frustration auslöst.
- *Möglichkeit des Rückschlags:* Deshalb können Appelle zu nachhaltigem Konsum auch zurückschlagen – auf individueller Ebene, weil Menschen sich aus Überforderung in Zynismus, Süchte oder exzessives Ausleben der unterdrückten Wünsche flüchten; auf

gesellschaftlicher Ebene, weil nachhaltiger Konsum zu sehr politisch aufgeladen wird und Gegenwehr provoziert.
- *Inhaltlich schwierig.* Selbst wenn man die besten Absichten unterstellt – oft ist es nicht einfach zu entscheiden, welche von zwei Optionen die nachhaltigere ist. Es braucht deshalb möglichst klare Empfehlungen, damit sie leicht umzusetzen sind. Im Widerspruch dazu steht aber auf der anderen Seite, dass einfache Empfehlungen nicht immer richtig sind. Das liegt schlicht daran, dass es nicht möglich ist, die Komplexität der Nachhaltigkeitsanforderungen in einer einfachen Regel abzubilden.

Wenn also versucht wird, Regeln für nachhaltigen Konsum aufzustellen, sollten diese einfach, konkret, trotzdem möglichst allgemeingültig und selbstverständlich richtig sein.

- *Lokal einkaufen.* Mit der lokalen Beschaffung werden lokale Wertschöpfungsprozesse unterstützt, Arbeitsplätze vor Ort geschaffen und der soziale Zusammenhalt gefördert. Und in vielen Fällen werden auch die Umweltbelastungen reduziert, denn aufwendige Transporte entfallen. Allerdings setzt das voraus, dass die Umweltbelastung durch den Transport ins Gewicht fällt. Mitunter sind aber die aus der Produktion resultierenden Umweltbelastungen sehr viel größer als die aus dem Transport – in solchen Fällen kann es sich zumindest aus ökologischer Sicht auch lohnen, Produkte aus größerer Entfernung zu kaufen, sofern sie nicht geflogen werden, denn die verkehrsbedingten Emissionen hängen extrem stark vom Transportträger ab (Theis und Tomkin 2012, 469 ff.). So hat Lammfleisch (wenn man es denn überhaupt essen mag) aus Neuseeland eine bessere Treibhausgasbilanz als lokal produziertes, weil die Aufzucht in Neuseeland ohne das Beheizen von Ställen im Winter auskommt (Ledgard et al. 2011).
- *Saisonal konsumieren.* Nahrungsmittel sollten saisonal konsumiert werden – das reduziert Aufwand für Lagerhaltung und Konservierung. Ein lokal produzierter Apfel kann mit mehr Emissionen verbunden sein als ein importierter, wenn er zur »falschen« Zeit konsumiert wird. Wenn er im September geerntet wird und bis April im Kühlhaus lagert, ist die gute CO_2-Bilanz dahin.

- *Vegetarisch ernähren* oder zumindest den Fleischkonsum zu reduzieren hat viele Vorteile: wesentlich bessere THG-Bilanz, geringerer Wasserverbrauch, weniger Düngemittel, weniger Bodenerosion. Außerdem unterstützt dies einen bewussteren Umgang mit Tieren. Wichtig ist darauf zu achten, was als Alternative zum Fleisch gewählt wird. Wer sich stattdessen von eingeflogenen Tropenfrüchten ernährt, steht kaum besser da (Tom et al. 2016).
- *Arbeitsintensiv statt ressourcenintensiv.* Beim Konsum von Waren und Dienstleistungen ist darauf zu achten, dass der Arbeitsanteil möglichst hoch und der Ressourcenverbrauch möglichst gering ist. Durch Umstellung auf Geschäftsmodelle des Leasings und Vermietens (statt kaufen), kann dies unterstützt werden. Wenn ein Hersteller Waschmaschinen nicht verkauft, sondern nur als Dienstleistung anbietet, hat er selbst das größte Interesse daran, dass sie langlebig sind, sich leicht warten, nachrüsten und später ggf. demontieren und rezyklieren lassen. Das Problem geplanter Obsoleszenz würde sich damit dann von selbst erledigen, auch Garantiezeiträume wären irrelevant. Dies ist alles längst bekannt, Ayres forderte es schon Mitte der 1990er-Jahre (Ayres 1996, 19).

Keine der hier vorgeschlagenen Verhaltensmaßnahmen garantiert für sich alleine, dass in jedem Fall die nachhaltigste Lösung gewählt wird. Doch je mehr Kriterien man berücksichtigt, desto höher ist die Chance, dass dies tatsächlich der Fall ist. Das ist ähnlich wie mit der Sicherheit von Passwörtern. Dort stehen Praktikabilität und Sicherheit im Widerstreit miteinander. Je mehr der genannten Regeln befolgt werden, desto größer ist also die Chance, auch tatsächlich die gewünschte Wirkung zu erzielen.

Schließlich ist noch darauf hinzuweisen, dass es oft eine Fokussierung auf die Klimabilanz gibt. Wie das Beispiel des Biosprits aber zeigte, darf das nicht zu Lasten anderer Kriterien erfolgen, denn der Biosprit, der in der EU den Kraftstoffen beigemischt wird, stammt bis 2021 noch zu einem Teil aus tropischem Palmöl, was nicht nur wegen des ohnehin schlechten EROI-Werts ungünstig ist (vgl. 2.1), sondern auch weil es der Artenvielfalt schadet.

Auch die besten Regeln können nicht die in der Sache begründeten Zielkonflikte auflösen. Windparks verändern das Landschaftsbild und gefährden Vögel, die Produktion von PV-Anlagen und Batteriespeichern benötigt Energie und Rohstoffe. Welche Lösungen langfristig die besten sind, zeigt sich dann am ehesten, wenn es gute »Knappheitssignale« gibt, und das bedeutet, dass die externen Kosten nicht nur für THG-Emissionen, sondern auch für Rohstoff-Förderung möglichst rasch internalisiert werden müssen.

Nachhaltiger Konsum kann ein wichtiger Katalysator beim Übergang in eine nachhaltigere Gesellschaft sein – nicht umsonst sind nachhaltige Konsum- und Produktionsmuster mit einem eigenen Nachhaltigkeitsziel versehen (SDG 12).

13.5 Verursacherprinzip

Das Verursacherprinzip ist ein wichtiger Maßstab bei der Zurechnung und Internalisierung externer Kosten. Es kann zudem auch dazu beitragen, den konsumbezogenen, zeitgeistabhängigen Barrieren zu begegnen.

Kinder lernen schon im Kindergarten, dass sie ihre eigene Unordnung auch wieder aufräumen (vgl. Fulghum 2003, 2). Es ist ein grundlegendes Gerechtigkeitsprinzip, das sich schon seit den frühesten Anfängen des Rechts belegen lässt. Wer einen Schaden verursacht, ist auch für dessen Beseitigung bzw. für Wiedergutmachung verantwortlich. Das älteste bekannte Dokument der Rechtsgeschichte ist der mesopotamische *Codex Hammurabi*, der von Hammurabi, dem Herrscher Babylons, um 1780 v. Chr. geschrieben wurde und mehrfach Maßnahmen der Wiedergutmachung nach zugefügtem Schaden erwähnt. Im Paragraph 53 heißt es: »Wenn jemand zu faul ist, seinen Damm in gutem Zustand zu erhalten und ihn nicht gut erhält; wenn der Damm dann bricht und alle Felder überflutet, dann soll er, dessen Damm gebrochen ist, für Geld verkauft werden, und das Geld soll das Getreide ersetzen, dessen Zerstörung er verursacht hat.« (Codex Hammurabi, § 53).

Die Aktualität dieser 3800 Jahre alten Gesetzgebung ist schockierend – während ich diese Zeilen schreibe, ist in Minas Gerais in Brasilien ein Damm von Vale gebrochen und hat mindestens 248 Menschenleben gekostet (BBC 2019). Per richterlichem Entscheid wurden 3 Milliarden US-Dollar des Firmenvermögens für Wiedergutmachung eingefroren, die gesamten Ausgleichszahlungen werden wohl bis zu 7 Milliarden ausmachen (Bloomberg 2019). Doch was sind 7 Milliarden US-Dollar angesichts dieser menschlichen Tragödie? 7 Milliarden US-Dollar entsprechen ziemlich genau dem Netto-Gewinn, den Vale allein 2018 erwirtschaftete (Vale 2019).

Der *Codex Hammurabi* sah drastische Strafen vor für untreue Schäfer. Wenn ein Schäfer den Besitzer der Schafe betrügt, soll er dem Besitzer das Zehnfache des Schadens begleichen (Codex Hammurabi, § 265). Es ist beschämend zu sehen, wie gering menschliches Leben und ökologische Integrität heute bewertet werden verglichen mit den Standards unserer Vorfahren aus Mesopotamien vor fast 4000 Jahren.

Die OECD hatte das Verursacherprinzip bereits 1972 und 1974 postuliert (OECD 1972; OECD 1992, 44). Bereits die Formulierung von 1972 beschreibt den Kerngedanken sehr gut: Umweltgüter seien generell begrenzt und ihre Schädigung wird durch das Preissystem oft nicht abgebildet. Zur Reduzierung der Umweltverschmutzung seien deshalb öffentliche Maßnahmen erforderlich, die dafür sorgten, dass die Preise auch die Knappheiten der Umweltgüter berücksichtigen und die Marktteilnehmer ihr Verhalten entsprechend anpassen könnten (OECD 1972, Annex, A. a) 2.). Als eine allgemeine Regel gibt die OECD 1974 vor, dass »Mitgliedsstaaten die Verschmutzer nicht dabei unterstützen sollten, die Kosten für die Verschmutzungsreduktion zu tragen, weder durch Subventionen, Steuervorteile oder andere Maßnahmen« (OECD 1974, III. 1). Es gibt viele Belege dafür, dass dieser Empfehlung nicht entsprochen wird (z. B. die Pendlerpauschale).

Mittlerweile ist das Verursacherprinzip weithin akzeptiert und in vielen Rechtstexten festgelegt. Die Rio-Erklärung fordert seine Berücksichtigung ebenso wie die Verträge über die Arbeitsweise der Europäischen Union (UNCED, Rio Declaration 1992, Prinzip 16; EU

2012) etc. Viele Entwicklungs- und Schwellenländer (z. B. Indien, Malaysia, Taiwan, Ecuador, Chile, Costa Rica, Kenia) haben dieses Prinzip dahingehend abgewandelt, dass der Staat die Haftbarkeit übernimmt, falls der Verschmutzer nicht ausfindig gemacht werden kann, um die Entschädigung der Opfer zu gewährleisten (Luppi et al. 2012).[74]

Trotz seiner breiten Akzeptanz ist die Umsetzung des Verursacherprinzips oft mangelhaft. Und obwohl die OECD-Empfehlung schon 1974 forderte, die Maßnahmen der Verschmutzungskontrolle nicht noch zu fördern oder zu unterstützen (damit der Verursacher auch tatsächlich die Kosten trägt und nicht von der Allgemeinheit alimentiert wird), werden Umweltschäden *sogar noch subventioniert*. Es gibt zahllose Beispiele für solche umweltschädlichen Emissionen. Doch der gravierendste Fall sind die Subventionen für fossile Energieträger, die sich weltweit auf etwa 6 Prozent des Bruttosozialprodukts belaufen (IMF 2015, 19). Ein großer Teil dieser Subventionen hängt mit Externalitäten zusammen, insbesondere in den entwickelten Volkswirtschaften (was im Wesentlichen die OECD-Länder sind) (21).

Obwohl sich die Länder der G20 (Group of 20) 2009 darauf verständigt hatten, diese Subventionen mittelfristig auslaufen zu lassen (Reuters 2009), ist kaum Fortschritt erkennbar. Im Gegenteil, die von der Bundesregierung im September 2019 beschlossene Erhöhung der Pendlerpauschale macht wiederum das genaue Gegenteil dessen, was vereinbart wurde.

Dabei hätte es mehrere Vorteile, diese Subventionen auslaufen zu lassen. Der IWF schätzt, dass allein das Abbauen der Energiesubventionen die Staatshaushalte um 2,9 Billionen US-Dollar oder 3,6 Prozent des globalen BSP entlasten, die globalen CO_2-Emssionen um mehr als 20 Prozent und die frühzeitigen Todesfälle durch Luftverschmutzung um mehr als die Hälfte reduzieren könnte (IMF 2015, 6).

Diese Maßnahme würde den globalen Wohlstand um 1,8 Billionen US-Dollar oder 2,2 Prozent des weltweiten BSP erhöhen (IMF 2015, 6).

Es ist offensichtlich sehr schwierig, Subventionen abzuschaffen. Denn jede Subvention wird in der Bevölkerung bald als normal verbucht, es entwickelt sich ein gefühltes Gewohnheitsrecht. Es kann aber keinen Zweifel daran geben, dass eine Abschaffung umweltschädlicher Subventionen ein notwendiger Schritt dazu ist, öko-soziale Kosten zu internalisieren. Subventionen wie auch Steuern sollen ja eine Lenkungswirkung entfalten.

Die Pendlerpauschale soll ja einer Benachteiligung von Menschen in ländlichen Räumen entgegenwirken. Diese Pauschale auch noch zu erhöhen ist eine Maßnahme, die keinerlei Anreiz zur Veränderung bietet. Stattdessen wäre zu überlegen, ob es andere Maßnahmen gibt, mit denen eine Benachteiligung ländlicher Räume vermieden werden kann, z. B. indem man Arbeitgebern Anreize bietet, das Arbeiten von zuhause oder Desksharing zu erleichtern, Anreize für Car-pooling oder neue Mobilitätskonzepte schafft, anstatt das Bestehende einfach nur beizubehalten und noch etwas oben drauf zu legen.

Um die politischen Blockaden für eine Abschaffung der schädlichen Subventionen zu lösen, fordert die Weltbank die politischen Entscheidungsträger dazu auf, zunächst diejenigen politischen Kräfte zu identifizieren, die für die Subventionen initial verantwortlich waren (Worldbank 2017, 33). Es kommt deshalb darauf an, die folgenden Fragen zu beantworten:

- Was bezweckt die Subvention in erster Linie?
- Wer sind die Empfänger und was ist deren zu adressierendes Problem?
- Kann dieses Problem *auf andere Weise* gelöst werden?
- Wenn nicht, könnte eine umweltfreundlichere Alternative die bestehende Subvention ersetzen?

Wenn unterschiedliche Szenarien für die Abschaffung schädlicher Subventionen unter Vermeidung sozialer Härten vorliegen, braucht es einen gesellschaftlichen Dialog über die Frage, wie die Interessen ausgeglichen werden können, auf Basis dessen dann politische Entscheidungen zu treffen sind.

Das Verursacherprinzip muss offensichtlich von der Politik umgesetzt werden. Allerdings zeigt der oben diskutierte Fall der ökologischen Gewinn- und Verlustrechnung von Puma, dass sich auch Unternehmen dieses Prinzip zu eigen machen (vgl. 13.3).

Und schließlich gibt es auch auf Konsumentenebene Anlehnungen an dieses Prinzip, wenn man zum Beispiel seine durch Flüge verursachten Emissionen dadurch »kompensiert«, dass man Aufforstungsprojekte unterstützt.

Es sind stets Knappheiten, die Innovationen fördern. Deshalb ist es so wichtig, dass die Politik die Knappheiten an den für künftige Entwicklungen erforderlichen Stellen schafft. Und die wirksamste und effizienteste Methode dafür ist nun einmal der Preis. Vergleicht man die Entwicklung der Patente für erneuerbare Energien mit derjenigen der Energiepreise, dann erkennt man, dass es zwischen beiden einen Zusammenhang gibt: Je höher die Energiepreise, desto mehr Patente gibt es im Bereich der erneuerbaren Energien, was ja auch kaum verwundern kann (Ley et al. 2013). Kurzfristig gibt es auch Verlierer – und soziale Härten muss der Staat ausgleichen, um den Zusammenhalt nicht zu riskieren. Aber ohne Einschränkungen und Knappheiten wird es keine Innovationsanreize geben.

Es sei auch erwähnt, dass es Stimmen gibt, denen das Verursacherprinzip nicht weit genug geht. Für Georgescu-Roegen würde dieses Prinzip bedeuten, dass die Reichen sich freikaufen können und nach Belieben die Umwelt zerstören (Georgescu-Roegen 1986).

In der Tat wäre zu überlegen, ob es nicht gerecht wäre, wenn es eine einkommens- bzw. vermögensabhängige Öko-Steuer-Progression gäbe. Denn bei einer einheitlichen CO_2-Steuer (oder einem einheitlichen Emissionshandelspreis) werden alle gleich behandelt, was bei der Einkommenssteuer ja auch ungerecht wäre. Deniz Tekayak hingegen sieht das Problem beim Verursacherprinzip darin, dass Unternehmen sich überhaupt nicht ändern müssten und mit einer einfachen Geldzahlung ihren Betrieb wie eh und je weiterführen könnten (Tekayak 2016, 64).

Beide Einwände haben etwas für sich. Allerdings halte ich es allemal für besser, dass Unternehmen zumindest einen gewissen Beitrag zur Kompensation der von ihnen verursachten Schäden leisten als gar keinen.

Im Ergebnis kann festgehalten werden, dass das Verursacherprinzip ein wichtiges moralisches und juristisches Prinzip ist, das sich auch in anderen Bereichen bewährt hat. Es entbindet nicht von der

Suche nach wirkungsvollen und kostengünstigen politischen Ergänzungen. Auch darf die Kompensationsleistung nicht so niedrig angesetzt werden, dass ein Freikaufen mit anschließendem Business as usual möglich wird.

Es wird deshalb in der EU durch ein anderes Prinzip flankiert, wonach Verschmutzungen an der Quelle zu bekämpfen sind (EU 2012, Art 191).

13.6 Vorsorgeprinzip

Gegenstand des Vorsorgeprinzips ist die Forderung, dass der Staat bei begründetem Verdacht auf erhebliche Risiken, die sich aus einer bestimmten Situation ergeben, auch ohne gesicherte wissenschaftliche Beweise vorsorglich Schutzmaßnahmen ergreifen darf.

Die bisher diskutierten Prinzipien beziehen sich auf Zusammenhänge, in denen entweder bestehende *Praktiken* oder schädliche *Wirkungen* von Technologien begrenzt werden sollen. Doch was kann getan werden, wenn die Wirkungen neuer Technologien noch gar nicht vollständig bzw. wissenschaftlich fundiert absehbar sind? Neue Technologien werden mit einer beeindruckenden Geschwindigkeit entwickelt und vermarktet und oft lassen sich soziale oder ökologische Folgen nur sehr vage antizipieren. Politische Regulierung hat es oft schwer, mit diesem Tempo mitzuhalten. In solchen Fällen kann das Vorsorgeprinzip zur Anwendung kommen, das vorsorglich Schutzmaßnahmen einzuführen erlaubt, wenn Eile geboten ist, selbst wenn noch keine gesicherten Erkenntnisse über die potenziellen Gefahren vorliegen. Also wenn zum Beispiel durch die Einführung selbst schon ein nicht oder kaum reversibler Prozess in Gang gesetzt werden würde (z. B. Einsatz gentechnisch veränderter Pflanzen im Freiland). Laut dem Juristen Christian Calliess, der sich unter anderem intensiv mit dem Verhältnis von *Rechtsstaat und Umweltstaat* auseinandergesetzt hat (Calliess 2001), hat das Vorsorgeprinzip die beiden Aspekte der Risikovorsorge und der Ressourcenvorsorge (ebd. 245 ff.).

Wenn es konkrete Bedrohungen von Umweltgütern gibt, dann hat der Staat nicht nur das Recht, sondern sogar die Pflicht zu handeln. Dies gilt insbesondere für die kumulativen und synergetischen Wirkungen von Umweltschäden, wie Sebastian Heselhaus ausführt, ebenfalls Jurist für Öffentliches Recht (Heselhaus 2018, 32).

Die Geschichte des Vorsorgeprinzips reicht zurück in die 1970er-Jahre (vgl. Persson 2016, 138; Gilbert et al. 2009). Es stellt die Basis für staatliches Handeln dar, wenn zwar noch keine gesicherten wissenschaftlichen Erkenntnisse vorliegen, aber das Nichthandeln möglicherweise irreversible und/oder weitreichende Konsequenzen hätte (deFur & Kaszuba 2002, 155). Das Vorsorgeprinzip bezieht sich vor allem auf Situationen der Ungewissheit, in denen »die *wissenschaftlichen Beweise nicht ausreichen*, keine eindeutigen Schlüsse zulassen oder unklar sind, jedoch aufgrund einer vorläufigen und objektiven wissenschaftlichen Risikobewertung Anlass zur Besorgnis besteht« (Calliess 2009, 127; Hervorhebung im Original).

Staatliches Handeln im Sinne dieses Prinzips ist etwa geboten, wenn angesichts des rasanten technischen Fortschritts die Folgen und Nebenfolgen neuer Technologien noch gar nicht absehbar sind. »Das Vorsorgeprinzip impliziert bereits von seinem Sinn und Zweck her eine Beweislastumkehr« (Calliess 2009, 126). Es vorverlagert den Zeitpunkt legitimer staatlicher Intervention (Calliess 2009).

Das Vorsorgeprinzip formuliert, was Hans Jonas in seinem einschlägigen Buch *Das Prinzip Verantwortung* gefordert hat (Jonas 1984). Angesichts des enorm gewachsenen Zerstörungspotenzials heutiger Technik und der Unsicherheit von Zukunftsprognosen, die unter anderem in der Komplexität von Kausalketten begründet liegen (66), müsse die *Unheilsprophezeiung* stets den Vorrang vor der Heilsprophezeiung haben (70).

Der schwedische Umweltphilosoph Erik Persson hat Gemeinsamkeiten verschiedener Untersuchungen zum Vorsorgeprinzip zusammengetragen (Persson 2016). Er betont, dass das Prinzip nichts über Maßnahmen sage, sondern lediglich Situationen beschreibe, in denen besondere Vorsicht geboten sei (ebd., 135). Zu solchen Situationen, in denen die Anwendung des Vorsorgeprinzips gerechtfertigt ist, zählen unter anderem:

- Wenn es einen *Zielkonflikt zwischen zwei konfligierenden Zielen* gibt, die beide höchstrangige Werte darstellen. In derartigen Fällen versagen Kosten-Nutzen-Analysen, wie Persson anhand eines Beispiels illustriert, wenn eine ernsthafte Bedrohung menschlicher Gesundheit durch eine Chemikalie vermieden werden könnte, die eine ernsthafte Bedrohung der Umweltintegrität darstellt. Eine Entscheidung für das eine oder das andere, wie sie sich aus einer Kosten-Nutzen-Erwägung ergäbe, würde in keinem der beiden Fälle den damit verbundenen Werten genüge tun (ebd., 137).
- Wenn es möglicherweise *irreversible und/oder gravierende Folgen hätte*, wie zum Beispiel ein gravierender Verlust, der nicht nur irreversibel, sondern auch unersetzlich ist (ebd., 138).
- Wenn *Eile* geboten ist. Wenn bestimmte Entwicklungen eine Eigendynamik entwickeln, die ohne staatliches Einschreiten schwer zu stoppen ist.
- Wenn es wichtiger ist, wie Persson es nennt, ›falsche Negative‹ zu vermeiden anstatt ›falsche Positive‹. Persson legt dar, dass Wissenschaftler es gar nicht mögen würden, mit einer Einschätzung unrecht zu haben. Es werde in der Wissenschaft sehr viel kritischer gesehen, eine Behauptung aufzustellen, die sich (später) als falsch erweist, anstatt eine Behauptung *nicht* aufzustellen, die sich später als *wahr* erweist. Das bedeutet, dass Wissenschaftler lieber die *Unterlassung wahrer Behauptungen in Kauf nähmen* als die *Widerlegung falscher Behauptungen zu riskieren*. Das führt aber genau dazu, dass gesellschaftliche Risiken möglicherweise erst relativ spät wissenschaftlich belegt werden (ebd., 139).

Das Vorsorgeprinzip hat, wie auch bereits das Verursacherprinzip, Eingang in wichtige internationale Rechtstexte gefunden. So ist die Agenda 21 voll von Bezügen darauf (vgl. Art. 20.32, Art. 22.5.c oder Art. 35.5; UNCED 1992) und auch der Vertrag über die Arbeitsweise der Europäischen Union nimmt es neben dem Verursacherprinzip als leitendes Rechtsprinzip für das europäische Umweltrecht auf (vgl. EU 2012, Art. 191; Calliess 2018, 101).

Allerdings unterscheiden sich Jurisdiktionen zum Teil sehr deutlich in ihrer Position zum Vorsorgeprinzip. In den USA, wo Menschen in der Regel skeptischer bezüglich staatlicher Intervention sind als in Europa, wo zugleich ein größeres Zutrauen in technische Lösungen vorherrscht und auch der Markt noch eine größere Rolle spielt als in Europa, wird das Vorsorgeprinzip sehr viel kritischer gesehen als in der EU (deFur & Kaszuba 2002, 156). Wie die US-amerikanischen Umweltwissenschaftler deFur und Kaszuba berichten, hätten sich die US-Wirtschaft und Lobbyisten vehement gegen das Vorsorgeprinzip gestemmt – meist mit dem Verweis auf die Kosten. Besonders heftig war der Widerstand gegen eine mögliche Anwendung des Vorsorgeprinzips auf genetisch veränderte Organismen (ebd.).

Dieses Beispiel weist zum einen zurück auf die oben diskutierten Herausforderungen von Interessenkonflikten und Lobbyismus (vgl. 4.5) und zeigt, wie wichtig es in solchen Zusammenhängen ist, dass die Interessen aller Beteiligten offengelegt und transparent sind – weiter unten wird deshalb die Erhöhung der Transparenz als Prinzip vorgeschlagen werden (vgl. 16.3).

Zum anderen wird an diesen unterschiedlichen Positionen zum Vorsorgeprinzip deutlich, dass regionale Regelungen faktisch den globalen Wettbewerb verzerren. Denn es ist unstrittig, dass Unternehmen, die in Rechtsräumen mit Vorsorgeprinzip operieren, in ihren Operationen eingeschränkt werden gegenüber Wettbewerbern aus Jurisdiktionen ohne dieses Prinzip. Langwierige Genehmigungsverfahren und das schwer zu kalkulierende Risiko der Wirkung öffentlicher Proteste gegen die Firmenpolitik hatten beispielsweise BASF 2012 dazu gebracht, die Weiterentwicklung gentechnisch veränderter Pflanzen für den europäischen Markt vollständig zu beenden (Dixelius et al. 2012). Das ist natürlich kein Argument gegen das Vorsorgeprinzip als solches oder gegen dessen regionale Anwendung, nur muss es entsprechend sorgsam angewendet werden.

Selbst wenn die Anwendung des Vorsorgeprinzips mit einigem zeitlichen Abstand vielleicht als übervorsichtig zu beurteilen wäre, sendet es den Marktteilnehmern doch grundsätzlich wichtige Knappheitssignale, die den Korridor möglicher Handlungen bewusst beschränkt. Genau daraus erwachsen dann langfristig wiederum Innovationspotenziale (Calliess 2009).

13.7 Faszination für die Wunder und die Schönheit der Natur kultivieren

Da immer mehr Menschen den größten Teil ihrer Zeit in künstlich geschaffenen Welten leben, ist es eine elementar wichtige Aufgabe, Faszination für die Wunder und die Schönheit der Natur zu kultivieren und zu vermitteln. Wir Menschen werden nur für das sorgen, was wir lieben – und wir werden nur das lieben, was wir auch erfahren und mit positiven Eindrücken verbunden haben. Wir brauchen positive Bilder der Natur, ein Verständnis für ihre so fein abgestimmten Zusammenhänge und ihre schier unerschöpflichen Wunder. Dieses letzte der naturbezogenen Prinzipien weist bereits auf das nächste Kapitel, die persönlichen Prinzipien.

»Am Ende werden wir nur das bewahren, was wir lieben, wir werden nur lieben, was wir verstehen, und wir werden nur verstehen, worin wir unterrichtet wurden«, hat der senegalesische Forstingenieur Baba Dioum einmal gesagt (Valenti & Tavana 2005, 308). Menschen verlieren ihren Sinn für die Natur, sie haben keinen unmittelbaren Kontakt mehr mit ihr, sie wissen kaum etwas über ihre Wunder. Umweltpsychologen reden vom »Aussterben von Erfahrung« (*extinction of experience*), weil immer mehr Menschen nicht mehr mit der Natur verbunden sind (Soga et al. 2016). Eine britisch-japanische Gruppe von Stadtplanern, Umweltpädagogen und Nachhaltigkeitsforschern ist der Frage nachgegangen, wie frühkindliche Naturerfahrungen mit der späteren emotionalen Verbundenheit mit der Natur korrelieren. Das sehr plausible Ergebnis ist, dass es hier eine positive Korrelation gibt – je häufiger die Natur selbst erfahren wurde, desto stärker ausgeprägt sind die emotionale Bindung und die Wahrnehmung der Natur in der eigenen Umgebung (Soga et al. 2016, 149). »Unsere Ergebnisse legen nahe, dass mit dem raschen Abnehmen kindlicher Alltagserfahrungen mit der Natur schrittweise auch die öffentliche Wertschätzung des Werts der Natur abnehmen wird. Dies kann ein großes Hindernis für das Adressieren der globalen Umweltprobleme werden« (Soga et al. 2016, 143). Deshalb sollten vor allem

Kinder, so die Autoren, ermutigt werden, in ihrer eigenen Umgebung Naturerfahrungen zu machen. Um das zu erreichen, seien zum einen strategische, gut durchdachte Stadtplanungskonzepte erforderlich, zum anderen Bildungs- und Marketingmaßnahmen (Soga et al. 2016, 149).

Wie kann man Menschen motivieren, etwas zu schützen, was sie kaum kennen? Wie kann man über nicht-nachhaltige Produktions- und Konsummuster sprechen, wenn die Menschen gar nicht wissen, was auf dem Spiel steht?

Auch Umweltpsychologen erachten es als wesentlich, dass Kinder schon von früher Kindheit an Naturerlebnisse machen. In einer Langzeitanalyse über einen Zeitraum von zwölf Jahren haben Evans et al. zunächst Kinder im Alter von sechs Jahren und dann später diese Gruppe als junge Erwachsene mit 18 Jahren untersucht (Evans et al. 2018). Sie konnten drei Faktoren identifizieren, die das Umweltverhalten der jungen Erwachsenen positiv beeinflussten: die Zeit, die sie als Kinder im Freien verbrachten, die Einstellung ihrer Mütter zur Umwelt und ihr Bildungsniveau (ebd.).

In einer anderen Studie haben Otto und Pensini die Bedeutung naturbasierter Umweltbildung untersucht. Ihre Annahme war, dass die Förderung von Umwelt*wissen* ein grundlegender Bestandteil der Umwelt*bildung* und eine notwendige Voraussetzung für ökologisches *Verhalten* wäre. Allerdings zeigte sich, dass reines Wissen wenig Einfluss auf das Verhalten hat. Viel wichtiger als das Umwelt*wissen* ist die Verbundenheit mit der Natur (Otto & Pensini 2017, 88).

Es ist deshalb so wichtig, dass Kinder eine auf eigenen Erlebnissen basierende Beziehung zur Natur haben, dass sie Natur fühlen, riechen und im wahrsten Sinne des Wortes begreifen. Dies wird sich sehr motivierend auf ihre Wissensaneignung und ihre Sorge für die Umwelt auswirken.

Kaiser et al. untersuchten die Beziehung zwischen der Wertschätzung der Natur und umweltbewusstem Verhalten (Kaiser et al. 2014). Erstaunlicherweise werde, so die Autoren, kaum diskutiert, dass die Wertschätzung der Natur eine wichtige Motivation für umweltbewusstes Verhalten ist, obwohl einige der ökologischen Probleme unserer Gesellschaften sich offenkundig daraus ergäben, dass die

Menschen sich kaum mit umweltbewusstem Verhalten beschäftigen würden (Kaiser et al. 2014, 270).
In longitudinalen Umfragen fanden sie heraus, dass die auf verschiedene Weise gemessene Wertschätzung der Natur mäßig bis stark mit ökologischem Verhalten korreliere (270). Mit anderen Worten: »Es ist möglich, die Umwelt zu schützen, indem man die Wertschätzung der Natur bestärkt.« (269)

Als Zwischenergebnis können wir festhalten:
- Die Wertschätzung der Natur korreliert mit umweltbewusstem Verhalten;
- es ist wichtig, dass insbesondere Kinder früh die Gelegenheit bekommen, ihre eigenen Naturerfahrungen zu machen, und dass
- diese eigenen Naturerfahrungen noch wichtiger sind als Wissen; und dass
- auch die Umwelteinstellung der Mütter von Bedeutung ist.

Obwohl die direkte Interaktion mit der Natur also sehr motivierend für umweltbewusstes Verhalten ist, sollte auch das Lernen nicht unterschätzt werden. Otto und Kaiser (2014) haben die Beziehung zwischen Alter und ökologischem Verhalten untersucht. Sie fanden, dass es eher das Lernen und weniger das Altern war, das die Beziehung zwischen dem Alter und dem selbstberichteten ökologischen Verhalten erklärte.

Umso mehr Menschen mit umweltschutzbezogenen Themen konfrontiert waren, desto ausgeprägter war ihr ökologisches Engagement (Otto und Kaiser 2014, 331). Die Autoren geben allerdings zu, dass ihre Studie eine der wenigen sei, die die Wirksamkeit von Lernen für die Förderung umweltbewussten Verhaltens von Individuen unterstütze.

Die Faszination für die Wunder der Natur zu erleben, zu kultivieren und anderen mitzuteilen, ist ein Prinzip nachhaltigen Handelns, dessen Bedeutung aus meiner Sicht kaum überschätzt werden kann. Im Unterschied zu vielen anderen hier vorgeschlagenen Prinzipien ist dies zudem ein *positives*, das eine starke emotionale Komponente hat. Während Öko-Effizienz, Suffizienz, Vorsorge- oder Verursacherproblem alle auch mit Vermeiden, Reduzieren und Verhindern zusammenhängen, ist dieses ein durch und durch positives Prinzip.

Damit all die wichtigen, zuvor genannten Prinzipien auch wirksam werden können, damit wir alle uns bewusst werden, worum es eigentlich geht und warum es sich lohnt, die genannten Prinzipien zu verfolgen, darum ist die Wertschätzung der Natur vielleicht sogar die Grundlage aller anderen. Aber letztlich hängt alles mit allem zusammen und in einem komplexen System lassen sich Grundlage und Aufbau, Ursache und Wirkung oft nicht auseinanderdividieren.

Die eminent wichtige Bedeutung positiver Emotionen für die persönliche Entwicklung und die soziale Einbindung sind lange bekannt (vgl. Fredrickson 2001; Fredrickson et al. 2008). Positive Emotionen unterstützen das persönliche Wachstum und die soziale Verbundenheit. Sie wandeln Menschen zum Besseren, sie ermöglichen ihnen ein besseres Leben in der Zukunft (Fredrickson 2001).

Es gilt deshalb, ein neues Bewusstsein zu entwickeln, ein Gefühl der Verbundenheit, eine neue Wertschätzung der Natur und ihrer Schönheiten. Es ist das Staunen, mit dem alles beginnt. Staunen liegt allen wahrhaft menschlichen Aktivitäten zugrunde – sicherlich der Wissenschaft, der Philosophie, der Religion, der Musik, der Kunst, und ganz bestimmt auch der Begegnung mit dem anderen. Und am Umgang mit der Natur zeigt sich schlussendlich auch, wie wir zu uns selbst stehen.

14 Persönliche Prinzipien

Wie klein der Beitrag auf den Gang der Welt auch sein mag, den jede und jeder Einzelne leisten kann – es ist genau hier, wo jede große Veränderung beginnt. Gandhis Diktum bringt es auf den Punkt: Sei selbst die Veränderung, die du in der Welt sehen möchtest.

An der eigenen persönlichen Integrität und Reife zu arbeiten, trägt einerseits dazu bei, auf sich selbst und den eigenen Wirkungskreis einzuwirken. Andererseits bietet es auch die Möglichkeit, Dimensionen des Menschseins (wieder) zu entdecken und zu kultivieren, die leicht im Konsumismus und atemberaubender Geschäftigkeit untergehen.

14.1 Warum persönliche Prinzipien wichtig sind

Warum sind persönliche Prinzipien für Nachhaltigkeittransformation wichtig? Zu allererst schlicht wegen der Tatsache, *dass* es solche Prinzipien *gibt*. Das Wort Prinzip weckt bei manchen heute vielleicht negative Assoziationen. Man denkt an Prinzipienreiterei, an Auswüchse der Prinzipienbefolgung, an Michael Kohlhaas, vielleicht auch an Nazis und Rechtspopulisten mit ihrem Lob der Sekundärtugenden. Menschen, die Prinzipien folgen, wirken vielleicht manchmal etwas spröde und unflexibel. Und es ist ja tatsächlich einfacher, *deals* mit Leuten abzuschließen, die sich durch ihre Interessen leiten lassen. In einer Zeit, in der alles nur noch durch (Eigen-)Interessen geleitet ist, in der manche Menschen den Eindruck vermitteln wollen, es sei alles käuflich, in der versucht wird, staatliche Institutionen für eigene Interessen zu umgehen oder gar zu missbrauchen – in einer solchen Zeit erscheint mir die Besinnung auf regelbasiertes, prinzipiengeleitetes Handeln von großer Wichtigkeit zu sein.[75] Mit der Fokussierung auf persönliche Prinzipien kann man sich der Dominanz von Interessen widersetzen.

Es kann nicht überraschen, dass Interessen dort dominieren, wo das Handeln ohnehin durch Interessen bestimmt ist: in der Wirtschaft (zur Kritik dazu Kap. 5). Die »Theorie der rationalen Entscheidung« (engl.: *Rational Choice*) versucht ja, menschliches Verhalten durch das Befolgen rationaler Eigeninteressen zu erklären, was für bestimmte Kontexte durchaus gelten mag.

Es mag andererseits auch nicht verwundern, dass mit dem Vordringen ökonomischen Denkens in praktisch alle Bereiche des Lebens auch das interessengeleitete Handeln überwiegt. Und so wurde das Rational-Choice-Modell auch in anderen sozialwissenschaftlichen Disziplinen rezipiert.[76]

Der in Schottland lehrende Religionssoziologe Andrew McKinnon sieht die Popularität des Rational-Choice-Modells auch darin begründet, dass es gut zum Neo-Liberalismus der Politik passe (McKinnon 2011, 540). Menschliches Verhalten werde auf Eigeninteresse reduziert, es gebe keinen Platz mehr für Handeln, das nicht berechnend eigennützig ist (540).

Diese starke Betonung von Interessen als Antrieb für Handeln steht im Gegensatz zu unseren wichtigsten philosophischen und religiösen Traditionen, zu den Hauptströmungen griechischer Philosophie ebenso wie zur jüdisch-christlichen Tradition.

Für Platon war das persönliche Wohlergehen und ein gelingendes Leben keine Frage von Präferenzen oder Interessen, sondern eine Frage der Gerechtigkeit. Für jemanden, der gerecht sei, würden sich letztlich alle Dinge zum Guten wenden.

> Also müssen wir glauben, daß Armut, Krankheit oder andere scheinbare Übel sich dem Gerechten schließlich, im Leben oder nach dem Tode, in Güter verwandeln. Denn die Götter verlassen den Menschen nicht, wenn er nach Gerechtigkeit strebt und durch die Tüchtigkeit den Göttern ähnlich werden will, soweit es den Menschen gegeben ist (Platon, Politeia, 613).

Natürlich weiß Platon, dass eine gerechte Person auch durch das Gerechtsein Vorteile erfahre. Doch dies sei sekundär und nicht der eigentliche Grund, warum Gerechtigkeit anzustreben sei:

> Nun haben wir in unserer Darstellung die Gerechtigkeit von allem Beiwerk losgelöst betrachtet, namentlich haben wir die Belohnungen, die der Gerechte erhält, und das Ansehen, das er genießt, beiseite gelassen. Wir haben die Gerechtigkeit an und für sich als höchsten Gewinn der Seele an und für sich erkannt. Sie muss nach Gerechtigkeit streben ... (ebd., 612).

Für Aristoteles ist es die Tätigkeit der Seele in Übereinstimmung mit der Tugend, die es zu erstreben gilt, um Glückseligkeit (*eudaimonia*) zu erlangen: »das menschliche Gut ist die der Tugend gemäße Tätigkeit der Seele« (Aristoteles, Eth. Nic. 1098a). Es werden »nur die, die recht handeln, dessen, was im Leben schön und gut ist, teilhaftig« (ebd., 1099a).

Dieses Denken wurde für die weitere abendländische Tradition bestimmend.[77]

Doch auch östliche Traditionen haben ihr Hauptaugenmerk auf die persönliche Entwicklung, den inneren Weg, gelegt. Der Edle Achtfache Pfad des Buddhismus lehrt den Weg, auf dem jeder Erlösung erreichen kann. Im Tao Te King des Lao Tse wird der Weise gepriesen, der nicht nach Äußerlichkeiten, sondern auf das Innere achtet.

> Zuviele Farben gefährden das Sehen
> Zuviele Töne töten das Hören
> Zuviele Kost kostet den Geschmack
> Zuviel Zerstreuung erzeugt Verwirrung
> Zuviel Besitz besitzt den Besitzenden
> Darum der Weise:
> achtet auf das Innere
> nicht auf das Äußere
> Er gibt jenes auf
> und erhält dieses (Lao Tse 2000, 12).

Wie Lao Tse den Vollkommenen, den Heiligen beschreibt, ist geradezu das Gegenteil dessen, was das Rational-Choice-Modell annimmt:

Persönliche Prinzipien | **347**

Himmel und Erde sind immer und ewig.
Warum sind sie immer und ewig?
Weil sie nicht sich selber leben
darum leben sie selbst
immer und ewig

Darum der Weise:
er tritt zurück
daher ist er voraus
er verliert sich selbst
und bewahrt sich dabei selbst

Ist es nicht so:
weil er selbstlos ist
kann er sich selbst vollenden
(Lao Tse 2000, 7).

Hier treffen sich östliches und abendländisches Denken. Denn auch das Christentum sieht, wie die synoptischen Evangelien schreiben, die »Verleugnung des Selbst« als Voraussetzung für die Nachfolge Christi an (z. B. Luk 9:23). Das Johannes-Evangelium drückt dies mit dem Bild des Weizenkorns aus, das in die Erde fällt und erstirbt und *erst dadurch* Frucht bringen kann (Joh 12:24). Und Paulus schreibt an die Galater: »Ich lebe, doch nun nicht ich, sondern Christus lebt in mir.« (Gal 2:20a)

Auch viele weise Frauen und Männer unserer Tage, wie Martin Luther King, Mahatma Gandhi, Mutter Teresa oder Nelson Mandela, haben ihre Größe erst dadurch erhalten, dass sie nicht selbstsüchtige Interessen verfolgt haben, sondern dass sie sich in den Dienst einer viel größeren Sache gestellt haben und dass sie beharrlich und friedlich dafür gekämpft haben. Gandhi soll gesagt haben, unsere wahre Größe als Menschen liege nicht so sehr darin, die Welt zu verändern – das sei der Mythos des Atomzeitalters – unsere Größe liege stattdessen darin, uns selbst zu verändern.

Dieses Sich-selbst-Verändern wird nicht nur erforderlich sein, wenn ressourcenärmere Konsummuster etabliert werden sollen; denn dafür wird es auch Verhaltensänderungen bedürfen. Es ist auch deshalb von Bedeutung, weil es Dimensionen des Lebens (wieder neu) zu entdecken hilft, die durch das ständige Schielen nach dem Äußerlichen, nach dem Produkt, nach dem Verbrauchen in den Hintergrund gedrängt wurden.

14.2 Kontemplation und *praxis* einüben

In den einflussreichsten philosophischen und religiösen Traditionen in Antike und Mittelalter wurde Kontemplation sehr geschätzt, oft mehr als (aktives) Handeln. Mit dem Erfolg von Wissenschaft und Technik in der Moderne wurde die (passiv anmutende) Kontemplation in den Hintergrund gedrängt. Es ist zudem eine bestimmte Art des Handelns, die heute dominiert, wie Hannah Arendt kritisierte, das Herstellen. Beim Herstellen geht es ausschließlich um das Ergebnis der Tätigkeit, das Produkt, während die Vorstellung einer Tätigkeit, die in sich wertvoll ist (was Aristoteles als praxis *bezeichnete) verloren ging.*

Während des überwiegenden Teils der abendländischen Kulturgeschichte war die Kontemplation in hohem Ansehen. Platon, Aristoteles und die ihnen folgenden Traditionen sahen das kontemplative Leben des Philosophen, das *bios theoretikós,* als Erfüllung irdischen Daseins, die höchste Lebensform, während das praktische Arbeiten (*bios praktikós*) meist gering geschätzt wurde.

Das Christentum, das wie das Judentum ein göttliches Wirken *in der Geschichte* annahm – ein Gedanke, der die alten Griechen sehr befremdet hätte –, überwand mit der Aufwertung der Schöpfung den platonischen Dualismus und machte eine Hinwendung zu praktischer, körperlicher Arbeit möglich, die im benediktinischen *Ora et Labora* prägend wurde.

Das Nebeneinander von kontemplativem und tätigem Leben, von *vita contemplativa* und *vita activa,* wie Hannah Arendt es ausdrückt, wurde dann mit dem Entstehen moderner Naturwissenschaft und Technik durch zwei Entwicklungen aus dem Gleichgewicht gebracht (Arendt 2001). Auf der einen Seite trug der große Erfolg von Naturwissenschaft und Technik, die auf tätigem, experimentellem Boden standen, zur Dominanz der *vita activa* bei. Die aktive, produzierende, sichtbare Ergebnisse erzeugende Weise des Lebens überragte die passive, kontemplative. Erfolg und Entlohnung wurden in konkreten, sichtbaren Ergebnissen verbucht, die gezählt und mit einem Preis versehen werden konnten.

Auf der anderen Seite wurde auch das aktive Leben, das Tätigsein verengt auf das *Hervorbringen*. Was Aristoteles *praxis* genannt hatte, beschrieb diejenigen Handlungen, die *in sich selbst gut* waren, die ihr *Ziel im Vollzug* der Handlung erreichen. *Praxis* ist für Aristoteles *das gute Leben*, das sich an Tugenden orientiert, reflektiert und philosophiert. Demgegenüber verengte die Moderne Handeln auf Herstellen und Arbeiten, wie Arendt kritisiert.[78] Der Macher und Hersteller, der *homo faber,* wurde zum hervorstechenden Merkmal der Moderne; seine Eigenschaften sind überall präsent; es ist

> die Tendenz, alles Vorfindliche und Gegebene als Mittel zu behandeln; das große Vertrauen in Werkzeuge und die Hochschätzung der Produktivität im Sinne des Hervorbringens künstlicher Gegenstände; die Verabsolutierung der Zweck-Mittel-Kategorie und die Überzeugung, daß das Prinzip des Nutzens alle Probleme lösen und alle menschlichen Motive erklären kann; die souveräne Meisterschaft, für die alles Gegebene sofort Material wird und die gesamte Natur sich ausnimmt wie ›ein ungeheuer großes Stück Stoff, aus dem wir herausschneiden können, was wir wollen, um es wieder zuammenzuschneidern, wie wir wollen‹ (Bergson) … schließlich die Selbstverständlichkeit, mit der Handeln und Herstellen identifiziert werden, bzw. mit der alles Handeln im Sinne eines Herstellens verstanden wird (Arendt 2001, 389).

Dasselbe Denken zeige sich auch an den Grundsätzen der klassischen politischen Ökonomie, »deren höchstes Ideal Produktivität« ist (390), sowie in den pragmatischen Strömungen der Philosophie, die dazu geführt haben, »dass man sich hier oft gar nicht mehr vorstellen kann, dass Menschen in ihrem Verhalten durch anderes motiviert sein können als durch Interessen.« (390)

Wenn Handeln nur Herstellen ist, dann liegt das Ziel des Handelns im Produkt. Ist das Produkt einmal hergestellt, ist das Ziel des Handelns erreicht. Das Ziel hört auf zu existieren, sobald es erreicht ist. »Sofern der Mensch Homo faber ist, kennt er nichts als seine vorgefassten Zwecke, zu deren Realisierung er alle Dinge zu Mitteln degradiert ...« (Arendt 2001, 186).

Es ist diese instrumentelle Logik, die alles zum Mittel degradiert – aber keine Antwort auf die Frage nach dem Zweck, nach dem Ziel gibt.

Die von Arendt kritisierte »Tendenz, alles Vorfindliche und Gegebene als Mittel zu behandeln« macht auch vor dem Menschen nicht halt, der sich für Kant gerade dadurch von allem anderen unterschied, dass er nicht nur Mittel, sondern immer auch Zweck zu sein hat.

Die universale Instrumentalisierung der Moderne berührt auch den Menschen in seinen Beziehungen – auch in der Beziehung zu sich selbst, wie Erich Fromm beklagte. »Genauso entfremdet sind die Beziehungen der Menschen untereinander. Es ist, als ob es sich nicht um Beziehungen zwischen Menschen, sondern um solche zwischen Dingen handelte. Am verheerendsten aber wirkt sich dieser Geist der Instrumentalisierung und Entfremdung auf die Beziehung des Menschen zu seinem Selbst aus (...) Der Mensch verkauft nicht nur Waren, er verkauft auch sich selbst und fühlt sich als Ware.« (Fromm 2008, 91)

Aus einer ganz anderen als der Frommschen Perspektive wundert sich auch der US-amerikanische Trappist Thomas Merton über das Missverhältnis zwischen persönlicher Entfremdung und technischen Errungenschaften: »Was können wir durch den Flug zum Mond gewinnen, wenn wir nicht fähig sind, den Graben zu überwinden, der uns von uns selbst trennt? Dies ist die wichtigste aller Entdeckungsreisen, und ohne sie ist all der Rest nicht nur nutzlos, sondern verhängnisvoll.« (Merton 1970, 11)

Die großen Erfolge von Technik und Wissenschaft sind Ergebnis der Stärke instrumenteller Vernunft, aber sie können die Frage des Ziels nicht beantworten. Wir werden immer effizienter, aber kaum jemand stellt die Frage nach dem Warum. Unsere Situation wird gut durch ein Diktum beschrieben, das Mark Twain zugeschrieben wird: »Und als sie das Ziel aus den Augen verloren hatten, verdoppelten sich ihre Anstrengungen.« (Twain o. J.).

Das hier vorgeschlagene Prinzip lädt dazu ein, auf die wesentlichen Dinge zu reflektieren, auf das, was wirklich zählt im Leben, auf »den Graben, der uns von uns selbst trennt«, und wie er überwunden werden kann. Es lädt uns ein, dasjenige zu praktizieren, das keine weitere Rechtfertigung braucht, weil es an und für sich erstrebenswert ist.

Als solches fordert dieses »Prinzip«, Kontemplation und *praxis* einzuüben, die Möglichkeit, das Leben hinter dem Äußeren zu finden.

Die Aufforderung zur Kontemplation ist nach meiner Überzeugung nicht als nette Ergänzung anderer Prinzipien zu missverstehen, der sich sanfte Gemüter bedienen mögen, die ohnehin immer gerne alles problematisieren. Wenn Gandhi sagte, es gäbe keinen *Weg* zum Frieden, denn Frieden *sei* der Weg, dann ist die Aufforderung, die Veränderung zu sein, die man in der Welt sehen will, kein moralischer Apell im Sinne des »Vor-der-eigenen-Tür-kehren«. Es ist schlicht Bedingung der Möglichkeit von Veränderung zum Guten.

Daraus werden sich dann auch weitere Potenziale für eine nachhaltigere Gesellschaft ergeben. Kontemplation wird

- das Verständnis für andere stärken und die eigene Position zu relativieren helfen – und damit Toleranz und sozialen Zusammenhalt befördern;
- zu einem Mehr an Achtsamkeit führen, das ein Bewusstsein für den anderen, für Bedürftige ermöglicht;
- den Boden bereiten, auf dem Suffizienz gedeihen kann.

In einem anderen Text ruft Thomas Merton seine eigene US-amerikanische Gesellschaft zur Kontemplation auf. Er schrieb dies 1960:

> Wer versucht, aktiv zu werden und etwas für andere oder für die Welt zu tun, ohne sein eigenes Selbstverständnis, seine Freiheit, Integrität und sein Liebesvermögen zu vertiefen, der wird anderen nichts zu geben haben. Er wird ihnen nichts anderes als die ansteckende Krankheit seiner eigenen Obsessionen, seiner Aggressivität, seiner egozentrischen Ambitionen, seiner Irrtümer über Zwecke und Mittel, seiner doktrinären Vorurteile und Ideen vermitteln können. Es gibt nichts Tragischeres in der modernen Welt als den Missbrauch von Macht und das Handeln, zu dem wir von unseren eigenen Faustischen Missver-

ständnissen und Irrtümern getrieben werden. Uns steht heute mehr Macht zur Verfügung, als wir je besessen haben, und doch sind wir dem inneren Grund des Sinns und der Liebe stärker entfremdet denn je. Wozu das führt, ist offensichtlich. Wir erleben heute die größte Krise in der Geschichte der Menschheit, und das Zentrum dieser Krise liegt in eben dem Land, das aus dem Handeln einen Fetisch gemacht hat und das den Sinn für die Kontemplation verloren (oder vielleicht nie besessen) hat. Gebet, Meditation und Kontemplation sind in Amerika heute alles andere als irrelevant – sie sind von größter Dringlichkeit (Merton 2009, 56).

14.3 Nicht zu sicher sein und Maßnahmen umsichtig anwenden

Niemand kann das langfristige Ergebnis einer Handlung oder Maßnahme vorhersagen. Unser Wissen über die Mittel, mit denen wir beabsichtigen, Nachhaltigkeit zu erreichen, ist sehr begrenzt. Es gibt zahlreiche Fälle, in denen die besten Absichten verheerende Folgen hatten. Wir sollten uns daher nicht zu sicher sein über die Maßnahmen, die wir anwenden, und sie mit Umsicht anwenden. Das gilt umso mehr, je gravierender der Eingriff in die betreffenden komplexen Systeme ist.

Nach meinem Abitur dachte ich, ich hätte im Wesentlichen verstanden, wie die Welt funktioniert. Nach gut fünf Jahren Physikstudium dachte ich das nicht mehr. Und heute, drei Jahrzehnte und weitere akademische Grade später, bin ich mir noch viel mehr bewusst, wie viel ich nicht weiß – und bin hoffentlich etwas vorsichtiger in meinen Urteilen. Vielleicht ist das ein normaler Prozess beim Älterwerden.

Es ist aber tatsächlich eine der irritierendsten und frustrierendsten Erfahrungen beim Einsatz für Nachhaltigkeit, dass unser Wissen immer vorläufig bleibt und dass Überzeugungen, die der Öffentlichkeit als Ergebnis wissenschaftlicher Erkenntnisse präsentiert wurden, später durchaus eine differenziertere Betrachtung verlangen – mitunter sind sie sogar falsch.

Dass selbst die besten Absichten und gründliche Forschung nicht vor unerwünschten Wirkungen bewahren können, zeigen die oben erwähnten Beispiele der rhodesischen Elefanten oder der Agakröte (vgl. 1.5 bzw. 2.2). Auch die Förderung der energetischen Nutzung von Biomasse ist dafür ein Beispiel. Während man in den 2000er-Jahren noch große Hoffnung daran knüpfte, wird sie heute sehr viel kritischer gesehen (vgl. 2.2).

Selbst 2009, als die »Teller-oder-Tank«-Diskussion schon lange in Gang war, wurde Bioenergie von der Internationalen Energieagentur (IEA) noch enthusiastisch gepriesen: »Bioenergie trägt bereits heute erheblich dazu bei, den globalen Energiebedarf zu decken. Dieser Anteil kann künftig noch erheblich ausgebaut werden, was Ersparnisse bei den Treibhausgasen und andere ökologische Vorteile bringt. 2050 könnte Bioenergie auf nachhaltige Weise zwischen einem Viertel und einem Drittel des globalen Primärenergieverbrauchs decken.« (IEA 2009) Die Studie erwähnt zwar, dass die Ausweitung intensiver Landwirtschaft durch den Eintrag von Düngemitteln und Chemikalien einen Einfluss auf die Biodiversität haben könnte (24), doch ist die Gesamtbeurteilung wesentlich positiver als nur zehn Jahre später. Heute wissen wir um die gravierenden Risiken, die intensiv bewirtschaftete Energiepflanzen-Monokulturen für die Artenvielfalt verursachen. Die positiven, klimaschützenden Effekte der Bioenergie, die aufgrund der aufwendigen Herstellung und des geringen Erntefaktors ohnehin nicht sehr groß sind (vgl. 2.2; Bhandari et al. 2015, 133; Weißbach et al. 2013), könnten bei weiterem Ausbau der Bioenergie sogar Bemühungen um den Artenschutz konterkarieren (Hof et al. 2018).

Es gibt zudem verschiedenste Arten von Rebound-Effekten, die die besten Maßnahmen ins Gegenteil kehren. Das 1994 beschlossene und seitdem mehrfach erweiterte und aktualisierte Kreislaufwirtschaftsgesetz hatte in Deutschland schon früh die Weichen in Richtung Kreislaufwirtschaft gestellt. Gut ausgeprägtes Umweltbewusstsein und hohe Regelkonformität in der Bevölkerung haben das Mülltrennen geradezu zum Markenzeichen der Deutschen werden lassen. 25 Jahre später muss man aber nüchtern feststellen, dass wir von einer wirklichen Kreislaufwirtschaft noch weit entfernt sind.

Zwar liegt die »Verwertungsquote« für Siedlungsabfälle in Deutschland bei stolzen 98 Prozent (UBA 2019c, Daten von 2017). Allerdings werden knapp ein Drittel dieser Menge »energetisch verwertet«, also verbrannt; 67 Prozent werden laut Statistik rezykliert, also stofflich verwertet, doch gehen dort auch diejenigen Mengen ein, die zum Zweck des Recyclings exportiert werden, und es ist hinreichend bekannt, dass die Abfälle in den Nehmerländern keineswegs immer nach dem Stand der Technik verwertet werden (Bethge et al. 2019). Zugleich ist Deutschland aber auch europäischer Spitzenreiter bei der Produktion von Verpackungsmüll! (EU 2018, 159)

Diese Beispiele mahnen zu einem umsichtigen und ganzheitlichen Vorgehen bei der Umsetzung von Maßnahmen für mehr Nachhaltigkeit. Das gilt umso mehr, je gravierender die geplanten Eingriffe sind. Wir müssen ständig, als Einzelne wie als Gesellschaft, unter Unsicherheit handeln, was eine Herausforderung für alle vermeintlich offensichtlichen und klugen Maßnahmen darstellt (Brown 2008, 143). Man sollte deshalb analog zur permanenten »Bewährung« wissenschaftlicher Theorien, wie sie Karl Popper gefordert hatte, etwas Analoges für Umsetzungsmaßnahmen für mehr Nachhaltigkeit fordern: Da man eine wissenschaftliche Theorie nie verifzieren, sondern nur falsifizieren kann (Popper 1971), versteht Popper den Gang der Wissenschaft als ständigen Versuch, die eigenen Theorien zu widerlegen. Und indem dies *nicht* gelingt, bewährt sich die Theorie. Analog dazu könnte man sagen, dass man bei Umsetzungsmaßnahmen stets damit rechnen sollte, dass sie *nicht* zu dem erwünschten Ergebnis führen, und permanent wachsam dafür ist, Lücken bei der Umsetzung oder unberücksichtigte Effekte zu identifzieren.

14.4 Genügsamkeit feiern

Suffizienz fordert geringeren Verbrauch, was sich in einer Konsumgesellschaft nicht gut verkaufen lässt. Aber Genügsamkeit und Einfachheit können bei der Rückbesinnung auf menschliche Werte helfen. Sie können dabei helfen, Reduktion nicht als Beschränkung, sondern als Befreiung zu erleben.

Niemand würde auf die Idee kommen, einer Fotografin, die eine neue Kollektion von Schwarz-weiß-Aufnahmen präsentiert, vorzuwerfen, dass die Bilder nicht farbig seien. Reduktion kann zur Fokussierung, zur Konzentration beitragen – das wird auch in vielen anderen Bereichen von Kunst und Kultur angewendet.

Erst Reduktion ermöglicht Konzentration, erst Verzicht ermöglicht Erfolg.

Viele Bereiche im Leben können nur gedeihen, wenn man sich zumindest zeitweise bestimmte Entbehrungen abverlangt. Physische Fitness und Ausdauer verlangen Training, geistige Höchstleistungen erfordern jahrelanges Studieren, Nachdenken, Diskutieren und Forschen. Fasten wird in vielen religiösen Traditionen praktiziert, denn Verzicht und Genügsamkeit können helfen, den Charakter und den Willen zu schulen.

Nicht jedem Impuls nachgeben zu müssen, sich zu beherrschen und zugunsten dessen, was man »eigentlich« will, der kurzfristigen Neigung eine Absage zu erteilen, ist eine Erfahrung der Freiheit. Frei ist man nicht, wenn man tut, was man will – jedenfalls ist dies höchstens eine vordergründige Freiheit. Denn solange das Wollen durch äußere Impulse, Bedürfnisse, Wünsche und Begierden bestimmt ist, ist es Spielball dieser äußeren Einflüsse. Es gibt darüber hinaus aber diejenige Freiheit, die sich daraus bestimmt, auch dieses Wollen selbst noch bestimmen zu können. Für Kant lag sie darin, den Willen dem Sittengesetz zu unterstellen. Nur dasjenige Handeln, das aus der Befolgung des Sittengesetzes entspringt, ist für Kant frei.

Der US-amerikanische Philosoph Harry Frankfurt hat sich intensiv mit Fragen der Willensfreiheit auseinandergesetzt. Er unterscheidet zwischen Wollen erster und zweiter Ordnung (*first order desires and higher-order volitions*) (Frankfurt 1988).

Das Wünschen erster Ordnung folgt den Sinnen und zielt auf die Befriedigung unmittelbarer Wünsche und Bedürfnisse. Das Wollen zweiter Ordnung entspricht dem, was eine Person *in Wahrheit* möchte (*truly wants*) (ebd., 48). Der Wille ist dann frei, wenn das Wünschen erster Ordnung und das Wollen höherer Ordnung übereinstimmen – und zwar *unabhängig davon*, ob die Person die entsprechenden Wahlmöglichkeiten *auch* faktisch *ausüben kann*. »Eine

Person kann frei handeln, auch wenn sie nicht frei ist, anders zu handeln. Aus der Tatsache, dass X freiwillig A getan hat, geht mit anderen Worten *nicht* hervor, dass X frei gewesen wäre, A zu unterlassen.« (ebd., 56)

Mit Frankfurt kann man sagen, dass eine Person dann frei ist, wenn sie dasjenige Wollen hat, das sie haben möchte (Guckes 2001, 10).

Beim Fasten trainiert man also das Wollen zweiter Ordnung. Man verzichtet darauf, dem Impuls unmittelbarer Wünsche zu folgen. Das ist eine wahrhaft erhabene Erfahrung, denn es ist *dieses* Wollen, das einen als Menschen auszeichnet. Eine Erfahrung von Freiheit, ja selbst von Fülle, kann dann möglich werden, selbst in Abwesenheit einer großen Vielfalt äußerer Optionen. Es ist doch paradox, dass sich Freigiebigkeit und Gastfreundschaft oft gerade bei Menschen finden, die äußerlich viel weniger haben als andere.

Deshalb kann auch Mahatma Gandhi sagen: »Die wahre Kultur besteht nicht in der Vervielfältigung, sondern in der wohlüberlegten und freiwilligen Verringerung der Bedürfnisse. Dies allein führt zu wahrer Freude und Zufriedenheit und erhöht die Fähigkeit zum Dienst« (Gandhi 1959, 9).

Eine solche Sichtweise ist Lichtjahre davon entfernt, den Ruf nach Suffizienz als Beschränkung persönlicher Freiheit zu brandmarken. Das Gegenteil ist der Fall! Die Genügsame ist die wahrhaft Freie! Wie sehr wir uns haben vorgaukeln lassen, dass Freiheit mit dem Recht auf maßlose Ressourcenverschwendung einhergeht, zeigt, wie sehr wir im Konsumismus gefangen sind (vgl. Kapitel 11). Der Aufruf, Genügsamkeit zu feiern, ist eine Einladung, wahrhaft menschliche Eigenschaften zu erfahren und einzuüben.

Diese Gedanken legen zumindest eine neue Kommunikation über Suffizienz, vielleicht sogar ein ganz neues Verständnis von Suffizienz nahe[79]. Suffizienz wird dann nicht im paternalistisch-moralistischen Duktus kommuniziert, der anderen Menschen sagt, was sie zu tun haben – oder noch schlimmer, jede und jeden verurteilt, der einem nicht (sofort) folgt. Es muss darum gehen, die Menschen für ein Ziel zu begeistern, das sich nur erreichen lässt, wenn man lernt, den Impulsen unmittelbarer Bedürfnisbefriedigung Schranken zu setzen.

Vom Genügen

Wenn die Welt dem rechten Weg folgt
ziehen die Pferde den Jauchewagen
Wenn die Welt den rechten Weg verläßt
züchtet man Streitrosse an den Grenzen
Keine größere Schwäche
als das Begehren
Kein größeres Unheil
als Unzufriedenheit
Keine größere Sünde
als die Habgier
Erkenne darum
dass genug genug ist
und immer genügen wird.
(Lao Tse 2000, 46)

15 Gesellschaftsbezogene Prinzipien

Eine dritte Gruppe von Prinzipien bezieht sich auf das soziale Miteinander. Seit den frühesten Anfängen religiösen und philosophischen Denkens haben Sitte, Moral, Tugenden und Konventionen das Miteinander koordiniert. Vieles davon hat unser heutiges Denken und Wertverständnis geprägt. Die klassischen Kardinaltugenden Klugheit, Gerechtigkeit, Tapferkeit, Mäßigung; die christlichen Tugenden Glaube, Hoffnung und Liebe; und die Werte der französischen Revolution, Freiheit, Gleichheit, Brüderlichkeit wurden zur Grundlage des modernen Verfassungsstaats und zur Allgemeinen Erklärung der Menschenrechte, die auf der Anerkennung der inhärenten Würde und den gleichen und unveräußerlichen Rechten aller Mitglieder der menschlichen Familie basieren als der Grundlage für Freiheit, Gerechtigkeit und Frieden in der Welt (UN 1948). Die Agenda 2030 ruft in Ziel 16 (SDG 16) zur Verfolgung von Frieden, Gerechtigkeit und starken und inklusiven Institutionen auf (SDG 16).

Im Folgenden werden zusätzlich einige Prinzipien vorgeschlagen, die mit den genannten teils überlappen. In Harmonie mit seinen Mitmenschen nah und fern, heute und morgen zu leben und in Harmonie mit der Natur – darum geht es bei Nachhaltigkeit. Die folgenden Prinzipien sind dazu gedacht, dieses soziale Miteinander zu befördern, ohne das eine nachhaltige Entwicklung unmöglich ist. Manches davon mag selbstverständlich erscheinen, ist es faktisch jedoch leider nicht.

15.1 Die meiste Unterstützung für die am wenigsten Privilegierten

Der soziale Zusammenhalt ist gefährdet, wenn eine Gesellschaft sich nicht um ihre am wenigsten Privilegierten sorgt. Der frühere Bundespräsident Heinemann soll gesagt haben, man erkennt den Wert einer Gesellschaft daran, wie sie mit ihren schwächsten Mitgliedern umgeht.[80]

Einkommen und Vermögen sind national wie international sehr ungleich verteilt (vgl. 4.4), durch natürliche Anlagen, Schicksalsschläge und viele andere Faktoren sind die Startbedingungen von Menschen unterschiedlicher Länder, Regionen, Milieus etc. sehr unterschiedlich. Im Sinne von Rawls' Fairnessprinzip sollten soziale und wirtschaftliche Ungleichheiten so gestaltet werden, dass vernünftigerweise zu erwarten ist, dass sie »den am wenigsten Begünstigten den größtmöglichen Vorteil bringen« (vgl. 4.4; Rawls 1998, 336). Rawls Prinzip kann dabei helfen, die Bedingungen für eine international wie intergenerationell gerechte Gesellschaft zu identifizieren[81].

Oben wurde bereits diskutiert, dass eine zu große sozio-ökonomische Ungleichheit den sozialen Zusammenhalt gefährdet. Wie Wilkinson und Pickett gezeigt haben, hat soziale Ungleichheit eine schädliche Wirkung auf Gesellschaften, sie erodiert das Vertrauen, vergrößert Angstgefühle und Krankheiten und heizt exzessiven Konsum an (Wilkinson & Pickett 2011, 230; vgl. 4.4).

Donella Meadows hat das *winner-takes-it-all*-Prinzip diskutiert, das auftrete, wenn die Gewinner eines Wettbewerbs systematisch mit den Mitteln belohnt werden, die sie in die Lage versetzen, wieder zu gewinnen, was eine positive Rückkopplung ergebe, in der die Gewinner alles bekommen, die Verlierer aber eliminiert würden (D. H. Meadows 2010, 155). Das ist in weiten Teilen Realität – auf vielen Ebenen, vom Individuum bis zu Staaten. Der Ausweg? Meadows schlägt eine Reihe nachdenkenswerter Maßnahmen vor (ebd.):

- Diversifizierung: Die Verlierer sollten Gelegenheit bekommen, das Spiel zu verlassen und ein anderes zu beginnen.
- Höchstgrenzen für »Gewinne«: Es sollte strenge Begrenzungen des Kuchenstücks geben, das jeder einzelne Gewinner höchstens erhalten darf.
- Gleiche Spielregeln: Es muss Regeln geben, die allen Spielern gleiche Bedingungen ermöglichen (*level playing field*), was auch beinhaltet, einige Vorteile der stärksten Spieler zu entfernen oder den schwachen Spielern entsprechende Vorteile zu gewähren.

◆ Maßnahmen zur Belohnung der Gewinner, die die Startbedingungen für die nächste Runde nicht beeinträchtigen.

15.2 Sich um wechselseitiges Verständnis, Vertrauen und multiple Vorteile bemühen

In Situationen konfligierender Interessen müssen die betroffenen Parteien miteinander verhandeln. Verhandlung setzt Dialog voraus, was wiederum wechselseitiges Verständnis und Vertrauen einerseits *voraussetzt*, andererseits *stärkt*. Es ist diese grundlegende menschliche Fähigkeit, die oft vernachlässigt wird, obwohl sie so beeindruckende Resultate ermöglicht. Petra Künkel sieht Dialogfähigkeit sogar als Kern einer neuen, einer kollektiven Führungskultur (*collective leadership*): Es sei diese Fähigkeit, die es erlaube, aus Differenzen Fortschritt entstehen und die Selbstbezogenheit hinter sich zu lassen (Künkel 2019, 19).

Aufrichtiger, offener Dialog verhilft nicht nur zu besserem Verständnis anderer Positionen auf kognitiver Ebene, sie hilft auch Vertrauen aufzubauen. Und da Vertrauen eine zentrale Voraussetzung für das Funktionieren sozialer Systeme ist, ist es auch eine wichtige Möglichkeitsbedingung für Nachhaltigkeit (vgl. Krabbe 2015, 69)[82]. Wechselseitiges Verständnis und Vertrauen ermöglichen es, die Bedürfnisse anderer zu verstehen, die Welt mit anderen Augen zu sehen. Die Bedürfnisse anderer zu kennen, versetzt einen in die Lage, und *verlangt aber auch danach*, wechselseitige Vorteile zu suchen.[83]

Dass die Stärkung von Dialogfähigkeiten eine wesentliche Voraussetzung für das Gemeinwohl ist, wird aus ganz unterschiedlicher Richtung geteilt.

◆ Bei wissenschaftlicher Arbeit ist Dialog natürlich unabdingbar – wenngleich die Fähigkeit dazu, diesen Dialog auch außerhalb des eigenen Forschungsbereichs zu suchen, sicher noch ausbaufähig ist. Mauser et al. (2013) streben ein neues Forschungsmodell für globale Nachhaltigkeit an. Sie fordern eine sektorale Wissensintegration zwischen staatlichen Akteuren, Bildungseinrichtungen, dem Markt und der Zivilgesellschaft, um ein wechselseitiges Verständnis für Forschungsfragen zu entwickeln (426). Daraus würde sich wechselseitiges Verständnis und wechselseitige Verantwortung ergeben (427).

- Aus einer ganz anderen, nicht wissenschaftlichen Richtung, wird eine ähnliche Sichtweise artikuliert. Der US-amerikanische Psychologe Marshall B. Rosenberg hat das Konzept der Gewaltfreien Kommunikation entwickelt, das er in zahlreichen Konflikt- und Krisensituationen weltweit erprobt hat. Der Gedanke, dass alle Menschen dieselben Grundbedürfnisse haben, ist grundlegend für seinen Ansatz. Durch die genaue Unterscheidung zwischen Beobachtung und Beurteilung und indem sie grundlegende menschliche Bedürfnisse vorurteilsfrei diskutiert, ohne ein Urteil, eine Kritik oder Bestrafung zu implizieren, schafft die gewaltfreie Kommunikation die Grundlage für wechselseitiges Verständnis und Dialog (CNVC 2019).
- Ein anderer Praktiker, ebenfalls US-Amerikaner, ist der Managementberater Steven R. Covey, der in seinem Buch *Seven habits of highly effective people* das Suchen wechselseitiger Vorteile als eines derjenigen Prinzipien empfiehlt, die Menschen wirksam und erfolgreich machen würden (Covey 1989).
- Ein Bericht des Königs von Bhutan preist die Kultivierung eines vorurteilsfreien, nichtreaktiven, überkogniviten (*metacognitive*) Bewusstseins des gegenwärtigen Augenblicks, mit einem Wort: Achtsamkeit, als eine wichtige »Glücksfähigkeit« (*happiness skill*) (NDP Steering Committee and Secretariat 2013, 35; vgl. Göpel 2016, 137).
- Und schließlich haben Unternehmen Achtsamkeit mittlerweile für die Unternehmenskultur erkannt, was angesichts der teils sehr kompetetiven Umgebungen bemerkenswert ist. Viele große IT-Unternehmen haben Achtsamkeitsprogramme eingeführt, in denen die Mitarbeitenden in Fragen von Achtsamkeit und Reflexionsvermögen »geschult« werden (Gelles 2016).

15.3 Den sozialen Zusammenhalt stärken

Jeder politische Diskurs setzt ein gewisses Verständnis und eine gewisse Wertschätzung des Gemeinwesens voraus. Für Aristoteles war der Mensch bekanntlich seinem Wesen nach auf das Miteinander angelegt, ein *zoón politikón*, ein »staatliches Wesen«, ein »Vereinswesen« (Aristoteles, Politik 1253a). Insofern ist der soziale Zusammenhalt auch eine wichtige Voraussetzung für Bemühungen um Nachhaltigkeit.

Doch dieser Zusammenhalt ist gefährdet. Das stellt die Möglichkeit von Politik überhaupt in Frage. Denn wenn die Vorstellung eines funktionierenden Gemeinwesens zerbricht, wird Politik unmöglich. In einer Analyse der politischen Situation in Deutschland kamen die beiden Politikwissenschaftler Walter und Dürr schon im Jahr 2000 zu einer düsteren Prognose: »Was Politik und Gesellschaft in Deutschland am Beginn des neuen Jahrhunderts fundamental bedroht, ist der Zusammenbruch aller kollektiven Glaubensvorstellungen, ihrer sozialen Milieus und, damit einhergehend, das Fehlen jeder verlockenden Vorstellung von Zukunft.« (Walter & Dürr 2000, 260) Die Autoren konstatieren, dass die Menschen in Deutschland heute »komfortabler als irgendwann in der Vergangenheit leben« würden. »Doch der Preis dafür war entsetzlich hoch. An Wohlstand mögen sie schließlich gewonnen haben, doch die großen kollektiven Glaubensvorstellungen – Nation, Religion, Sozialismus –, die ihrem Handeln überindividuellen Sinn und Richtung geben, sind spätestens in der zweiten Hälfte des 20. Jahrhunderts allesamt zerbrochen. Es ist tatsächlich der Niedergang der kollektiven Glaubensbezüge und Zugehörigkeitsgefühle, der jede Vorstellung von Zukunft zerstört und politische Handlungsunfähigkeit erzeugt.« (ebd., 261 f.) Denn kollektive Glaubensvorstellungen würden »Ewigkeitsstrukturen« darstellen, die über das Leben des einzelnen hinausgehen. Wenn solche Ewigkeitsstrukturen zerbrechen, werde Politik unmöglich, so die Autoren. Was sie dann schreiben, kann als Bedrohung gegenwärtiger Politik gelesen werden: »Sowohl das Gemeinwesen wie damit eben auch die Möglichkeit von Zukunft an sich zerrinnt ihr [der Politik, CB] zwischen den Fingern; und die Politiker werden ohne den Resonanzboden kollektiver Glaubensvorstellungen und soziale Milieus ihrerseits ›soziologisch zu Zwergen‹ (Todd) reduziert. Sie ziehen immer wieder kurzfristige Erwartungen eines unverbundenen Publikums auf sich, die einzulösen sie nicht imstande sind, weil sie sich in ihrer eigenen ziellosen Vereinzelung kaum von ihren entwurzelten Wählern unterscheiden.« (ebd., 262 f.)

Zum Glück ist es um den sozialen Zusammenhalt in Deutschland besser bestellt, als es dieses Szenario vermuten lässt. Die Bertelsmann Stiftung hat 2017 den sozialen Zusammenhalt in Deutschland untersucht. Zu diesem Zweck hat die Stiftung »mit dem *Radar gesellschaftlicher Zusammenhalt* ein mehrdimensionales empirisches Messinstrument entwickelt, das unterschiedliche Facetten von Zusammenhalt, wie zwischenmenschliches Vertrauen, Umgang mit Vielfalt, Gerechtigkeitsempfinden, Anerkennung von Regeln und gesellschaftliche Teilhabe, integriert« (Bertelsmann Stiftung 2017, 12). Das Ergebnis weist darauf hin, dass die Mehrheit der Menschen den sozialen Zusammenhalt durchaus als gefährdet ansieht, obwohl im eigenen Umfeld meist noch guter Zusammenhalt bekundet wird (ebd.).

Wie kann also der Zusammenhalt gestärkt werden? Dazu ein Blick auf einige Ergebnisse der Studie:

- Der Zusammenhalt korreliert positiv mit der Wirtschaftslage. Deshalb liege ein Schlüssel zu starkem Zusammenhalt »in einer über die gesamte Bevölkerung verteilten Teilhabe an ökonomischer Prosperität« (61).
- Eine starke Leistungsorientierung wirkt sich negativ auf den Zusammenhalt aus. Die Studie vermutet den damit einhergehenden Individualismus als Grund (69).
- Arbeitslosigkeit wirkt sich negativ auf den gesellschaftlichen Zusammenhalt aus, besonders die Arbeitslosigkeit junger Menschen und die von Migranten (71).
- In Regionen mit gutem sozialen Zusammenhalt sind die Menschen glücklicher, gesünder und zufriedener (78).
- Offenheit gegenüber Neuem ist dem Zusammenhalt zuträglich (90).

- »Humanistische« Werte wie »Ehrlichkeit und Verantwortungsbewusstsein« seien förderlich, während die »Bevorzugung von Sicherheitswerten, wie Schutz vor Gefahr, Stabilität oder auch Harmonie, mit geringerem Zusammenhalt einhergeht« (13.90).
- »Keine Rolle spielt es für den gesellschaftlichen Zusammenhalt, wie viele Ausländer und Migranten in einer Region oder einem Bundesland leben« (17).
- Soziale Ungleichheiten gefährden den Zusammenhalt (13.90).

Da zudem auch ein starkes Leistungsdenken und der damit einhergehende Individualismus den Zusammenhalt schwächen, steht zu vermuten, dass auch die Dominanz utilitaristischen Denkens und des ökonomischen Effizienzdenkens nicht gerade förderlich für den Zusammenhalt sind. Deshalb setzt der Anti-Utilitarismus der Vorherrschaft von Eigennutz und Nutzenkalküls die Betonung von sozialen Beziehungen und gesellschaftlichem Zusammenhalt entgegen (Romano 2015).[84]

Es gibt auf lokaler Ebene so viele wichtige Initiativen und Aktivitäten – von Tauschringen, Repair-Cafes, Unverpackt-Läden, Lokalwährungen über Sportvereine, Chöre, Kirchen und religiöse Gemeinschaften u. v. a. m. –, die sich wechselseitig mit dem sozialen Zusammenhalt verstärken:
- Trittbrettfahren ist weniger ausgeprägt in kleinen Gemeinschaften, in denen die Mitglieder miteinander kommunizieren (vgl. 5.1);
- lokale Wertschöpfungsprozesse tragen in der Regel zur Ressourcenschonung bei (aufwendige Transporte fallen weg, vgl. 13.4) und sind oft mit geringerem Grad von Spezialisierung verbunden;
- sie fördern das Vertrauen der Menschen zueinander.

Die jüngste PISA-Studie hat ein interessantes Licht auf die Kooperationsfähigkeit von Schülerinnen und Schülern geworfen, und zwar hinsichtlich sozio-ökonomischer wie auch geschlechtsspezifischer Unterschiede. Zum ersten Mal überhaupt, so die Studie, seien die Fähigkeiten zu kollaborativer Problemlösung in einem internationalen Maßstab untersucht worden (OECD 2017, 5). Kollaborative

Problemlösung wurde dabei als Fähigkeit verstanden, Probleme zu lösen, indem Wissen, Fähigkeiten und Anstrengungen mit anderen geteilt wurden (ebd.).[85] Sowohl durch eigene Untersuchungen als auch durch vorherige Ergebnisse anderer Forschungsgruppen wurde bestätigt, dass es in der Regel die Schüler aus sozial schwächeren Verhältnissen sind, die eher kooperatives Verhalten an den Tag legten und andere Schüler berücksichtigen würden (113). Die Vorstellung, dass mit einem besseren Bildungsniveau auch der Sinn für andere und für soziale Werte zunehme, wurde damit widerlegt. Die Autoren rekurrieren auch auf eine Studie aus den USA, die festgestellt hat, dass »Universitätsstudenten, die in ihrer Familie die ersten waren, die eine Universität besuchten, eher sozial eingestellt waren (im Gegensatz zu selbstbezogen) als Studenten, deren Eltern bereits eine Universität besucht hatten« (ebd.). Mithilfe funktioneller Bildgebungsmethoden konnte nachgewiesen werden, dass ein höherer sozio-ökonomischer Status auf neuronaler Ebene mit einer reduzierten Empathiereaktion einhergeht (ebd.).

Mehr noch, Studenten mit höherem sozio-ökonomischen Status waren nicht nur *weniger empathiefähig* als ihre Kollegen, zugleich *dachten sie,* dass sie mitfühlender (*compassionate*) als ihre Kollegen seien. So haben Varnum et al. (2015) gezeigt, dass höherer sozio-ökonomischer Status positiv mit der selbstbekundeten Empathiefähigkeit korreliert, was nahelegt, dass die Studenten gar nicht merken, dass sie tatsächlich weniger empathiefähig sind als andere (Varnum et al. 2015, 122).

Ferner wurde festgestellt, dass nicht nur die Reichen sozial inkompetenter sind als die Armen; auch die Jungen schnitten schlechter ab als die Mädchen. Die Studie ist in dieser Hinsicht sehr deutlich: »In jedem Land und jeder Volkswirtschaft, die teilgenommen haben, waren Mädchen bei der kollaborativen Problemlösung signifikant besser als Jungs« (OECD 2017, 90). Die Autoren der Studie empfehlen, dass »die Bildungssysteme sich darum kümmern sollten, den Jungs die Wertschätzung anderer« beizubringen (166).

Am Rande sei angemerkt, dass sich aus meiner Sicht allein aus dieser Tatsache hinreichend begründen ließe, warum mehr Frauen in Führungspositionen vertreten sein sollten – denn angesichts der Komplexität, denen heutige Führungskräfte ausgesetzt sind, ist Kooperationsfähigkeit eine Schlüsselqualität. In den meisten Ländern sind Frauen Untersuchungen zu Folge zudem emphatischer und gewissenhafter als Männer (OECD 2017, 93).

Zu guter Letzt noch ein weiteres, für viele Leser wenig schmeichelhaftes Ergebnis: Westliche Länder mit ihrem starken Individualismus und ihrer Betonung von Konkurrenz sind offensichtlich weniger erfolgreich darin, ihren Kindern Zusammenarbeit beizubringen. Während im OECD-Durchschnitt der Anteil der Schüler, die lediglich in der Lage waren, die einfachsten Aufgaben kollaborativ zu lösen, mit 28 Prozent sehr hoch lag, waren dies in Estland, Hong Kong, Japan, Korea, Macao und Singapur nur 16 Prozent – also mit Ausnahme von Estland alles ostasiatische Vergleichsgruppen (OECD 2017, 17).

15.4 Die Stakeholder einbinden[86]

Diversität ist eine wichtige Eigenschaft komplexer Systeme. Nur wenn Systeme hinreichend divers sind, weisen sie Eigenschaften auf, die ihnen einerseits eine gewisse Stabilität und andererseits Innovationsfähigkeit ermöglichen (vgl. 16.2). Ganz Ähnliches gilt auch für soziale Systeme, auch dort ist Diversität eine Vorbedingung für Innovationen (Stroh 2015, 79).

In ihrem Buch zu Nachhaltigkeitstransformationen betont Künkel, wie wichtig Diversität für die Resilienz von Systemen sei und wenn es darum gehe, Ergebnisse aus Dialogprozessen für die Gemeinschaft fruchtbar zu machen (Künkel 2019, 35).

Auch im Zusammenhang mit wissenschaftlichen Nachhaltigkeitsanalysen (*sustainability assessments*) zählt eine möglichst breite Beteiligung zu den Erfolgskriterien, denn diese könnte die Legitimität und Relevanz der Ergebnisse erhöhen (Sala, Ciuffo und Nijkamp 2015).

Im öffentlichen Bereich sind Bürgerbeteiligungen in vielen Teilen der Welt inzwischen zum Standard geworden (NRC 2004, 73). Die Stakeholder früh in den Planungsprozess öffentlicher Projekte einzubinden, hat zahlreiche Vorteile – wenn dies aufrichtig und effektiv erfolgt (und nicht bloß dem Ziel dient, sich absegnen zu lassen, was ohnehin längst beschlossen ist), denn es erweitert den Risiko-Radar. »Gewöhnliche« Menschen, also Nicht-Experten, haben mitunter eine realistischere und bodenständigere Risikoeinschätzung als Experten. Sie verfügen über kontextspezifisches Wissen, das nicht in Lehrbüchern steht; sie können einschätzen, welches Risiko noch als hinnehmbar gewertet werden kann (was Experten alleine oft nicht können); Konflikte zwischen ihnen können reduziert und neue Dialogformen unterstützt werden. Aus alledem folgt, dass bessere, fundiertere Entscheidungen möglich werden, wenn die betroffenen Anspruchsgruppen frühzeitig und aufrichtig in Planungsprozesse eingebunden werden (vgl. z. B. NOAA 2015; NRC 2004).

Ein Handbuch zur Stakeholderbeteiligung der Afrikanischen Entwicklungsbank (*African Development Bank*) im Kontext von Entwicklungsprojekten legt Wert auf die Feststellung, dass Beteiligung eine *Geisteshaltung und eine Einstellung* sei. Dies würde Folgendes beinhalten:

- »Den *Fokus auf die Menschen* legen – und erkennen, dass Entwicklung mit den Menschen beginnt;
- *Demütig sein* – und begreifen, dass lokales Wissen ebenso gültig ist wie ›Experten‹-Wissen;
- *Lernen zuzuhören* – akzeptieren, dass Stakeholder etwas zu sagen und das Recht haben, gehört zu werden;
- *Federführung* mit den Projektbeteiligten *teilen* (dies kann beängstigend sein für diejenigen Entwicklungsexperten, die gewohnt sind, die Zügel in der Hand zu haben);
- *Andere ermächtigen* – vor allem die marginalisierten Stakeholder aufbauen, damit sie ihre eigenen Lösungen für Entwicklungsprobleme finden und die Begünstigten zu aktiven Besitzern machen anstatt zu passiven Empfängern;
- *den Wert des Prozesses verstehen* – Entwicklung ist kein ›Produkt‹, sondern ein ›Prozess‹.« (ADB 2001, 3)

Diejenigen, die bisher alleine zu entscheiden gewohnt waren, werden es nicht immer begrüßen, wenn Stakeholder eingebunden werden – es macht Prozesse zunächst einmal aufwendiger und komplizierter und oft auch schlechter planbar. Das ist aber eine unumgängliche

Konsequenz der Beteiligung vieler Akteure und auch nur auf kurze Sicht aufwendiger. Denn langfristig sind die Verzögerungen, die Kosten und der Aufwand, der entsteht, wenn die Stakeholder nicht angemessen berücksichtigt werden, in den allermeisten Fällen deutlich höher.

15.5 Bildung befördern – Wissen teilen und zusammenarbeiten

Die Bildung zu befördern ist eigentlich eher eine Maßnahme als ein Prinzip. Doch ist dies von so elementarer Bedeutung für die künftige Entwicklung der Menschheit, dass dies hier auch kurz zur Sprache kommen soll.

Abgesehen von dem grundlegenden Wert für Bildung für alle Bereiche des Lebens, gibt es auch spezifische Gründe, warum Bildung gerade für Nachhaltigkeit wichtig ist. Die Barrieren und Komplexitäten der Nachhaltigkeit zu verstehen, zu adressieren und möglichst zu überwinden, setzt vieles voraus, was nur durch gute Bildung vermittelt werden kann. Auch Prinzipien nachhaltigen Handelns mögen zwar intuitiv sein, müssen aber vermittelt werden.

Die große Bedeutung von Bildung für nachhaltige Entwicklung (BNE) wurde bereits in der Agenda 21 erkannt. Sie hat zur UN-Dekade für BNE geführt (2005 – 2014); die Agenda 2030 hat ihr ein eigenes Ziel gewidmet: Im Rahmen des Ziels von SDG 4 (hochwertige Bildung) widmet sich Ziel 4.7 speziell der BNE[87]. Auch der *Incheon Declaration and Implementation Plan* (2015 angenommen) hat die wichtige Rolle der Bildung als wesentlicher Treiber von Entwicklung anerkannt (UNESCO 2015).

Trotz all dieser allgemeinen Übereinkünfte und Initiativen bleibt der Fortschritt eine Herausforderung, zum Teil gibt es ihn gar nicht: Beinahe 69 Millionen zusätzliche Lehrer wären nötig, um die Agenda-2030-Entwicklungsziele zu erreichen (UNESCO Institute for Statistics 2016). 2018, drei Jahre nach der Verabschiedung der Agenda mit ihren Bildungszielen und dem Versprechen, Grund- und Hauptschulbildung allgemein verfügbar zu machen, warnte die UNESCO vor einem Stillstand bei der Bildung, denn es gäbe keine Fortschritte beim Bildungszugang für Kinder, Jugendliche und Heranwachsende (UNESCO Institute for Statistics 2018).

Zwar konnten die Unterschiede für Jungen und Mädchen verringert werden, doch gibt es noch starke regionale Unterschiede (ebd.). Insbesondere die Länder südlich der Sahara sind am schlechtesten dran: Dort gehen immer noch 20 Prozent der Kinder nicht einmal zur Grundschule und nur etwa die Hälfte besucht die höhere Sekundarstufe (ebd.).

In vielen armen Ländern (*Low income countries*, LICs) hat sich die Bildungssituation durch Vertreibung verschlechtert. Die LICs beherbergen 10 Prozent der weltweiten Bevölkerung, aber 20 Prozent der globalen Flüchtlinge, oft in den Regionen mit besonders schlechter Bildungssituation (UNESCO 2019, xvii). Auf der anderen Seite sind es gerade die gut Gebildeten, die eher die Region oder das Land verlassen und auswandern. Hochschulabsolventen migrieren innerhalb des Landes doppelt so oft wie Menschen mit nur geringer Schulbildung, während sie sogar fünfmal häufiger für immer ins Ausland gehen (ebd.).

Die starken regionalen Unterschiede, insbesondere die herausfordernde Situation im südlichen Afrika, gefährden die globalen Bemühungen um Nachhaltigkeit aus einer Reihe von Gründen, abgesehen davon, dass Bildung auch ein eigenes Nachhaltigkeitsziel ist.

- Die Länder südlich der Sahara werden in den kommenden Jahrzehnten ein starkes Bevölkerungswachstum erleben – das höchste weltweit. In den nächsten dreißig Jahren wird die Bevölkerung im südlichen Afrika von derzeit etwa einer Milliarde Menschen auf 2 bis 2,5 Milliarden anwachsen, bis 2100 sogar auf 2,7 bis 5,5 Milliarden (UN-DESA 2019).
- Viele der davon betroffenen Länder zählen zu den ärmsten und am schlechtesten entwickelten, was bedeutet, dass Entwicklungsfortschritte fast notwendigerweise auch mit zusätzlichen ökologischen Belastungen durch Ressourcenverbrauch und Umweltverschmutzung einhergehen werden.
- Bildung ist vielleicht der wichtigste Faktor zur Senkung der Geburtenrate – sowohl direkt als auch indirekt: direkt deshalb,

weil es eine positive Korrelation zwischen den durchschnittlichen Jahren des Schulbesuchs und dem Alter der ersten Heirat gibt, womit wiederum die Zahl der Geburten korreliert; und indirekt, weil bessere Bildung höhere Einkommen ermöglicht und höhere Einkommen mit geringeren Geburtenraten korrelieren (Gapminder 2019).

◆ Investitionen in Bildung liefern einen beachtlichen Gewinn – doch dieser wird unglücklicherweise in Dekaden oder Generationen, nicht in Quartalen oder Legislaturperioden gemessen. Ein OECD-Bericht von 2018 beziffert die Verzinsung (*internal rate of return*) von tertiären Bildungsmaßnahmen mit etwa 15 Prozent als Mittel für alle OECD-Länder (OECD 2018, 104). Besser ausgebildete Erwachsene zahlen mehr Einkommenssteuer und Sozialbeiträge und benötigen weniger soziale Transferleistungen, was einen erheblichen positiven Netto-Gewinn für die Öffentlichkeit bedeutet (OECD 2018, 104).

Eine maßgebliche Verbesserung der Bildungssituation im südlichen Afrika sollte deshalb als gemeinsame Aufgabe der Menschheit gesehen werden. Die Bildungssituation zu verbessern wird dazu beitragen, die wirtschaftliche Situation zu verbessern und mithilfe des demographischen Übergangs (d. h. sinkenden Geburtenraten bei steigendem Wohlstand) auch das Bevölkerungswachstum und damit die ökologischen Belastungen reduzieren.

16 Systembezogene Prinzipien

Die globalen Herausforderungen der Nachhaltigkeit sind wechselseitig so sehr voneinander abhängig und betreffen so unterschiedliche Akteure auf allen Ebenen, dass sie nur in einer Systemperspektive verstanden und adressiert werden können. Systemdenken ist deshalb eine Art Meta-Prinzip für die folgenden systembezogenen Prinzipien. Abgesehen von dem generellen Nutzen, den Systemdenken zum Verständnis der Nachhaltigkeitsherausforderungen hat, halte ich drei systembezogene Prinzipien für besonders relevant: Diversität fördern, Transparenz erhöhen und Optionenvielfalten erhalten.

Eine letzte Gruppe von Prinzipien nimmt eine Systemperspektive ein. Wie zahlreiche Beispiele gezeigt haben, ist die Komplexität natürlicher, sozialer, politischer oder wirtschaftlicher Systeme oft unterschätzt worden. Gut gemeinte Interventionen haben unbeabsichtigte Ergebnisse gezeigt, es sind unvorhergesehene Ereignisse eingetreten. Sie haben die »Experten« überrascht – im Positiven wie im Negativen. Niemand hat mit dem Fall der Mauer gerechnet, kaum einer die Subprime-Krise vorhergesagt und viele können immer noch nicht fassen, wie Populisten überall auf der Welt die Regierungen erobert haben und versuchen, das Gemeinwohl ihren eigenen zweifelhaften oder selbstsüchtigen Interessen unterzuordnen.

Es ist deshalb von entscheidender Bedeutung, dass die Herausforderungen der Nachhaltigkeit im Zusammenhang verstanden, diskutiert und adressiert werden, und dass man ihnen mit der für komplexe Systeme gebotenen Umsicht begegnet, was letztlich bedeutet, systemisch zu denken und zu handeln (1.). Daneben scheinen mir folgende Prinzipien für das Ideal der Nachhaltigkeit besonders wichtig zu sein: (2.) *Vielfalt fördern* – denn Diversität ist eine Voraussetzung für die Komplexität lebender Organismen; (3.) die *Transparenz* in öffentlich relevanten Belangen *erhöhen* – denn nur durch Trans-

www.oekom.de

Die guten Seiten der Zukunft

240 Seiten, Hardcover mit Leinenrücken,
22 Euro [D], 22,70 Euro [A]
ISBN 978-3-96238-184-4

April 2020

Auch als E-Book erhältlich

Die modernen Wissenschaften haben die Natur zwar berechenbar und handhabbar gemacht, doch begreiflicher wurde sie uns nicht. Mit der sezierenden Betrachtung der Natur geht ihre Zerstörung einher. Das Buch nimmt diesen Frevel in der Blick und stellt ihm eine andere, eine empathische Art der Naturbetrachtung gegenüber: einen Spiegel der unbegreiflichen Natur.

352 Seiten, Hardcover mit Leinenrücken,
25 Euro [D], 25,70 Euro [A]
ISBN 978-3-96238-189-9

April 2020

Auch als E-Book erhältlich

Während die Natur über Jahrtausende als etwas Organisches, Heiliges galt, wird sie heute nur noch als Reproduktionsmaschine begriffen, die dem Menschen dient – vor allem dem Mann. Mit der Abwertung der Natur ging die der Frau als naturverhaftet und irrational einher. Wie sich dieses Weltbild durchsetzte, zeigt die Galionsfigur des Umweltfeminismus Carolyn Merchant.

parenz lassen sich Verhandlungsprozesse und Interessenkonflikte auf faire Weise bewältigen; und schließlich dürfen bei allem, was getan wird, die Möglichkeiten künftigen Handelns nicht beschränkt werden: Es ist die *Optionenvielfalt* zumindest zu *erhalten*, wenn möglich sogar zu *erhöhen* (4.).

16.1 Systemisch denken und handeln

Zu den typischen Eigenschaften komplexer Systeme gehören Interdependenzen der Teile, Rückkopplungen, nichtlineares Verhalten, Emergenz, Selbstorganisation und Anpassungsfähigkeit. Werden diese Eigenschaften komplexer Systeme missachtet, ist davon auszugehen, dass Interaktionen mit dem System zu unerwünschten Effekten führen, denn komplexe Systeme verhalten sich oft entgegen der üblichen Intuition.

Von den vielen unterschiedlichen Ansätzen systemischen Denkens in unterschiedlichen wissenschaftlichen Feldern seien hier nur ein paar Schlaglichter auf Autorinnen und Autoren aus dem Umfeld des Club of Rome geworfen, war dieser doch sicher eine der ersten Institutionen, die sich den globalen Herausforderungen aus einer systemischen Perspektive genähert hat.

Systemisches Denken war für den Club of Rome von Beginn an kennzeichnend, denn eine ganzheitliche, holistische Sicht auf die Problemlagen wie auch die Lösungswege für die Menschheit gehört neben der globalen und der langfristigen Perspektive zu seinen Grundprinzipien.

Zahlreiche Berichte an den Club of Rome sind von diesem Denken geprägt (Club of Rome 2019). Ein bis heute beispielloser Meilenstein war der erste Bericht an den Club of Rome, *The Limits of Growth* (Meadows et al. 1972). Das Buch beschreibt die Ergebnisse eines Forschungsprojekts, bei dem mithilfe von Computersimulationen verschiedene Szenarien für die Entwicklung der Menschheit ausgerechnet wurden. Es kommt zu dem Ergebnis, dass die damals vorherrschenden Entwicklungen während des 21. Jahrhunderts durchaus zum Kollaps der menschlichen Zivilisation führen könnten, wenn die damaligen Trends beibehalten würden. Auf exponentielles Wachstum von Weltbevölkerung und Kapital folge der Kollaps (ebd., 142).

Botkin et al. ergänzten diese naturwissenschaftlich geprägte Sicht durch eine soziale Perspektive: In *No Limits to Learning. Bridging the Human Gap* machten sie darauf aufmerksam, dass die globalen Probleme zuerst und vor allem menschliche Probleme sind. Unter der »menschlichen Kluft« (*human gap*) verstehen die Autoren die Tatsache, dass es eine wachsende Kluft gebe zwischen der zunehmenden Komplexität der Problemlagen und unserer Fähigkeit, damit umzugehen (Botkin et al. 1979, 6). »Es ist eine tiefsinnige Ironie, dass wir auf dem Höhepunkt menschlichen Wissens und menschlicher Macht mit so vielen Problemen konfrontiert werden.« (7) Die Autoren verstehen Lernen als den *Prozess der Vorbereitung, wie mit neuen Situationen umzugehen* ist. Es ist nach meiner Überzeugung genau ein *solches* Verständnis, das für den Umgang mit komplexen Problemen erforderlich ist. Botkin et al. schlagen zudem »Merkmale integrierten Denkens« vor, die sehr gut zu dem im vorliegenden Buch Besprochenen passen:

- die Bewertung der langfristigen Folgen gegenwärtiger Entscheidungen;
- die Betrachtung der Folgen zweiter Ordnung (was Nebeneffekt oder Überraschungseffekt genannt wird);
- die Fähigkeit, Pläne und Strategien für die Zukunft zu entwickeln, zu überwachen und diese Pläne zu ändern und Evaluationen durchzuführen, um frühzeitige Warnsignale für mögliche Probleme zu erkennen;
- Fähigkeiten im systemischen Denken, was beinhalte, multiple Ursachen und Effekte zu betrachten;
- die Fähigkeit, Zusammenhänge zu erkennen und ihre Bedeutung zu ermessen, die oft größer ist, als die der Elemente, die sie verbinden (ebd., 98).

Donella H. Meadows, Ko-Autorin des ersten Berichts an den Club of Rome von 1972, schrieb ein lesenswertes Buch, das erst postum veröffentlicht wurde: *Thinking in Systems* (deutsch: *Die Grenzen des*

Denkens). Darin nennt sie eine Reihe von Hebelpunkten, mit denen in ein System eingegriffen werden kann (Meadows 2010, 172 ff.).

Einer dieser Hebelpunkte sind »Verzögerungen – Verzögerungszeit im Verhältnis zur Geschwindigkeit der Systemveränderung« (176). Denn »die Verzögerung in einem Rückkopplungsprozess ist entscheidend für die *Geschwindigkeit der Veränderungen in den Beständen, die über die Rückkopplung geregelt werden sollen.*« (177) Stimmen die Zeitskalen der Veränderungen nicht mit denen des Systems überein, kann das dazu führen, dass Schwellenwerte überschritten werden, jenseits derer das System zunächst überschwingt und dann zusammenbricht (177). Der Fischfang vor der Küste Neufundlands hatte eine solche Entwicklung genommen (vgl. Abb. 8).

Der italienische Chemiker Ugo Bardi nennt dies den *Seneca-Effekt*, denn schon Seneca wusste, dass Wachstum langsam voranschreitet, der Ruin aber rasch kommt, wie er auch am eigenen Leibe erfahren musste (Bardi 2017, 23).

Um derartige Entwicklungen für die Erde als Ganzes zu vermeiden, definiert das Konzept der planetaren Grenzen, wie oben diskutiert, Bereiche, in denen irreversible Prozesse noch recht unwahrscheinlich sind (vgl. 1.5). Für mehrere Indikatoren sind wir nach heutigem Wissensstand bereits in einem Bereich erhöhten Risikos – das Problem ist nur, dass wir nicht wissen, ob es vielleicht noch ganz andere Indikatoren gibt, die wir noch gar nicht im Blick haben. Sicher ist, dass die anthropogenen Umweltveränderungen so rasch erfolgen, dass sie erheblich kürzer sind als die Reaktionszeit des Erdsystems.

Der als »globaler Wandel« bezeichnete Transformationsprozess, mit dem die Menschheit globale Umweltveränderungen hervorruft (WBGU 1996, 3), ist nur zu verstehen, wenn er in einer ganzheitlich-systemischen, einer langfristigen und einer globalen Perspektive betrachtet wird.

Ganzheitlich analysieren

Komplexität ist eine der intrinsischen Barrieren für Nachhaltigkeit (vgl. 2.2). Unsere hochgradig interdependente Welt ist derart komplex geworden, dass es fast unmöglich ist, die langfristigen Wirkungen von Handlungen oder Maßnahmen zu antizipieren. Gerade deshalb ist aber eine ganzheitliche Sicht erforderlich, um komplexe Sachverhalte angemessen zu analysieren. Dabei geht es zum einem darum, das System als Ganzes in den Blick zu nehmen, seine entscheidenden Treiber, die kritischen Einflussgrößen, aber auch puffernde Elemente zu identifizieren (Meadows 2010, 175.178 ff.). Das ist nur in einer inter- bzw. transdisziplinären Betrachtung möglich (vgl. 9.1). Zugleich ist bei der Analyse aber auch bedeutsam, die Rolle von Emotionen zu berücksichtigen. Denn aus neurowissenschaftlichen Forschungen ist heute bekannt, dass Emotionen bei vielen kognitiven Prozessen eine entscheidende Rolle spielen: Sie wirken bereits auf die Wahrnehmung, dann auf die Aufmerksamkeit, das Gedächtnis und auf Entscheidungsprozesse (Brosch et al. 2013).

Anreizstrukturen für langfristiges Denken und Handeln schaffen

Die Fixierung auf kurzfristige Ergebnisse wurde als eine weitere Barriere im Teil 1 diskutiert (vgl. Kapitel 10). Nachhaltigkeit befasst sich *per definitionem* mit langfristigen Wirkungen. Viele Herausforderungen würden sich fast von alleine lösen, wenn wir volle Transparenz über die langfristigen und weltweiten Wirkungen hätten. Doch schon Keynes wusste, dass langfristige Analysen und Erklärungen kurzfristiges Handeln nicht ersetzen können. »*Auf lange Sicht* sind wir alle tot« (Keynes 1923, 80; Hervorhebung im Original), was mit dem Problem der »positiven Zeitpräferenz« zusammenhängt (vgl. 5.1). Da Menschen es bevorzugen, eher heute zu konsumieren als morgen, braucht es institutionelle Gegenmaßnahmen, die langfristiges Handeln unterstützen, es braucht Reibungsparameter, die die Wirkungen positiver Rückkopplungen begrenzen, und es braucht Bemühungen der Entschleunigung.

Langfristiges Denken, insbesondere die Berücksichtigung der Interessen künftiger Generationen, muss deshalb durch institutionelle Anreize unterstützt werden. Es gibt zahlreiche Vorschläge, wie dies auf staatlicher Seite geschehen kann – angefangen bei verfassungsrechtlichen Maßnahmen, die etwa Nachhaltigkeit als Staatsziel im Grundgesetz verankern, über einen speziell für Anliegen künftiger Generationen sorgenden Ältestenrat bis zu längeren Legislaturperioden. Da ein maßgeblicher Treiber der Beschleunigung von Prozessen aber die Wirtschaft ist, sollte die Politik auch nach Maßnahmen suchen, wie langfristige Planungen und Anreizmechanismen in der Wirtschaft unterstützt werden können. Ein erster, oft unterschätzter Schritt dazu wäre, dass die Politik selbst verlässlicher wird und damit die Erwartungssicherheit und Investitionssicherheit von Unternehmen unterstützt. Zahlreiche oben genannte Beispiele zeigen, dass politische Zielvorgaben nicht oder nur sehr halbherzig angegangen und letztlich verfehlt wurden (Stickstoffüberschüsse in der Landwirtschaft, THG-Reduktion, Elektroautos).

Ansatzpunkte, mit denen die Politik den Rahmen für langfristiges Denken und Handeln in der Wirtschaft schaffen kann, sind zum Beispiel Vorgaben zum Ökodesign oder zu erweiterter Produktverantwortung am Ende des Lebenszyklus', Verländerung der Gewährleistungspflichten, die Förderung langfristiger Vergütungssysteme oder die steuerliche Begünstigung von Geschäftsmodellen des Nutzens (statt Besitzens).

Entschleunigung

Eng verwandt mit Anreizen für langfristiges Denken und Handeln ist das Entschleunigen von Prozessen. Entschleunigen war schon eines der vier E's, die Wolfgang Sachs 1993 als »Merkposten zu einem maß-vollen Wirtschaftsstil« vorgeschlagen hatte (s. o. Kapitel 10 und 11; W. Sachs 1993). Für Sachs entsprang die Beschleunigung »der Fortschrittsgewissheit«. Da morgen alles besser sein werde als heute, sei Eile geboten. Doch heute, in »fortschrittsskeptischen Zeiten«, habe sich die Hoffnung verflüchtigt, dass im Morgen alles besser werde.

Wir sind so an Effizienz gewöhnt und daran, die Dinge *richtig* zu tun, aber fragen kaum danach, ob wir auch die *richtigen* Dinge tun, wie Stephen Covey et al. bemerkt haben (Covey et al. 1999). Wer würde auf dem Sterbebett bedauern, dass er nicht mehr Zeit im Büro verbracht hat? (ebd., 13) Immer mehr Lebensbereiche sind so durchorganisiert, so auf Effizienz getrimmt, von Terminen, vollen Kalendern und Fremdbestimmtheit geprägt – und das fängt schon bei den Freizeitaktivitäten der Kleinsten an –, dass es schwerfällt, sich Freiräume zu schaffen, um auf das zu reflektieren, was wirklich zählt, was einem wirklich wichtig ist.

Es kann geradezu eine Freiheitserfahrung sein, den externen Zwängen, die oft weit weniger bindend sind als wir meinen, zu widerstehen, und das Hamsterrad immer größerer Erfolge, von immer mehr Konsum und dem Anhäufen von Belanglosem zu verlassen. Das Leben entschleunigen mit bewusstem Essen (*slow food*), mit bewussten Auszeiten, bewusstem Reisen (*slow travel*) – das entwickelt eine zunehmende Attraktivität gerade auch für diejenigen, die besonders getrieben sind (vgl. Grün und Zeitz 2010; Schneidewind & Zahrnt 2017, 55).

Reibungsparameter für stark rückgekoppelte Systeme einführen (z. B. Finanztransaktionssteuer)

Positive Rückkopplungen in Systemen können sehr schnell dazu führen, dass Prozesse sich selbst verstärken und so stark anwachsen, bis das System zusammenbricht. Wie unangenehm das werden kann, kann man erleben, wenn man ein Mikrofon vor seinem Lautsprecher benutzt. In der Natur gibt es zwar viele Systeme mit Rückkopplungen, doch sind positive, sich verstärkende Rückkopplungen stets nur für einen sehr begrenzten Bereich möglich. In technischen Systemen können Reibungsparameter verhindern, dass die Wirkung positiver Rückkopplungen aus dem Ruder gerät.

Es gibt aber auch Bereiche, in denen solche Reibungsparameter bisher nicht eingeführt wurden, weil es starke Interessengruppen gibt, die das verhindern wollen.

Die Finanzmärkte haben wiederholt kurzfristige Zusammenbrüche (*flashcrashs*) erlebt, die durch positive Rückkopplungen ausgelöst wurden. Um solche Rückkopplungen zu vermeiden, wäre als Reibungsparameter eine Finanztransaktionssteuer (*Financial Transaction Tax*, FTT) sinnvoll. Denn sie würde jede einzelne Transaktion nur sehr wenig belasten, aber den spekulativen Hochfrequenzhandel und damit die Volatilität des Markts eindämmen, eine umsichtige Risikoabsicherung (*hedging*) aber noch zulassen. Es hat seit langem Diskussionen um eine FTT gegeben und es wird darüber gestritten, ob sie auch sinnvoll sei, wenn sie nicht global eingeführt wird, und ob sie die Volatilität tatsächlich reduzieren oder nicht vielleicht sogar erhöhen würde (IDS 2010).

Selbstverständlich wäre eine globale Lösung wünschenswert – doch angesichts der gegenwärtigen weltpolitischen Lage klingt die Ablehnung »nationaler Alleingänge« eher nach einer Verhinderungsstrategie. Es gab 2011 eine Initiative für eine FTT mit sehr prominenter Unterstützung. Zum G20-Gipfel 2011 forderten 1000 führende Ökonomen, darunter die Träger des Wirtschaftsnobelpreises Joseph Stiglitz und Paul Krugman, die führenden Politiker der G20-Staaten zur Einführung einer FTT auf (Makefinancework 2011; vgl. Krugman 2009).

Die Machbarkeit und genaue Ausgestaltungsoptionen einer FTT zu beurteilen, ist hier nicht möglich. Es genügt aber der Hinweis, dass stark rückgekoppelte Systeme aus kybernetischen Gründen begrenzt werden müssen, wenn schädliche Wirkungen vermieden werden sollen. Aus Natur und Technik kann man lernen, dass dies mit Reibungsparametern funktioniert – es kommt nur darauf an, sie auch einzusetzen.

Global denken – Lokales unterstützen

Die jahrzehntealte Empfehlung »Global denken, lokal handeln« hat nach wie vor ihre Gültigkeit, denn angesichts unserer Verflochtenheit mit der Welt muss man sich der Wirkungen des eigenen Handelns auf Menschen in anderen Regionen bewusst sein. Das hat zunächst einmal mit dem Konsum zu tun (vgl. 13.4) – und schließt das individuelle Kaufverhalten ebenso ein wie das von Unternehmen oder Behörden und Ministerien. Gerade das Potenzial der öffentlichen Beschaffung für die Förderung lokaler Wirtschaftsprozesse kann noch besser genutzt werden (Berg et al. 2012). In vielen Industriebereichen ist der Grad der Spezialisierung so hoch, dass man im Bereich der Produktion nicht einfach auf lokale Lieferanten ausweichen könnte, aber zumindest für die betriebsbezogenen Konsumgüter, beispielsweise für das Kantinenessen ist lokale Beschaffung machbar.

Der Bereich, in dem lokale Produktion besonders viel Sinn macht, ist die Landwirtschaft. Doch wird natürlich lange nicht nur für den heimischen Markt produziert. Deutschland ist Exportweltmeister bei Käse und bei Schweinefleisch (BMEL 2015). Zwischen 2000 und 2013 hat sich der Export von Schweinefleisch um 256 Prozent erhöht (UBA 2015). Es müssen immer mehr Futtermittel hinzugekauft werden, obwohl schon jetzt die Futtermittelproduktion 67 Prozent der landwirtschaftlichen Nutzfläche verbraucht – weitere 13 Prozent für Energiepflanzen – und trotzdem reichen die eigenen Futtermittel nicht aus, um den Bedarf zu decken (ebd.). Ein großer Teil der für die Tierproduktion erforderlichen Eiweißfuttermittel wird mit importierten Sojabohnen aus Übersee gedeckt, die insbesondere für die Schweine- und Geflügelzucht verwendet werden (ebd., 66). Man erkennt schon an diesen Zahlen, dass der größere ökologische Hebel nicht immer die *lokale Produktion* ist, sondern die Frage, *was* lokal produziert und konsumiert wird (vgl. 13.4).

Die Frage, was lokales Handeln bedeutet, sollte auch berücksichtigen, wie sich lokale bzw. nationale Politik auf Menschen in anderen Regionen auswirkt. Welche Folgen hat unsere Agrarpolitik für Menschen außerhalb Europas? Wie wirkt sich die deutsche Investitions- und Fiskalpolitik auf andere Länder in der Eurozone aus?

Schließlich geht es bei der Empfehlung, Lokales zu unterstützen, nicht nur um den *Kauf* lokaler *Produkte*. Es gilt vielmehr, alles zu unterstützen, was die Interaktion von Menschen in einer Kommune, in einer Stadt befördert. Hierzu zählen nicht nur wirtschaftliche Aktivitäten, sondern alles, was den sozialen Zusammenhalt stärkt, vom Tauschring bis zum Sportverein. Walter und Dürr, die ja den Verlust der »kollektiven Glaubensüberzeugungen« beklagt hatten (s. o., 15.3), beschließen ihre Analyse der politischen Situation in Deutschland mit einem Lob der »regionalen und lokalen Identitäten«, die immer noch ein »riesiges soziales und kulturelles Kapital« darstellten (Walter & Dürr 2000, 267): »Dialekte und Biersorten, die Sportvereine mit ihren Jubiläen und die freiwilligen Feuerwehren mit ihren Osterfeuern, die Ortsbeiräte und Familienverbände die Stadtteilläden, Straßenfeste und Grillabende – das alles ist heute moderner und unersetzlicher denn je. Wo diese Strukturen und Selbstverständlichkeiten erst einmal zerfallen sind, entstehen in transzendenzlosen Zeiten keine neuen.« (ebd.)

Das Lokale zu unterstützen beinhaltet deswegen keineswegs nur, vielleicht nicht einmal primär, den Konsum auf lokal Produziertes zu konzentrieren, sondern umfasst gerade auch nicht-kommerzielle Bereiche, das informelle Miteinander, gemeinschaftliche Aktivitäten, in denen sich Menschen begegnen, die zwar lokal verbunden sind, aber unterschiedlichen Schichten und Milieus angehören.

16.2 Vielfalt fördern

Die Natur weist eine atemberaubende Vielfalt auf – von biologischen Arten, von Formen und Farben, von Anpassungs-, Jagd- und Verteidigungsstrategien und viele andere mehr. Diversität ist eine faszinierende Eigenschaft komplexer Systeme. Als solche steht Diversität in kausaler Wechselwirkung zu anderen Eigenschaften: Diversität ist sowohl eine Voraussetzung als auch eine Folge von Innovation. Eine *Folge* ist sie, denn Innovation ist ja *per definitionem* etwas Neues, etwas noch nicht Dagewesenes, eine neue Eigenschaft oder Idee, etwas, das vorher noch nicht existiert hatte – insofern erhöht Innovation die Vielfalt. Zugleich ist Diversität aber auch eine Voraussetzung von Innovation und Neuem, denn aus einem monotonen, einheitlichen Zusammenhang kann nichts Neues entstehen, wie man aus der Theorie komplexer Systeme weiß. Auf der einen Seite des Spektrums gibt es Systeme mit linearen und klaren, kausalen Beziehungen, in denen alles determiniert und berechenbar ist – es ist kein Raum für irgendetwas Neues. Am anderen Ende des Spektrums sind völlig chaotische Systeme, in denen es überhaupt keine Ordnung mehr gibt. Künftige Systemzustände sind völlig erratisch und unvorhersehbar (und zwar prinzipiell, nicht nur faktisch). Doch in einem kleinen Bereich zwischen diesen Extrema gibt es sowohl Ordnung als auch Innovation – und genau das ist der aufregend-spannende Bereich des Lebens! Es ist der Grenzbereich des Chaos (*edge of chaos*).

In ganz unterschiedlichen Zusammenhängen zeigt sich, dass komplexe Systeme die faszinierendsten Eigenschaften genau hier aufweisen, dass genau hier Innovationen geschehen:

- Es ist in diesem Bereich, in dem sich Systeme selbst organisieren können, wie Computermodelle zeigen (Modelle mit »zellulären Automaten«). »Das Leben scheint an der Grenze zischen Ordnung und Chaos stattzufinden« und es ist genau diese Grenze, die für Phasenübergänge so wichtig ist (Ito & Gunji 1992, 135.138).
- Der dänische Ökosystemforscher Seven Erik Jørgensen hat die Wachstumsraten von Zooplakton modelliert und herausgefunden, »dass Systeme an der Grenze zum Chaos das höchste Niveau an (thermodynamischer) Information aufweisen, was die Hypothese unterstützt, dass Systeme an der Grenze zum Chaos das komplexeste Verhalten koordinieren können« (Jørgensen 1995, 13).
- Im Unternehmenskontext kann man sagen, dass der Grenzbereich des Chaos dem Zustand einer Organisation entspricht, in dem es sowohl Stabilität als auch Innovation gibt (Create Advantage Inc. 2019).
- Die Taiwanesen Hung und Lai haben Innovationsprozesse untersucht anhand von Bürodruckern und auch dort ein Grenze-zum-Chaos-Phänomen festgestellt: Positive Rückkopplungsmechanismen würden chaotisches Verhalten im Innovationsprozess induzieren und damit die Innovation beschleunigen (Hung und Lai 2016). Um ihre Aussage zu veranschaulichen, zitieren die Autoren aus Nietzsches Zarathustra: »Man muss noch Chaos in sich haben, um einen tanzenden Stern gebären zu können« (ebd., 31).

Dieser schöpferische Bereich zwischen Chaos und Ordnung wird auch von Künstlern und Kreativen genutzt, was sich bis in die Verhaltensmuster und Primärpersönlichkeiten fortschreibt. Design Thinking, eine sich in den letzten Jahren bei Unternehmen rasch verbreitende Innovationstechnik, baut in verschiedener Hinsicht auf dieses kreative Potenzial des Fast-Chaotischen auf, was möglicherweise einen Teil ihres Erfolgs erklärt. In kleinen Gruppen muss unter großem Zeitdruck an Lösungen für konkrete Herausforderungen gearbeitet werden, nach dem Motto: »If everything is under control, you're just not going fast enough.« Daneben sollen die Teams so divers wie möglich zusammengesetzt sein (nach Alter, Geschlecht, Beruf, Ausbildung, Interessen etc.). Eine der Grundregeln besteht darin, nicht die Vorschläge anderer zu kommentieren oder gar zu kritisieren, sondern stets auf diesen aufzubauen (was natürlich Zuhören voraussetzt) (vgl. Brown 2008; HPI Academy 2019).

Aus alledem wird deutlich, wie wichtig Diversität für komplexe Systeme ist. Mit Blick auf die verschiedenen Arten von Systemen kann festgehalten werden:

- *Natürliche Ökosysteme sind dringend zu schützen.* Insbesondere ist die Vielfalt ihrer Arten massiv bedroht. Der Verlust an Biodiversität überschreitet nach Aussage von Steffen et al. die planetaren Grenzen sogar noch deutlich stärker als der Klimawandel (Steffen, et al. 2018). Das Gewicht der wilden Landwirbeltiere macht heute nur noch ein Prozent der Landwirbeltiere aus, während alle Menschen zusammen 32 Prozent der Masse entsprechen und 67 Prozent des Gewichts des Viehbestands ausmachen (Population Matters 2019). Zwischen 1970 und 2014 hat sich die Population wilder Wirbeltiere halbiert; Mensch und Vieh machen sich buchstäblich so breit auf der Erde, dass kaum noch Raum für Wildtiere bleibt (ebd.).

- In *sozio-natürlichen Systemen* wie der Landwirtschaft braucht es neue Wege, wie skalierbare Erträge mit ökologischen Kriterien vereinbar werden. Allein schon die Rede von »Mono-*Kulturen*« ist ein Oxymoron, ein Widerspruch in sich. Kultur kann nie »mono« sein – das sollte nach dem soeben Geschilderten deutlich geworden sein. Wir beginnen erst langsam die Schäden zu ermessen, die industrielle Landwirtschaft an vielen Orten verursacht. Von den 40.000 Wirbeltierarten der Erde wurden 40 von verschiedenen menschlichen Kulturen als nützlich bewertet und domestiziert. Davon wiederum sind es nur 14 Arten, die mehr als 90 Prozent der weltweiten Fleischproduktion ausmachen (EU-BDP 2001, 1). Die FAO ruft zu mehr Diversität bei der Nutztierhaltung auf, da eine größere Vielfalt im Viehbestand die Anpassung der Produktion an künftige Herausforderungen unterstütze und die Resilienz des Systems gegenüber Klimaveränderungen erhöhe (FAO 2015, 14).

- Bezüglich sozio-ökonomischer bzw. sozio-technischer Systeme braucht es wirkungsvolle *Mechanismen des Diversity Managements*. Unternehmen beginnen dies zu begreifen und implementieren Diversitätsmanagementsysteme – nicht nur aus Gründen unternehmerischer Verantwortung, sondern auch als Treiber von Innovation. »Vielfalt ist entscheidend, denn Systeme brauchen sie, um Neuerungen einzuführen.« (Stroh 2015, 79) McKinsey hat die Beziehung zwischen Diversität und finanzieller Performance untersucht und eine statistisch signifikante Beziehung zwischen einer höheren Diversität bei Führungskräften und besserer finanzieller Performance festgestellt (McKinsey&Company 2015, 1). Boston Consulting hat entsprechende Untersuchungen bzgl. der Innovationsfähigkeit von Unternehmen durchgeführt und ganz analog auch hier eine positive Korrelation von Diversität im Management und den aus Innovationen resultierenden Umsätzen ermittelt (BCG 2018). Stakeholdermanagement ist mittlerweile unverzichtbarer Bestandteil in öffentlichen Planungsprozessen, bei Mediationsverfahren und überall, wo es darauf ankommt, die von einer Maßnahme Betroffenen anzuhören (Stroh 2015, 79).

- Es gibt einen inhärenten *Widerspruch zwischen Diversität und der Wirtschaftlichkeit* durch Massenproduktion (*economy of scale*). Produkte gleichen sich immer mehr und werden standardisiert, Unternehmen sind ständig dabei, Wettbewerber zu kaufen, um zu wachsen, damit sie nicht selbst Übernahmekandidaten werden. Nur durch staatliche Intervention (Monopolkommission) kann eine gewisse Vielfalt bewahrt bleiben.

16.3 Transparenz erhöhen über öffentlich Relevantes

Dieses Prinzip mag Vorbehalte auslösen. Haben wir nicht schon längst zu viel Transparenz, wenn Technologiekonzerne unsere Gewohnheiten, Vorlieben und Kontakte schon viel genauer kennen, als uns lieb sein kann? Oder wenn während laufender vertraulicher Verhandlungen Zwischenergebnisse »geleakt« werden, die eine spätere Einigung unmöglich machen? Beides ist ohne Frage richtig, und genau für diese beiden Kontexte beansprucht das hier vorzuschlagende Prinzip *keine* Gültigkeit: für den Schutz der Privatsphäre sowie für bestimmte Zusammenhänge vertraulicher Vertragsverhandlungen. Doch von diesen Spezialfällen abgesehen halte ich die Erhöhung von Transparenz über öffentlich Relevantes für ein wichtiges Prinzip auf dem Weg zu mehr Nachhaltigkeit. Insbesondere gibt es eine Reihe von Barrieren, für die Transparenz eine der wichtigsten Gegenmaßnahmen darstellt.

◆ Wenn öffentliche Institutionen nicht in der Lage sind, Missstände in Organisationen aufzudecken und zu beseitigen (Whistleblowing).
◆ Wenn Marktmechanismen versagen, sofern sie die verborgenen, externen Kosten nicht im Preis widerspiegeln. Oder wenn es an der für das Funktionieren des Markts erforderlichen Chancengleichheit mangelt.
◆ Wenn es verborgene Gesetzesverstöße gibt, auf welcher Ebene und welcher Art auch immer (z. B. Korruption, organisierte Kriminalität, Geldwäsche, Steuerhinterziehung).

Diese drei Kontexte hängen eng mit Barrieren zusammen, die im ersten Teil des Buchs diskutiert wurden, wie zum Beispiel dem Marktversagen (vgl. 5.1), den Zielkonflikten (vgl. 3.4) oder den Interessenkonflikten (vgl. 4.5). Für diese Barrieren ist ein Mehr an Transparenz entscheidend. Denn wie sonst sollen Interessenkonflikte, Chancenungleichheiten am Markt, ein illegitimer Lobbyeinfluss oder Korruption bekämpft werden, wenn nicht durch vermehrte Transparenz?

Fehlende Transparenz verschleiert oft Ungerechtigkeiten. Auch wenn das Rawls'sche Fairnessprinzip Transparenz nicht explizit thematisiert, wäre es doch völlig unvereinbar mit einer Situation, in der die Beteiligten eine unterschiedliche Informationsbasis hätten (vgl. z. B. Rawls 1998, 166).

Dass Lobbyisten kein großes Interesse daran haben, im Rampenlicht zu stehen, und stattdessen lieber »Diskretion« walten lassen möchten, verweist auf den schmalen Grat zwischen legitimer Interessenvertretung und illegitimer Verschleierung von Abhängigkeiten. Für die Adressierung von Ziel- und Interessenkonflikten ist es unabdingbar, dass etwaige Abhängigkeiten von oder Verpflichtungen gegenüber Dritten allen Beteiligten bekannt sind. Das aber verlangt nach Transparenz – über die Stakeholder, ihre Ziele und Interessen. Mit anderen Worten, ein fairer öffentlicher Diskurs über Ziele und Mittel ist unvermeidbar. Vermehrte Transparenz erschwert Betrug und unerlaubte Einflussnahme, fördert Offenheit und Fairness und die Bekämpfung von Korruption.[88]

Fehlende Transparenz ist freilich nicht immer Folge bewussten Handelns. Mitunter ist es »bloß« die Tatsache, dass niemand ein Interesse daran hat, bestimmte Zusammenhänge aufzudecken. Eine von den Grünen im Europaparlament in Auftrag gegebene Studie hat 2019 ergeben, dass es einen substanziellen Unterschied zwischen den nominalen und den faktischen Unternehmenssteuersätzen in den verschiedenen EU-Ländern gibt (Janský 2019). Besonders deutlich ist die Differenz zwischen nominalem und tatsächlichem Steuersatz für Unternehmen in Luxembourg, wo Unternehmen *de jure* 29 Prozent Steuern zu zahlen haben, *de facto* jedoch lediglich 2,2 Prozent zahlen (ebd., 3). Die Studie räumt ein, dass die zugrunde liegenden Daten noch unvollkommen seien und validiert werden müssten, doch würde sie auf den »besten verfügbaren unternehmensbezogenen Daten für die EU« aufbauen (ebd.). Man fragt sich, warum es erst solcher Studien bedarf, damit die Öffentlichkeit davon erfährt, dass Unternehmen in einem Gründungsland der Europäischen Gemeinschaft eigentlich das Fünfzehnfache an Steuern zahlen *müssten* als sie es faktisch *tun*.

Schließlich gibt es einen Mangel an Transparenz auch in einem ganz anderen Bereich, in dem man sich lange mit fehlendem Wissen begnügte. Die Leserinnen und Leser mögen sich fragen, wie viel Farbe, wie viel Kohlendioxidemissionen und wie viele Stunden Kinderarbeit die Produktion ihrer Kleidungsstücke mit sich bringt. Sie wissen es nicht? Haben Sie sich nie gefragt, warum eigentlich? Fragt man Unternehmen oder Politiker oder Ministerialbeamte – was ich selbst wiederholt getan habe –, dann hört man, dass man die entsprechenden Daten nicht habe. Doch angesichts der Möglichkeiten heutiger IT-Systeme kann man dies getrost als Ausrede titulieren. Offenbar braucht es den Druck von Politik und Markt, damit IT-Unternehmen aktiv werden und entsprechende Lösungen auf den Markt bringen, damit Verbraucherinnen und Verbraucher eine größere Transparenz hinsichtlich der Implikationen ihrer Konsumscheidungen haben – denn technisch möglich sind diese schon lang (vgl. Berg et al. 2014).

Das Beispiel von Pumas ökologischer Gewinn- und Verlustrechnung zeigt, dass sich manche Unternehmen durchaus bewusst sind, dass ihre Verantwortung auch die Lieferkette einschließt (vgl. 13.3).

Im Rahmen der Gemeinwohlökonomie (vgl. 5.2, 13.3) wird vorgeschlagen, dass Unternehmen ihre Gemeinwohlbilanz erstellen, in der nach einem wohldefinierten Schema die Auswirkungen des Unternehmens und seiner Produkte auf die unterschiedlichen Anspruchsgruppen berechnet werden. Dies ermöglicht den Konsumenten bestmögliche Transparenz hinsichtlich der Frage, inwiefern das Unternehmen zum Gemeinwohl beiträgt oder nicht (Felber 2018, 41 f.).

Das große Potenzial, das mit einem Mehr an Transparenz in vielen Bereichen verbunden ist, zeigt sich an der Tatsache, dass es zentrales Anliegen vieler durchaus sehr unterschiedlicher NGOs ist, auf Missstände hinzuweisen, Transparenz zu erhöhen oder zu allererst zu ermöglichen.

- Dies gilt wohl für keine andere NGO mehr als für *Transparency International*, deren Name Programm ist und die sich weltweit für den Kampf gegen Korruption und Vetternwirtschaft und für gute Regierungsführung einsetzt (Transparency International 2019). Ihr Corruption Perceptions Index macht den Grad von Korruption bzw. Transparenz von Ländern international vergleichbar (Transparency International 2017b).
- Auch die *Extractive Industries Transparency Initiative* ist eine Initiative, die sich für mehr Transparenz einsetzt, speziell im Bereich der Rohstoffgewinnung. Sie ist eine Multi-Stakeholder-Organisation, die die Korruption im Bereich der betreffenden Industriesektoren bekämpft, die sich für transparentere Informationsprozesse, Finanzströme und Abhängigkeiten einsetzt und gerechtere Prozesse in Wirtschaft und staatlicher Verwaltung fordert (EITI 2019).
- Die *Environmental Justice Foundation* bekämpft unter anderem illegale und unregulierte Fischerei (IUU Fishing), indem sie die meist heute schon verbotenen, aber nicht hinreichend wirksam

bekämpften Praktiken von Kriminellen erforscht und publik macht (EJF 2018).
- Die *Global Fishing Watch* ist eine Organisation, die durch eine beinahe Echtzeitpositionsbestimmung von etwa 60.000 kommerziellen Fischereischiffen IUU-Fischfang bekämpft. Indem die Organisation das Schiffsüberwachungssystem öffentlich verfügbar macht, verbessert sie die Überwachung der Fischerei, ermutigt zu gesetzeskonformem Verhalten und schreckt viele von illegalem Fischfang ab (Global Fishing Watch 2019).
- Eine analoge Organisation für den Bereich der Wälder ist die *Global Forest Watch*, ein Zweig des World Resources Institute, das eine crowd-finanzierte Online-Überwachung von Wäldern ermöglicht (WRI 2019; Wohlgemuth 2014).

Die Erhöhung von Transparenz wirkt auch synergetisch mit einer Reihe anderer Prinzipien. Es gibt zum Beispiel eine positive Korrelation zwischen Dezentralisierung von Prozessen und Strukturen und verbesserter Transparenz (Berg 2005, 210). So wie Transparenz und Offenheit demokratische Prozesse befördern, so werden diese durch Heimlichkeiten gefährdet. Wie Stiglitz schreibt, unterminieren Heimlichkeiten die Demokratie. Es könne demokratische Verantwortlichkeit nur dann geben, wenn diejenigen, gegenüber denen Rechenschaftspflicht besteht, auch vollumfänglich informiert seien (Stiglitz 2002, 229).

Der Philosoph Vittorio Hösle ruft zu größerer Transparenz bei Expertengutachten auf. Da es heute zu fast allen Fragen möglich sei, Gutachten von Wissenschaftlern zu erhalten, die entgegengesetzte Folgen voraussagen würden, wäre es von großer Wichtigkeit, dass es eine größtmögliche Transparenz für die jeweils getroffenen Hypothesen, Bewertungen und Schlussfolgerungen gäbe (Hösle 1994, 83). Wissenschaftler hätten die Pflicht, ihre Prämissen klar anzugeben und ihre Prognosen auf diese Prämissen ausdrücklich zurückzuziehen (Hösle 1994, 83).[89]

Abschließend können wir Serenella Sala vom *Joint Research Center* der Europäischen Kommission zitieren, die mit ihren Kollegen einen methodologischen Rahmen für Nachhaltigkeitsbeurteilungen

(*Sustainability Assessments*) vorgeschlagen hat. Transparenz bezüglich der Werte und bezüglich der Wahl der analytischen Werkzeuge sei ein entscheidendes Element ihres methodologischen Rahmens für *Sustainability Assessments*. Nur durch solche Transparenz könne man der Vielfältigkeit und Komplexität des Nachhaltigkeitskonzepts gerecht werden (Sala et al. 2015, 315 f.).

16.4 Optionenvielfalt erhalten oder erhöhen

Das letzte hier zu nennende Prinzip kann wiederum universelle Gültigkeit beanspruchen. Es ist stets so zu handeln, dass die Zahl *künftiger* Handlungsoptionen dadurch zumindest nicht verringert, möglichst aber vergrößert wird.

Niemand kennt die Zukunft. Niemand weiß, was künftige Generationen wirklich benötigen werden. Deshalb ist es sehr wichtig, dass auch künftige Generationen noch hinreichend viele Handlungsoptionen haben und nicht durch unsere Entscheidungen festgelegt werden. Der österreichisch-amerikanische Pionier der Kybernetik, Heinz von Foerster, nannte dies den ethischen Imperativ: »Handle stets so, dass die Wahlmöglichkeiten vergrößert werden.« (Foerster 2003, 227) Dies kann als fundamentales Prinzip in allen Kontexten gelten, denn es bewahrt schlicht davor, früher oder später in Sackgassen zu laufen, die auch Einbahnstraßen sind.

Eng damit verknüpft sind Pfadabhängigkeiten und Lock-in-Effekte. Eine Pfadabhängigkeit tritt beispielsweise auf, wenn ein neues Kraftwerk ans Netz geht. Denn aus den Investitionen und Abschreibungen ergeben sich Mindestlaufzeiten, die wiederum bei fossilen Kraftwerken mit bestimmten CO_2-Emissionen verbunden sind. Gerade Entscheidungen im Energiesektor haben sehr langfristige Folgen: Denn einerseits hat eine Veränderung des Weltklimas möglicherweise irreversible Folgen und betrifft jegliches künftige Leben auf der Erde, andererseits schränken auch die Anforderungen atomarer Endlager künftige Generationen noch auf Jahrhunderttausende ein.

Besonders dramatische Pfadabhängigkeiten ergeben sich, wenn die Menschheit planetare Grenzen überschreitet. *Per definitionem* erhöht sich beim Überschreiten planetarer Grenzen das Risiko irreversibler und sich selbst verstärkender Prozesse. Natürlich kann man die langfristigen Folgen unseres Handelns nie wirklich einschätzen, doch sind gerade deshalb die planetaren Grenzen besonders sorgfältig zu respektieren. Und auch das Vorsorgeprinzip fordert ja dazu auf, Handlungen zu unterlassen, bei denen man nicht sicher sein kann, dass die Folgen beherrschbar sind (vgl. 13.6).

Die Vielfalt der Handlungsoptionen zu erhalten, ist auch eine implizite Präferenz für dezentrale Technologien, die einen nur maßvollen Einfluss auf ihre Umgebung ausüben. Dezentrale Systeme sind oft viel resilienter als zentrale, was einer der Gründe für die Erfindung des Internets war – da es Kommunikation auch nach einem nuklearen Angriff ermöglichen sollte. Das heutige Internet ist davon freilich sehr weit entfernt (Barabási 2002, 144).

17 Schlussfolgerung: Prinzipien nachhaltigen Handelns können Phasenübergang auslösen

Dieses letzte Kapitel wird zunächst die Kerngedanken des Buchs zusammenfassen – wie Barrieren der Nachhaltigkeit adressiert werden können und welches die Rolle von Prinzipien nachhaltigen Handelns ist. Dies mag eiligen Lesern auch einen Einstieg in die Thematik des Buchs geben. Der zweite Abschnitt kehrt zu der in der Einleitung aufgeworfenen Frage zurück, inwiefern Nachhaltigkeit als utopisches Ideal zu betrachten ist. Diese Vorstellung wird nun erhärtet und es werden drei Schwierigkeiten diskutiert, die mit den UN-Nachhaltigkeitszielen verbunden sind, bevor dann ein neuer Begriff für die utopische Vision der Nachhaltigkeit vorgeschlagen wird. Denn die utopische Vision der Nachhaltigkeit, die vielleicht mit dem Ausdruck »ein Leben im Einklang von Mensch und Natur« beschreibbar wäre, ist kategorial verschieden von den je konkreten Maßnahmen, um dieses Ziel zu erreichen. Das eine ist das Ziel, das andere sind die Mittel. Wenn aber jeder Konsumakt nachhaltig zu sein hat – was nachzuweisen nie gelingen wird –, wird das tägliche Leben mit ständigem Scheitern konfrontiert, was zu Depression, Zynismus oder Lethargie führt oder dem Populismus Auftrieb verleiht. Deshalb wird für die utopische Vision ein neuer Begriff vorgeschlagen: Der utopischen Vision der Nachhaltigkeit geht es letztlich nach meiner Überzeugung um ein Leben, das die Zukunft der Erde und des Menschlichen ermöglicht: Future of terra and humanity – Futeranity, was ich im Deutschen mit »Lebenswohl« wiedergebe. Ein kurzer Ausblick beschließt das Buch.

17.1 Zusammenfassung: Barrieren überwinden

Nachhaltigkeit ist eine ungeheuer komplexe Aufgabe. Trotz vieler Jahrzehnte globalen Diskurses, trotz zahlloser globaler Konferenzen und vieler internationaler Übereinkünfte und Verträge, ist der Fortschritt alles andere als zufriedenstellend. Die Menschheit ist weit von einem nachhaltigen Pfad entfernt. Anzeichen für die Dringlichkeit grundsätzlicher Maßnahmen nehmen von Tag zu Tag zu. Der fehlende Fortschritt zu mehr Nachhaltigkeit führt zu ganz unterschiedlichen Reaktionen – von Zynismus über immer schrillere Forderungen bis zu Lethargie, Verzweiflung oder Ignoranz.

Ironischerweise geschieht dieser ernüchterte Blick auf das Konzept Nachhaltigkeit zu einer Zeit, in der sich die Weltgemeinschaft auf die Agenda 2030 mit ihren 17 Nachhaltigkeitszielen geeinigt hat und dabei ist, an deren Umsetzung zu arbeiten. Ob diese 17 SDGs mit ihren 169 Unterzielen überhaupt gemeinsam erreichbar sind – oder ob sie sich wegen der darin enthaltenen Zielkonflikte nicht zum Teil wechselseitig unmöglich machen – steht in den Sternen. Zudem lässt sich kaum mit Gewissheit sagen, ob sich eine bestimmte Maßnahme langfristig als nachhaltig erweisen wird oder nicht. Das sollte einen vorsichtig und demütig machen. Es ist sehr viel einfacher zu sagen, was nicht nachhaltig ist, es ist oft sehr viel leichter, die *Barrieren der Nachhaltigkeit* zu beschreiben, als Lösungen oder konkrete Umsetzungsmaßnahmen zu entwickeln, die sich langfristig als nachhaltig erweisen.

Der Ausgangspunkt dieses Buchs war die Überzeugung, dass Nachhaltigkeit zwar notwendiger ist denn je, dass es aber eines umfassenden Blicks auf die Nachhaltigkeitsbarrieren bedarf, um Fortschritte zu erzielen. Indem Politik und Öffentlichkeit, zum Teil aber auch Forschung und Wissenschaft ihr Augenmerk zu sehr auf bestimmte isolierte Fragestellungen legen, werden nur sehr überschaubare Fortschritte möglich, wenn überhaupt. Denn ein Fokus auf isolierte Probleme berücksichtigt weder die Komplexität der Zusammenhänge noch die zugrunde liegenden Ursachen (hier *Barrieren* genannt). Während die (Fach-)Welt noch darüber debattierte, ob das 2-Grad-Ziel des Pariser Klimaabkommens ausreicht oder nicht, gefährdet der vielerorts aufkommende Populismus dieses Abkommen von einer ganz anderen, völlig unerwarteten Seite.

Es gibt nicht die *eine* Lösung auf komplexe Herausforderungen. Es gibt nicht den *einen* Akteur, der in der Lage wäre, das globale System neu zu entwerfen. Deshalb ist es höchste Zeit für einen umfassenden Blick auf die Barrieren der Nachhaltigkeit, so wie sie das vorliegende Buch in Ansätzen zu geben versucht hat; ein Blick, der möglichst viele Disziplinen und Hintergründe berücksichtigt.

Dabei ist die Verschiedenartigkeit der Barrieren zu berücksichtigen. Selbst der Phasenübergang von flüssigem Wasser zu Wasserdampf hängt von zwei voneinander unabhängigen Parametern ab – von der Temperatur und dem Umgebungsdruck (vgl. 1.2). Wenn alle Bemühungen sich nur auf *einen* Parameter richten, wenn alle Energie in die Erhöhung der Temperatur gesteckt wird, kann das Kochen des Wassers (d. h. der Phasenübergang zur gasförmigen Phase) trotzdem verhindert werden, wenn zugleich jemand anderes den Umgebungsdruck verändert. Selbst dieses triviale Beispiel verdeutlicht, dass eine eindimensionale Sichtweise Erfolg verhindern kann. Wenn hingegen vergleichsweise geringfügige Änderungen von Temperatur und Druck zugleich erfolgen (wenn die Temperatur erhöht und der Umgebungsdruck zugleich verringert wird), kann sich ein Phasenübergang sehr rasch einstellen.

Um wie viel komplexer gestaltet sich ein Übergang in eine nachhaltigere Gesellschaft! Wir sollten skeptisch sein gegenüber allen Versuchen, ein einziges Thema ins Zentrum zu rücken – und noch viel mehr, mit einem einzigen Lösungsvorschlag dieses vermeintlich größte Problem angehen zu wollen. Der Klimawandel und das Artensterben gehören mutmaßlich zu den größten Bedrohungen, denen die Menschheit je ausgesetzt war. Doch vielleicht ist die Bekämpfung sozialer Ungleichheit ein viel wirksameres Mittel gegen den Klimawandel als ein Elektroauto. Dies genau zu ermessen, ist praktisch unmöglich. Wichtig ist deshalb, die Zusammenhänge der Probleme, ihre Zielkonflikte, aber auch ihre Synergien zu kennen.

Deshalb lag ein erstes Ziel dieses Buchs darin, einen möglichst umfassenden Blick auf die Barrieren der Nachhaltigkeit zu werfen. Für jede dieser Barrieren wurden Lösungsvorschläge gemacht. Viele dieser Vorschläge verwiesen auf die Prinzipien nachhaltigen Handelns oder sie berührten andere Barrieren. Ein nachhaltigeres Marktsystem ist möglich: So wie auch die soziale Marktwirtschaft den ungebändigten Kapitalismus in die Schranken weist, so ist auch eine öko-soziale Marktwirtschaft möglich, die den Rahmen für eine weltweite Wirtschaft vorgeben würde. Auch eine bessere globale Governance ist möglich – wenngleich dies in der gegenwärtigen weltpolitischen Lage nicht so scheinen mag. Doch das zunehmende weltweite Bewusstsein um die Problemlagen wird auch den Druck auf Entscheidungsträger erhöhen, entsprechende Maßnahmen zu ergreifen.

Jede der diskutierten Barrieren hat ihre jeweils eigenen Herausforderungen und Schwierigkeiten. Tröstlich ist allerdings, dass es ein synergetisches Zusammenwirken beim Adressieren verschiedener Barrieren gibt. Ungleichheiten zu bekämpfen, ist beispielsweise nicht nur eine Frage sozialer Gerechtigkeit, es erhöht auch den gesellschaftlichen Zusammenhalt, es verringert den Konsumdruck und ermöglicht es, den Fokus auf nicht-materielle Güter zu legen.

Während der erste Teil des Buchs eine systemische Perspektive einnahm, ist der zweite Teil ein Blick aus der Sicht der Akteure. So wie die Barrieren der Nachhaltigkeit nicht isoliert adressiert werden können, sind es die unterschiedlichen Akteure auf unterschiedlichen Ebenen und in unterschiedlichen Sektoren, die zu den kritischen Hebeln systemischer Veränderung werden. Mit den vorgeschlagenen Prinzipien, die nicht viel mehr als ein erster Vorschlag für einen solchen Katalog sein können, soll den verschiedenen Arten von Akteuren das Handeln erleichtert und Komplexität reduziert werden.

Diese Prinzipien beabsichtigen nicht, eine neue Ethik zu formulieren. Vielmehr sollten durch die ideengeschichtliche Einordnung Bezüge hergestellt werden, die eine Fortschreibung bestehender Traditionen im Sinne der Nachhaltigkeit erlauben. Dadurch wird deutlich, dass viele der vorgeschlagenen Prinzipien bereits in verschiedenen geistigen Strömungen präsent sind – wenngleich der Bezugsraum häufig noch erweitert werden muss.

Die Barrieren des ersten Teils und die Handlungsprinzipien des zweiten Teils sind die beiden Säulen des Buches. Sie beide weisen auf Maßnahmen hin (z. B. CO_2-Steuer), doch aus verschiedenen Richtungen (vgl. Abbildung 1). Für das Problem des Marktversagens ist eine Lösungsperspektive die Internalisierung externer Kosten, deren konkrete Maßnahme beispielsweise eine CO_2-Steuer sein könnte. Dieselbe Maßnahme kann – aus Sicht der Handlungsprinzipien –

als Umsetzung des Verursacherprinzips gefordert werden. Über die Maßnahmen selbst hat dieses Buch wenig gesagt – also zum Beispiel zu der Frage, ob eine CO_2-Steuer besser ist als ein Emissionshandelssystem. Zum einen geschah dies, weil die Maßnahmen stark kontextabhängig sind und hier kaum allgemeingültig hätten beschrieben werden können. Was in einer Region gut funktioniert, mag andernorts nicht so sein. Zum anderen, weil die konkrete Formulierung von Maßnahmen sehr viel Fachwissen erfordert, was meine Fähigkeiten übersteigen würde, und was, drittens, das Buch auch so aufblähen würde, dass es kaum noch lesbar wäre. Das aber hätte das grundlegende Anliegen konterkariert, dass ein komplexes Problemverständnis in möglichst vielen Köpfen vorhanden ist – und nicht wieder nur Spezialwissen für Spezialisten produziert.

17.2 Das Ziel ist Lebenswohl/Futeranity: die Zukunft der Erde und des Menschlichen

Der folgende Abschnitt macht einige Anmerkungen zum Prozess der Agenda 2030 und den Schwierigkeiten mit ihm. Drei davon werden diskutiert und es soll dargelegt werden, inwiefern zwei der Schwierigkeiten durch die bisherigen Überlegungen zu Barrieren und Handlungsprinzipien adressiert werden können. Der dritten Schwierigkeit hingegen wird mit einem neuen Begriff begegnet, der hier versuchsweise vorgeschlagen wird. Das utopische Ideal der Nachhaltigkeit ist die Zukunft der Erde und des Menschlichen: the future of terra and humanity – futeranity. Schließlich wird dargelegt, inwiefern dieser Zugang die genannten Schwierigkeiten des Prozesses der Agenda 2030 zu adressieren hilft.

17.2.1 Drei Herausforderungen des SDG-Prozesses

Ungeachtet dessen, was soeben über Barrieren und Handlungsprinzipien gesagt wurde, stehen die gegenwärtigen Bemühungen um Nachhaltigkeit und die Agenda 2030 vor drei Herausforderungen: einer inhaltlichen Herausforderung, einer Herausforderung bzgl. der Adressaten sowie einer konzeptionellen Herausforderung.

1. *Inhaltliche Herausforderung*
Die Agenda 2030 postuliert, dass ihre 17 Ziele »integriert und unteilbar« seien (UN 2015). Das heißt, dass Nachhaltigkeit nur in dem Maß erreicht werden kann, wie diese Ziele gemeinsam erreicht werden. Im Umkehrschluss besagt dies, dass Nachhaltigkeit *nicht* (vollständig) erreicht wird, wenn nur eine Teilmenge der SDGs umgesetzt wird. Ob es allerdings überhaupt möglich ist, die 17 Ziele und ihre 169 Unterziele zugleich zu erreichen, ist völlig ungewiss. Wie mehrfach erläutert, gibt es daran begründete Zweifel.

Aus praktischen Gründen kann nun aber kein Akteur 17 Ziele zugleich verfolgen. Kein Akteur kann Nachhaltigkeit in all ihren Dimensionen anstreben. Das bedeutet aber, dass sich jeder Akteur darauf beschränken muss, eine Teilmenge der Nachhaltigkeitsziele zu verfolgen. Indem er oder sie das tut, und nur die besten Absichten vorausgesetzt, kann der oder die Handelnde durchaus der Ansicht sein, zu den 17 Nachhaltigkeitszielen beizutragen – was denn sonst?[90]

Doch oft genug führen die besten Absichten in komplexen Systemen zu unerwünschten Ergebnissen. Es ist deshalb geradezu undenkbar, dass bestimmte SDGs verfolgt werden, ohne dass dies auch in der einen oder anderen Weise Einfluss auf *andere* SDGs hätte. Und angesichts der oben diskutierten Zielkonflikte (vgl. 3.4) ist es sehr wahrscheinlich, dass die von *einem* Akteur verfolgte Teilmenge von Nachhaltigkeitszielen mit der Teilmenge eines *anderen* Akteurs in Konflikt geraten. Niemand kann gewährleisten, dass der Netto-Effekt einer Maßnahme auf die SDGs insgesamt positiv ist.

Der dringend erforderliche Phasenübergang in eine nachhaltigere Gesellschaft mag dann nie erfolgen, weil nicht alle kritischen Parameter berücksichtigt werden – so wie Wasser nicht kochen wird, wenn man nur erhitzt und zugleich der Druck erhöht wird.

2. *Adressatenproblem*
So wichtig Ziele (wie die SDGs) auch auf systemischer Ebene sind (oder zumindest auf Ebene der Nationalstaaten), sie geben Handelnden wenig Orientierung in konkreten Entscheidungen. Hunger und Armut zu bekämpfen, ist ein wichtiges Ziel – doch wenn

schon Ökonomen sich nicht einig sind, wie man dies am besten erreicht (vgl. 4.2), wie soll dann ein bestimmter Akteur in einer konkreten Situation sagen können, wodurch dies erreicht wird?

Es waren die Nationalstaaten, die sich auf die Agenda 2030 geeinigt haben, und viele der Ziele werden auf Ebene der Staaten gemessen. Aber die Agenda 2030 ruft alle gesellschaftlichen Gruppen zur Mitarbeit auf. Doch für Individuen, Unternehmen oder NGOs ist es nicht leicht, die 17 SDGs zu operationalisieren. Die Ziele sagen nichts darüber aus, wie sie im täglichen Handeln verwirklicht werden können. In vielen Fällen ist es sehr schwierig (oder sogar unmöglich), die langfristigen Folgen einer Maßnahme abzuschätzen und zu beurteilen, inwiefern sie zur Erreichung einer der 169 Teilziele beiträgt – und andere gefährdet. Wegen der großen Komplexität und Interdependenz der Zusammenhänge sind solche Abschätzungen selbst für die besten Teams von Forschenden sehr schwierig und aufwendig. Doch wer keinen Zugang zu solcher wissenschaftlichen Expertise hat, ist als Einzelner auf sich gestellt und ziemlich hilflos. Damit werden nicht nur viele wohlmeinende Akteure mit ihrem Wunsch alleingelassen, zu den UN-Nachhaltigkeitszielen beizutragen; es erhöht auch das Risiko, dass sich die Wirkungen verschiedener Akteure gegenseitig gefährden oder aufheben. Hinzu kommt schließlich, dass selbst ein sehr gutes staatliches Monitoringsystem nicht die Zielerreichung *sicherstellen kann*, da es (in einer liberalen Gesellschaft) nicht kontrollieren kann, welcher Akteur in welchem Maße beiträgt. Doch was ist, wenn unkoordinierte Aktionen alles nur noch schlimmer machen?

3. *Konzeptionelle Herausforderung*

Der Nachhaltigkeitsdiskurs wie auch der Prozess der Agenda 2030 weisen darüber hinaus ein konzeptionelles Problem auf, das mit der inhaltlichen Bestimmung des Nachhaltigkeitsbegriffs zusammenhängt. Dabei geht es nicht um die Frage, ob ein schwacher oder starker Begriff der Nachhaltigkeit angenommen wird. Vielmehr geht es darum, dass Nachhaltigkeit einerseits das große Ziel für die Menschheit ist (wie es die 169 Unterziele der SDGs belegen), dass zugleich aber auch ganz konkrete Handlungen,

Produkte oder Maßnahmen nachhaltig zu sein beanspruchen. Als Menschheit *streben wir Nachhaltigkeit* an und der *Weg dorthin* wird mit *demselben Begriff* bezeichnet wie *das Ziel selbst*.

Wenn es aber stimmt, dass wir nie wirklich wissen können, ob eine Maßnahme langfristig in einem integrativen Sinn als lebensförderlich und sinnvoll betrachtet werden kann und sich oft genug herausstellt, dass die mit besten Absichten vollzogenen Handlungen Nachhaltigkeit geradezu verhindern, dann wird das Konzept ausgehöhlt und leer – mit den in der Einleitung geschilderten Konsequenzen, die entweder zu Überforderung, Resignation oder zum Populismus führen oder gleich den Liberalismus aufgeben wollen.

Dieses Problem sehe ich nicht nur für das Nachhaltigkeitskonzept der Brundtland-Definition, sondern für alle Konzepte, bei denen es darum geht, eine Handlung oder Maßnahme zu qualifizieren, die hier und jetzt beginnt und mit derselben Begrifflichkeit das große Ziel zu beschreiben.

Sind dies nicht nur Wortgefechte? Nach meiner Überzeugung ist das nicht der Fall. Denn dass zwischen dem großen Ziel, dem sich die Menschheit verschrieben hat, und den Mitteln, mit denen dieses Ziel zu erreichen ist, nicht unterschieden werden kann, ist aus mehreren Gründen problematisch:

- Wenn man sich mit den besten Absichten für mehr Nachhaltigkeit einsetzt, sollten auch die Mittel zur Erreichung dieses Ziels nachhaltig sein. Doch ob eine Maßnahme zum Erreichen der SDGs beiträgt oder nicht, lässt sich oft nicht wirklich beurteilen. Da aber das Adjektiv nachhaltig (wie auch der englische Begriff *sustainable*) auch unabhängig von der Brundtland-Definition Bedeutung hat (und seit Jahrhunderten verwendet wird) und man Menschen schlecht vorschreiben kann, wie sie zu reden haben, wird auch weiterhin eine Spannung bestehen zwischen der semantischen Wortbedeutung und der durch WCED und die Agenda 21 aufgeladenen politischen Bedeutung des Konzepts.
- Diese Ambiguität des Begriffs, der semantisch zunächst nur »auf lange Zeit wirkend« bedeutet und wertneutral ist, der aber politisch stark positiv aufgeladen ist, öffnet missbräuchlichen Verwen-

dungen geradezu Tür und Tor. Alles kann – und alles Mögliche wird – als nachhaltig bezeichnet werden, wobei sehr oft die positiven Konnotationen des politischen Ziels subtil genutzt werden. Wie anders ist es zu erklären, dass es Hunderte von Labels gibt, die beanspruchen, das Bezeichnete als nachhaltig zu qualifizieren? Wie kann es sonst sein, dass sich Fondsprodukte am Finanzmarkt mit dem Label der Nachhaltigkeit schmücken, obwohl sie einen best-in-class-Ansatz verfolgen, was bedeutet, dass dem Fond auch die »schmutzigsten Unternehmen« in problematischen Industrien mit angehören können, solange sie besser als die Wettbewerber sind?

♦ Wenn wohlmeinende Akteure realisieren, dass auch ihre besten Absichten Nachhaltigkeit nicht befördert haben – teils sogar gefährdet haben –, mögen sie sich frustriert von dem Konzept generell abwenden (vgl. Einleitung). Je stärker das Konzept mit dem Anspruch der Letztgültigkeit aufgeladen ist und je mehr es emotionalisiert wird, desto gravierender ist eine solche Abkehr.

♦ Populisten, »Klimaskeptiker« und Zyniker können sich dann über das Konzept der Nachhaltigkeit lustig machen, denn es ist kaum glaubwürdig, dass dieses Menschheitsziel je erreichbar ist, wenn dem Anspruch nachhaltigen Handelns schon im Kleinen so oft nicht entsprochen wird und sich mitunter auch die besten Absichten als verheerend erweisen. Wenn sich Handlungen mit bester Absicht als problematisch erweisen (und dafür hat es allein in diesem Buch genügend Beispiele gegeben), dann können Ideologen damit gleich die dahinter stehende Wissenschaft zu diskreditieren versuchen und die Anhänger der Nachhaltigkeit als elitäre Besserwisser verunglimpfen.

Einige der Schwierigkeiten der gegenwärtigen Bemühungen um Nachhaltigkeit (z. B. im SDG-Prozess) verdeutlicht Abbildung 10.

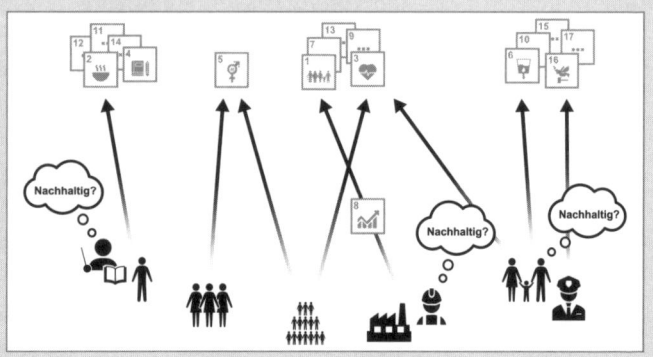

Abbildung 10: Herausforderungen des gegenwärtigen SDG-Prozesses.
(Quelle: Eigene Darstellung)

Drei Herausforderungen des SDG-Prozesses:

1. *Inhaltliche Herausforderung*: Obwohl die SDGs als »integriert und untrennbar« verstanden werden, müssen Akteure in der Praxis Teilmengen der SDGs verfolgen, denn kein Akteur kann alle 17 Ziele gleichzeitig verfolgen. Dies vergrößert das Risiko des Konflikts zwischen einzelnen Zielen und das Gesamtziel gerät aus dem Blick.
2. *Adressatenproblem*: Wie werden die verschiedenen Akteure bei ihrer Zielverfolgung unterstützt? Es sind die Nationalstaaten, die sich auf die SDGs verpflichtet haben – doch wie können sie die Vielzahl von Akteuren in Bewegung setzen, Synergien zwischen ihnen unterstützen und Zielkonflikte minimieren?
3. *Konzeptionelle Herausforderung*: Ziel und Maßnahme sind mit demselben Begriff belegt. Nachhaltigkeit ist die große Vision für die Zukunft der Menschheit – und zugleich beanspruchen die hier und jetzt zu leistenden Maßnahmen auch, *nachhaltig* zu sein, denn immerhin sollen mit ihnen ja die *Nachhaltigkeits*ziele erreicht werden. Dadurch werden alltägliche Handlungen mit einer Letztgültigkeit aufgeladen, die nur zum Scheitern verurteilt sein kann und Gegenbewegungen auslöst.

17.2.2 Das utopische Ideal der Nachhaltigkeit ist Futeranity – Lebenswohl

In der Einleitung hatte ich vorgeschlagen, Nachhaltigkeit als utopisches Ideal zu verstehen, als ein faktisch notwendiges, aber doch nie wirklich erreichbares Ziel. Dieses Verständnis wurde durch das Vorangegangene bestätigt. Das Ziel, allen Menschen ein gedeihliches Leben zu ermöglichen, ohne dabei die Natur zu zerstören, ist angesichts der nicht-nachhaltigen Entwicklung, die die Menschheit gegenwärtig verfolgt, dringender nötig denn je. Die Gründe für den fehlenden Fortschritt in Richtung Nachhaltigkeit sind mannigfaltig – und waren Gegenstand des ersten Teils dieses Buches.

Als gemeinsames Ziel, als utopisches Ideal, ist Nachhaltigkeit buchstäblich *not-wendig*. Doch wie ist den drei soeben beschriebenen Herausforderungen (inhaltlich, adressatenbezogen und konzeptionell) des Nachhaltigkeitsdiskurses und des SDG-Prozesses zu begegnen?

Aus meiner Sicht sind die ersten beiden Herausforderungen – dass es stets nur möglich ist, Teilmengen anzustreben, sich dann aber Zielkonflikte ergeben und dass die Akteure auf sich gestellt bleiben, wenn ihnen nur das Ziel gegeben wird – durch die beiden Teile dieses Buches adressiert: Denn der Blick auf die zahlreichen unterschiedlichen Barrieren ermöglicht ein umfassendes Verständnis der Herausforderungen und birgt das Potenzial, Zielkonflikte früh zu erkennen und integrative Lösungsansätze zu suchen. Und die Handlungsprinzipien des zweiten Teils haben bewusst die Akteure ins Zentrum gerückt, Komplexität reduziert und Nachhaltigkeit damit operationalisiert. Gerade angesichts der fehlenden globalen Steuerungsmechanismen, angesichts der Abwesenheit eines »Steuermanns« im globalen System, erscheint es mir sehr wichtig, das Handeln von Akteuren an *Prinzipien* auszurichten. Dass die hier vorgeschlagenen Prinzipien fehlerhaft und unvollständig sein mögen, ändert nichts an der grundsätzlichen Bedeutung ihrer Rolle in diesem Prozess.

Wird aber ein *Prinzip nachhaltigen Handelns* auch *nachhaltige Ergebnisse* erzielen? Wenn das Prinzip richtig gewählt und befolgt wird, sollte das so sein. Doch wird eine entsprechende Handlung auch zur Nachhaltigkeit führen – im Sinne des Brundtland-Berichts oder eines starken Konzepts der Nachhaltigkeit? Sehr wahrscheinlich nicht – zumindest nicht für sich genommen, denn Nachhaltigkeit als *utopisches Ideal der Menschheit* kann nicht durch eine einzige Handlung oder Maßnahme erreicht werden.

Offensichtlich besteht eine Spannung zwischen Nachhaltigkeit als Ziel und als Mittel – das konzeptionelle Problem, das dadurch verschärft wird, dass sich oft genug auch Maßnahmen mit den besten Absichten später als nicht-nachhaltig erweisen.

Es verwundert nicht, dass das Konzept als »erschöpft« betrachtet wird, wenn es für alltägliche Handlungen und Produkte beansprucht wird, die mit dem hehren Menschheitsziel herzlich wenig zu tun haben und uns oft genug sogar noch weiter davon entfernen. Ein Zustand, in dem alle Menschen in Harmonie miteinander und mit der ganzen Schöpfung leben können, hat fraglos religiöse Konnotationen (z. B. in der prophetischen Tradition im alten Israel). Wenn diese religiöse Konnotation jede Handlung begleitet, die im Sinne der Nachhaltigkeit getan wird, hat das eine Reihe problematischer Konsequenzen:

- Die Menschen »guten Willens« werden überfordert oder erschöpft – oder beides. Denn sie realisieren, dass sie ihr Ziel nie erreichen werden, ein wirklich nachhaltiges Leben zu führen, so sehr sie es auch versuchen. Schlechtes Gewissen und Frustration sind die Folge – und vielleicht auch ein miesepetriger und moralisierender Weltzugang, der allen lebensfrohen Leichtgewichten den Spaß an der Weltrettung gründlich vermiest. Wie viele Alt-68er haben über die Jahrzehnte hinweg für ihre Ideale gekämpft und haben dann schließlich doch resigniert oder sich angepasst?
- Wenn wir nur Versagen und schlechtes Gewissen anzubieten haben, werden nur wenige folgen. Das haben offenbar auch viele Politiker erkannt – und hängen stattdessen die Latte so niedrig, dass jeder darüber springen kann, oder sie versprechen einfach dreist die Quadratur des Kreises, deren Unmöglichkeit erst nach der nächsten Wahl offenkundig wird. Wenn die Gutmenschen versagen, haben Populisten leichtes Spiel (»die Grünen fliegen am meisten!«). Wer intuitiv rebelliert gegen Sätze wie »Kinder sind das Schlimmste für die Umwelt«, weil er oder sie merkt, dass daran etwas nicht stimmen kann, der wirft leider allzu oft mit der

Schlussfolgerung auch die Prämisse über Bord – so nährt man Klimaskepsis und Populismus.

Aus meiner Sicht ist es wichtig, den öffentlichen Diskurs um Nachhaltigkeit zu versachlichen. Dazu kann beitragen, begrifflich zwischen dem zu *erstrebenden Ziel* und den *konkreten Mitteln und Maßnahmen* zu unterscheiden. Über das anzustrebende Ziel – was hier sehr allgemein mit der Ermöglichung eines gedeihlichen Lebens für jeden Menschen im Einklang mit der Natur beschrieben wurde – sollte ein Konsens möglich sein. Über die konkreten Maßnahmen und Mittel hingegen wird gewiss leidenschaftlich gestritten werden. Doch wenn wir uns im Ziel einig sind und dieses begrifflich von den Mitteln unterscheiden, dann kann ein sachlicher Diskurs über die Mittel geführt werden, ohne das gemeinsame Ziel in Frage zu stellen. Und über die Mittel *haben wir zu streiten* – denn sie sind oft weit weniger evident als mancher vermitteln möchte!

Die Mittel werden sicher auch weiterhin als »nachhaltig« bezeichnet werden – denn auch die lexikalisch-semantische Bedeutung (langfristig wirkend) wird weiter Bestand haben. Deshalb könnte es hilfreich sein, für das Ziel einen anderen Begriff zu verwenden.

Wählt man dafür einen bestehenden Begriff, dann impliziert das die Schwierigkeiten, dass zum einen die mit dem Ziel verbundenen Herausforderungen neu sind und kaum angemessen mit einem bestehenden Begriff beschrieben werden und dass jeder Begriff schon seine Geschichte mit sich bringt. Der Charakter des utopischen Ideals wird daher vielleicht am besten durch einen Neologismus ausgedrückt.

Was wäre das Ziel? Eine genauere Fassung desselben könnte natürlich nur in einem breit angelegten Diskurs erarbeitet werden, aber als erste Näherung scheint mir wichtig, dass es um die *Zukunft der Erde und des Menschlichen* gehen muss. Dabei steht »die Erde« für die physischen Lebensgrundlagen nicht nur des menschlichen, sondern jeglichen Lebens überhaupt. Sie zu erhalten hat oberste Priorität, denn ohne sie wird nicht nur gegenwärtiges Leben gefährdet, sondern sämtliches künftiges Leben. Zugleich wird damit simplen Anthropozentrismen widersprochen.

Des Weiteren geht es mir um den Erhalt *des Menschlichen* – damit ist die kulturelle Dimension des menschlichen Lebens angesprochen. Lediglich das physische Überleben der Gattung Homo sapiens zu sichern, wäre bei weitem nicht ambitioniert genug. Ich persönlich bin nicht wirklich um das physische Überleben der Gattung Mensch besorgt. Auch nach den größten Katastrophen mag das physische Überleben einer kleinen Zahl von Menschen gelingen, welches den Fortbestand der Gattung sichert. Doch die Vorstellung, welche Errungenschaften menschlicher Moral, Sitte und Kultur auf dem Weg dorthin erodieren werden – lange bevor das physische Überleben auf dem Spiel steht –, kann einen erschaudern lassen. Die wahrhaft menschlichen Errungenschaften – Menschenrechte, Freiheit, Rechtsstaatlichkeit, Demokratie, Religion und Kultur – sind sehr viel fragiler und bedürfen eines weit besseren Schutzes als die biologische Spezies *Homo sapiens*.

Einen früheren Vorschlag aufgreifend[91] schlage ich deshalb vor, als Ziel den Erhalt und die Zukunft der Erde und des Menschlichen zu formulieren. Im Englischen kurz als *Future of terra and humanity – Futeranity*. Ich habe lange über eine Übersetzung ins Deutsche nachgedacht. Am besten scheint mir der Sinn von *Futeranity* durch den Ausdruck *Lebenswohl* wiedergegeben zu werden. Es geht letztlich um das Wohl des Lebens – in all seinen Facetten, Formen und Arten, jetzt und in Zukunft.

Ich bin mir natürlich darüber im Klaren, dass viele einen solchen Vorschlag schon aus pragmatischen Gründen ablehnen werden, weil er als unrealistisch anzusehen ist. Ein Konzept wie das der Nachhaltigkeit, das bis in die letzten Winkel der Erde diskutiert wird und von der Weltgemeinschaft als Ziel anerkannt wurde, kann nicht so einfach ausgetauscht werden. Mir geht es jedoch nicht um einen einfachen Austausch, sondern um das Verständnis der hier diskutierten Problematik. Wir wollen mit unseren nachhaltigen, aber immer begrenzten Maßnahmen ein Ziel erreichen, das größer als jede der Maßnahmen, jeder Akteur ist. Dieses umfassende Ziel zu benennen ist nicht einfach – Futeranity – Lebenswohl ist der Versuch, das Ziel mit einem Begriff ins Auge zu fassen, ohne an den immer nur begrenzt wirksamen Maßnahmen zu zerbrechen.

Unabhängig von dem gewählten Begriff soll der Vorschlag zumindest die Diskussion darüber bereichern, was wir vom Konzept der Nachhaltigkeit erwarten können – und was nicht – und wie wir die damit verbundenen Ziele besser erreichen können, die so entscheidend sind für den Fortbestand der Natur und des Menschlichen.

17.2.3 Prinzipien nachhaltigen Handelns befördern das Lebenswohl – Futeranity

Mit den Prinzipien nachhaltigen Handelns und dem Konzept des Lebenswohls können nun die drei genannten Schwierigkeiten des SDG-Prozesses adressiert werden.

1. Dem inhaltlichen Problem (dass kein Akteur die SDGs in »integriert und unteilbar« adressieren kann) wird dadurch begegnet, dass kein einzelner Akteur die SDGs in ihrer Gesamtheit anzustreben braucht. Das ist und bleibt die Verantwortung der Staaten. Individuelle Akteure können sich auf die Befolgung der Handlungsprinzipien konzentrieren (was bereits schwierig genug ist). Zielkonflikte werden natürlich durch den Fokus auf Prinzipien nicht verschwinden, doch können die Prinzipien den Umgang mit ihnen erleichtern.

2. Das Adressatenproblem ist insofern gelöst, als es die individuellen Akteure sind, die durch die Handlungsprinzipien angesprochen werden. Es wäre ohnehin kaum möglich, den Beitrag einzelner Maßnahmen zum Erreichen der SDGs zu bemessen, weshalb die Verfolgung von Prinzipien nachhaltigen Handelns aus der Sicht der Akteure sogar griffiger sein kann als das Erstreben globaler Nachhaltigkeitsziele.

3. Der konzeptionellen Herausforderung, die sich dadurch ergibt, dass Zweck und Mittel mit demselben Begriff belegt werden, der dann zur Leerformel wird, wird ein neuer Begriff für das Ziel gegenübergestellt. Das »integrierte und unteilbare« Ziel für die Menschheit wäre das Lebenswohl – Futeranity. »Nachhaltig« wird damit von seinem Letztgültigkeitsanspruch befreit und kann wieder unbefangener (und in einer seinem Wortsinne wieder etwas näherkommenden Weise) verwendet werden. Maßnahmen oder Prinzipien können und werden als mehr oder weniger nachhaltig

zu diskutieren sein – doch wird das tägliche Handeln entlastet, weil die Orientierung an Prinzipien Komplexität reduziert, das gemeinsame Menschheitsziel – das Lebenswohl – auch Kontrahenten zugestanden werden kann, und dann aber in der Sache leidenschaftlich um die richtigen Mittel gestritten werden kann und muss.

Abbildung 11 fasst die Kerngedanken zusammen:

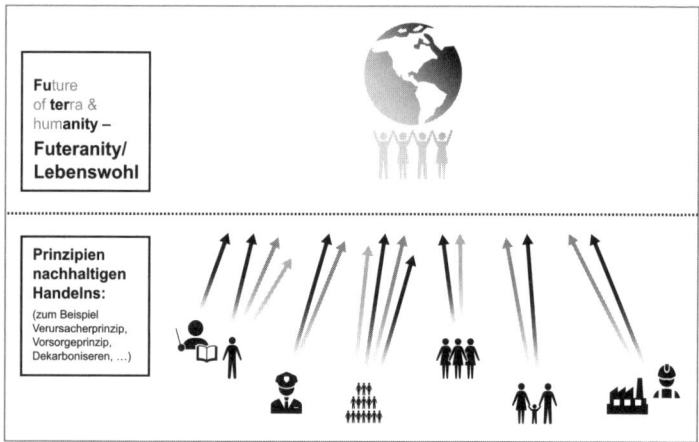

Abbildung 11: Prinzipien nachhaltigen Handelns befördern das Lebenswohl – Futeranity. Diese Prinzipien reduzieren die Komplexität der Herausforderung und geben Orientierung in konkreten Handlungssituationen. Wenn viele Akteure solche Prinzipien nachhaltigen Handelns befolgen, wird systemische Veränderung möglich. Zugleich entlastet die Unterscheidung zwischen dem gemeinsamen Ziel (Lebenswohl/Futeranity) und den zu verwendenden Mitteln die Akteure und erlaubt einen sachlichen Diskurs über die Mittel, ohne eine Überfrachtung mit dem Anspruch der Letztgültigkeit. *(Quelle: Eigene Darstellung)*

Wer meinen konzeptionellen Vorschlag skeptisch beurteilt, kann ohne Weiteres darauf verzichten und im Sinne des Gesagten Nachhaltigkeit weiter als utopisches Ideal verstehen – als ein Leitbild für das Handeln, das sich engagiert zu verfolgen lohnt, auch wenn es sich nie gänzlich wird realisieren lassen (oder wir zumindest dessen nicht sicher sein können). Auch mag es natürlich weitere Vorschläge geben, die anders als Lebenswohl oder Futeranity zwischen Ziel und Mitteln zu unterscheiden erlauben.

Der den Begriffen Lebenswohl oder Futeranity zugrunde liegende Gedanke ist zeitlos – und wird auch nach 2030, dem Zielzeitpunkt der SDGs, gültig und wichtig bleiben.

17.2.4 Die entscheidende Bedeutung der Akteure bei der Transformation zur Nachhaltigkeit

Die Nachhaltigkeitsbarrieren zu adressieren erfordert Politikerinnen und Politiker, die visionär und weise sind, die eine globale und langfristige Sichtweise engagiert und charismatisch vertreten und die Menschen davon überzeugen können, dass globale Probleme nur mit globaler Zusammenarbeit bewältigt werden können. Dies beinhaltet auch eine Auseinandersetzung mit der Frage, was eine gerechte Verteilung globaler Ressourcen ist. Unilateralismus wird in einer multipolaren Welt keinen Erfolg haben. Es gibt keine isolierten Inseln in einem dichten Geflecht globaler Märkte und Gesellschaften. Die wenigen Fälle, in denen Staaten versucht haben, sich vom Rest der Welt abzuschirmen, verdeutlichen eindrücklich, welche Kraft und welche Dynamik sich aus Kooperation und Handel ergeben können bzw. durch Abschirmung verloren gehen. Dies war in der Vergangenheit der Fall und wird auch künftig so bleiben, denn die globalen Herausforderungen werden jedes Land betreffen. Nicht alle werden in derselben Weise betroffen sein. Doch diejenigen Regionen, die vergleichsweise glimpflich davonkommen, werden einen nie gekannten Migrationsdruck erleben, dem auch die höchsten Mauern nicht werden standhalten können. Und selbst wenn sie es könnten, würde damit die Menschlichkeit geopfert. Für Platon war es besser, Unrecht zu leiden als Unrecht zu tun – und es fragt sich dann, auf welcher Seite einer solchen Mauer man leben wollte. Es gäbe in einer solchen Welt keine Gewinner.

Politikerinnen und Politiker sind aber, auf der anderen Seite, auch davon abhängig, was »von unten« kommt, vom Druck der Straße, vom Druck aus den Wahlkabinen. Sie hängen von der öffentlichen Meinung ab, die wiederum durch den öffentlichen Diskurs, durch Meinungsführer, Intellektuelle und charismatische Führungsfiguren geprägt wird. Sie hängen aber auch von der Entwicklung der Märkte ab, worin Unternehmen investieren, was wiederum davon geprägt wird, was die Verbraucherinnen und Verbraucher wollen. Und hier schließt sich der Kreis. Es ist zu einfach, nach »denen da oben« zu rufen – weder Politik noch Wirtschaft werden ohne Druck aktiv werden. So ohnmächtig sich jede und jeder Einzelne auch fühlen mag, Veränderung beginnt immer beim Einzelnen.

Es sind die multiplen Akteure auf zahlreichen Ebenen, die letztlich Veränderung bewirken werden. Damit ist jede und jeder Einzelne gefordert – aber auch jeder überindividuelle gesellschaftliche Akteur, die Politik, die Wirtschaft, die Medien, NGOs, Kirchen, Gewerkschaften ... Niemand kann sich vor der Verantwortung drücken, die sich durch die Not seines Nächsten ebenso ergibt wie durch den drohenden Kollaps unserer globalen Ökosysteme. Es geht nicht immer um die großen Fragen, es geht, wohl meistens sogar zunächst um das sehr Konkrete im Hier und Jetzt. Aber genau das kann, wie es die Vertonung eines afrikanischen Sprichworts ausdrückt, das Gesicht der Welt verändern, wenn »viele kleine Leute an vielen kleinen Orten (...) viele kleine Schritte tun«.

Handeln multiple Akteure in einer kohärenten Weise, indem sie nach überzeugenden und fundierten Prinzipien agieren, dann werden nach und nach weitere Akteure davon berührt und es kann sich eine gewaltige Kraft entwickeln.[92]

Es gibt Anzeichen dafür, dass sich eine globale Zivilgesellschaft entwickelt (vgl. Spini 2014; Kaldor 2003). Initiativen wie Fridays for Future, aber auch viele international tätige NGOs tragen hierzu maßgeblich bei. Solch eine globale Zivilgesellschaft kann eine wichtige Rolle dabei spielen, ein globales Problembewusstsein und globale Lösungsoptionen auszubilden und Nationalismen und Unilateralismen als verantwortungslose Sackgassen zu entlarven.

Kein komplexes System kann durch eine externe Kraft kontrolliert oder gesteuert werden. Deshalb gibt es auch niemanden, der die zielführende Steuerung des SDG-Prozesses übernehmen könnte, um dessen Erfolg zu gewährleisten. Und deshalb sind die Prinzipien nachhaltigen Handelns von so großer Bedeutung. Wenn eine hinreichend große Zahl von Akteuren solchen Prinzipien folgt, nimmt der

Druck »von unten« zu und eine Systemtransformation wird möglich. Die Transformation zu einer nachhaltigen Gesellschaft kann gelingen.

17.3 Ausblick: Die Veränderung kommt

Sowohl die Barrieren als auch die Handlungsprinzipien werden Gegenstand weiterer Untersuchungen sein müssen. Beide werden korrigiert und ergänzt werden müssen, Abhängigkeiten zwischen ihnen werden ebenso weiter ausgearbeitet werden müssen wie Zielkonflikte und Synergien. Und dann wird es darauf ankommen, möglichst viele Menschen für diese Ideen zu begeistern und mit der Umsetzung zu beginnen. Als Leserin oder Leser dieses Buchs haben Sie bereits ein großes Engagement gezeigt, sonst hätten Sie nicht bis hier durchgehalten. Doch wie können wir andere motivieren? Diese Frage ist ganz entscheidend – und auf sie sind wir hier gar nicht eingegangen.

Für mich, einem privilegierten Bürger des globalen Nordens, ist evident, dass wir unsere westlichen Lebensstile verändern müssen. Ein US-Politiker sagte einmal, der amerikanische Lebensstil sei nicht verhandelbar. Doch dieser US-amerikanische Lebensstil, dem der gesamte globale Norden nacheifert, wird verhandelt werden *müssen*. Und er wird auch verhandelt *werden* – sei es aus Einsicht oder aus faktischer Notwendigkeit.

Man kann sich nicht auf seine Freiheit berufen, um damit einem exzessiven und schädlichen, sogar tödlichen Konsumismus zu frönen. Je offensichtlicher der Schaden unseres Konsumismus werden wird, desto evidenter wird es werden, dass man sich nicht auf seine Freiheit berufen kann, um damit die Marotten der Reichen auf Kosten der Armen und auf Kosten unserer gemeinsamen Lebensgrundlagen zu rechtfertigen.

Lassen Sie es mich vereinfachen – mit dem Risiko der Überzeichnung. Wenn wir die Komplexität der Herausforderungen unterschätzen, wenn wir unsere Aufmerksamkeit auf *ein* Thema, *einen* Ansatz und *eine* Akteursgruppe richten, und wenn wir mit den von uns als richtig erkannten Lösungen Heilserwartungen verbinden, die doch die anderen um uns herum nur endlich zu begreifen hätten, dann werden wir scheitern. Wenn wir aber energisch und beharrlich an der Überwindung der Nachhaltigkeitsbarrieren arbeiten, wenn wir ebenso energisch und beharrlich Prinzipien nachhaltigen Handelns erforschen und dann beachten und dabei mit vielen Akteuren in Staat, Gesellschaft und Wirtschaft, Medien und NGOs kooperieren, dann wird Veränderung geschehen.

Es hat immer wieder Beispiele für bemerkenswerte Entwicklungen gegeben, deren zeitgeschichtliche Bedeutung mitunter erst mit etwas Abstand erkennbar war. Niemand hat für möglich gehalten, dass die Berliner Mauer faktisch innerhalb von Wochen fallen würde. Die friedliche Revolution in der DDR war vielleicht das eindrücklichste Beispiel eines fundamentalen und doch friedlichen Systemwechsels in der Geschichte. Niemand hat für möglich gehalten, dass die Bundesregierung 2011 innerhalb von Wochen die nur wenige Monate zuvor beschlossenen Laufzeitverlängerungen für Kernkraftwerke wieder rückgängig machen und den Atomausstieg verkünden würde.

Niemand hat damit rechnen können, dass das Fehlverhalten einer einzigen Hollywood-Größe eine Lawine von Entwicklungen lostreten konnte, in deren Folge das Machtgefälle zwischen den Geschlechtern auf der ganzen Welt neu reflektiert wurde. Und niemand konnte erwarten, dass eine schwedische Schülerin den globalen Diskurs über die Klimakrise so wirksam entfachen würde.

Veränderung ist möglich – und sie kommt vielleicht schneller als wir meinen. Wir alle können dazu beitragen.

ANMERKUNGEN

1 Der HDI ist ein aggregiertes Maß für den Entwicklungsstand einer Gesellschaft und berücksichtigt zu je einem Drittel das Bildungsniveau, die Lebenserwartung und den Lebensstandard. Er ist normiert auf Werte zwischen null und eins, wobei null gleichbedeutend mit keiner Entwicklung ist, während eins den bestmöglichen Entwicklungsstand kennzeichnet.

2 Der IPCC-Bericht von 2014 hat eine solche Haltung bezüglich der Anpassungsstrategien an den Klimawandel festgestellt. Die gesellschaftliche Dimension von Klimaanpassungsstrategien zu unterschätzen, würde zu unrealistischen Erwartungen bezüglich der Anpassungsfähigkeit von Gesellschaften führen (Andersson und Keskitalo 2018, 76).

3 Für Südostasien geht Beeson davon aus, dass sich ein autoritäres Vorgehen des Staates angesichts der sich absehbar verschärfenden ökologischen Probleme viel mehr verbreiten wird (Beeson 2010, 276). Chen und Lees sehen für die Umweltpolitik in China eine Art Öko-Diktatur (»authoritarian environmentalism«) kommen, bei der die staatliche Macht wieder stärker zentralisiert und lokale Autonomie zurückgefahren werde (Chen und Lees 2018, 212).

4 Jaspal et al. haben gezeigt, dass religiöse Metaphern bei der Entwicklung von »Klimaidentitäten« (climate identities) eine wichtige Rolle spielen (Jaspal, Nerlich und van Vuure 2016, 821).

5 Der IPCC-Bericht von 2014 hat ein ähnliches Ungleichgewicht bzgl. der Anpassungsstrategien thematisiert und auf das Risiko hingewiesen, die Komplexität des gesellschaftlichen Prozesses für Klimaanpassungsstrategien zu unterschätzen. (Mimura, Pulwarty und Duc 2014, 874)

6 Genauer gesagt argumentiert Geels, dass derartige Übergänge durch die Ausrichtung von Prozessen dreier Ebenen zustande kommen: Nischen-Innovationen, Regime-Wechsel und Druck von Seiten allgemeiner, großräumiger Veränderungen. Nischen-Innovationen bringen Neuheiten, doch diese Innovationen können nur erfolgreich sein, wenn sie durch Druck von Seiten großräumiger Veränderungen (*landscape level*) unterstützt werden – solche großräumigen Veränderungen sind etwa die politischen, gesellschaftlichen oder wirtschaftlichen Rahmenbedingungen (z. B. demografische Veränderungen oder das Entstehen der Konsumkultur) – verbunden mit der Destabilisierung der herrschenden Regime (Geels und Schot 2007, 400). Beispiele für die Regeln solcher herrschenden Regime sind institutionelle Rahmenbedingungen, gemeinsame Überzeugungen, Fähigkeiten und Kompetenzen und Lebensstile (Geels 2011, 27).

7 »Successful sustainability transformations ultimately hinge on a broad range of actors to organize around stewarding transformative change« (Künkel 2019, 263).

8 Bei Zitaten aus älteren Quellen wird die Rechtschreibung im Folgenden aktualisiert.

9 Ob eine Handlung wirklich in dem Sinne nachhaltig ist, dass sie die Bedürfnisse der gegenwärtigen Generationen zu befriedigen hilft, ohne die der künftigen zu gefährden, kann m. E. grundsätzlich nie mit Sicherheit gesagt werden, da prinzipiell nie die langfristigen Folgen einer Handlung beurteilt werden können, schon gar nicht in komplexen Systemen (was ein Argument gegen den ethischen Konsequentialismus ist, der die Moralität von Handlungen aufgrund ihrer Folgen beurteilen möchte).

10 In diesem Buch bemühe ich mich um eine inklusive Sprache, ich werde aber nicht den ganzen Text konsequent »durch-gendern«. Stattdessen werde ich verschiedene Formate verwenden und gelegentlich auch nur ein Genus verwenden; mitunter dann, wenn dies nach meiner Einschätzung der Zusammenhang nahelegt.

11 Die folgende Typologie von Nachhaltigkeitsbarrieren ist bisher noch unveröffentlicht, nur erste rudimentäre Gedanken dazu sind bereits erschienen (Berg 2017).

12 Exergy ist eine thermodynamische Größe und bezeichnet diejenige Energie, mit der ein System Arbeit verrichten kann. Sie ist also für technische Anwendungen die entscheidende Größe, während ihr Pendant, die Anergie, beispielsweise auch in der Wärme eines Raums enthalten, aber technisch nicht nutzbar ist – zumindest dann nicht, wenn es keinen Temperaturunterschied zur Umgebung gibt.

13 Schaub und Turek schreiben in ihrem Buch über Energieflüsse und Stoffkreisläufe: »Any real system that goes through a cycle of operations and returns to its initial state must lead to an increase of the entropy of the surroundings« (17).

14 Der Schmetterlingseffekt ist typisch für chaotische Systeme. Chaotisches Verhalten ist jedoch nicht auf komplexe Systeme beschränkt. Nichtlinearität und Chaos kann auch in sehr einfachen Gegebenheiten auftreten, etwa bei einem Doppelpendel.

15 Inwiefern sich durch die zunehmende Vernetzung unserer Gesellschaft Folgerungen für Nachhaltigkeit ergeben, habe ich an anderer Stelle untersucht (vgl. Berg 2005, Berg 2008).

16 Eine weitere vom WBGU in diesem Zusammenhang genannte Barriere dafür, dass Individuen sich für eine nachhaltigere Lösung entscheiden, sieht er in Pfadabhängigkeiten (83 f.). Mir scheint dies aber weniger ein Problem des value-action gap zu sein. Pfadabhängigkeiten werden hier eher als systemisches bzw. soziales Phänomen verstanden und in Abschnitt 4.1 diskutiert.

17 Ich verdanke diese Beobachtung Daniela Berg.

18 Das International Council for Science (ICSU) hat ein Modell vorgestellt, das die Beziehungen zwischen den SDGs strukturiert. Es reicht von direktem Gegensatz (d. h., jeweiligen Ziele würden sich wechselseitig aufheben) bis zu untrennbarer Verbundenheit (ICSU 2016).

19 Marc Dusseldorp, der sich eingehender mit Zielkonflikten der Nachhaltigkeit befasst (Dusseldorp 2017), steht der Suche nach Synergien skeptisch gegenüber. Er glaubt nicht, dass es eine allgemeine Regel für den Umgang damit gäbe. Auch den häufig (wie auch hier) gemachten Vorschlag, nach Synergien zu suchen, sieht er skeptisch, da es nicht sicher sei, dass das immer möglich ist (145). Er weist darauf hin, dass es nicht möglich sei, Defizite in einem Bereich durch Übererfüllung

in einem anderen zu kompensieren. Nachhaltigkeitsnormen seien Satisfaktionsgebote und keine Optimierungsgebote – es gehe also darum, diese Regeln zu befolgen und nicht bloß in bestmöglicher Weise zu realisieren (Dusseldorp 2017, 184).

20 Das Folgende ist mit Blick auf die deutsche bzw. europäische Situation im Gegenüber zu afrikanischen Ländern formuliert, gilt analog aber auch für andere Weltregionen.

21 Im Folgenden wird hauptsächlich die globale Armut betrachtet, also die Armut der armen Länder (LICs), da die Gründe für die Armut in Ländern mittlerer und höherer Einkommen sehr unterschiedlich und primär Aufgabe der nationalen Regierungen sind.

22 Auch Niu et al. haben den Zusammenhang von Stromverbrauch und menschlicher Entwicklung untersucht, für einen Zeitraum von 1990 bis 2009 in 50 Ländern. Je höher das Einkommen eines Landes, desto größer sei der Stromverbrauch und desto höher der Grad menschlicher Entwicklung, wobei sie Letztere mit fünf Indikatoren messen: BIP pro Kopf, Konsumausgaben, Urbanisierungsrate, Lebenserwartung bei Geburt und Erwachsenen-Alphabetisierungsrate (Niu et al. 2013, 338).

23 Die Verbindung zwischen Rechtspopulismus und »Klimaskepsis« ist noch erstaunlich wenig untersucht worden, Lockwood spricht in diesem Zusammenhang von einer »erstaunlichen Dürre akademischer Forschung« (Lockwood 2018, 713).

24 Es ist wichtig zu betonen, dass Populismus nicht per se irrational und auch nicht in jeder Hinsicht problematisch ist. Ernesto Laclau zufolge hat Populismus seine eigene, spezifische Rationalität, wie Gandesha hervorgehoben hat (Gandesha 2018). In gewissem Sinn kann man sogar sagen, dass demokratische Politik immer populistisch sei, da sich Politik in einer inhärent heterogenen Gesellschaft immer um eine verständliche Darstellung bemühen müsse und eine große Vielfalt politischer Forderungen so darstellen müsse, dass sie einer Mehrheit vermittelbar ist.
Insofern kann Populismus in freiheitlichen Demokratien durchaus auch eine positive Rolle wahrnehmen, als er Problemfelder anspricht, die die herrschende »Elite« vernachlässigt (Mudde und Kaltwasser 2017, 1 f.; 84).

25 Peter Beyer hebt einen anderen Aspekt des Fundamentalismus hervor, seine Beziehung zur Globalisierung. Fundamentalisms sei eine moderne Entwicklung in einer globalisierten Welt (Beyer 2010, 283). Ötsch und Pühringer argumentieren in einer Untersuchung zum Rechtspopulismus, dass dieser dem Markt-Fundamentalismus nahestehe – und umgekehrt, was die Demokratie im 21. Jahrhundert gefährde (Ötsch und Pühringer 2017).

26 Im Original: »If it is true that Trumps most significant and insidious impacts on environmental policy, management, and science will ultimately be traced to his low regard for truth, his cultural assault on political legitimacy and trust, and the morally destructive behavior he models for impressionable minds, then it is incumbent on environmental educators to devote more of our attention to questions of cultural identity, democratic deliberation, and ethics in our treatment of environmental issues.«

27 Für das Folgende vgl. Prechtl 1999.

28 Wörtlich: »Erster Grundsatz: Jedermann hat gleiches Recht auf das umfangreichste System gleicher Grundfreiheiten, das für alle möglich ist. Zweiter Grundsatz: Soziale und wirtschaftliche Ungleichheiten müssen folgendermaßen beschaffen sein: (a) sie müssen unter der Einschränkung des gerechten Spargrundsatzes den am wenigsten Begünstigten den größtmöglichen Vorteil bringen, und (b) sie müssen mit Ämtern und Positionen verbunden sein, die allen gemäß fairer Chancengleichheit offenstehen.« (Rawls 1998, 336)

29 Zu Beginn der Doha-Runde verpflichteten sich die beteiligten Minister, den Marktzugang für Entwicklungsländer zu verbessern, eigene Exportsubventionen abzubauen und auch die heimischen Subventionen in einer den Handel nicht gefährdenden Weise zu korrigieren (WTO, Ministerial Declaration 2001, section 13).

30 Es gibt zahlreiche weitere Beispiele für den Einfluss von Lobbyisten auf die Bundespolitik. Berüchtigt sind etwa auch Blockaden und Interventionen von Mitgliedern der Bundesregierung in Brüssel, die sich etwa gegen strengere Emissionsgrenzwerte für die Autoindustrie ausgesprochen haben. Schon 2013 nannten es EU-Diplomaten einen »Skandal«, wie sich Deutschland gegen eine entsprechende Vereinbarung gesperrt habe (Spiegel Online 2013). 2017 setzte sich Sigmar Gabriel als Außenminister in Brüssel gegen zu strenge Klimaziele zur Wehr (Tagesspiegel 2017).

31 Zu den Voraussetzungen eines idealen Markts zählt unter anderem, dass alle Marktteilnehmer in derselben Weise »rational« agieren, dass sie freien Zutriff zum Markt haben und vollständig informiert sind und die Güter »homogen« sind, was bedeutet, dass sie vollständig austauschbar sind. Keine einzige dieser Annahmen ist in der Realität vollständig gegeben.

32 Auf diesen Zusammenhang hat mich Rolf J. Langhammer aufmerksam gemacht, dem ich auch für weitere hilfreiche Bemerkungen zu diesem Kapitel dankbar bin.

33 Die Autoren nennen: »(1) Abweichungen der tatsächlichen von den in der Wirtschaftsökonomik unterstellten Bedingungen (Substitutionshemmnisse); (2) mangelnde Marktfähigkeit von Gütern (öffentliche Güter, externe Effekte, meritorische Güter, Verfügungsrechte; (3) wettbewerbsbeschränkende Strategien auf einem Markt oder wettbewerbsbeschränkendes Verhalten von Marktteilnehmern; (4) Marktform des Monopols oder monopolähnlicher Strukturen; (5) Makroökonomische Probleme der Instabilität (Konjunktur-, Wachstums- und Strukturprobleme); (6) Marktablehnung bei verteilungs- und sozialpolitischen Schwierigkeiten; (7) Staatsversagen.« Perman et al. fassen das Marktversagen so zusammen: »Actual economies do not satisfy the conditions of the ideal competitive economy. Agents do not have perfect information, markets are incomplete, markets are often not perfectly competitive, markets cannot supply public goods, and much of consumption and production behaviour generates external effects. These ›failures‹ will result in inefficient allocation of resources« (Perman et al. 2011 (1996), 134).

34 Perman et al. sprechen hier sogar davon, dass »alle Ökonomen« hier eine Aufgabe des Staates sehen würden. Das scheint mir etwas zu optimistisch, wie etwa die folgende Aussage Carl Christian von Weizsäckers belegt: »Die Weltprobleme werden dadurch gelöst, dass man der Wirtschaft die Führungsrolle vor der Politik überlässt.« (C. C. von Weizsäcker 2000, 166).

35 Dies fügt sich sehr gut in die Gedanken zur Global Governance, die im nächsten Kapitel vorgestellt werden (vgl. Kapitel 6).
36 Das Problem des Trittbrettfahrens ist natürlich nicht auf Umweltgüter beschränkt, wie z. B. das o. g. Falschparken zeigte. Da aber gerade die globalen öffentlichen Güter wie das Klima, die Ozeane oder ihre Fischbestände durch das Trittbrettfahren besonders gefärdet sind, stammen die folgenden Beispiele aus dem Umweltbereich.
37 Genau genommen ist dies natürlich eine Simplifizierung des »Rational Choice«-Modells. Ostrom hat den »rationalen Akteur« wie folgt beschrieben: »Fully rational individuals are presumed to know (i) all possible strategies available in a particular situation, (ii) which outcomes are linked to each strategy given the likely behavior of others in a situation, and (iii) a rank order for each of these outcomes in terms of the individual's own preferences as measured by utility. The rational strategy for such an individual in every situation is to maximize expected utility« (Ostrom 2010, 643).
38 »Evaluation of the health losses due to ambient air pollution using willingness-to-pay measures raises the cost to 3.8 percent of GDP« (Worldbank, 2007, xv).
39 Pigou 1932 (1920). Manche von Pigous Aussagen haben heute noch große Relevanz, etwa dass unser Einfluss auf die Umwelt einen bleibenden Einfluss auf die Zukunft habe. Die Umwelt einer Generation könne einen bleibenden Effekt erzielen, weil sie die Umwelt künftiger Generationen beeinflusse. »Die Umwelt hat, kurz gesagt, wie Menschen auch Kinder.« (96).
40 So mussten z. B. die Probanden in zwei Gruppen Geschichten vorlesen: Einmal ging es um eine Situation, in der jemand in sehr wohlhabenden Verhältnissen aufwuchs, das andere Mal dasselbe in ärmlichen Verhältnissen. Beide Gruppen sollten danach eine Aufgabe ausführen, von der sie nicht wissen konnten, dass sie unlösbar ist. Nach einiger Zeit wurde ihnen jemand vorgestellt, der die Übung angeblich schon absolviert habe. Diejenigen, die die Geschichte mit den wohlhabenden Verhältnissen vorgelesen hatten, zögerten signifikant länger damit, um Hilfe zu fragen als die anderen (1155). In anderen Experimenten zeigten die Autoren, dass auch die Spendenbereitschaft und Hilfsbereitschaft derjenigen, die mit Geld angestachelt waren, geringer waren als in der Kontrollgruppe.
41 Kant verstand Kultur als »letzten Zweck«, »den man der Natur in Ansehung der Menschengattung beizulegen Ursache hat« (KrU, A 388). Kant grenzte Kultur von Zivilisation ab. »Wir sind zivilisiert, bis zum Überlästigen, zu allerlei gesellschaftlicher Artigkeit und Anständigkeit. Aber, uns für schon moralisiert zu halten, daran fehlt noch sehr viel. Denn die Idee der Moralität gehört noch zur Kultur; der Gebrauch dieser Idee aber, welcher nur auf das Sittenähnliche in der Ehrliebe und der äußeren Anständigkeit hinausläuft, macht bloß die Zivilisierung aus.« (Idee zu einer allgemeinen Geschichte in weltbürgerlicher Absicht, A 402 f.) Es ist also für Kant letztlich nur das wirklich Kultur, was der Freiheit entspringt – und gerade nicht ein Um-zu enthält. Deshalb grenzt er Zivilisation so scharf von Kultur ab. »Alles Gute aber, das nicht auf moralisch-gute Gesinnung gepfropft ist, ist nichts als lauter Schein und schimmerndes Elend.« (Ebd., A 403)

42 In der jüdischen wie auch jüdisch-christlichen Tradition ist übrigens nicht der Mensch der Höhepunkt der Schöpfung, sondern der Sabbat. Der Sabbat eröffnet den Raum, in dem die ganze Schöpfung zur Ruhe kommt im Angesicht Gottes.

43 Es gibt selbstverständlich auch auf nationaler Ebene Probleme wirksamer Nachhaltigkeits-Governance – allein Fragen wie Datenerhebung und Monitoring sowie Koordination und Incentivierung der relevanten Akteure – die wir hier allerdings ausblenden müssen, weil sie eher Fragen der Implementierung betreffen und nicht konzeptioneller Art sind. Auf nationaler Ebene berühren sich Fragen von Nachhaltigkeits-Governance allerdings mit mehreren hier angesprochenen Barrieren, wie den falschen Rahmenbedingungen des Markts, Lobbyismus und Korruption, Ungleichheiten und konfligierende Interessen.

44 Wie unten deutlich werden wird, hält Zürn selbst dieses Gewaltmonopol nicht für zwingend erforderlich, damit Vereinbarungen eingehalten werden.

45 Das ist gewiss auch einer der Gründe für die zurückgehende Wählergunst – die Projekte, für die die SPD lange gestritten hat, sind längst Realität. Nicht, dass es nicht noch hier und dort Verbesserungspotenzial gäbe – aber gemessen an der Dominanz neu hinzugekommener Problemfelder sind die klassischen Themen kein Magnet mehr.

46 Die folgenden Überlegungen beziehen sich auf die Gedanken der Seiten 205 ff.

47 Der Begriff der Global Governance hat sich auch im Deutschen verbreitet. Es geht dabei nicht um Regierung (also nicht um »global government«), sondern um das Zusammenwirken multipler Akteure. Gelegentlich wird dafür im Deutschen von Weltinnen- oder Weltordnungspolitik gesprochen.

48 Wie Brühl und Rosert ausführen, ist der wachsende Einfluss der NGOs nicht bloß ein linearer Trend, der extrapoliert werden könne. Allerdings folge die Bereitschaft, NGOs zu Verhandlungstischen zuzulassen, einer Kosten-Nutzen-Analyse: Solange NGOs hinreichend Kapital mit an den Verhandlungstisch bringen – in Form von Macht, Wissen oder Werten –, wären sie akzeptiert (Brühl und Rosert 2014, 356).

49 Es sollte erwähnt werden, dass es neben den Autoren, die Global Governance rein deskriptiv sehen und denen, die damit auch eine normativ-positive Haltung verbinden, auch eine dritte Gruppe von Autoren gibt, die Global Governance als Zielvorstellung ablehnen. Diese Gruppe von meist neokonservativen US-amerikanischen Autoren sieht Global Governance als Versuch der UN und anderer IGOs, die Handlungsspielräume mächtiger Staaten, allen voran der USA, zu beschränken (Biermann und Pattberg 2008, 279 f.).

50 Zürn unterscheidet zwischen Zwang (coercion) und Durchsetzung (enforcement). Letztere ist schwacher als Zwang und meint schlicht das Erzielen von Regelkonformität (compliance generation) unabhängig vom eingesetzten Mittel (Zürn 2005, 6 Fußnote 8).

51 Vgl. zum Beispiel (Ott 2014, 908): »The prospects to actualize sustainability on a global scale, however, become all too lofty if there are no solid institutional anchors within national states. In the first instance, the institutionalization of sustainability is to be grounded in national states since well-ordered and decent states have the organizational and financial capacities to implement comprehensive sustainability strategies.«

52 Die Gedanken des folgenden Abschnitts beziehen sich in erster Linie auf den deutschen bzw. europäischen Rechtsrahmen.
53 Die folgenden Vorschläge basieren auf Empfehlungen, die die Arbeitsgruppe »Nachhaltiges Wirtschaften und Wachstum« im Rahmen des Zukunftsdialogs von Bundeskanzlerin Merkel 2012 vorgeschlagen hatte (Berg, Calliess et al. 2012). Bedauerlicherweise sind diese Vorschläge auch heute noch in großen Teilen aktuell.
54 Die folgenden Gedanken stammen aus dem Sondergutachten 2019 des Sachverständigenrats für Umweltfragen (SRU 2019, 129 f.).
55 Es ist in der Praxis oft nicht leicht zu entscheiden, ob eine Umweltbelastung noch tolerabel ist oder nicht. Letztlich können nur ein öffentlicher Diskurs und eine entsprechende politische Entscheidung darüber befinden (70).
56 »Denn wenn wir etwa eine Verletzung am Finger erleiden, so empfindet es der ganze Organismus durch den Körper hindurch bis zur Seele und bis zu deren einheitlich geordnetem herrschenden Teil; alles fühlt den Schmerz mit dem leidenden Gliede gemeinsam. Wir drücken das durch die Worte aus: der Mensch hat Schmerzen am Finger … Solch Staat ist es in erster Linie, der die traurigen oder frohen Erfahrungen des einzelnen Bürgers für seine eigenen Erfahrungen erklären wird. Der gesamte Staat wird sich mitfreuen oder mittrauern.« (Platon, Politeia 462b)
57 Die Gedanken des folgenden Absatzes sind angelehnt an Berg (2010, 9 f.).
58 In dem entsprechenden Gesetz heißt es: »(a) As technology continues to change and expand rapidly, its applications are – (1) large and growing in scale; and (2) increasingly extensive, pervasive, and critical in their impact, beneficial and adverse, on the natural and social environment. (b) Therefore, it is essential that, to the fullest extent possible, the consequences of technological applications be anticipated, understood, and considered in determination of public policy on existing and emerging national problems« (US Congress 1972).
59 Die Arbeitsteilung verteilt die Arbeit nicht nur auf verschiedene Mitglieder einer Gesellschaft, sie ist auch die Voraussetzung für Automation, wie bereits Marx feststellte. Interessant ist in unserem Zusammenhang allerdings, dass Marx zwar die Arbeitsteilung entschieden kritisierte, doch auch er erklären muss, wie Produktivitätsgewinne und Skalenerträge ohne Arbeitsteilung zu erzielen wären. Der wirtschaftliche »Erfolg« der Systeme des »real existierenden Sozialismus« scheint mit dem Grad zu korrelieren, bis zu dem dieses ökonomische Prinzip der Arbeitsteilung angewendet wurde. Dieses ist wohl eine der fundamentalsten Herausforderungen unseres Wirtschaftssystems (vgl. Mises 1922, 151).
60 Ein halbes Jahrhundert später kann man über das Visionäre seiner Gedanken staunen. »Es ist offensichtlich, dass das traditionelle Konzept einer ›wertfreien‹ Naturwissenschaft und einer ›neutralen‹ Technologie vollständig zugunsten eines vereinheitlichten Konzepts aufgelöst werden wird, wenn die Universität von Inter- zu Transdisziplinarität übergeht« (Jantsch 1970, 427).
61 Eine solche Zuschreibung hat handlungstheoretisch mit der Schwierigkeit zu kämpfen, dass Handeln im klassischen Verständnis immer an menschliche (und nicht juristische) Personen geknüpft war. Es gibt aber gute Gründe, den Hand-

lungsbegriff auch auf Unternehmen anzuwenden, denn die für den Handlungsbegriff konstitutiven Momente erfüllen auch Unternehmen: kausale Wirksamkeit, Intentionalität und auch ein Organ von Reflexion und Beurteilung (»Gewissen«), wie es der Aufsichtsrat wahrnimmt (vgl. dazu Berg 2010).

62 Wie Hiery ausführt, schuf Herder bloß das Wort, nicht aber das Konzept, das er aus dem Lateinischen »genius seculi« übernommen hatte. (Hiery 2001)

63 Zwar hat es Geschichtsschreibung schon seit der Antike gegeben, doch erst relativ spät in der Geistesgeschichte entwickelte sich ein Verständnis dafür, dass »die Vergangenheit mit deren eigenen Maßstäben messen lernte« (Brugger 1990, 166). Der Rationalismus der Aufklärung hatte versucht, alles Geschehen auf Rationales, auf Gesetzmäßiges zurückzuführen. Im Gegensatz dazu behauptete der Historismus des 18. und 19. Jahrhunderts, dass das Geschichtliche im Unterschied zum Natürlichen einen spezifischen, eigenen Charakter aufweise (Brugger 1990), was zum Teil heftig kritisiert wurde (Popper 1979). Doch erst Hans-Georg Gadamer wendete diesen Gedanken auch auf den Betrachter selbst an. »Die Überwindung aller Vorurteile, diese Pauschalforderung der Aufklärung, wird sich selber als ein Vorurteil erweisen, dessen Revision erst den Weg für ein angemessenes Verständnis der Endlichkeit freimacht, die nicht nur unser Menschsein, sondern ebenso unser geschichtliches Bewußtsein beherrscht ... In Wahrheit gehört die Geschichte nicht uns, sondern wir gehören ihr. Lange bevor wir uns in der Rückbesinnung selber verstehen, verstehen wir uns auf selbstverständliche Weise in Familie, Gesellschaft und Staat, in denen wir leben. Der Fokus der Subjektivität ist ein Zerrspiegel. Die Selbstbesinnung des Individuums ist nur ein Flackern im geschlossenen Stromkreis des geschichtlichen Lebens. *Darum sind die Vorurteile des einzelnen weit mehr als seine Urteile die geschichtliche Wirklichkeit seines Seins.*« (Gadamer 1990, 280f.; Hervorhbg. im Orig.)

64 Da es in diesem Buch um Barrieren der Nachhaltigkeit und um Prinzipien nachhaltigen Handelns geht, wird nicht darauf eingegangen, dass es auch Aspekte des Zeitgeistes geben mag, die Nachhaltigkeit befördern. Es ist gut vorstellbar, dass sein bestimmtes, umweltschädigendes Verhalten bald als uncool und peinlich gilt, ähnlich wie sich die öffentliche Einstellung zum Rauchen in den letzten zwanzig Jahren geändert hat.

65 Inwiefern kann man sagen, dass Kurzfristorientierung zeitgeistabhängig ist? Ist sie nicht tief in der menschlichen physiologischen Konstitution verwurzelt, in der Reiz-Reaktions-Schemata das Kurzfristige gegenüber dem Langfristigen priorisieren? Aus guten Gründen ist die unmittelbare Gefahrenabwehr zur Sicherung von Leib und Leben bei allen Lebewesen besonders ausgeprägt. Da die Kurzfristorientierung gleichwohl unter zeitgeistabhängige Barrieren subsumiert wird, soll betont werden, dass es auch ein Moment der Kurzfristigkeit gibt, das darüber hinausgeht. Die alten Ägypter konnten trotz dieser physischen Konstitution Pyramiden bauen und sie bereiteten ihre Toten in einer Weise auf das Jenseits vor, dass die Körper Jahrtausende überdauerten. Es gibt offenbar einen Aspekt der Kurzfristorientierung, der sich nicht durch biologische Anlagen erklären lässt.

66 So lautet der Werbeslogan einer Handelskette zu Beginn des Jahrhunderts.

67 »Zweckrational handelt, wer sein Handeln nach Zweck, Mittel und Nebenfolgen orientiert und dabei sowohl die Mittel gegen die Zwecke, wie die Zwecke gegen

die Nebenfolgen, wie endlich auch die verschiedenen möglichen Zwecke untereinander, abwägt ...« (Max Weber, Wirtschaft und Gesellschaft, 13)

68 Mit Entrümpelung meint Sachs, »in der Lebensführung das Prinzip der Einfachheit zu kultivieren«, Entflechtung bedeutet, der immer stärkeren Verflechtung der Weltwirtschaft durch Lokalisierung von Wertschöpfungsketten entgegenzutreten (W. Sachs 1993).

69 Es kann hier nicht diskutiert werden, ob Jonas' Prinzip dem kategorischen Imperativ der Substanz nach überhaupt etwas hinzufügt. Denn im Sinne Kants könnte man ja sagen, dass eine Handlung, die nicht mit der Permanenz echten menschlichen Lebens verträglich ist, wohl auch kaum beanspruchen könnte, als allgemeines Gesetz gewollt werden zu können.

70 Browne (2008) sieht solche Vorgaben deshalb auch kritisch, denn ihre Einhaltung sei nicht wirklich überprüfbar. Es müsse ständig unter Unwissenheit entschieden werden, was die Umsetzung von anscheinend sehr klugen und einfachen Maßnahmen mitunter schwierig oder unmöglich mache (Brown 2008, 143). Aus meiner Sicht ist dies ein Argument dafür, den konkreten Zielen (wie z. B. SDGs) Handlungsprinzipien an die Seite zu stellen.

71 Bleischwitz et al. haben den Materialverbrauch ausgewählter Materialien untersucht und einen gewissen Sättigungseffekt festgestellt. Für den Pro-Kopf-Verbrauch an Stahl, Kupfer und Zement sei dies in den vier untersuchten Ländern (Deutschland, Japan, Großbritannien und USA) bereits nachweisbar (Bleischwitz, et al. 2018, 86).

72 Selbstverständlich müsste bei genauerer Betrachtung nach den unterschiedlichen Rohstoffen unterschieden werden, da ihr Umwelteinfluss natürlich sehr variiert. Für den gegenwärtigen Anlass ist es allerdings genug, generell eine deutliche Reduktion zu fordern, denn die Grenzen nachhaltiger Nutzung (wie sie oben definiert wurden) sind in fast allen Bereichen überschritten. Ob es der Fischfang oder der Stickstoffüberschuss ist, der Verbrauch an Phosphor oder die Förderung mineralischer Rohstoffe, ob es Mikro-Plastik oder Nanomaterialien in der Umwelt sind – in keinem dieser Bereiche bewegen wir uns auf einem zukunftsfähigen Pfad.

73 Ich finde es unglücklich, in diesem Zusammenhang von »Kapital« zu reden, und habe nach einer Alternative zu dieser ökonomischen Begrifflichkeit gesucht. Da das nun folgende Prinzip allerdings aus einer ökonomischen Perspektive heraus formuliert wird und sich an Akteure als Subjekte wirtschaftlichen Handelns richtet, bin ich bei der üblichen Formulierung geblieben.

74 Einige Ökonomen bemängeln, dass das Verursacherprinzip nicht zu effizienten Umweltschutzmaßnahmen führen würde, weshalb sie dieses Prinzip als überholt und begrenzt beurteilen (vgl. z. B. Schmidtchen et al. 2007). Sie plädieren stattdessen dafür, mithilfe von Kosten-Nutzen-Analysen zu ermitteln, welche Maßnahme im konkreten Zusammenhang am effizientesten ist. Wenn Menschen ihren Abfall einfach in die Umwelt werfen, könnte es kostengünstiger sein, jemanden zu beauftragen, den Müll zu entfernen, als den Verursacher zu identifizieren und ihn in die Pflicht zu nehmen. Dieses Argument ist aus meiner Sicht ein Beleg dafür, dass man Fragen der Umweltverschmutzung nicht allein ökonomisch beantworten darf. Ein Ablasshandel mag effizient sein, er ist aber nicht unbedingt auch moralisch. Es ist aus meiner Sicht wichtig, am Verursacherprin-

zip als einem moralischen und juristischen Prinzip festzuhalten, denn es regelt die Zuschreibung von Verantwortung. Davon unbenommen ist, dass es ja durch andere, effizientere Maßnahmen ergänzt werden kann.

75 Den Spezialfall des rein hedonistischen »Prinzips«, das stets die Maximierung der (eigenen) Lust anstrebt, können wir hier nicht näher betrachten. Mit Kant könnte man dem Hedonismus entgegenhalten, dass das einer solchen Maxime folgende Handeln kein freies Handeln sein könne, weil es letztlich getrieben ist von Wünschen, Interessen und Begierden.

76 Max Webers Unterscheidung von Gesinnungs- und Verantwortungsethik hatte dem Vorschub geleistet. Denn für Weber galt ja einzig die Verantwortungsethik als für Politiker als angemessen. Keine Ethik der Welt käme »um die Tatsache herum, dass die Erreichung ›guter‹ Zwecke in zahlreichen Fällen daran gebunden ist, dass man sittlich bedenkliche oder mindestens gefährliche Mittel und die Möglichkeit oder auch die Wahrscheinlichkeit übler Nebenerfolge mit in den Kauf nimmt« (Politik als Beruf, 71); vgl. Norkus 2000.

77 Für Alfred North Whitehead war es sogar generell die »sicherste allgemeine Charakterisierung der philosophischen Tradition Europas« »dass sie aus einer Reihe von Fußnoten zu Platon besteht.« (Whitehead 1995, 91)

78 Damit habe das menschliche Tätigsein seine Freiheit verloren. Sowohl das Herstellen (die Tätigkeit des homo faber) als auch die Arbeit (die Tätigkeit des animal laborans) unterliegen in der Moderne der Notwendigkeit. Sie unterliegen der Notwendigkeit, weil das moderne Handeln entweder dem Zweck des Produkts dient (homo faber), das über die Tätigkeit hinweg Bestand hat, oder, noch schlimmer, weil es gar kein dauerhaftes Produkt erschafft, sondern lediglich Produkte, die ständig erneuert werden müssen. So ist dieses Handeln zum Erhalt des Lebens erforderlich ist (animal laborans).

79 Zumindest gilt dies für diejenigen Aspekte, die beim persönlichen Verhalten ansetzen und nicht etwa bei institutionellen Anreizen (wie dem Nudging).

80 So 2017 zitiert von Bundespräsident Frank-Walter Steinmeier (Bundespräsidialamt 2017). Der Ursprung dieses Wortes, das ganz verschiedenen Menschen zugeschrieben wird, ist meines Wissens nach aber unklar.

81 Rawls selbst beschränkt sich allerdings, wie er betont, auf das Problem der nationalen Gerechtigkeit (Rawls 1997, 60 f.).

82 Robbin Krabbe hat Regional- bzw. Lokalwährungen daraufhin untersucht, welche Bedeutung Vertrauen bei ihnen spielt und wie sich das auf die Gesellschaft insgesamt auswirkt. Insbesondere dann, wenn persönliche Kontakte damit verbunden wären (Face-to-face-Beziehungen), könnten Lokalwährungen eine wichtige Grundlage für generell mehr Vertrauen in der Gesellschaft und deshalb auch für mehr Nachhaltigkeit sein (Krabbe 2015, 69).

83 Wilkinson und Pickett führen auch aus, wie Vertrauen und Ungleichheit aufeinander bezogen sind: Menschen, die anderen vertrauen, sind eher bereit, Zeit und Geld zu geben, um anderen zu helfen. Sie würden auch eher an eine gemeinsame Kultur glauben, die durch gemeinsame Überzeugungen zusammengehalten wird, dass jedem mit Respekt und Toleranz zu begegnen sei. Und sie würden auch die rechtliche Ordnung unterstützen (56).

84 In dieselbe Richtung weisen auch die Überlegungen von Kristofer Dittmer zu Lokalwährungen. Lokalwährungen böten die Möglichkeit, so Dittmer, lokale Gemeinschaften zu stärken. Gerade in lokalen Zusammenhängen haben deshalb Initiativen wie Lokalwährungen ein großes Potenzial (Dittmer 2015).

85 Etwas genauer besagte die Definition: »the capacity of an individual to effectively engage in a process whereby two or more agents attempt to solve a problem by sharing the understanding and effort required to come to a solution and pooling their knowledge, skills and efforts to reach that solution« (OECD 2017, 47).

86 Die Stakeholder einer Organisation (oder im Deutschen auch: Anspruchsgruppen) sind diejenigen Menschen oder Organisationen, die von den Aktivitäten dieser Organisation betroffen sind oder diese betreffen (Stroh 2015, 79).

87 SDG 4.7 ruft auf: »Bis 2030 sicherstellen, dass alle Lernenden die notwendigen Kenntnisse und Qualifikationen zur Förderung nachhaltiger Entwicklung erwerben, unter anderem durch Bildung für nachhaltige Entwicklung und nachhaltige Lebensweisen, Menschenrechte, Geschlechtergleichstellung, eine Kultur des Friedens und der Gewaltlosigkeit, Weltbürgerschaft und die Wertschätzung kultureller Vielfalt und des Beitrags der Kultur zu nachhaltiger Entwicklung« (UN 2015, § 4.7).

88 Mangelnde Transparenz erschwert auch eine bessere Kontrolle globaler öffentlicher Institutionen. Wie Stiglitz anhand seiner persönlichen Erfahrungsberichte aus dem IWF verdeutlicht, verhindert die fehlende Transparenz einen öffentlichen Diskurs, weil es bestimmte Probleme »offiziell« ja gar nicht gibt (vgl. Stiglitz 2002, 206f.).

89 Im Übrigen weist Hösle auch auf den demotivierenden Charakter dieses Gutachterdilemmas für den sogenannten Mann auf der Straße hin: »Wenn sich Wissenschaftler nicht einigen können, wie sollte ich kleiner Mann etwas an meinem Verhalten ändern ...« (ebd.).

90 Der Fall, dass bestimmte Akteure (z. B. Unternehmen) nur vorgeben, Nachhaltigkeit zu verfolgen, in Wahrheit jedoch lediglich ihre immer schon verfolgten Wachstumsziele verfolgen, sei hier ausgeblendet, denn er betrifft ja die Inkonsistenz der Akteure, nicht die des Konzepts.

91 Ich greife hier eine Idee auf, die ich ursprünglich in einer kleinen Festschrift für Michael F. Jischa 2002 veröffentlicht habe (Berg 2002).

92 Es ist die Kohärenz, die einen Laser so große Energiedichten erzielen lässt.

LITERATURVERZEICHNIS

Abbott, Kenneth W. & Philipp Genschel, Duncan Snidal et al.: »Orchestrating global governance: from empirical findings to theoretical implications«. In: Orchestrating global governance, hg. von K. Abbott, P. Genschel, D. Snidal et al.: Cambridge 2015: 349–379.

ADB (African Development Bank): Handbook on Stakeholder Consultation and Participation in ADB Operations. ADB 2001.

Al-Saidi, Mohammad & Nadir Ahmed Elagib: »Towards understanding the integrative approach of the water, energy and food nexus«. Science of the Total Environment 574, 2017: 1131–1139.

Alvaredo, Facundo & Lucas Chancel, Thomas Piketty et al.: Global Inequality Dynamics: New Findings from WID.world. NBER WORKING PAPER SERIES, Cambridge 2017.

Anders, Günther: Die Antiquiertheit des Menschen. Über die Zerstörung des Lebens im Zeitalter der dritten industriellen Revolution, Band 2. München 1980.

Andersson, Elias & E. C. H. Keskitalo: »Adaptation to climate change? Why business-as-usual remains the logical choice in Swedish forestry«. Global Environmental Change 48, 2018: 76–85.

Anja Kollmuss & Julian Agyeman: »Mind the Gap: why do people act environmentally and what are the barriers to pro-environmental behavior?« Environmental Education Research, Vol. 8, No. 3, 2002: 239–260.

Arendt, Hannah: The Human Condition. Chicago, London 1958 (2. Auflage 1998).

Aristoteles: Nikomachische Ethik (Philosophische Schriften 4), übers. von E. Rolfes, Felix Meiner: Hamburg 1995.

—. Politik (Philosophische Schriften 6), übers. von E. Rolfes, Felix Meiner: Hamburg 1995.

Atkinson, Anthony B.: Inequality: What can be done? Cambridge, MA 2015.

Ayres, Robert U.: »Sustainability Economics: Where do we stand?« Ecological Economics, 2008: 281–310.

Ayres, Robert U.: Eco-Thermodynamics: Economics and Second Law. Fontainebleau 1996.

Ayres, Robert U.: »Industrial Metabolism: Theory and Policy«. In: National Academy of Engineering (Hrsg.): The Greening of Industrial Ecosystems. Washington, D. C. 1994: 23–37.

Banerjee, Abhijit V. & Esther Duflo: Poor Economics. A Radical Rethinking of the Way to Fight Global Poverty. New York 2011.

Barabási, Albert-László: Linked. The New Science of Networks. Cambridge, MA 2002.

Barbour, Ian G.: Myths, Models, and Paradigms. A Comparative Study in Science and Religion. New York 1974.

Barder, Owen: »What is poverty reduction?« Working Paper Center for Global Development, 2009.

Bardi, Ugo: Extracted. How the Quest for Mineral Wealth Is Plundering the Planet. Chelsea Green Publishing, 2014.

—. The Seneca Effect. Why Growth is Slow but Collapse is Rapid. Springer 2017.

Bauman, Zygmunt: »Consuming Life«. Journal for Consumer Culture 1, 2001: 9–29.

BBC News: »Trump backs World Bank critic Malpass for top job«. 06.02.2019. https://www.bbc.com/news/business-47148638, Zugriff 11.01.2020.

BCG: How diverse leadership teams boost innovation. Boston Consulting Group, 2018.

BCG: (Em)Power Women. Wo Chefetagen in Sachen Vielfalt stehen. Boston Consulting Group, 2019.

Bechtel, Michael M., Federica Genovese und Kenneth F. Scheve: »Interests, Norms and Support for the Provision of Global Public Goods: The Case of Climate Co-operation«. British Journal of Political Science, 2017: 1–23.

Beck, Ulrich: Risikogesellschaft. Auf dem Weg in eine andere Moderne. Suhrkamp: Frankfurt 1986.

Beeson, Mark: »The coming of environmental authoritarianism«. Environmental Politics, 2010: 276–294.

Benson, Melinda & Craig, Robin Kundis: »The End of Sustainability«. Society and Natural Resources, 2014: 777–782.

Berg, Christian: Ptolemäus und Kopernikus. Eine wissenschaftsgeschichtliche Notiz zur ‚Kritik der Abstraktionen‘, in: Resonanzen, hg. von Bernd Oberdorfer und Sigrid Brandt, foedus-Verlag: Wuppertal 1997, 84–95.

—. Theologie im technologischen Zeitalter. Das Werk Ian G. Barbours als Beitrag zur Bestimmung des Verhältnisses von Theologie zu Naturwissenschaft und Technik, Kohlhammer: Stuttgart 2002.

—. Vernetzung als Syndrom. Risiken und Chancen von Vernetzungsprozessen für eine nachhaltige Entwicklung. Campus: Frankfurt 2005.

—. »Global Networks. Notes on their History and their Effects«. In Futurology–The Challenges of the XXI Century, von A. Kuklinski & K. Pawlowski, Novy Sacz 2008: 199–209.

—. Handlung als überindividuelles Konzept? Eine Untersuchung zur Rede vom ›technischen Handeln‹. LIT: Münster, Hamburg, Berlin, London 2010.

—. »Desert2Eden–Integrated restoration and development of arid regions to address the Sustainable Development Goals (SDGs)«. GESolutions. Global Economic Symposion 2015. Kiel, 2015: 89–93.

—. »Shaping the future sustainably–Types of barriers and tentative action principles«. In Future Scenarios for Global Cooperation–Practices and Challenges (Global Dialogues 14), von Nora Dahlhaus & Daniela Weißkopf, Duisburg 2017: 79–92.

—. »Geld für weniger Kinder? Der falsche Anreiz«. Xing-Klartext, 03.01.2018, https://www.xing.com/news/klartext/geld-fur-weniger-kinder-der-falsche-ansatz-2179, Zugriff 10.01.2020.

Berg, Christian & Christian Calliess, Christa Liedtke, Georg Meran, Ortwin Renn, Wolfgang Schmalz, Miranda Schreurs: »Nachhaltiges Wirtschaften und Wachstum«, in: Bundespresseamt (Hrsg.), Dialog über Deutschlands Zukunft. Ergebnisbericht des Expertendialogs der Bundeskanzlerin, Berlin 2012: 84–92.

Berg, Christian & Stefan Hack, Constantin Blome, »How IT Can Enable Sustainability Throughout Supply Chains«, in: Beyond Sustainability, hg. von Scholz, C., Zentes, J., Nomos: Baden-Baden 2014, 184–202.

Berliner Morgenpost, 21.09.2019, https://www.morgenpost.de/berlin/article227105467/Klimastreik-am-20-September-in-Berlin-im-Liveblog-Das-muessen-Sie-wissen.html, Zugriff 30.12.2019

Bertelsmann-Stiftung. Sozialer Zusammenhalt in Deutschland 2017. Gütersloh 2017.

Bethge, Philipp & Annette Bruhns, Nils Klawitter und Simone Salden: »Die Müll-Lüge«. Der Spiegel, 19.01.2019.

Beyer, Peter: »Religion out of place? The globalization of fundamentalism«. In: The Routledge International Handbook on Globalization Studies, von Bryan S. Turner, Abingdon, Oxon 2010: 269–286.

BfN (Bundesamt für Naturschutz): Agrar-Report 2017. Biologische Vielfalt in der Agrarlandschaft. BfN: Bonn 2017.

Bhagavad-Gita. Wie sie ist. Vollständige, revidierte Ausgabe, hg. von His Divine Grace A. C. Bhaktivedanta Swami Prabhupada, The Bhaktivedanta Book Trust, Burg Hohenstein 1987.

Bhandari, Khagendra P. & Jennifer M. Collier, Randy J. Ellingson und Defne S. Apul: »Energy payback time (EPBT) and energy return on energy invested (EROI) of solar photovoltaic systems: A systematic review and meta-analysis«. Renewable and Sustainable Energy Reviews 47, 2015: 133–141.

Biermann, Frank & Philipp Pattberg: »Global Environmental Governance: Taking Stock, Moving Forward«. Annual Review of Environment and Resources, 2008: 277–294.

Blake, James: »Overcoming the ›value-action gap‹ in environmental policy: Tensions between national policy and local experience«. Local Environment. The International Journal of Justice and Sustainability 4, 1999: 257–278.

Bleischwitz, Raimund & Victor Nechifora, Matthew Winning et al.: »Extrapolation or saturation–Revisiting growth patterns, development stages and decoupling«. Global Environmental Change 48, 2018: 86–96.

Bloomberg: »Vale's Dam Breach in Brazil Leaves Dozens Dead; Stock Plunges«. 28.01.2019. https://www.bloomberg.com/news/articles/2019-01-28/after-dam-disaster-vale-s-board-considers-suspending-dividends, Zugriff am 12.01.2020.

Blühdorn, Ingolfur & Michael Deflorian: »The Collaborative Management of Sustained Unsustainability: On the Performance of Participatory Forms of Environmental Governance«. Sustainability, 02 2019.

Blühdorn, Ingolfur: »Post-capitalism, post-growth, post-consumerism?« Global Discourse, 2017: 42–61.

BMU (Bundesumweltministerium): »Reformprojekt für ein neues Umweltrecht«, 20.09.2018, https://www. bmu.de/ministerium/chronologie/reformprojekt-fuer-ein-neues-umweltrecht/, Zugriff 12.01.2020

Borger, Julian: The Guardian. 11. 01 2019. https://www.theguardian.com/us-news/2019/jan/11/trump-administration-evangelical-influence-support, Zugriff am 17.01.2019.

Bosselmann, Klaus: The Principle of Sustainability. Transforming Law and Governance. London, New York 2017.

Botkin, James W. & Mahdi Elmandjra und Mircea Malitza: No Limits to Learning. Bridging the Human Gap. Oxford, New York, Toronto, Sydney, Paris, Frankfurt 1979.

Bowler, Diana E. & Christian Hof, Peter Haase et al.: »Cross-realm assessment of climate change impacts on species' abundance trends«. Nature Ecology & Evolution, 01 2017.

Brandt, Karl-Werner: »Probleme und Potentiale einer Neubestimmung des Projekts der Moderne unter dem Leitbild ›nachhaltige Entwicklung‹. Zur Einführung«. In: Nachhaltige Entwicklung, von Karl-Werner Brandt (Hrsg.), Opladen 1997: 9–32.

Brandt, Patric, et al.: »A review of transdisciplinary research in sustainability science«. Ecological Economics 92, 2013: 1–15.

Braungart, Michael und William McDonough: Cradle to Cradle: Remaking the Way We Make Things. New York 2002.

Bregman, Rutger: Utopia for Realists. London 2017.

Brown, Casey: »Emergent Sustainability: The Concept of Sustainable Development in a Complex World«. In Globalization and Environmental Challenges, von Hans Günter Brauch, Navnita Chadha Behera, Béchir Chourou, Pál Dunay, John Grin et al. Berlin, Heidelberg, New York 2008: 141–149.

Brugger, Walter: »Historismus«, in: ders.: Philosophisches Wörterbuch, Herder: Freiburg 1990: 166–167.

Brühl, Tanja & Elvira Rosert: Die UNO und Global Governance. Wiesbaden 2014.

Buber, Martin: Paths in Utopia. New York 1950.

Buber, Martin: »Society and the State«. In Pointing the Way, von Martin Buber, New York 1974 (1957): 161–176.

Bundesregierung. Perspektiven für Deutschland. Unsere Strategie für eine nachhaltige Entwicklung. Berlin 2002

Bundesregierung. Für ein nachhaltiges Deutschland. Fortschrittsbericht zur nationalen Nachhaltigkeitsstrategie. Berlin 2008

Bundesregierung: Nationale Nachhaltigkeitsstrategie. Fortschrittsbericht 2012. Berlin 2012.

Bundesregierung: Deutsche Nachhaltigkeitsstrategie. Neuauflage 2016. Berlin 2017.

Bundesregierung: 16.05.2017: https://www.bundesregierung.de/breg-de/aktuelles/endlagergesetz-in-kraft-getreten-394898, Zugriff am 28.04.2019.

Bundestag: Die Industriegesellschaft gestalten. Perspektiven für einen nachhaltigen Umgang mit Stoff-und Materialströmen. Bonn 1998.

—. »Grundgesetz der Bundesrepublik Deutschland«. Deutscher Bundestag 2014.

Burgess, J. & C.M. Harrison, P. Filius: »Environmental communication and the cultural politics of environmental citizenship«. Environment and Planning, vol. 30 1998: 1445–1460.

Busch, Marc L. & Eric Reinhardt: The WTO Dispute Settlement. Stockholm 2004.

Calliess, Christian: »Rechtsstaat und Vorsorgestaat«. Annual Review of Law and Ethics, 2013: 3–22.

Calliess, Christian: »Das Innovationspotenzial des Vorsorgeprinzips unter besonderer Berücksichtigung des integrierten Umweltschutzes«. In: Innovationsverantwortung. Innovation und Recht III, von Martin Eifert & Wolfgang (Hrsg.). Hoffmann-Riem, Berlin 2009, 119–145.

Calliess, Christian: »EU-Umweltrecht«. In Grundzüge des Umweltrechts, von Eckard Rehbinder & Alexander Schink, Berlin 2018: 65–144.

Carbon Tracker: Powering down coal. Navigating the economic and financial risks in the last years of coal power. London 2018.

Carson, Rachel: Silent Spring. New York 1962.

CFR. cfr.org. 23.01.2012. https://www.cfr.org/report/global-finance-regime), Zugriff am 12.02.2019.

Charlton, Andrew: »The Collapse of the Doha Trade Round«. CentrePiece–The Magazine for Economic Performance 210, Centre for Economic Performance (LSE) 2006.

Chen, Geoffrey C. & Charles Lees: »The New, Green, Urbanization in China: Between Authoritarian Environmentalism and Decentralization«. Chinese Political Science Review, 2018: 212–231.

Christensen, Clayton M.: The Innovator's Dilemma. Why New Technologies Cause Great Firms to Fail. Boston, MA 2016.

CLI (Collective Leadership Institute), https://www.collectiveleadership.de/blog/article/cli-history/, Zugriff 24.04.2019.

ClimateActionTracker. climateactiontracker.org. 12 2018. https://climateactiontracker.org/media/images/CAT-Thermometer-2018.123Bars.original.png, Zugriff 11.05.2019.

Codex Hammurabi (hg. von L.W. King), http://www.sacred-texts.com/ane/ham/index.htm, Zugriff 19.02.2019.

Cohen, Daniel: Globalisierung als politische Herausforderung, Hamburg 2006.

Commonland. 2019. https://www.commonland.com/en, Zugriff am 29.04.2019.
Conrad, Jon M.: Resource Economics. Cambridge 2010.
Court of Justice of the European Union: »Judgment of the Court (Ninth Chamber) of 21 June 2018–Commission v Germany«. Case C-543/16. Luxembourg, 21.06.2018.
Covey, Stephen R.: The Seven Habbits of Highly Effective People. New York 1989.
—. First Things First. New York 1994.
Create Advantage Inc. Managingresearchlibrary.org. Herausgeber: Create Advantage Inc. 2019, https://managingresearchlibrary.org/glossary/edge-chaos, Zugriff am 02.05.2019.
Crutzen, Paul J.: »Geology of mankind«. Nature 415, 03.01.2002: 23.
Daly, Herman E.: Beyond Growth. Boston 1996.
deFur, Peter L. & Michelle Kaszuba: »Implementing the precautionary principle«. The Science of the Total Environment 288, 2002: 155–165.
Delhey, Jan: »From Materialist to Post-Materialist Happiness? National Affluence and Determinants of Life Satisfaction in Cross-National Perspective«. Social Indicators Research 97, 2010: 65–84.
Denyer, Simon: »Eight years after Fukushima's meltdown, the land is recovering, but public trust is not«. Washington Post, 2019.
Der Spiegel: »Miss Ernte«. Der Spiegel 03/2019. Hamburg.
Der Westen: »Lehrerin (38): ‚Kinder sind das Schlimmste'– diese krasse Forderung hat sie jetzt«, https://www.derwesten.de/panorama/lehrerin-verena-brunschweiger-38-kinder-sind-das-schlimmste-diese-krasse-forderung-hat-sie-jetzt-id216615983.html, Zugriff 11.01.2020.
Destatis (Statistisches Bundesamt): Nachhaltige Entwicklung in Deutschland. Indikatorenbericht 2008, Wiesbaden 2008
—. Nachhaltige Entwicklung in Deutschland. Indikatorenbericht 2018, Wiesbaden 2018
Deutsche Welle: »Endgültiges Aus für Loveparade-Prozess?«, 05. 02.2019, https://www.dw.com/de/endg%C3%BCltiges-aus-f%C3%BCr-loveparade-prozess/g-19164240, Zugriff 11.01.2020.
Dibley, Arjuna: »Why the rise of populist nationalist leaders rewrites global climate talks«. Nature: Climate Change, 5.12.2018.
Diehl, Paul F.: The politics of global governance. International Organizations in an interdependent world. Boulder, CO; London 2001.
Dittmer, Kristofer: »Local currencies for purposive degrowth? A quality check of some proposals for changing money-as-usual«. Journal of Cleaner Production 54 (2013): 3–13.
Douglass, Anne R., Paul A. Newman und Susan Solomon: »The Antarctic Ozone Whole. An update«. Physics Today, 07 2014: 42–48.
Duprés, Louis: »The Common Good and the Open Society«. The Review of Politics 55, 1993: 687–712.

Dusseldorp, Marc: Zielkonflikte der Nachhaltigkeit. Zur Methodologie wissenschaftlicher Nachhaltigkeitsbewertungen. Wiesbaden 2017.

Easterly, William: The White Man's Burden. Why the West's efforts to aid the rest have done so much ill and so little good. New York 2006.

ecogood.org, Internationaler Verein zur Förderung der Gemeinwohl-Ökonomie e.V. 2019. https://www.ecogood.org/en/, Zugriff am 29.04.2019.

EITI (Extractives Industries Transparency Initiative), 2019, https://eiti.org/, Zugriff 02.05.2019.

EJF (Environmental Justice Foundation): »Thailand's Seafood Slaves. Human Trafficking, Slavery and Murder in Kantang's Fishing Industry«. London 2015.

—. »Out of the shadows. Improving transparency in global fisheries to stop illegal, unreported and unregulated fishing«. London 2018.

Elias, Norbert: Was ist Soziologie? Weinheim, München 1996.

EPMP (Elephant population management project), 2010, www.elepmp.org/, Zugriff 07.07.2019.

Erhard, Ludwig: Wohlfahrt für alle. Düsseldorf: econ, 1964 (1957).

EU (Europäische Union): »Consolidated Version of the Treaty on the Functioning of the European Union«, Brüssel 2012.

—. »Energy, transport and environment indicators«, Brüssel 2018.

—. »Raw Materials Scoreboard«. Luxembourg 2016.

EU-BDP (European Biodiversity Project): »Biodiversity in Development. Biodiversity Brief 10«, Europäische Kommission, Brüssel 2001.

European Environment Agency: »Recycling of municipal waste« 29.11.2018, https://www.eea.europa.eu/airs/2018/resource-efficiency-and-low-carbon-economy/recycling-of-municipal-waste, Zugriff am 11.01.2020.

Evans, Gary W. & Siegmar Otto, Florian G. Kaiser: »Childhood Origins of Young Adult Environmental Behavior«. Psychological Science, 15.02.2018.

Falk, Armin & Nora Szech: »Morals and Markets«. Science 340, 10.05.2013: 707–711.

FAO: »Animal and Genetic Resources for Food and Agriculture«. Rom 2015.

—. »What is IUU fishing?«, http://www.fao.org/iuu-fishing/background/what-is-iuu-fishing/en/, Zugriff 11.01.2020.

Felber, Christian: Gemeinwohlökonomie. Piper: München 2018.

Foerster, Heinz von: Understanding understanding. New York 2003.

FNR (Fachagentur nachwachsende Rohstoffe): »Basisdaten nachwachsende Rohstoffe«. 2019. https://basisdaten.fnr.de/land-und-forstwirtschaft/landwirtschaft/, Zugriff 12.01.2020.

Frank, Robert H. & Thomas Gilovich, Dennis T. Regan. »Does Studying Economics Inhibit Cooperation?« Journal of Economic Perspectives 7 (2), 1993: 159–171.

Frankfurt, Harry G.: »On the Necessity of Ideals«. In: Necessity, Volition, and Love, hg. von Harry G. Frankfurt, Cambridge 1999: 108–116.

Frankfurt, Harry G.: »Three concepts of free action«. In: The importance of what we care about, hg. von Harry G. Frankfurt, Cambridge, New York 1988: 47–57.
Frankl, Viktor E.: »Das Leiden am Sinnlosen Leben«. In: Der Mensch vor der Frage nach dem Sinn, hg. von Viktor E. Frankl, 44–49. München 2013.
Fraune, Cornelia & Michèle Knodt: »Sustainable energy transformations in an age of populism, post-truth politics, and local resistance«. Energy Research & Social Science, 2018: 1–7.
Fraunhofer ISE: »Photovoltaics-Report«, 14.03.2019, https://www.ise.fraunhofer.de/content/dam/ise/de/documents/publications/studies/Photovoltaics-Report.pdf, Zugriff 25.04.2019.
Frey, Armin & Thomas Jäger, Dirk Messner, Manfred Fischedick, Thomas Hartmann-Wendels (Hgg.): Globalisierungsgestaltung und internationale Übereinkommen. Wiesbaden 2014.
Fromm, Erich: Die Furcht vor der Freiheit, dtv: München 2008
—. Haben oder Sein. Die seelischen Grundlagen einer neuen Gesellschaft, dtv: München 1980.
Fulghum, Robert: All I Really Need to Know I Learned in Kindergarten. New York 2003 (1986).
Gadamer, Hans-Georg, Hermeneutik I. Wahrheit und Methode. Grundzüge einer philosophischen Hermeneutik, Gesammelte Werke Bd. 1, J.C.B. Mohr (Paul Siebeck): Tübingen (1960) 6. Aufl. 1990.
Gadenne, David & Bishnu Sharna, Don Kerr und Tina Smith: »The influence of consumers' environmental beliefs and attitudes on energy«. Energy Policy, 2011: 7684–7694.
Gagnon, Nathan, Charles A. S. Hall und Lysle Brinker: »A Preliminary Investigation of Energy Return on Energy Investment for Global Oil and Gas Production«. Energies, 2009: 490–503.
Gandesha, Samir: »Understanding right and left populisms«, www.opendemocracy.net, 23.05.2018, opendemocracy.net/can-europe-make-it/samir-gandesha/understanding-right-and-left-populisms, Zugriff 11.01.2020.
Gandhi, Mahatma, The Collected Works of Mahatma Gandhi (Electronic Book), 98 volumes, Volume 50. Publications Division Government of India, New Delhi 1999.
GAO (US Government Accountability Office): Energy-Water Nexus. Washington, D. C. 2009.
Gapminder, www.gapminder.org, Stockholm 2019, Zugriff 12.01.2019.
The Guardian: »UK government spells out plan to shut down coal plants«. 05.01.2018.
Geels, Frank W.: »The multi-level perspective on sustainability transitions: Responses to seven criticisms«. Environmental Innovation and Societal Transitions 1, 2011: 24–40.
Geels, Frank W. & Johan Schot: »Typology of sociotechnical transition pathways«. Research Policy 36, 2007: 399–417.

Georgescu-Roegen, Nicholas: »The Entropy Law and the Economic Process in Retrospect«. Eastern Economic Journal, 01–03, 1986: 3–25.

Giddens, Anthony: The Politics of Climate Change. Cambridge 2009.

Gilbert, Steven G., Kees Van Leeuwen und Pertti Hakkinen: »Precautionary Principle«. In: Information Resources in Toxicology, von Philip Wexler (Hrsg.). Academic Press, 2009.

Global Fishing Watch. 2019. https://globalfishingwatch.org/vms-transparency/, Zugriff 02.05.2019.

Global Footprint Network, www.globalfootprintnetwork.org, Zugriff 11.01.2019.

Göpel, Maja: The Great Mindshift. How a New Economic Paradigm and Sustainability Transformations Go Hand in Hand. Springer Nature, 2016.

Gößling-Reisemann, Stefan: »Pfadwechsel–schwierig aber notwendig«. In: Industrial Ecology, hg. von Armin von Gleich und Stefan Gößling-Reisemann, Wiesbaden 2008: 154–161.

Grechenig, Kristoffel, Andreas Nicklisch und Christian Thöni: »Punishment Despite Reasonable Doubt—A Public Goods Experiment with Sanctions Under Uncertainty«. Journal of Empirical Legal Studies/Volume 7, Issue 4, 18.11.2010.

Grin, John, Jan Rotmans und Johan Schot: Transitions to Sustainable Development: New Directions in the Study of Long Term Transformative Change (Routledge Studies in Sustainability Transitions, Band 1). New York, London 2010.

Grün, Anselm & Jochen Zeitz: Gott, Geld und Gewissen. Münsterschwarzach 2010.

Grunwald, Armin: Technik für die Gesellschaft von morgen. Möglichkeiten und Grenzen gesellschaftlicher Technikgestaltung. Campus: Frankfurt, New York 2000.

—. Technikfolgenabschätzung–eine Einführung. edition sigma: Berlin 2002.

—. Technology assessment in practice and theory. Routledge: Abingdon, Oxon 2018.

Grunwald, Armin & Jürgen Kopfmüller: Nachhaltigkeit. Campus: Frankfurt a. M. 2012.

Guckes, Barbara: »Willensfreiheit trotz Ermangelung einer Alternative? Harry G. Frankfurts hierarchisches Modell des Wünschens«. In: Harry G. Frankfurt. Freiheit und Selbstbestimmung, hg. von Monika Betzler und Barbara Guckes, Akademie Verlag: Berlin 2001: 1–17.

Günther, Edeltraud & Maja Krebs: Aufgaben-und Organisationsstruktur der Umweltpolitik in der Bundesrepublik Deutschland. Dresden 2000.

Guth, Josef H.: »Resolving the Paradoxes of Discounting in Environmental Decisions«. Transnational Law & Contemporary Problems Nr. 18–1, Oktober 2008: 95–114.

Gyimah-Brempong, Kwabena: Economic Governance, 2002: 183–209.

Habermas, Jürgen: »Technischer Fortschritt und Soziale Lebenswelt«. In Technik und Wissenschaft als ›Ideologie‹, von Jürgen Habermas, Suhrkamp: Frankfurt 1969: 104–119.

Hall, Charles A. S., Jessica G. Lambert und Steven B. Balogh: »EROI of different fuels and the implications for society«. Energy Policy 64, 2014: 141–152.

Hall, Charles A. S., Stephen Balogh und David J. R. Murphy: »What is the Minimum EROI that a Sustainable Society Must Have?« Energies, 2009: 25–47.

Halme, Minna & Galina Kallio, Sara Lindeman, Arno Kourula, Maria Lima-Toivanen, Angelina Korsunova: »Sustainability Innovation at the Base of the Pyramid through Multi-Sited Rapid Ethnography«. Corporate Social Responsibility and Environmental Management, 01 2016: 113–128.

Hanley, Nick & Jason F. Shogren, Ben White: Environmental Economics. London 2006.

Hardin, Garrett: »The Tragedy of the Commons«. Science 162, 13.12.1968: 1243–1248.

Hempel, Monty: »AnthropoTrumpism: Trump and the politics of environmental disruption«. Journal of Environmental Studies and Sciences, 2018: 183–188.

Heselhaus, Sebastian. »Verfassungsrechtliche Grundlagen des Umweltschutzes«. In Grundzüge des Umweltrechts, von Eckard Rehbinder und Alexander Schink (Hrsg.), 4–63. Berlin 2018.

Hiery, Hermann Josef: »Zur Einleitung: Die deutschen Historiker und der Zeitgeist«. In: Der Zeitgeist und die Historie, hg. von Hermann Josef Hiery, 1–6. Dettelbach 2001.

Hirschnitz-Garbers, Martin & Adrian R. Tan, Albrecht Gradmann und Tanja Srebotnjak: »Key drivers for unsustainable resource use e categories, effects and policy pointers«. Journal of Cleaner Production 132, 2016: 13–31.

Hobson, Kersty & Simon Niemeyer. »What sceptics believe«: The effects of information and deliberation on climate change scepticism«. Public Understanding of Science 22(4), 2012: 396–412.

Hof, Christian & Alke Voskamp, Matthias F. Biber et al. »Bioenergy cropland expansion may offset positive effects of climate change mitigation for global vertebrate diversity«. PNAS, 26.12.2018: 13295–13299.

Hösle, Vittorio: Die Krise der Gegenwart und die Verantwortung der Philosophie. Transzendentalpragmatik, Letztbegründung, Ethik. C.H.Beck: München 1997.

—. Philosophie der ökologischen Krise. C. H. Beck: München 1994.

—. Praktische Philosophie in der Modernen Welt. C. H. Beck: München 1995.

HRK (Hochschulrektorenkonferenz): Statistische Daten zu Studienangeboten an Hochschulen in Deutschland. 2018, Berlin 2018.

Hubig, Christoph & Alois Huning, Günter Ropohl: Nachdenken über Technik. edition sigma: Berlin 2000.

Huisman, J. & I. Botezatu, L. Herreras et al.: »Countering WEEE Illegal Trade (CWIT) Summary Report«. Lyon 2015.

Hulme, Michael: Why we disagree about Climate Change. Understanding Controversy, Inaction, and Opportunity. Cambridge 2009.

Hung, Shih-Chang & Jiun-Yan Lai: »When innovations meet chaos: Analyzing the technology development of printers in 1976–2012«. Journal of Engineering and Technology Management, 2016: 31–45.

IAPF (International Anti-Poaching Foundation), https://www.iapf.org/, Zugriff 31.01.2019.

IASS (Institute of Advanced Sustainability Studies): The Role of Biomass in the Sustainable Development Goals: A Reality Check. Potsdam 2015.

ICSU (International Council for Science): Working paper »A draft framework for understanding SDG interactions«. Paris 2016.

ICTSD (International Center for Trade and Development): Sustainability Criteria in the EU Renewable Energy Directive: Consistent with WTO Rules? (ICTSD Information Note 2), 2010.

IDS (Institute of Development Studies): IDS IN FOCUS POLICY BRIEFING: Is A Financial Transaction Tax a Good Idea? A Review of the evidence. Oktober 2010, Brighton 2010.

IEA (International Energy Agency): World Energy Outlook 2012. Executive Summary. Paris 2012.

IEA Bioenergy: Bioenergy–a Sustainable and Reliable Energy Source. Rotorua, Neuseeland 2009.

IIRC (The International <IR> Framework. International Integrated Reporting Council, www.integratedreporting.org, 2013.

IMF (International Monetary Fund): Does Corruption Affect Income Inequality and Poverty? WP 98/76, Washington, D.C. 1998.

IMF: How Large are Global Energy Subsidies? WP 15/105, Washington, D.C. 2015.

IMF: Fiscal Monitor: Fiscal Monitor: Tackling Inequality. Washington, D.C. 2017.

Interpol, https://www.interpol.int/About-INTERPOL/History, Zugriff 12.02.2019.

IPCC (Intergovernmental Panel on Climate Change): Climate Change 2014: Synthesis Report. Contribution of Working Groups I, II and III to the Fifth Assessment Report of the IPCC on Climate Change [Core Writing Team, R. K. Pachauri and L. A. Meyer (Hrsg.)]. Genf 2014.

IPCC. Global Warming of 1.5 °C. Schweiz 2018.

Ito, Keisuke & Yukio-Pegio Gunji: »Self-organization toward criticality in the Game of Life«. BioSystems 26, 1992: 135–138.

Jackson, Tim. Prosperity without Growth. Economics for a Finite Planet. earthscan: London 2011.

Jang, Jinseop, Jason McSparren und Yuliya Rashchupkina: »Global governance: present and future«. Palgrave communications, 19.01.2016: 1–5.

Janský, Petr: Effective Tax Rates of Multinational Enterprises in the EU. Brüssel, 22.01.2019. Jantsch, Erich: »Inter-and Transdisciplinary University: A Systems Approach to Education and Innovation«. Policy Sciences 1, 1970: 403–428.

Jaspal, Rusi & Brigitte Nerlich und Kitty van Vuure: »Embracing and resisting climate identities in the Australian press: Sceptics, scientists and politics«. Public Understanding of Science, 10 2016: 807–824.

Jischa, Michael F.: Dynamik in Natur und Technik. München: oekom 2018.

Johnson, Steven: Emergence. The connected Lives of ants, brains, cities, and software. Scribner: New York 2001.

Jonas, Hans: Das Prinzip Verantwortung. Suhrkamp (stw 1085): Frankfurt 1984.

Jorgensen, Sven Erik: »The Growth Rate of Zooplankton at the Edge of Chaos: Ecological Models«. Jorunal of theoretical Biology, 1995: 13–21.

Judith I.M. de Groot & Linda Steg: »Mean or green: which values can promote stable pro-environmental behavior?« Conservation Letters 2, 2009: 61–66.

Kaiser, F.G. & A. Brügger, T. Hartig et al.: »Appreciation of nature and appreciation of environmental protection: How stable are these attitudes and which comes first?« Revue européenne de psychologie appliquée 64, 2014: 269–277.

Kaldor, Mary: Global Civil Society. An Answer to War. Cambridge 2003.

Kampf, Lena: »Der viel zu lange Arm des Gesetzes«. SZ-Magazin, 19.01.2015.

Kanger, Laur und Johan Schot: »Deep transitions: Theorizing the long-term patterns of sociotechnical change«. Environmental Innovation and Societal Transitions, 2018.

Kant, Immanuel: Grundlegung zur Metaphysik der Sitten (Werkausgabe VII), hg. von Wilhelm Weischedel, Suhrkamp (stw 56): Frankfurt 1989

—. Kritik der praktischen Vernunft (Werkausgabe VII), hg. von Wilhelm Weischedel, Suhrkamp (stw 56): Frankfurt 1989.

—. Kritik der Urteilskraft (Werkausgabe X), hg. von Wilhelm Weischedel, Suhrkamp (stw 57): Frankfurt 1989.

—. Idee zu einer allgemeinen Geschichte in weltbürgerlicher Absicht (Werkausgabe XI), hg. von Wilhelm Weischedel, Suhrkamp (stw 192): Frankfurt 1977.

Kauffman, Stuart: At Home in the Universe: The Search for Laws of Self-Organization and Complexity. Oxford 1995.

Keynes, John M.: A Tract on Monetary Reform. London–New York 1923.

Köhler, Jonathan, Frank W. Geels, Florian Kern et al.: »An agenda for sustainability transitions research: State of the art and future directions«. Environmental Innovation and Societal Transitions, 2019.

Kollmuss, Anja & Julian Agyeman: »Mind the Gap: Why do people act environmentally and what are the barriers to pro-environmental behavior?« Environmental Education Research, 2002: 239–260.

Koran, https://quod.lib.umich.edu/k/koran/browse.html Zugriff 11.01.2020

Krabbe, Robbin: »Building trust: Exploring the role of community exchange and reputation«. IJCCR–International Journal of Community Currency Research 19 (Special Issue, Section D), 2015: 61–71.

Krausmann, Fridolin, Christian Lauk, Willi Haas et al.: »From resource extraction to outflows of wastes and emissions: The socioeconomic metabolism of the global economy, 1900–2015«. Global Environmental Change 52, 2018: 131–140.

Kress, Daniela: »Internationale Übereinkommen als künftiges Herzstück einer Global Governance? Auf dem schwierigen Pfad zwischen Anspruch und Wirklichkeit«. In Globalisierungsgestaltung und internationale Übereinkommen, hg. v. Armin Frey, Thomas Jäger, Dirk Messner et al., Wiesbaden 2014, 15–58.

Krugman, Paul: »Taxing the Speculators«. New York Times, 27.11.2009.

Künkel, Petra: Stewarding Sustainability Transformation. An Emerging Theory and Practice of SDG Implementation. Springer Nature, 2019.

Kurzweil, Ray: The Singularity Is Near. When Humans Transcend Biology. New York, London 2005.

Laclau, Ernesto: On Populist Reason. London/New York 2005.

Lamy, Pascal: Day 9: Talks collapse despite progress on a list of issues. 29.07.2008, https://www.wto.org/english/news_e/news08_e/meet08_summary_29july_e.htm, Zugriff 22.01.2019.

—. »WTO«. 02.07.2007. https://www.wto.org/english/news_e/sppl_e/sppl64_e.htm, Zugriff 07. 02 2019.

Langlois, Adèle: »The global governance of human cloning: the case of UNESCO«. Palgrave Communications, 2017: 1–8.

Lao Tse: »Tao Te King«, übersetzt von Bodo Kirchner, https://eggetsberger-info.blogspot.com/2019/02/lao-tses-tao-te-king-zum-freien.html s, Zugriff 11.01.2020

Lawrence, Roderick J.: »Advances in transdisciplinarity: Epistemologies, methodologies«. Futures 65, 2015: 1–9.

Leist, Anton: »Why Participate in Pro-Environmental Action?« Analyse & Kritik, 2014: 397–416.

Lessenich, Stephan: Neben uns die Sintflut. Die Externalisierungsgesellschaft und ihr Preis. Hanser: Berlin 2017.

Lockwood, Matthew. »Right-wing populism and the climate change agenda: exploring the linkages«. Environmental Politics 2018: 721–732.

Luppi, Barbara & Francesco Parisi und Shruti Rajagopalan: »The rise and fall of the polluter-pays principle in developing countries«. International Review of Law and Economics 32, 2012: 135–144.

Machingura, Fortunate & Seven Lally: The Sustainable Development Goals and their trade-offs. London 2017.

Makefinancework. 2011. http://www.makefinancework.org/financial-transaction-tax/1000-economists-for-a-financial-transaction-tax/, Zugriff 29.04.2019.

Malik-Management, https://www.youtube.com/watch?v=mtJCh2xBw10, 21.01.2011. Zugriff 31.01.2019.

Marshak, Robert: »Contemporary Challenges to the Philosophy and Practice of Organization Development«. In: Reinventing Organization Development.

New Approaches to Change in Organizations, von David L. Bradford und Warner W. Burke, San Francisco 2005: 19–41.

Martens, Jens: The 2030 Agenda–a new start towards global sustainability? Beirut, Bonn; Ferney-Voltaire et al. (Martens stellvertretend für Reflection Group on the 2030 Agenda for Sustainable Development), 2016.

Martin, Claude: On the Edge. The State and Fate of the World's Tropical Rain Forrests. Greystone Books, 2015.

Marwell, Gerald & Ruth E. Ames: »Economists free ride, does anyone else?« Journal of Public Economics 15, 1981: 295–310.

Marx, Karl: Das Elend der Philosophie, in: ders. & Friedrich Engels: Werke Bd. 4, Dietz Verlag: Berlin 1977

Masters, Jonathan & Andrew Chatzky: »The World Bank Group's Role in Global Development«, hg. vom Council on Foreign Relations, 09.04.2019. https://www.cfr.org/backgrounder/world-bank-groups-role-global-development, Zugriff 31.05.2019.

Maxwell, Simon: »Review: The White Man's Burden«. Overseas Development Institute, 2006.

McDonough, William & Michael Braungart: The Upcycle. Beyond Sustainability–Designing for Abundance. New York 2013.

McKinnon, Andrew M.: »Ideology and the Market Metaphor in Rational Choice Theory of Religion: A Rhetorical Critique of ›Religious Economies‹«. Critical Sociology, 2011: 529–543.

McKinsey&Company: Diversity Matters. McKinsey & Company, 2015.

Meadows, Dennis L.: »Es ist zu spät für eine nachhaltige Entwicklung. Nun müssen wir für eine das Überleben sichernde Entwicklung kämpfen«. In: Zukunftsstreit, hg. von Wilhelm Krull, Weilerswist 2000: 125–149.

Meadows, Donella H.: Die Grenzen des Denkens, hg. von Diana Wright. oekom: München 2010.

Meadows, Donella H., Dennis L. Meadows, Joergen Randers et al.: The Limits to Growth. A report for the Club of Rome's project on the predicament of mankind. Earth Island: London 1972.

Merton, Thomas: Im Einklang mit sich und der Welt, Diogenes: Zürich 1992.

—. Wisdom of the Desert. New York 1970 (1960).

Messner, Dirk & Franz Nuscheler. Global Governance: Herausforderungen an die deutsche Politik an der Schwelle zum 21. Jahrhundert. Bonn 1996.

Messner, Dirk & Silke Weinlich: »The evolution of human cooperation: lessons learned for the future of global governance«. In: Global Cooperation and the Human Factor in International Relations, hg. von Dirk Messner & Silke Weinlich, London, New York 2016: 3–46.

Meyer, Thomas: Fundamentalismus. Aufstand gegen die Moderne. Rowohlt: Reinbek bei Hamburg 1989.

Miegel, Meinhard: Exit. Wohlstand ohne Wachstum. List: Berlin 2011.

Milanovic, Branko: Global Inequality: A New Approach for the Age of Globalization. Cambridge 2016.

Mill, John Stuart, On Liberty (1859), Batoche Books: Kitchener, https://eet.pixelonline.org/files/etranslation/original/Mill,%20On%20Liberty.pdf, Zugriff 27.12.2019

Mimura, N. R. & S. Pulwarty, D. M. Duc: »Adaptation planning and implementation«. In: Climate Change 2014: Impacts, Adaptation and Vulnerability.Part A: Global and Sectoral Aspects. Working Group II Contribution to the Fifth Assessment Report of the Intergovernmental Panel on Climate Change, hg. vom IPCC, Cambridge, New York 2014: 869–898.

Mises, Ludwig: Die Gemeinwirtschaft. Untersuchungen über den Sozialismus. Jena 1922.

Mittelstraß, Jürgen: Leonardo-Welt. Über Wissenschaft, Forschung und Verantwortung. Suhrkamp (stw 1042): Frankfurt 1992.

Moore, Gordon E.: »Cramming more components onto integrated circuits«. Electronics 38 (8), 19.04.1965: 114–117.

Morgenthau, Hans J.: Politics Among Nations. The Struggle for Power and Peace. McGraw-Hill 2005.

Mudde, Cas & Cristóba Rovira Kaltwasser: Populism: A Very Short Introduction. Oxford 2017.

Mudde, Cas & Cristóbal Rovira Kaltwasser: »Exclusionary vs. Inclusionary Populism: Comparing Contemporary Europe and Latin America«. Government and Opposition, 01 2013: 147–174.

Müller, Harald: Wie kann eine neue Weltordnung aussehen? Wege in eine nachhaltige Politik. Fischer: Frankfurt a. M. 2008.

Müller, Jan-Werner: Was ist Populismus? Suhrkamp: Berlin 2016.

Murphy, David J. & Charles A. S. Hall: »Energy return on investment, peak oil, and the end of economic growth«. Annals of the New York Academy of Sciences, 2011: 52–72.

Myers, Daniel: »Buy When There's Blood In The Streets«, 23.02.2009. https://www.forbes.com/2009/02/23/contrarian-markets-boeing-personal-finance_investopedia.html, Zugriff 20.12.2018).

Myrskylä, Mikko & Hans-Peter Kohler, Francesco C. Billari: »Advances in development reverse fertility declines«. Nature, 08 2009: 741–743.

Nair, Chandran: The Sustainable State. The Future of Government, Economy, and Society. Oakland, CA 2018.

New York Times: »Global Trade After the Failure of the Doha Round«. New York Times 01.01.2016.

Nguyen, Nam C. & Ockie J. H. Bosch: »The Art of Interconnected Thinking: Starting with the Young«. Challenges, 05 2014: 239–259.

Niu, Shuwen & Yanqin Jia, Wendie Wang et al.: »Electricity consumption and human development level: A comparative analysis based on panel data for 50 countries«. Electrical Power and Energy Systems, 2013: 338–347.

NKR (Normenkontrollrat), www.normenkontrollrat.bund.de, Berlin 2019, Zugriff 11.01.2020

NOAA: Introduction to Stakeholder Participation, hg. v. National Oceanic and Atmospheric Administration. Washington, DC 2015.

Norkus, Zeonas: »Max Weber's Interpretative Sociology and Rational Choice Approach«. Rationality and Society, 2000: 259–282.

NRC (National Research Council): »Analytical Methods and Approaches for Water Resources Project Planning«. The National Academies Press: Washington, DC 2004.

Obersteiner, Michaeln & Brian Walsh, Stefan Frank und Peter Havlík: »Assessing the land resource–food price nexus of the Sustainable Development Goals«. Science Advances, September 2016.

Oda, Ryo & Takuya Naganawa, Shinsaku Yamauchi et al.: »Altruists are trusted based on non-verbal cues«. Biological Letters, 23.12.2009: 752–754.

OECD: Recommendation of the Council on Guiding Principles concerning International Economic Aspects of Environmental Policies. Paris 1972.

—. Recommendation of the Council on the Implementation of the Polluter-Pays Principle (OECD/LEGAL/0132). Paris 1974.

—. The polluter pays principle (OECD/GD(92)81). Paris 1992.

—. Recommendation of the Council for Further Combating Bribery of Foreign Public Officials in International Business Transactions. Paris 2009

—. The Nature of Learning. Using Research to Inspire Practice. Paris 2012.

—. PISA 2015 Results (Volume V): Collaborative Problem Solving, PISA. Paris 2017.

—. Education at a Glance 2018: OECD Indicators. Paris 2018.

—. http://www.oecd.org/about/membersandpartners/, Paris 2019, Zugriff 09.02.2019

Osterhammel, Jürgen: Die Verwandlung der Welt. Eine Geschichte des 19. Jahrhunderts. Beck: München 2009.

Ostrom, Elinor: »Gemeingütermanagement–Perspektive für bürgerschaftliches Engagement«. In: Wem gehört die Welt? Zur Wiederentdeckung der Gemeingüter, hg. von Silke Helferich und Heinrich-Böll-Stiftung, oekom: München 2009: 218–228.

—. »A General Framework for Analyzing Sustainability of Social-Ecological Systems«. Science 325, 24.07.2009: 419–422.

—. »Beyond Markets and States: Polycentric Governance of Complex Economic Systems«. The American Economic Review 100, 06 2010: 641–672.

Ostrom, Elinor, James Walker und Roy Gardner: »Covenants with and without a sword: self-governance is possible«. American Political Science Review 86, 06 1992: 404–417.

Ötsch, Walter O. & Stephan Pühringer: Right-wing populism and market-fundamentalism. ICAE Working Paper Series–No. 59, Linz 2017.

Ott, Konrad: »Institutionalizing Strong Sustainability: A Rawlsian Perspective«. Sustainability 2014 (6), 2014: 894–912.

Otto, Siegmar & Florian G. Kaiser: »Ecological behavior across the lifespan: Why environmentalism increases as people grow older«. Journal of Environmental Psychology 40, 2014: 331–338.

Otto, Siegmar & Pamela Pensini: »Nature-based environmental education of children: Environmental knowledge and connectedness to nature, together, are related to ecological behaviour«. Global Environmental Change 47, 2017: 88–94.

Ouedraogo, Nadia S.: »Energy consumption and human development: Evidence from a panel cointegration and error correction model«. Energy, 31.10.2013: 28–41.

Our World in Data: 01 2019. https://ourworldindata.org/, Zugriff am 01 2019.

Out-Law. https://www.out-law.com/en/articles/2016/february/record-scottish-waste-penalty-shows-high-fines-becoming-normal-in-environmental-cases-says-expert/, 2016, Zugriff 27.04.2019.

Oxfam: Public Good or Private Wealth? Oxford, U.K. 2019.

Özdemir, Feriha: Managing Capability. Ein Ansatz zur Neubestimmung von Diversity Management. Wiesbaden 2019.

Paech, Nico: Befreiung vom Überfluss. Auf dem Weg in die Postwachstumsökonomie. oekom: München 2012.

Papst Franziskus: Enzyklika Laudato Si. Über die Sorge für das gemeinsame Haus, Vatikan 2015.

Pauli, Gunter: Upsizing. The Road to Zero Emissions. Greenleaf Publ.: Sheffield, U.K. 1998.

—. Neues Wachstum. Wenn grüne Ideen nachhaltig ›blau‹ werden. Konvergenta Publ.: Berlin 2010.

Pegram, Tom & Michele Acuto: »Introduction: Global Governance in the Interregnum«. Millennium: Journal of International Studies 43, 2015: 584–597.

PEP: Getting to Zero. The Poverty-Environment Partnership: 2016.

Perman, Roger & Yue Ma, Michael Common et al.: Natural Resource and Environmental Economics. Harlow 2011.

Persson, Erik: »What are the core ideas behind the Precautionary Principle?«. Science of the Total Environment 557–558, 2016: 134–141.

Peters, G.P. & S.J. Davis, R. Andrew: »A synthesis of carbon in international trade«. Biogeosciences 9, 2012: 3247–3276.

Phaneuf, Daniel J. & Till Requate: A Course in Environmental Economics. Cambridge 2017.

Picht, Georg: Technik und Überlieferung. Die Überlieferung der Technik, die Autonomie der Vernunft und die Freiheit des Menschen. Hamburg 1959.

Pigou, Arthur Cecile: The Economics of Welfare, London (1920) 1932.

PIK (Potsdam Institut für Klimafolgenforschung): »PIK und MCC legen ausführliche Bewertung des Klimapakets vor«. 14.10.2019. PIK zus. mit Mercator Research Institute on Global Commons, https://www.pik-potsdam.de/aktuelles/pressemitteilungen/pik-und-mcc-legen-ausfuehrliche-bewertung-des-klimapakets-vor, Zugriff 12.01.2020.

Platon: Politeia (Der Staat), übers. von August Horneffer, Kröner: Stuttgart 1965
Popper, Karl R.: Logik der Forschung, J.C.B. Mohr (Paul Siebeck): Tübingen (1934) 4. Aufl. 1971
—. Das Elend des Historizismus. J.C.B. Mohr (Paul Siebeck): Tübingen (1965), 5. Aufl. 1979
Population Matters, https://populationmatters.org/the-facts/biodiversity, 2019, Zugriff 02.05.2019.
Prechtl, Peter: »Gerechtigkeit«. In: Metzler Philosophie Lexikon, hg. von Peter Prechtl und Franz-Peter Burkard, Metzler: Stuttgart 1999: 200–202.
Puma SE: »Puma's Environmental Profit and Loss Account for the year ended 31 December 2010«. Herzogenaurach 2011.
Pure Earth. »Agbogbloshie dumpsite.«2013, http://worstpolluted.org/projects_reports/display/107, Zugriff 11. 01 2019.
Raffer, Kunibert & Hans W. Singer. The economic North-South divide: six decades of unequal development. Cheltenham, UK; Northampton, MA 2001.
Rai, Vikas: »Chaos in natural populations: edge or wedge?« Ecological Complexity 1, 2004: 127–138.
Randers, Jorgen & Graeme Maxton: Ein Prozent ist genug. Mit wenig Wachstum soziale Ungleichheit, Arbeitslosigkeit und Klimawandel bekämpfen. oekom: München 2016.
Raskin, Paul & Tariq Banuri, Gilberto Gallopín et al.: Great Transition. The Promise and Lure of the Times Ahead (A Report of the Global Scenario Group). Boston 2002.
Rawls, John: Eine Theorie der Gerechtigkeit, Suhrkamp (stw 271): Frankfurt 1998.
—. Die Grundstruktur als Gegenstand, in: ders.: Die Idee des politischen Liberalismus. Aufsätze 1978–1989, hg. von W. Hinsch, Suhrkamp (stw 1123): Frankfurt 1997, 45–79.
Reavis, Cate: »The Global Financial Crisis of 2008: The Role of Greed, Fear, and Oligarchs«. MIT Sloan Management, 16.03.2012.
Reeves, Martin & Johann Harnoss: The business of business is no longer just business. Companies must raise their economic and political game. bcg perspectives by the Boston Consulting Group, BCG 2017.
Reinhart, Carmen M. & Christoph Trebesch: »The International Monetary Fund: 70 years of Reinvention«. Journal of Economic Perspectives 30 (1), 2016: 3–28.
Repetto, Robert & Roger C. Dower, Robin Jenkins et al.: Green Fees: How a tax shift can work for the environment and the economy. Washington, D.C. 1992.
Reusswig, Fritz: »Nicht-nachhaltige Entwicklungen. Zur interdisziplinären Beschreibung und Analyse von Syndromen des Globalen Wandels«. In: Nachhaltige Entwicklung, hg. von Karl-Werner Brandt. Opladen 1997: 71–90.
Reuters: »G20 agrees on phase-out of fossil fuel subsidies«. 26.09.2009, https://www.reuters.com/article/us- g20-energy-idUSTRE58O18U20090926, Zugriff 11.01.2020.

Rittberger, Volker & Bernhard Zangl, Andreas Kruck: Internationale Organisationen. Wiesbaden 2013.

Robertson, Margaret: Sustainability Principles and Practices. London, New York 2017.

Rockström, Johan & Will Steffen, Kevin Noone et al.: »A safe operating space for humanity«. nature, 24.09.2009: 472–475.

Ropohl, Günter: Allgemeine Technologie. Eine Systemtheorie der Technik. Karlsruhe: Universitätsverlag Karlsruhe, 2009.

Rosa, Hartmut: Unverfügbarkeit. Residenz-Verlag: Wien, Salzburg 2019.

Rosenau, James: »Globalization and Governance: Bleak Prospects for Sustainability«. Internationale Politik und Gesellschaft 3, 2003: 11–29.

Roser, Max, https://ourworldindata.org/. 2019, Zugriff 28.02.2019.

Rotblat, Joseph: »The 50-Year Shadow«. New York Times, 17.05.2005.

Rousseau, Jean-Jacques: Der Gesellschaftsvertrag–oder Grundlagen des Staatsrechts (1762), übersetzt von Fritz Roepke, Leipzig 2011.

Sachs, Jeffrey D.: The End of Povery. Economic possibilities for our time. New York 2005.

—. The Age of Sustainable Development. Columbia University Press: New York 2015.

Sachs, Jeffrey D. & G. Schmidt-Traub, C. Kroll et al.: »Sustainable Development Report 2019«. Bertelsmann Stiftung and Sustainable Development Solutions Network (SDSN): New York.

Sachs, Wolfgang: »Die vier E's: Merkposten für einen maßvollen Wirtschaftsstil«. Politische Ökologie 11 (33), 1993: 69–72.

—. »Sustainable Development. Zur politischen Anatomie eines internationalen Leitbilds«. In: Nachhaltige Entwicklung, von Karl-Werner Brandt (Hrsg.), Opladen 1997: 93–110.

Sala, Serenella & Biagio Ciuffo, Peter Nijkamp: »A systemic framework for sustainability assessment«. Ecological Economics, 2015: 314–325.

Santoyo-Castelazo, E. & A. Azapagic: »Sustainability assessment of energy systems: integrating environmental, economic and social aspects«. Journal of Cleaner Production, Juni 2014: 119–138.

Savory, Allen: »How to fight desertification and reverse climate change«. TED.com. 2013. www.ted.com/talks/allan_savory_how_to_green_the_world_s_deserts_and_reverse_climate_change#t-382789 (Zugriff 13.06.2019).

Schaub, Georg & Thomas Turek: Energy Flows, Material Cycles and Global Development. Springer International Publishing Switzerland 2016.

Scherer, Laura, Paul Behrens, Arjan de Konig und et al.: »Trade-offs between social and environmental Sustainable Development Goals«. Environmental Science and Policy, 2018: 65–72.

Schipper, Rachel: »Review of: Thomas Meyer, Identity Mania: Fundamentalism and the Politicization of Cultural Differences«. Millenium: Journal of International Studies, 2003: 145–147.

Schmidt-Bleek, Friedrich: »Faktor 10 Manifesto«, http://www.factor10-institute.org/files/F10_Manifesto_d.pdf«. 2000, Zugriff 15.02.2019.

Schmidtchen, Dieter & Christian Koboldt, Jenny Monheim et al.: The Internalisation of External Costs in Transport: From the Polluter Pays to the Cheapest Cost Avoider Principle, Center for the Study of Law and Economics, Saarbrücken 2007

Schneidewind, Uwe & Angelika Zahrnt: Damit gutes Leben einfacher wird. Perspektiven einer Suffizienzpolitik. oekom: München 2017.

Scholarpedia: »Predator-prey model«, 2011, http://www.scholarpedia.org/article/Predator-prey_model, Zugriff 26.04.2019.

Schroth, Jörg: »Utilitarismus und Verteilungsgerechtigkeit«. Zeitschrift für philosophische Forschung, 2006: 37–58.

Scientific American: »Will Fossil Fuels Be Able to Maintain Economic Growth? A Q&A with Charles Hall«. Scientific American, 01.04.2013.

Sennett, Richard: The Corrosion of Character. New York 1998.

Simm, Kadri: »The Concepts of Common Good and Public Interest: From Plato to Biobanking«. Cambridge Quarterly of Healthcare Ethics (20, 2011: 554–562).

Slaughter, Ann-Marie: A New World Order. Princeton, N.J. 2004.

Smith, Adam: Der Wohlstand der Nationen. Eine Untersuchung seiner Natur und seiner Ursachen, dtv: München 1974.

Soga, Masashi & Kevin J. Gaston, Tomoyo F. Koyanagi et al.: »Urban residents' perceptions of neighbourhood nature: Does the extinction of experience matter?« Biological Conservation 203, 2016: 143–150.

Spang, E.S. & W.R. Momaw, K.S. Gallagher et al.: »The water consumption of energy production: an international comparison«. Environmental Research Letters, 2014: 1–14.

Spiegel Online: »Germany Blocks CO2 Reduction Deal«. 27.06.2013. http://www.spiegel.de/international/europe/germany-delays-eu-decision-on-lower-co2-emissions-for-cars-a-908176.html, Zugriff 23.01.2019.

—. »EU reicht Nitrat-Klage gegen Deutschland ein«. 07.11.2016. https://www.spiegel.de/wirtschaft/soziales/nitrat-im-grundwasser-eu-reicht-klage-gegen-deutschland-ein-a-1120036.html, Zugriff 11.01.2020

—. »Ölriese Exxon wusste schon 1982, wie stark die Erderwärmung 2019 ausfällt«. 17.05.2019, http://www.http://www.spiegel.de/wissenschaft/mensch/exxon-sagte-co2-gehalt-der-atmosphaere-fuer-2019-genau-voraus-a-1267915.html, Zugriff 29.12.2019

Spini, Debora: Global Civil Society. Herausgeber: Oxford Bibliographies. 19.09.2014.

SRU (Sachverständigenrat für Umweltfragen), »Demokratisch regieren in ökologischen Grenzen–Zur Legitimation von Umweltpolitik. Sondergutachten 2019«. Berlin 2019.

Stamp, Jimmy: »Fact of Fiction? The Legend of the QWERTY Keyboard«. 03.05.2013. https://www.smithsonianmag.com/arts-culture/fact-of-fiction-the-legend-of-the-qwerty-keyboard-49863249/, Zugriff 25.05.2019.

Stateimpact: »Polluters and Penalties: Will Higher Fines Make a Difference in Texas?« 11.02.2013. https://stateimpact.npr.org/texas/2013/02/11/polluters-and-penalties-will-higher-fines-make-a-difference-in-texas/, Zugriff 27.04.2019.

Statistik der Kohlenwirtschaft: Braunkohle im Überblick. Okt 2018. https://kohlenstatistik.de/, Zugriff 12.01.2020.

Steffen, Will & Wendy Broadgate, Lisa Deutsch et al.: »The Trajectory of the Anthropocene: The Great Acceleration«. The Anthropocene Review 2, 2015: 81–98 (Steffen et al. 2015a).

Steffen, Will & Katherine Richardson, Johan Rockström et al.: »Planetary boundaries: Guiding human development on a changing planet«. Science 347, 13.02.2015: 736 (Steffen et al. 2015b).

Steffen, Will & Johan Rockström, Katherine Richardson et al.: »Trajectories of the Earth System in the Anthropocene«. PNAS, 14.08.2018: 8252–8259.

Stiglitz, Joseph E.: Globalization and its discontents. W.W.Norton & Co.: New York, London 2002.

—. Making Globalization Work. W.W.Norton & Co.: New York 2006.

—. The Guardian. 27.03.2009. https://www.theguardian.com/commentisfree/2009/mar/27/global-recession-reform, Zugriff 12.02.2019.

Stroh, David Peter: Systems Thinking for Social Change. Chelsea Green Publ.: White River Junction, VT 2015.

Stuchtey, Martin R. & Per-Anders Enkvist, Klaus Zumwinkel: A Good Disruption. Redefining Growth in the Twenty-First Century. Bloomsburgy: London, Oxford 2016.

Sumner, Andy: »Global Poverty and the New Bottom Billion: What if Three-quarters of the World's Poor Live in Middle-income Countries?« Institute for Development Studies Working Paper, Brighton, UK 2010.

Symmank, Claudia & Stefan Hoffmann: »Leugnung und Ablehnung von Verantwortung«. In: Handbuch Verantwortung, hg. von Ludger Heidbrink, Claus Langbehn und Janina Loh. Springer: Wiesbaden 2017: 949–972.

TAB (Büro für Technikfolgenabschätzung beim Deutschen Bundestag): 2019. https://www.tab-beim-bundestag.de/de/, Zugriff 11.01.2020.

Tagesspiegel, »Sigmar Gabriel provoziert in den eigenen Reihen« 09.11.2017, https://www. tagesspiegel.de/politik/wahlniederlage-und-klimaziele-sigmar-gabriel-provoziert-in-den-eigenen-reihen/20557978.html, Zugriff 08.01.2020

Taipei Times: »EPA seeks higher fines for marine pollution«. 14.03.2017. http://www.taipeitimes.com/News/taiwan/archives /2017/03/14/2003666738, Zugriff 11.01.2020.

Tekayak, Deniz: »From ›polluter pays‹ to ›polluter does not pollute‹«. Geoforum 71, 2016: 62–65.

Times: »Sometimes people don't know what they want until you show it to them«. The Times, 08 2011.
Theis, Tom & Jonathan Tomkin (eds.): Sustainability: A Comprehensive Foundation. 2012. http://cnx.org/content/col11325/1.45/, Zugriff 11.01.2020
Traffic: Pendants, Power, and Pathways. A rapid assessment of smuggling routes and techniques used in the illicit trade in African rhino horn. Pretoria: Traffic (Strategic Alliance of WWF and IUCN) 2017.
Transparency International: Access all areas. When EU politicians become lobbyists. Brüssel 2017 (TI 2017a).
—. Corruption Perceptions Index 2017. Berlin 2017 (TI 2017 b).
—. »Corruption Perceptions Index 2017 shows high corruption burden in two thirds of countries«, Berlin 21.02.2018 (TI 2018a)
—. Exporting Corruption. Progress Report 2018: Assessing enforcement of the OECD Anti-Bribery Convention. Berlin 2018. (TI 2018b)
—. 2019. https://www.transparency.org/, Zugriff 02.05.2019.
Transparency International and Global Witness: European Getaway. Inside the nurkey world of golden visas, Berlin /London 2019
Trump, Donald: Twitter, 06.11.2012.
Tversky, Amos & Daniel Kahneman: »Rational Choice and the Framing of Decisions«. The Journal of Business, Vol. 59, No. 4, Part 2: The Behavioral Foundations of Economic Theory, 1986: 251–278.
Tyler, Michael J., Richard Wassersug und Benjamin Smith: »How frogs and humans interact: Influences beyond habitat destruction, epidemics and global warming«. Applied Herpetology, 2007: 1–18.
Twain, Mark: »Das Ziel aus den Augen verloren«, o. J., http://www.sasserlone.de/zitat/142/mark.twain/, Zugriff 30.12.2019
UBA (Umweltbundesamt): Daten zur Umwelt-Ausgabe 2015. Umwelt, Haushalte, und Konsum, Dessau 2015
—. »Fahrleistung im Personen- und Güterverkehr«. 24.05.2019. https://www.umweltbundesamt.de/daten/verkehr/fahrleistungen-verkehrsaufwand-modal-split#textpart-1, Zugriff 28.04.2019 (UBA 2019a).
—. »Klimaschutzziele Deutschlands«. 05.06.2019, https://www.umweltbundesamt.de/daten/klima/klimaschutzziele-deutschlands, Zugriff 12.01.2020 (UBA 2019b).
—. »Verwertungsquoten der wichtigsten Abfallarten«. 17.10.2019, https://www.umweltbundesamt.de/daten/ressourcen-abfall/verwertungsquoten-der-wichtigsten-abfallarten, Zugriff 12.01.2020 (UBA 2019c).
UN: »Universal Declaration of Human Rights«. 1948, https://www.un.org/en/universal-declaration-human-rights/index.html, Zugriff am 12.01.2020.
—. United Nations Framework Convention on Climate Change. New York 1992.
—. Report of the Commission of Experts of the President of the United Nations General Assembly on Reforms of the International Monetary and Financial System. New York 2009.

—. Transforming our world: the 2030 Agenda for Sustainable Development (A/RES/70/1). New York 2015.

—. »Fundamentalism and populism pose deepening threat to women human rights defenders, UN experts warn«, UN News: 25.11.2016. https://news.un.org/en/story/2016/11/546242-fundamentalism-and-populism-pose-deepening-threat-women-human-rights-defenders, Zugriff 12.01.2020.

—. National Sustainable Development Strategies (NSDS). 2019. https://sustainabledevelopment.un.org/topics/nationalsustainabledevelopmentstrategies, Zugriff 30.12.2019.

UN: World Population Prospects. New York 2017.

UNCCD: The Land in Numbers. Livelihoods at a Tipping Point. Bonn 2014.

UNCED: »Agenda 21«. Rio de Janeiro 1992.

—. »Rio Declaration«. REPORT OF THE UNITED NATIONS CONFERENCE ON Environmental and Development; Annex I: RIO DECLARATION ON ENVIRONMENT AND DEVELOPMENT. New York 12.08.1992.

UN-DESA: »Global context for achieving the 2030 Agenda for Sustainable Development International financial flows and external debt«. UN Development Strategy and Policy Analysis Unit–Development Policy and Analysis Division (Development Issues No. 10)., 2017.

—. »World Population Prospects 2019: Highlights.« (ST/ESA/SER.A/423). New York 2019

UNDP: Human Development Indices and Indicators. 2018 Statistical Update. New York 2018.

UNDP Bangladesh: »Environmental Impact of Rohingya Influx«. Dhaka 2018.

UNEP: Decoupling Natural Resource Use and Environmental Impacts from Economic Growth, hg. vom International Resource Panel, Nairobi 2011.

—. Emissions Gap Report 2018. Nairobi 2018.

UNESCO: Education 2030: Incheon Declaration and Framework for Action for the Implementation of Sustainable Development Goal 4. o.O. 2015.

—. Global Education Monitoring Report 2019: Migration, displacement, and education: Building bridges, not walls. Paris 2019.

UNESCO Institute for Statistics: UIS Factsheet No. 39. 2016.

—. Fact Sheet No. 48 (UIS/FS/2018/ED/48). Montreal 2018.

UNFCCC: Paris Agreement. Paris 2015.

US Congress: Public Law 92–484-OCT. 13, 1972, Washington, D.C. 1972

Vale: Factsheet. 2019. http://www.vale.com/PT/investors/company/fact-sheet/Documents/factsheet2Q19_i_.pdf, Zugriff 12.01.2020

Varnum, Michael E.W. & Chris Blais, Ryan S. Hampton et al.: »Social class affects neural empathic responses«. Culture and Brain, 2015: 122–130.

Vasbinder, Jan W. & Bertil Andersson Nanyang, W. Brian Arthur et al.: »Transdisciplinary EU science institute needs funds urgently–Correspondence«. Nature, 18.02.2010: 876.

Vester, Frederic: Die Kunst vernetzt zu denken. Stuttgart 2000.
Victor, David G. und Bruce D. Jones: Undiplomatic Action. A practical guide to the new politics and geopolitics of climate change. Washington, D.C. 2018.
Vohs, Kathleen D. & Nicole L. Mead, Miranda R. Goode: »The Psychological Consequences of Money«. Science 314, 17.11.2006: 1154–1156.
von Rad, Gerhard: Theologie des Alten Testaments. München (1960) 1992.
von Weizsäcker, C. Christian: Logik der Globalisierung. Göttingen 2000.
von Weizsäcker, Ernst Ulrich: Grenzen der Privatisierung. Wann ist des Guten zu viel? Stuttgart 2007.
von Weizsäcker, Ernst Ulrich & Amory B. Lovins, L. Hunter Lovins: Faktor Vier. Doppelter Wohlstand–halbierter Naturverbrauch. München 1995.
von Weizsäcker, Ernst Ulrich & Karlson Hargroves, Michael Smith. Faktor Fünf. Die Formel für nachhaltiges Wachstum. München 2010.
von Weizsäcker, Ernst Ulrich & Anders Wijkman: Wir sind dran. Was wir ändern müssen, wenn wir bleiben wollen. Gütersloh 2017.
Walker, Brian & Scott Barrett, Stephen Polasky et al.: »LoomingGlobal-Scale Failures and Missing Institutions«. Science, 11.09.2009: 1345–1346.
Walter, Franz & Tobias Dürr: Die Heimatlosigkeit der Macht. Wie die Politik in Deutschland ihren Boden verlor. Alexander-Fest-Verlag: Berlin 2000.
Washington Post: »White evangelicals voted overwhelmingly for Donald Trump, exit polls show«. 09.11.2016. https://www.washingtonpost.com/news/acts-of-faith/wp/2016/11/09/exit-polls-show-white-evangelicals-voted-overwhelmingly-for-donald-trump/?utm_term=.e726110d2d65, Zugriff 17.01.2019.
Wateractive: »Courts urged to issue higher fines for environmental pollution«. 25.11.2009. http://www. wateractive.co.uk/news/courts_urged_to_issue_higher_fines_for_environmental_pollution, Zugriff 12.01.2020.
WBGU (Wissenschaftilcher Beirat Globale Umweltveränderungen): Welt im Wandel–Herausforderung für die deutsche Wissenschaft (Jahresgutachten 1996). Springer: Berlin, Heidelberg, New York 1996.
—. Welt im Wandel–Gesellschaftsvertrag für eine Große Transformation (Hauptgutachten), Berlin 2011
WCED (World Commission on Environment and Development): Our Common Future. Oxford 1987.
Weber, Max: Grundriss der Sozialökonomik. (III. Abteilung) Wirtschaft und Gesellschaft, J.C.B. Mohr (Paul Siebeck): Tübingen 1922
—. Politik als Beruf, Philipp Reclam jun. Stuttgart 1992
Weber, Wolfhard: »Verkürzung von Zeit und Raum. Techniken ohne Balance zwischen 1840 und 1880«. In: Netzwerke Stahl und Strom (1840–1914). Propyläen Technikgeschichte Bd. 4, hg. von Wolfgang König und Wolfhard Weber, Propyläen: Berlin 1997, 9–261.
Weißbach, D., G. Ruprecht, A. Huke, K. Czerski, S. Gottlieb und A. Hussein: »Energy intensities, EROIs (energy returned on invested), and energy payback times of electricity generating power plants«. Energy 52, 2013: 210–221.

Whitehead, Alfred North. Prozess und Realität. Entwurf einer Kosmologie, Suhrkamp (stw 690): Frankfurt 1995.

Wikipedia: Artikel Aga-Kröte (Cane-Toad) und QWERTY, Zugriff 27.04.2019

Wilkinson, Richard & Kate Pickett: The Spirit Level. Why Greater Equality Makes Societies Stronger. New York, Berlin, London, Sydney 2011.

Wohlgemuth, Erik: »Not just good on paper: how businesses and NGOs can protect rainforests«. The Guardian, 01 2014.

World Ocean Review. Coasts–A Vital Habitat Under Pressure. Hamburg 2017.

Worldbank: China 2020. Washington, D.C. 1997.

—. Cost of Pollution in China. Washington, D.C. 2007.

—. Proposals for WTO Reform: A Synthesis and Assessment. Washington, D.C. 2011.

—. Worldbank. »World Bank Forecasts Global Poverty to Fall Below 10% for First Time; Major Hurdles Remain in Goal to End Poverty by 2030«. 04.10.2015. http://www.worldbank.org/en/news/press-release/2015/10/04/world-bank-forecasts-global-poverty-to-fall-below-10-for-first-time-major-hurdles-remain-in-goal-to-end-poverty-by-2030, Zugriff 12.01.2020.

—. The Political Economy of Energy Subsidy Reform. Washington, D.C. 2017.

—. Poverty and Shared Prosperity 2018: Piecing together the Poverty Puzzle. Washington, D.C.

WRI (World Resources Institute): MEA–Millenium Ecosystem Assessment. Washington, D.C. 2005.

—. »Global Forrest Watch«. 2019. https://www.wri.org/our-work/project/global-forest-watch, Zugriff 12.01.2020.

WTO: Ministerial Declaration. DOHA WTO MINISTERIAL 2001: MINISTERIAL DECLARATION. Genf 20.11.2001

—. Harnessing trade for sustainable development and a green economy. Genf 2011.

—. World Trade Organization. 2019. https://www.wto.org/english/tratop_e/dda_e/dda_e.htm, Zugriff 12.01.2020.

WWF: Silent Invasion. The spread of marine invasive species via ships' ballast water, Gland, Schweiz 2009.

—. Living Planet Report 2018: Aiming Higher, hg. von M. Grooten und R.E.A. Almond. Gland, Schweiz 2018.

YouTube: »Rutger Bregman–Davos Taxes«. 25.01.2019. https://www.youtube.com/watch?v=7IPT1lf2Nzk, Zugriff 12.01.2020.

Zhuang, Juzhong & Zhihong Liang, Tun Lin et al. Theory and Practice in the Choice of Social Discount Rate for Cost-Benefit Analysis: A Survey. ERD Working Paper Series No 94, Manila 2007.

Zürn, Michael: »Introduction: Law and compliance at different levels«. In: Law and Governance in Postnational Europe, hg. von Michael Zürn und Christian Joerges, 1–39. Cambridge 2005.

DANKSAGUNG

Zahlreiche Kolleginnen, Kollegen und Freunde haben mich beim Schreiben dieses Buchs begleitet, Teile des Manuskripts gelesen und wertvolle Kommentare geliefert. Dafür möchte ich mich herzlich bei Ino Augsberg, Christian Calliess, Michael F. Jischa, Rolf J. Langhammer, Christa Liedtke, Nele Matz-Lück, Uli Mayer-Johanssen, Konrad Ott, Maike Sippel, Thomas Turek und Jutta Zimmermann bedanken, bei Dirk Nabers für die Ermutigung zu einer englischen Ausgabe. Dankbar bin ich auch für Rückmeldungen von Kolleginnen und Kollegen der Christian-Albrechts-Universität Kiel, die ich im Rahmen von Brownbag-Sitzungen aus dem Kreis des Instituts für Sozialwissenschaften sowie aus dem Forschungskolloquium von Ludger Heidbrink und Konrad Ott erhalten habe.

Den anonymen und mutmaßlich nicht-deutschen Gutachterinnen bzw. Gutachtern möchte ich danken, die verschiedene Stufen des Manuskripts beurteilt und mir wichtige Rückmeldungen gegeben haben: dies waren zunächst, in einer frühen Phase des Manuskripts, die Gutachter des Routledge-Verlags, später dann die des Club of Rome, die das Manuskript einhellig als neuen Club of Rome-Bericht vorschlugen, doch gleichwohl noch wichtige Kommentare zur Verbesserung gaben. Jeden Verbesserungsvorschlag habe ich sorgfältig erwogen, viele konnte ich berücksichtigen. Trotz der vielen guten Hinweise von Gutachtenden und Sparringspartnern liegt die Verantwortung für den vorliegenden Text mit all seinen sicher noch vorhandenen Unzulänglichkeiten selbstverständlich ausschließlich bei mir.

Obwohl ich das vorliegende Buch nicht primär für Studierende geschrieben habe, waren diese mir doch immer wieder vor Augen. Da ich an mehreren Hochschulen und in ganz unterschiedlichen Fachbereichen tätig bin, sind dies Studierende fast jeden Hintergrunds: von Ingenieur-, Natur -und Wirtschaftswissenschaften an der TU Clausthal, über Studierende diverser akademischer und kultureller Hintergründe im internationalen MBA-Programm der Universität des Saarlands bis zu den Studierenden der CAU Kiel, die einesteils aus den Sozial- und Geisteswissenschaften, andernteils aus den Nachhaltigkeitsprogrammen der CAU stammen. Das große Interesse vieler Studierenden, ihr kritischer Blick auf die Gegenwart und ihr großer Wunsch nach Veränderung sind mir stets Ermutigung wie Anspruch.

Ich danke der Agentur K16, die mich bei den Illustrationen unterstützt hat sowie Rebecca Brennon von Routledge für das Lektorat der englischen Ursprungsfassung. Dem oekom verlag, namentlich Christoph Hirsch und Laura Kohlrausch, danke ich für konstruktive Zusammenarbeit und Unterstützung bei der vorliegenden deutschen Fassung.

Ein Dank besonderer Art geht an meine Familie. Mit zunehmendem Alter, mittlerweile selbst Vater von Teenagern, wird mir noch stärker bewusst, was ich meinen Eltern, Gisela and Eberhard Berg, verdanke. Ihre Liebe, beständige Fürsorge und ihr gelebter Glaube haben mein Leben entscheidend geprägt.

Der letzte Dank gebührt meiner Frau Daniela – nicht nur für unermüdliche Geduld, andauernde Unterstützung und die gründliche Lektüre des ganzen Manuskripts mit zahllosen wertvollen Verbesserungsvorschlägen, sondern vor allem für das Teilen des Lebens – sowie unseren Söhnen Melvin und Gabriel. Die Zukunft gehört Euch!

ABKÜRZUNGEN

BOP	Base of the Pyramid
CPI	Corruption Perception Index
EU	Europäische Union
GDP	Gross Domestic Product/Bruttosozialprodukt
HDI	Human Development Index
ICC	International Chamber of Commerce
IGO	International Governmental Organization
IWF	Internationaler Währungsfonds
LIC	Low-income-country
MNE(s)	Multi-national Enterprise(s) – Multinationale Konzerne
MIC	Middle-income country
NDCs	Nationally determined contributions – Nationale Selbstverpflichtungen im Rahmen des Pariser Klimaabkommens
PEI	UNEP-UNDP Poverty-Environment-Initiative
SDGs	Sustainable Development Goals – UN-Nachhaltigkeitsziele
SDSN	Sustainable Development Solutions Network
TI	Transparency International
UN	United Nations – Vereinte Nationen
UNCED	United Nations Conference on Environment and Development (»Rio-Konferenz« 1992)
UNEP	United Nations Environment Programme
UNFCCC	UN Framework Convention on Climate Change
WCED	World Commission on Environment and Development
WSSD	World Summit on Sustainable Development (»Rio+ 10« in Johannesburg)
WTO	World Trade Organization/Welthandelsorganisation

ABBILDUNGEN

Abbildung 1: Keeling-Kurve: Kohlendioxidkonzentration am Mauna Loa (Quelle: Scripps Institution of Oceanography), S. 20
Abbildung 2: Planetare Grenzen (Quelle: Steffen et al. 2015), S. 21
Abbildung 3: Krisenfokus verhindert umfassenden Blick auf Nachhaltigkeitsbarrieren (Quelle: Eigene Darstellung), S. 30
Abbildung 4: Umfassender Blick auf Barrieren eröffnet Spielräume auf dem Weg zur Nachhaltigkeit (Quelle: Eigene Darstellung), S. 31
Abbildung 5: Beziehung zwischen Barrieren, Lösungsansätzen und Handlungsprinzipien (Quelle: Eigene Darstellung), S. 54
Abbildung 6: Lineares und exponentielles Wachstum (Quelle: Eigene Darstellung), S. 82
Abbildung 7: Sozio-ökonomische und Erdsystem-Trends (Quelle: Daten von Steffen et al. 2015), S. 83
Abbildung 8: Entwicklung des Kabeljaufangs vor Neufundland (Quelle: Millenium Ecosystem Assessment), S. 85
Abbildung 9: Ökologischer Fußabdruck vs. HDI für alle Länder (Quelle: Global Footprint Network), S. 120
Abbildung 10: Herausforderungen des gegenwärtigen SDG-Prozesses (Quelle: Eigene Darstellung), S. 400
Abbildung 11: Prinzipien nachhaltigen Handelns befördern das Lebenswohl – Futeranity (Quelle: Eigene Darstellung), S. 406

NAMENSREGISTER

ANDERS, Günther 253, 288–289
ARENDT, Hannah 52, 256, 285, 288, 349–351
ARISTOTELES 182–183, 347, 349–350, 363
AYRES, Robert U. 43, 68–70, 111–112, 269, 321–322, 331
BECK, Ulrich 255–256, 265, 269
BERG, Christian 29, 40, 57, 73, 106, 180, 233, 235–238, 242, 281, 328, 379, 387–388, 412, 417–418, 421
BLÜHDORN, Ingolfur 24–25
BOSSELMANN, Klaus 37, 43–44, 46, 183, 228
BRAUNGART, Michael 321
BREGMAN, Rutger 28, 51–52
BUBER, Martin 52
CALLIESS, Christian 57, 241, 262, 337–340, 417
CARSON, Rachel 254
COHEN, Daniel 199–200, 205, 209–210
COVEY, Stephen R. 362, 377
CRUTZEN, Paul J. 19, 23
DALY, Herman E. 43, 93–94, 163, 317
DUPRÉ, Louis 241, 243–244
ELIAS, Norbert 264, 269
FELBER, Christian 94–95, 188, 326, 387
FRANKFURT, Harry G. 248–249, 256–257, 356–357
FRANKL, Viktor E. 292, 298
FROMM, Erich 187–188, 290–292, 298, 351
GANDHI, Mahatma 93, 345, 348, 352, 357

GEELS, Frank W. 32, 34, 38, 411
GEORGESCU-ROEGEN, Nicholas 69–71, 336
GIDDENS, Anthony 114, 217, 224–225
GÖPEL, Maja 297, 362
GRUNWALD, Armin 255, 260–261
HABERMAS, Jürgen 133, 255, 257
HARDIN, Garrett 163
HÖSLE, Vittorio 168, 256, 284, 388, 421
HULME, Michael 15, 35–36
JACKSON, Tim 91–92, 292
JANTSCH, Erich 272–273, 417
JISCHA, Michael F. 84, 421
JONAS, Hans 39–40, 253, 304, 338, 419
KANT, Immanuel 39, 133, 189, 247–248, 303–304, 351, 356, 415, 419, 420
KAUFFMAN, Stuart 74
KEYNES, John M. 376
KRUGMAN, Paul 379
KÜNKEL, Petra 35, 159, 268, 277, 307, 361, 367, 411
LAMY, Pascal 151, 196
LAO Tse 347–348, 358
LESSENICH, Stephan 118, 176
MARX, Karl 264–265, 417
McDONOUGH, William 321
McKINNON, Andrew M. 184, 346
MEADOWS, Dennis L. 23, 42–43, 48, 83, 373
MEADOWS, Donella H. 74, 164–165, 360, 374–376
MERTON, Thomas 351–353
MESSNER, Dirk 217, 224

Meyer, Thomas 132–133
Mittelstrass, Jürgen 265, 271
Morgenthau, Hans J. 212
Müller, Harald 27, 91, 130, 201–202, 209, 216, 228
Müller, Jan-Werner 23, 130
Nair, Chandran 25–26, 214, 228
Ostrom, Elinor 165–167, 169, 173, 415
Ott, Konrad 43, 225–226, 228, 416
Paech, Nico 284, 292, 297, 319–320
Papst Franziskus 116, 129
Pauli, Gunter 321
Picht, Georg 284
Pickett, Kate 138, 140–141, 147, 171, 293, 296–297, 360, 420
Pigou, Arthur Cecile 180, 415
Platon 241, 264, 346, 349, 407, 417, 420
Raskin, Paul 34
Rawls, John 142–146, 248, 250–251, 360, 385, 414, 420
Reusswig, Fritz 48–49
Rockström, Johan 21, 48, 192, 309, 321
Rosa, Hartmut 190
Rousseau, Jean-Jacques 175–176, 247
Sachs, Jeffrey D 22, 123, 125, 128, 180, 203, 214
Sachs, Wolfgang 42, 188, 286, 297, 377, 419
Savory, Allan 49
Schneidewind, Uwe 57, 63, 98, 188, 297, 318, 378
Schot, Johan 32, 34, 38, 411
Sennett, Richard 282
Slaughter, Ann-Marie 211
Steffen, Will 21–22, 83, 192, 309, 321, 383
Stiglitz, Joseph 141, 188, 199, 203–207, 210, 379, 388, 421
Stroh, David P. 38, 108, 117, 367, 384, 421
Stuchtey, Martin R. 320, 327–328
Vester, Frederic 87–88
von Weizsäcker, Ernst U. 180, 183, 267, 316
Weber, Max 113, 201, 283, 419–420
Wilkinson, Richard 138, 140–141, 147, 171, 293, 296–297, 360, 420
Zahrnt, Angelika 98, 188, 297, 318, 378

SACHREGISTER

ABHOLZUNG (s. auch Entwaldung) 48, 194, 258
ACHTSAMKEIT 276, 352, 362
AGENDA 21 193–194, 233, 339, 369, 398
AGENDA 2030 16, 19, 24, 44, 46, 104, 153, 193, 213, 217, 225, 235, 303, 305, 359, 369, 392, 395–397
ANTHROPOZÄN 19, 23, 179, 252
ARMUT 20, 102, 104, 107, 115–119, 122–126, 129, 137–138, 141, 147, 194, 200, 318, 346, 396, 413
BESCHLEUNIGUNG 55, 280–287, 377
BEVÖLKERUNGSWACHSTUM 36–37, 118, 128, 370–371
BHAGAVAD Gita 93
BILDUNG 10, 67, 87–89, 125–126, 138–140, 178, 214, 264, 272, 342, 361, 366, 369–371, 411
BIODIVERSITÄT 76, 86, 103, 149, 191, 200, 266, 313, 328, 354, 383
BIOENERGIE 76, 127, 354
CHINA 26, 114, 138, 141, 148, 150, 174, 196, 199, 411
CLUB OF ROME 10–13, 23, 28, 83, 87, 164, 265, 267, 272, 373–374
CO_2-STEUER 54, 302, 336, 394–395
CODEX HAMMURABI 306, 332–333
DEMOKRATIE 25–26, 132, 135–136, 144, 154, 198–200, 205, 207, 239–240, 246, 256, 326, 388, 404, 413
DISKONTIEREN (künftiger Kosten) 179

DIVERSITÄT 149, 158–159, 367, 372, 381, 383–384
DOHA-RUNDE 144, 150–151, 155, 196, 209, 414
EFFIZIENZ 105, 282–287, 309, 314–322, 365, 377
ELEKTROSCHROTT 91, 118, 122, 197, 210
ENTWICKLUNGSLÄNDER 26, 96, 122, 124, 145, 150–151, 196, 199–200, 206–207, 293 414
ERNTEFAKTOR (Energy return on energy invested, ERoEI/EROI) 10, 65–72, 354
EXERGIE 69–72
FAIRNESSPRINZIP 304, 360, 385
FINANZKRISE 91, 200, 210, 225, 315
FRIDAYS FOR FUTURE 12, 28, 192, 250, 408
FUNDAMENTALISMUS 11, 110, 130, 132–134, 136, 413
FUSSABDRUCK, ÖKOLOGISCHER 17, 103, 119, 120, 286, 308–309, 314, 316, 318–319, 329 456
FUTERANITY (dt. Lebenswohl) 12, 391, 395, 401, 404–407
G20 (Gruppe der Zwanzig) 158, 324, 334, 379
G7 (Gruppe der Sieben) 199, 206
GEMEINGÜTER 163–170, 173, 179, 181, 198, 213–214, 232, 246, 250
GEMEINWOHL 27, 53, 159, 172, 219–220, 228, 238–239, 241, 243–246, 249–251, 327, 361, 372, 387

Sachregister | **453**

Gemeinwohlökonomie 94, 188, 326–327, 387
Genügsamkeit 190, 297, 308, 318–319, 355–357
Gerechtigkeit 42, 53, 107, 116, 121–122, 138, 142–143, 145, 147, 158, 168, 197, 248, 251, 303, 327, 332, 346–347, 359, 394, 420
Global Governance 32, 167, 170, 201, 212, 214–219, 221, 223–227, 259, 275, 323, 415–416
Globalisierung 138, 141, 199, 203, 217–218, 227, 281, 413
Glück 135, 142, 171–172, 187, 193, 277, 285, 290, 295, 297, 303, 317, 319–320, 347, 364
Haftbarkeit 274–275, 334
HDI (Human Development Index) 22, 66, 119–120, 126–127, 411
IIRC (International Integrated Reporting Council) 325, 327
Indien 150, 199, 334
Interdisziplinarität, Grundgesetz der 58
Interessenkonflikte 11, 148–159, 224, 340, 373, 385
Internalisierung (externer Kosten) 54, 98, 194, 209, 332, 394
IPCC 103, 107, 215, 310, 411
IUU Fishing 91, 197, 387
IWF (Internationaler Währungsfonds) 140–141, 146, 155, 198–200, 204–207, 334, 421
Kapitalismus 187, 198, 251, 283, 290, 393
Keeling-Kurve 20, 309
»Klimaskeptiker« 50, 131, 399
Kohle 37, 68, 72, 111, 149, 174, 220, 311–312, 324
Kohlendioxid (s. auch CO_2-Emissionen) 87, 111, 310

Komplexe Systeme 16, 32, 38, 74, 79, 90, 302, 372–373, 381, 383, 412
Komplexität
 der Herausforderungen 15, 17, 23, 24, 29, 31, 35, 40, 49, 53, 59, 73–78, 409
 Umgang mit 79, 88, 98
konfligierende Interessen (s. Interessenkonflikte) 110, 149, 156–157, 361, 416
Konsistenz (mit natürlichen Stoffströmen) 309, 314–316, 321
Konsument 48, 96, 101, 155, 174, 181, 200, 291, 296, 309, 328
Konsummuster 27, 100, 121, 293, 317, 342, 348
Kontemplation 285, 349, 352–353
Korruption 90, 118, 124, 137, 141, 144, 148, 154–155, 157–158, 175, 385–387, 416
Kultur
 [allgemein] 34, 54, 90, 94, 100, 133, 135, 189, 257, 265, 267, 275, 284, 326, 349, 356–357, 383, 404, 411, 415, 420
 Führungs- und Organisationskultur 156, 159, 232, 268, 275, 277, 361–362
Kurzfristorientierung/kurzfristig 80, 97, 160, 280–287, 418
Kyoto-Protokoll 20, 164, 213
Lebenswohl 12, 391, 395, 401, 404–407
Lobbyismus 148, 151, 157–158, 340, 416
Marktversagen 54, 124, 161–162, 329, 385, 394, 414
Migration 22, 28, 118–119, 122, 126, 192, 407
multi-level perspective 34, 53

NACHHALTIGKEIT
  ARBEITSDEFINITION 45–46
  KONZEPT 23–25, 41–49,
    102–103, 116, 305, 399, 405
NACHHALTIGKEITSSTRATEGIE (der
  Bundesregierung) 152, 233,
  235–237, 271
ÖFFENTLICHE GÜTER 62, 161–163,
  172, 228, 324
ÖKO-DIKTATUR 25, 27, 238, 246,
  251, 411
ÖKO-EFFIZIENZ 32, 316, 343
ÖKOLOGISCHE GEWINN- UND VER-
  LUSTRECHNUNG 324, 335, 387
ÖKONOMIE 16, 93–94, 163,
  183–184, 188, 232, 326–327
ÖKOSYSTEME 27–28, 73, 76–77,
  91, 107, 116, 119, 124, 127, 145,
  148, 249, 309, 318, 327, 383, 408
ÖKOSYSTEMLEISTUNGEN 43, 104
OPTIONENVIELFALT 13, 373,
  389–390
PARISER KLIMAABKOMMEN 19–20,
  22, 24, 155, 193, 195–196, 213,
  217, 225, 310, 392
PFADABHÄNGIGKEIT 37, 110–112,
  389
PHASENÜBERGANG 32–33, 45, 57,
  227, 382, 391–396
PLANETARE GRENZEN 21, 52, 389
POPULISMUS 22–23, 31, 78, 110,
  130–136, 240, 391–392, 398,
  403, 413
PRÄFERENZEN 171, 184, 244, 256,
  295, 308, 346
REALISMUS (politischer) 212–213,
  226
REBOUND-EFFEKT 314, 317–318,
  354
RECYCLING 70–71, 355, 429
RENATURIERUNG (degradierter Böden)
  106–107, 328
RESILIENZ 24, 79, 367, 383

RIO-ERKLÄRUNG 194, 333
RÜCKKOPPLUNGEN 38, 74–75, 110,
  373, 376, 378
SDG(s) (Sustainable Development
  Goals – UN Nachhaltigkeitsziele) 17, 19, 39, 44–45, 48,
  93, 102–107, 115–120, 124, 138,
  153, 206, 272, 303, 305, 328,
  332, 359, 369, 392, 395–401,
  405, 407–408, 412, 419, 421
SINNKRISE 292, 298
SOLIDARITÄT 141, 202, 288, 318, 327
SOZIALER/GESELLSCHAFTLICHER
  ZUSAMMENHALT 23, 140–141,
  233–234, 251, 277, 288,
  296, 326, 330, 336, 359, 360,
  363–365, 380, 394
SPEZIALISIERUNG 56, 263–267,
  269–271, 273–275, 365, 379
SRU (Sachverständigenrat für
  Umweltfragen) 78, 112, 194,
  224, 228, 239, 241, 243, 245,
  249–250, 268, 417
SUBVENTIONEN 54, 121, 125, 150,
  180–181, 203, 311, 313, 318,
  333–335
SUFFIZIENZ 73, 96, 169, 190, 286,
  297, 309, 314–321, 343, 352,
  355, 357
TECHNIKFOLGENABSCHÄTZUNG 255,
  259–261
TRANSFORMATION (öko-soziale/zur
  Nachhaltigkeit) 24–25, 33–35,
  37–38, 56–57, 59, 62, 110, 114,
  121, 148, 159, 222, 268, 277,
  328, 345, 367, 407, 409
TRANSPARENCY International (TI)
  139, 154, 158, 216, 387
TRANSPARENZ 101, 109, 136,
  147–148, 151, 157–158, 207,
  236, 251, 327, 340, 372, 376,
  384–389, 421
TRITTBRETTFAHREN 167–173, 223,
  365, 415

UNCED (United nations Conference on Environment and Development) 194, 215, 233, 333, 339
UNFCCC (UN Framework Convention on Climate Change) 195, 199
USA 131, 139, 150–151, 153, 155, 196, 205–206, 220, 223, 225, 261, 339, 352–353, 366, 416, 419
UTOPIE 51–52, 58
VERANTWORTUNG
  FRAGMENTIERUNG VON 97, 263, 269–277
  VON UNTERNEHMEN 275, 323–328
  ZUSCHREIBUNG VON 269–270, 420
VERBRAUCHER 208, 282, 296, 307, 386, 408
VERHALTENSÄNDERUNG 96, 98, 317–318, 348
VERURSACHERPRINZIP 53–54, 98, 306–309, 325, 332–336, 339, 395, 419–420
VORSORGEPRINZIP 79, 178, 262, 309, 337–340, 390

WASHINGTON CONSENSUS 183, 188
WBGU (Wissenschaftlicher Beirat Globale Umweltveränderungen) 34, 37, 77, 97–99, 118, 127–128, 318, 375, 412
WCED (World Commission on Environment and Development) 19, 42, 115, 398
WOHLSTAND 10, 12, 44, 67, 128, 140, 263, 284, 292–293, 297, 316, 318, 334, 363, 371
WSSD (World Summit on Sustainable Development) 124, 215, 233
WTO (World Trade Organization, Welthandelsorganisation) 144, 150–151, 191, 194, 196, 198–200, 203–205, 207–209, 215, 224, 414
WÜRDE 95, 188–189, 294, 359, 460
ZEITGEIST 63, 278–279, 286, 418
ZIVILGESELLSCHAFT 16, 32, 35, 39, 57–58, 90, 114, 125, 167, 192, 214, 216, 218–220, 223, 250, 273, 324, 362, 408

ÜBER DEN AUTOR

Christian Berg beschäftigt sich seit fast 20 Jahren in verschiedenen Rollen mit dem Thema Nachhaltigkeit – in Wirtschaft und Wissenschaft, Politikberatung und Zivilgesellschaft, etwa als Mitglied des deutschen Präsidiums des Club of Rome oder als Professor für Nachhaltigkeit an der TU Clausthal. Immer wieder hat er erlebt, wie großartige Ideen nicht umgesetzt wurden. Das hat ihn nicht losgelassen. Er wollte wissen, warum das so ist – und was wir tun können, um dies zu ändern.

Die Welt in 40 Jahren

Jorgen Randers
**2052.
Der neue Bericht an
den Club of Rome**
Eine globale Prognose für die
nächsten 40 Jahre

oekom verlag, München
448 Seiten, Hardcover
16,95 Euro
ISBN: 978-3-86581-665-8
Erschienen 2014
Auch als E-Book erhältlich

»... Forscher haben ihre Prognosen zusammengetragen. Sie warnen in erster Linie vor den Folgen des Klimawandels – und der verheerenden Wirkung des Finanzkapitalismus.«
Der Spiegel

Welche Nationen werden ihren Wohlstand halten? Wie wird sich der Übergang zur wirtschaftlichen Vorherrschaft Chinas gestalten? Kann die Demokratie die großen Menschheitsprobleme lösen? Die Zukunft wartet mit gewaltigen Herausforderungen auf; sie zu meistern wird unsere Jahrhundertaufgabe sein. Der Autor liefert mit diesem Buch die (über)lebensnotwendigen Grundlagen.

oekom.de   DIE GUTEN SEITEN DER ZUKUNFT   **/// oekom**

Wenig Wachstum – na und?

Jorgen Randers, Graeme Maxton
Ein Prozent ist genug
Mit wenig Wachstum soziale Ungleichheit, Arbeitslosigkeit und Klimawandel bekämpfen

oekom verlag, München
272 Seiten, Hardcover
mit Schutzumschlag,
22,95 Euro
ISBN: 978-3-86581-810-2
Im Handel ab dem:
26.09.2016
Auch als E-Book erhältlich

»*Wachstum ist kein Allheilmittel mehr, das derzeitige Wirtschaftsmodell kann die drängenden Probleme nicht lösen.*«
G. Maxton

Der neue Bericht an den Club of Rome präsentiert einen Maßnahmenkatalog für Reformen in Politik und Wirtschaft: für den Umbau der sozialen Sicherungssysteme, für menschenwürdige Arbeitsplätze – maßgeschneidert für Industrieländer mit minimalen Wachstumsraten.

oekom.de   DIE GUTEN SEITEN DER ZUKUNFT

Boomende Nachfrage, schrumpfende Reserven

Ugo Bardi
Der geplünderte Planet
Die Zukunft des Menschen im Zeitalter schwindender Ressourcen

oekom verlag, München
360 Seiten, Hardcover
22,95 Euro
ISBN: 978-3-86581-410-4
Erschienen 2013
Auch als E-Book erhältlich

»(...) *eine spannende Geschichte über die menschliche Wühltätigkeit im Erdreich.*«
Titel Thesen Temperamente, ARD, Juni 2013

Ohne Öl keine erdumspannende Mobilität, ohne Seltene Erden keine Handys. Unsere Zivilisation ist abhängig von den Schätzen, die die Erde birgt. Wie wird sich die Wirtschaft entwickeln, wenn sich die Fördermengen der wichtigsten Rohstoffe nicht mehr steigern lassen? Unterstützt von 15 Experten, liefert der Chemiker Ugo Bardi eine umfassende Bestandsaufnahme der Rohstoffsituation unseres Planeten.

oekom.de   DIE GUTEN SEITEN DER ZUKUNFT   oekom

Simple Lösungen, große Wirkung

Michael Kopatz
Ökoroutine
Damit wir tun, was wir für richtig halten

oekom verlag, München
416 Seiten, Hardcover
mit Schutzumschlag,
24,95 Euro
ISBN: 978-3-86581-806-5
Im Handel ab dem:
25.07.2016
Auch als E-Book erhältlich

»Kopatz zeigt, wohin sich eine moderne Gesellschaft bewegen muss, wenn sie Nachhaltigkeit als selbstverständliche Routine etablieren möchte.«
Harald Welzer (Vorwort)

Damit Geräte weniger oft kaputtgehen, Tierhaltung artgerechter wird oder Zusatzstoffe aus Lebensmitteln verschwinden, brauchen wir neue Standards und Limits. Das Buch enthält eine Vielzahl konkreter Ideen, eine To-do-Liste für Politiker, Wirtschaft und Bürger.

oekom.de   DIE GUTEN SEITEN DER ZUKUNFT   /III oekom